New Psychological Health Education for University Students

新编大学生心理健康教育

胡月　主编

王一　牟宏玮　杨蕊　阎博　副主编

中国教育出版传媒集团
高等教育出版社·北京

内容提要

本教材围绕大学生心理健康这一主题展开，介绍心理健康知识与调节技能，培养大学生的自我认知能力、人际沟通能力、自我调节能力，帮助大学生更好地认识自我、改善自我，充分发挥自己的潜能。全书共分十二章，系统阐述了大学生心理健康教育概述、大学生心理咨询与心理治疗、大学生心理障碍与应对策略、大学生自我意识与自我调适、大学生人格心理与人生发展、大学生职业生涯规划与职业发展、大学生学习心理与时间管理、大学生情绪管理与自我调节、大学生人际交往与和谐沟通、大学生性心理与恋爱心理、大学生压力管理与挫折应对、大学生生命教育与危机应对等内容，将理论与案例相结合，具有较强的针对性和实用性。

本教材可作为普通高等学校心理健康教育课程教材，还可作为广大青少年的课外读物，也可作为心理健康教育工作者的参考用书。

图书在版编目（CIP）数据

新编大学生心理健康教育 / 胡月主编. -- 北京 ：高等教育出版社，2025. 4. -- ISBN 978-7-04-064445-6

Ⅰ. G444

中国国家版本馆CIP数据核字第2025FX9707号

Xinbian Daxuesheng Xinli Jiankang Jiaoyu

策划编辑 汪 鹂 任 霞　责任编辑 汪 鹂　封面设计 张志奇　版式设计 徐艳妮
责任绘图 杨伟露　责任校对 刘娟娟　责任印制 赵 佳

出版发行	高等教育出版社	网　　址	http://www.hep.edu.cn
社　　址	北京市西城区德外大街4号		http://www.hep.com.cn
邮政编码	100120	网上订购	http://www.hepmall.com.cn
印　　刷	大厂回族自治县益利印刷有限公司		http://www.hepmall.com
开　　本	787mm×1092mm 1/16		http://www.hepmall.cn
印　　张	20		
字　　数	430千字	版　　次	2025年4月第1版
购书热线	010-58581118	印　　次	2025年8月第3次印刷
咨询电话	400-810-0598	定　　价	42.00元

物 料 号 64445-A0

编委会

序

心理健康是人在成长和发展过程中，认知合理、情绪稳定、行为适当、人际和谐、适应变化的一种完好状态。党的二十大报告指出“重视心理健康和精神卫生”。重视心理健康和精神卫生，就是运用心理学及医学的理论和方法，预防或减少各类心理行为问题，促进心理健康，提高生活质量，形成自尊自信、理性平和、积极向上的社会心态。大学生作为国家的栋梁和未来的人才，其身心健康状况将直接影响到国家的创新能力、竞争力和发展潜力。2023 年，教育部等十七部门印发的《全面加强和改进新时代学生心理健康工作专项行动计划（2023—2025 年）》文件中明确提出，“将学生心理健康教育贯穿德育思政工作全过程”“坚定理想信念，厚植爱国情怀，引导学生扣好人生第一粒扣子，树立正确的世界观、人生观、价值观”，这为大学生心理健康课程思政工作指明了方向。正因如此，我热切地向大家推荐这本《新编大学生心理健康教育》，结合课程思政元素、中华优秀传统文化、中医思想是这本书的一大亮点。这本书不仅体现了教育者对大学生心理健康的深度关怀，也展现了传统文化与思想政治文化元素在现代心理健康教育中的独特价值。

《新编大学生心理健康教育》结合课程思政元素是一个有益的尝试，能够帮助大学生树立正确的世界观、人生观和价值观，促进大学生身心健康发展。例如，通过讲解社会主义核心价值观，强调积极向上的生活态度和勇于面对挑战的精神；通过列举伟人名言、生平典故，引导大学生思考如何通过积极心态面对大学生活的挑战。

中华优秀传统文化是中华民族的瑰宝，其中蕴含着丰富的心理健康智慧。《新编大学生心理健康教育》通过巧妙地结合中华优秀传统文化，引导大学生在面对心理困扰时，从传统文化的智慧中寻找答案。例如，儒家思想中的“仁、义、礼、智、信”，道家思想的“无为而治”，以及禅宗的“心性本无间”等理念，都能为大学生的心理健康提供有力的支撑。

中医作为中国独特的医学体系，同样为大学生心理健康教育提供了宝贵的资源。中医强调身心合一，心理健康与身体健康密切相关。通过借鉴中医的心理健康观念和方法，如中医辨证、推拿、中药、正念等，可以有效地调节大学生的心理状态，促进其身心和谐。

照片治疗是借助特定的照片和影像，帮助个体回忆、宣泄和疗愈。这一新颖独特的心理治疗方法在本书中也得到了体现。这种治疗方法通过与中华优秀传统文化的结合，可以在大学生心理健康教育中发挥更大的作用。例如，通过展示具有象征意义的照片或影像，引导大学生反思自己的内心世界，从中找到解决问题的智慧和力量。

这本书的特色还在于，它不是仅停留在理论层面，而是以贴合大学生生活实际的案例、丰富的课堂实践活动、心理百科、书籍与电影推荐、思考题、法律与伦理等形式帮助大学生更好地理解和应用心理学知识，提高他们的综合素质和社会适应能力。对教育者而言，这本书也提供了一个全新的视角，引导他们在传统与现代之间寻找平衡，为大学生的心理健康保驾护航。

总的来说，《新编大学生心理健康教育》是一本值得我们珍藏和学习的图书。无论你是大学生、教育者，还是对心理健康教育感兴趣的人，我都强烈推荐你阅读这本书。它将帮助你更好地理解自己和他人，更好地应对生活中的挑战，更好地拓展生命。

樊富珉

教育部普通高等学校学生心理健康教育指导专家委员会委员

清华大学心理学系咨询心理学教授、博士生导师（荣休）

北京师范大学心理学部临床与咨询心理学院院长

2024 年 5 月

前言

随着经济社会的快速发展和大学生成长环境的不断变化，大学生心理健康问题日益突出，大学生成长成才面临诸多挑战，加强大学生心理健康教育已成为全社会的共识。大学生是国家宝贵的人才资源，是民族的希望、祖国的未来。大学生的思想状况、道德品质、心理健康素养直接关系到中华民族的发展，关系到党和国家的前途命运。大学生的生理条件已接近成熟，但是心理还尚未成熟，社会阅历和生活经验尚显不足，自我定位较高，情绪不稳定，承受挫折能力较弱，加之家庭、社会对他们的期望值较高，容易产生自我怀疑、焦虑、抑郁等情绪。由于缺乏心理调节技能，一些大学生可能会自我否定，甚至发生伤害事件。因此，探索加强和改进新时代大学生心理健康教育课程建设，充分发挥课堂主渠道作用，对于大学生心理健康素养提升和顺利成长成才极其重要。

近年来，党和国家十分重视大学生心理健康。党的二十大报告明确提出“重视心理健康和精神卫生”。心理健康是道德人格健康成长的重要基础与前提，对帮助青年学生形成正确的“三观”和塑造健全的人格具有重要作用。2024 年 7 月，《中共中央关于进一步全面深化改革、推进中国式现代化的决定》中在“健全社会治理体系”中提出了“健全社会心理服务体系和危机干预机制”，这一决策体现了党中央对社会心理健康和危机干预工作的重视。习近平总书记始终关心青年成长成才、谋划青年工作发展进步，言之谆谆、期望殷殷，激励广大青年不负时代、不负韶华，在青春的赛道上奋力奔跑。青年价值观的孕育、建构和铸造，究其根本是用先进精神理念培养当代青年，引导和激励当代青年树立远大的理想。

在 2016 年全国高校思想政治工作会议上，习近平总书记强调，“培育理性平和的健康心态，加强人文关怀和心理疏导”。2017 年中共教育部党组印发的《高校思想政治工作质量提升工程实施纲要》将心理育人纳入了“十大”育人体系，明确指出“坚持育心与育德相结合，加强人文关怀和心理疏导”“大力促进心理育人。加强知识教育，把心理健康教育课程纳入学校整体教学计划，组织编写大学生心理健康教育示范教材，开发建设《大学生心理健康》等在线课程，实现心理健康知识教育全覆盖”。心理育人是新时代提升高校思想政治工作质量的重要载体，更是深入推进健康中国建设的重要环节。大学生心理健康教育课程作为高校必修课，是高校开展心理健康教育的主要途径和有效载体，理应发挥主渠道作用，注重课堂教学，帮助学生掌握心理健康知识和技能，树立自助、求助意识，学会理性面对困难和挫折，提高心理健康素质；同时加强对大学生心育德育的培养，履行立德树人根本任务，引导大学生树立正确的价值观，提升大学生的整体素质，为国家的发展培养出德、智、体、美、劳全面发展的人才。2018 年中共教育部党组颁布的《高等学校学生心理健康教育指导纲要》指出，“心理健康教育是提高大学生心理素质、促进其身心健康和谐发展的教育，是高校人才培养体系的重要组成部分，也是高校思想政治工作的重要内容。”2021 年，《教育部办公厅关于加强学生心理健康管理工作的通知》强调，“为进一步提高学生心理健康工作针对性和有效性，切实加强专业支撑和科学管理，着力提升学生心理健康素养”，通过开设心理健康课程、做好心理健康测评工作、加强心理咨询辅导服务、构建家校协同干预机制等方式，多方面全力保障提升学生心理健康素养。2023年《教育部等十七部门关于印发〈全面加强和改进新时代学生心理健康工作专项行动计划（2023—2025年）〉的通知》强调，“切实把心理健康工作摆在更加突出位置，”“培育学生热爱生活、珍视生命、自尊自信、理性平和、乐观向上的心理品质和不懈奋斗、荣辱不惊、百折不挠的意志品质，促进学生思想道德素质、科学文化素质和身心健康素质协调发展，培养担当民族复兴大任的时代新人。”这一系列政策文件要求，为新时代高校心理育人提供了根本遵循和行动指南。为深入贯彻落实党的二十大精神和落实立德树人根本任务，结合党和国家的一系列文件精神要求，借鉴和吸收优秀的中国传统文化，以及国内外大学生心理健康教育研究和教学实践的成果，我们编写了本教材。

本教材按照“章一节一正文”的顺序编排。在每一章节，“心路心语”选用具有中国文化特色、带有思政元素或心理学领域的名人名言，引导学生建立中国传统文化的自信心理。“案例导入”选用贴近大学生生活实际、生动有趣的案例故事引出章节内容，增强了吸引力和导读性。在正文中，包括“心理百科”“体验活动”“心灵港湾”“心医之窗”“拍出好心情”等板块。“心理百科”介绍的是心理知识，进行心理科普。“体验活动”设计了一些课堂活动，引导体验、领悟成长。“心灵港湾”“心医之窗”和“拍出好心情”板块是本教材尝试创新之处。“心灵港湾”着重结合积极心理学、思想政治教育相关的内容，突出课程内容中的思政元素，旨在推进大学生心理健康教育课程思政建设。“心医之窗”介绍了心理学与中医等医疗技术相结合的内容，弘扬中国传统中医文化。“拍出好心情”则运用照片疗法，从全新的方法和视角引导大学生探讨自我内心影像，从而引发各种联想与情绪，并建构出自己的“真实”。因为，拍照实际上并非事物的“记录”，而是一种对事物的“再构建”，每件作品实则以非言语图像，呈现拍摄者独特的个人观点及感受。所以，每一张照片都有话要说、有秘密要分享、有故事要呈现，引导大学生依据自己的直观感觉和背景情境对照片进行意义诠释，实现自我成长。在正文后设置了“心灵成长”“思考题”“课后作业”和“作品推荐”四个部分，主要涉及学习本章内容的感悟、知识巩固，并对内容进行相关拓展。本教材在最后列出参考文献，便于师生根据需要进行延展阅读，加深对本教材内容的理解。

本教材具有科学性、普遍性、实践性、实效性等特点，围绕大学生的心理健康这一主题编写，介绍心理健康知识与调节技能，培养大学生的自我认知能力、人际沟通能力、自我调节能力，提高心理健康素质，促进全面发展。第一章主要介绍大学生心理健康，使大学生认识大学生心理发展特点及常见心理问题，了解大学生心理健康教育的意义及途径；第二章主要介绍大学生心理咨询与心理治疗的基本概念和作用，使大学生了解常见的心理咨询理论与技术，澄清对心理咨询的误解，建立正确的心理咨询观念并培养自主求助的意识，掌握调节心理状态的相关方法；第三章主要介绍常见的大学生心理障碍与应对策略，帮助大学生学会识别觉察自己的困扰，掌握应对心理困惑和心理障碍的策略；第四章主要介绍大学生自我意识与自我调适，帮助大学生学习自我意识的内涵、发展及作用，了解大学生常见的自我意识偏差及应对方式，建立自尊自信的自我意识，学会自我调适与自我发展；第五章主要介绍人格的基本概念、特征和大学生自我人格发展，使大学生了解人格评估的方法，了解常见的人格缺陷的表现及调适方法，明确促进人格完善的途径；第六章主要聚焦大学生的职业生涯规划及能力发展，帮助大学生建立职业发展目标，做好大学职业生涯规划和管理；第七章主要介绍大学生学习心理特点，使大学生了解学习背后的基本心理机制，掌握常见的学习心理障碍及其调适方法，学习合理规划时间，激发潜能，发展学习能力；第八章主要介绍基本情绪和大学生的情绪特点，使大学生学习掌握情绪调节的方法，保持良好的情绪状态；第九章主要介绍大学生人际交往的特点、类型和意义，帮助大学生了解人际交往的原则和技巧，学习应对各类人际关系障碍的调适方法，培养和谐沟通的能力；第十章主要介绍大学生性心理发展及恋爱心理过程的特点，帮助大学生树立对性心理和恋爱心理的科学观念，建立健康的恋爱关系；第十一章主要介绍大学生面临的压力挫折的产生与特点，使大学生了解压力和挫折对大学生的影响，学习掌握正确管理压力和应对挫折的方法；第十二章主要介绍大学生生命教育、大学生心理危机及危机预防与干预，引导大学生增强认识生命、尊重生命、珍爱生命的理念，帮助大学生识别心理危机、了解心理危机干预的方法，促进大学生自觉地维护生命安全，积极主动地应对挑战。

希望本教材能为大学生心理健康教育工作者、管理者、心理咨询师以及关心关注大学生心理健康的广大读者提供一份有益的参考和借鉴，也希望青年大学生通过学习能够了解和遵循个体的心理发展规律，学会用心理学的方法解决问题，形成正确的理想信念、价值观念、道德观念与健康人格，健康成长，快乐成才。

本教材得以顺利出版，要感谢所有编写人员的辛勤付出和高等教育出版社编辑的悉心指导与支持，感谢我的在读博士生、硕士生的积极参与，感谢所有为本教材出版提出建议和提供帮助的专家同道。由于编者能力有限，本教材难免存在不足之处，恳请大家批评指正！

胡月　于大连理工大学

2024 年 4 月

目录

第一章

大学生心理健康教育概述

动画导入：心理健康的灰色区域理论

学习目标：

了解心理健康知识、心理健康的标准，树立正确的心理健康观念，能够自主地调整心理状态，维护自身心理健康。

心路心语

少年强、青年强则中国强，强健的体魄、阳光的心态是青年成长成才的重要前提。

——《新时代的中国青年》

一切的财富和成就，都源于杰出的智慧与健康的心理。

——荣格

引　言

大学生心理健康状态是大学生全面发展的重要因素。健康的心理有助于大学生在成长过程中保持良好的心态，平和地面对喜悦与挫折。然而，大学生的心理健康观念参差不齐，如忽视心理健康的重要性、对心理健康理解片面、缺乏心理健康自我维护意识等。随着社会经济的快速发展，人们的健康观也在不断转变。健康指的仅仅是身体健康、无疾病吗？大学生该如何正确认识健康与心理健康？本章主要通过阐述健康与心理健康的内涵，大学生心理健康的标准和影响因素，大学生心理发展特点及常见心理问题，大学生心理健康教育的意义、方法、途径及与思想政治教育的关系，帮助大学生掌握心理健康知识，树立正确的心理健康理念，提高心理健康素质，发现自身存在的问题，学会积极理性面对。

案例导入

小 A 是一名大一新生。一个月前的新生入学是小 A 第一次独自离开家乡，到校后他发现自己的普通话不标准，无法与同学们顺畅交流，这使得小 A 几乎没有朋友，与室友的相处也不太融洽。大学里老师的讲课方式与高中不同，这使得高中时学习成绩名列前茅的小 A 无法进入学习状态，难以适应。小 A 逐渐变得孤僻、沉默，无法集中注意力。近一个月，小 A 时常出现头疼、胸闷、失眠、食欲下降等症状。他觉得一定是身体出现了问题，到医院做了全面的检查，但并未发现异常。辅导员注意到了小 A 的变化，将其情况反映给了心理老师。心理老师经过初步判断，认为小 A 可能有抑郁倾向。辅导员联系了小 A 的家长，希望能够带小 A 接受心理咨询与治疗。然而，小 A 的家长表示：孩子从小身体素质很好，十分健康，就是性格比较内向，太娇气了，没有病，不需要看医生。

请思考：小 A 心理健康情况怎么样？如果你是小 A，你会怎么做？

第一节 大学生心理健康概述

一、健康与心理健康

（一）健康新内涵

古希腊哲学家赫拉克利特曾经说过：“如果没有健康，智慧就难以表现，文化无从施展，力量不能战斗，财富变成废物，知识也无法利用。”长期以来，人们对健康的认识存在片面性。传统的健康观认为健康指的就是身体健康，没有疾病。然而，中国古代医学早就强调人的情绪与身体健康的关系，即七情（喜、怒、忧、思、悲、恐、惊）失调会导致生病，正如《黄帝内经》中所写的“怒伤肝，喜伤心，思伤脾，忧伤肺，恐伤肾”。由此可见，健康的概念远远不是没有疾病那么简单的。

现代健康的含义应是多元的、广泛的，并不仅是传统所指的身体没有病。世界卫生组织（WHO）1948 年成立时，在它的宪章中对健康的概念作出如下定义：“健康乃是一种在身体上、心理上适应方面的完好状态，而不仅仅是没有疾病和虚弱”，并列出了健康的 10 条标准：

（1）精力充沛，能从容不迫地担负起日常生活和工作压力，而不感到过分疲劳和紧张。

（2）积极乐观，勇于承担责任，心胸开阔。

（3）精神饱满，情绪稳定，善于休息，睡眠良好。

（4）自控和应变能力强，善于排除外界干扰，适应环境变化。

（5）体质好，抵抗能力强，能抵御一般性的感冒和传染病。

（6）体重适当，身体匀称。

（7）反应敏锐，眼睛明亮，眼睑不发炎。

（8）牙齿清洁、无空洞、无痛感、无出血现象。

（9）头发有光泽、无头屑。

（10）肌肉和皮肤富有弹性，走路轻松自如。

1989年，世界卫生组织修改了健康的概念，增加了道德健康，提出衡量是否健康至少需要包括四个层面的内容：

（1）身体发育情况，如是否有生理疾病或缺陷、身体各部分的机能状况等，这是健康与否的基础。

（2）心理发展状况，如是否有心理疾病，是否有持续的、积极的心理发展状态等。

（3）掌握了多少生活知识和技能，是否有正确的人生目标，是否能遵守社会生活规则，融入现实社会生活，能否在不同时间、不同岗位上扮演好各种角色等。

（4）道德文明水准，如道德认知水平和道德行为状况等，道德健康的最高标准是无私奉献，最低标准是不损害他人。

综上，健康是生理健康与心理健康的统一，健全的心理与健康的身体是相互依赖、相互促进的，二者相互联系、密不可分、缺一不可。因此，在考虑自身的健康和疾病时，要注意身心两个方面的反应，确立科学的健康观念。

心理百科

/ 身心健康的自我评估——“五快三良好” /

世界卫生组织曾用“五快三良好”作为衡量一个人身心健康的标准。其中，“五快”包括：① 食得快——食欲良好，不挑食偏食，能快速吃完一餐饭，没有难以下咽的感觉，吃完后有饱足感，没有过饱感或不饱的不满足感，说明口腔和内脏功能正常；② 便得快——能很快排泄大小便，且感觉轻松自如，在精神上有一种良好的感觉，说明胃肠功能良好；③ 睡得快——上床能很快入睡，且睡得深，醒后精神饱满、头脑清醒，说明中枢神经系统的兴奋、抑制功能协调，且内脏没有病理信息干扰；④ 说得快——语言表达正确、说话流利，表示头脑清醒、思维敏捷、中气充足，说明心肺功能正常；⑤ 走得快——行动自如、转变敏捷，说明精力充沛旺盛。“三良好”包括：① 良好的性格——性格温和，意志坚定，情感丰富，具有坦荡胸怀与达观心境；② 良好的处事能力——看问题和客观现实，具有自我控制能力，能适应复杂的社会环境，对事物的变迁能始终保持良好的情绪，能保持社会环境与机体环境的平衡；③ 良好的人际关系——待人接物大度和善，不过分计较，能助人为乐、与人为善。如果一个人能达到“五快三良好”，就表明这个人基本处于身心健康状态。

（二）心理健康

1. 心理健康的内涵

迄今为止，关于心理健康还没有一个统一的概念。1946年，第三届国际心理卫生大会对心理健康的概念作出如下定义：“所谓心理健康，是指在身体、智能及情感方面与他人的心理健康不相矛盾的范围内，将个体的心境发展到最佳的状态。”心理学家 H.B.English 将心理健康定义为：“心理健康是一种持续的、具有饱满生命力且能充分自主地发挥身心潜能的心理状况，这种心理状况是积极的、丰富的、适应良好的，且免于心理疾病的。”黄希庭将心理健康定义为：“没有心理疾病或变态以及个人在身体上、心理上及社会行为上都能保持良好的状态。”郭念锋将心理健康定义为：“人的心理，即知、情、意活动的内在关系协调，心理的内容与客观世界保持统一，并据此能促使人体内外环境平衡和促使个体与社会环境相适应的状态，并由此不断地发展健全的人格，提高生活质量，保持旺盛的精力和愉快的情绪。”22 个部门联合印发《关于加强心理健康服务的指导意见》指出：“心理健康是人在成长和发展过程中，认知合理、情绪稳定、行为适当、人际和谐、适应变化的一种完好状态。”

由此可见，我们可以从两个方面来理解心理健康。一方面，心理健康是指一种持续的、积极发展的心理状态，包括能客观认识自己、他人、世界及相互之间的关系，情绪稳定且能调控情绪，人际关系良好且能适应社会。另一方面，心理健康是指人的心理活动完整，心理机能正常。因此，广义的心理健康指人能够在社会环境中健康地生活，保持良好的情绪状态，适应社会生活变化节奏，能与人正常交往。这是宏观上要求人应该达到的可能状态。狭义的心理健康指人能够预防心理障碍或异常行为出现。这是对未出现的或可能出现的心理障碍或异常行为进行防御和抵抗。

2. 心理健康的状态

从临床心理学角度出发，人的心理是一个从健康到严重心理障碍的连续体，分别用“心理健康”“心理不健康”和“心理异常”这三个概念来表达。“心理健康”和“心理不健康”是一对范畴，都属于心理正常范围，用来讨论正常人的心理健康水平高低和程度如何。在非常规条件下，当心理活动变得相对失衡，而且对个体生存发展和稳定生活质量起着负面作用，那么这时的心理活动就称为“心理不健康”状态，是一种处于动态失衡的心理状态。“心理不健康”状态包括一般心理问题、严重心理问题和神经症性心理问题。综合国内心理学家在临床心理学实践工作中的理论与经验，我们可以将心理健康状态和心理不健康状态区分如下：

（1）心理健康状态。心理健康状态与不健康状态的区分标准一直是心理学界讨论的话题，不少国内外心理学学者根据自己调查研究的结果提出了多种心理健康标准。一般从本人评价、他人评价和社会功能状况三方面进行分析和判断。

① 本人不觉得痛苦，即在一个时间段（如一周、一个月、一个季度或一年）快乐的感觉大于痛苦的感觉。

② 他人不感觉到异常，即心理活动与周围环境相协调，未出现与周围环境格格不入的现象。

③ 社会功能良好，即能胜任家庭和社会角色，能在一般社会环境下充分发挥自身能力，利用现有条件（或创造条件）实现自我价值。

（2）心理不健康状态。又称为不良状态，是由个人心理素质（如过于好胜、孤僻、敏感）、生活事件（如学习压力大、被老师批评、失恋）、身体不良状况（如长时间学习疲劳、身体疾病）等因素所引起。不健康状态介于健康状态与疾病状态之间，是正常人群中常见的一种亚健康状态，主要有以下三个明显特征：

① 时间短暂。此状态持续时间较短，一般在一周以内能得到缓解。

② 损害轻微。此状态对其社会功能影响比较小，处于此状态的人一般都能完成日常工作、学习和生活，只是感觉到的愉快感小于痛苦感，“很累”“没劲”“不高兴”“应付”是他们常说的词语。

③ 能自己调整。有此状态者大部分能通过自我调整如休息、聊天、运动、钓鱼、旅游、娱乐等放松方式使自己的心理状态得到改善，小部分人若长时间得不到缓解可能形成一种相对固定的状态，应该去寻求心理医生的帮助，以尽快得到调整。

（3）心理异常状态。心理异常通常被界定为影响人的正常学习、工作和生活的异常或病态的心理与行为表现，包括心理障碍和心理疾病，如确诊的神经症、人格障碍、精神分裂症及其他妄想性障碍等。可根据我国心理学家郭念锋提出的三个原则判断心理的正常与异常：

① 主观世界与客观世界的统一性原则。人的心理实质是客观现实在人脑中的主观反映，所以人的心理活动应该与客观现实保持一致。如果人的主观体验不能与客观世界保持一致，那么就会有心理异常的表现，如一个人总觉得有人在别的地方说他的坏话。

② 心理活动的内在协调性原则。人的心理过程包括认知过程、情绪过程和意志过程，这三者是相互作用且协调统一的。如果这三者不能够协调一致，那么就有可能出现想法与行为不一致的情况，如一个人遇到了很痛苦伤心的事情却表现得很快乐。

③ 人格的相对稳定性原则。人格主要包括性格与气质两部分。人格具有相对的稳定性，并在一切活动中显示出其区别于他人的独特性，在没有重大变故的情况下，一般是不易改变的。如果一个人的人格特征在短时间内出现了巨大的变化，又没有外界因素的影响，那么就要考虑他是否出现心理异常。

二、大学生心理健康的标准

（一）心理健康的标准

关于心理健康的标准，目前还没有一个统一的定论。其中，影响较大、接受度较高的观点是心理学家马斯洛和密特尔曼提出的心理健康的标准：

（1）有充分的自我安全感。

（2）能充分了解自己，并能恰当估计自己的能力。

（3）生活理想切合实际。

（4）不脱离周围现实环境。
（5）能保持人格的完整与和谐。
（6）善于从经验中学习。
（7）能保持良好的人际关系。
（8）能适度地宣泄情感和控制情绪。
（9）在符合团体要求的前提下，能有限度地发挥个性。
（10）在不违背社会规范的前提下，能适当地满足个人的基本需要。

正确理解和运用心理健康的标准，需要把握三点：

（1）心理健康是一个动态的过程，而非一个静止的结果。看一个人是否心理健康，并不是看一时的情况，而是以发展的眼光，看待心理的变化，朝向心理健康的过程也是一种协调发展的状态。

（2）心理健康不等于没有心理困扰。一个心理健康的人也会遇到许许多多的麻烦，也会有一时的心理困扰，但是他有力量去应对和处理自己的问题。能有效应对和解决问题就是心理健康的表现。

（3）心理健康的标准本身就是一种理想尺度。这一尺度不仅仅是为了提供衡量心理是否健康的标准，而且更重要的是为我们指明提高心理健康水平的努力方向。

心理百科

/ 心理健康的“灰色理论” /

长期以来，人们习惯于将人的心理正常与否看作黑白分明的事情，要么是一个正常的人，无论心理和行为出现多少问题和异常；要么是一个不正常的人，无论疾患有多大的好转。然而，心理健康和不健康之间并不存在绝对的界限，它是一个动态的过程。由此，我国学者张小乔提出了心理健康“灰色理论”的概念，即人的心理正常与异常之间没有明显的界限，它是不断变化的，如果把人的心理健康比作白色、心理异常比作黑色，那么白黑之间就有一个巨大的缓冲区域——灰色区域。灰色区域又可分为深灰区域和浅灰区域，浅灰区域只有由各种压力引起的心理冲突，深灰区域则存在人格异常或人格变态。生活中，大多数人的心理都处于中间的灰色区域。灰色区域的存在说明，在人生发展的不同阶段面临心理困扰是正常的，不必大惊小怪，只需积极应对，提高心理保健意识，及时进行自我调整。

（二）大学生心理健康的标准

综合国内外学界对心理健康标准的观点，结合大学生这一特殊社会群体的生理、心理和社会角色特征，可以认为大学生心理健康的标准一般包括以下几方面：

1. 智力正常

这是大学生学习、生活与工作的基本心理条件，也是适应周围环境变化所必需的心理保证。因此在衡量大学生智力是否正常时，关键在于衡量大学生是否正常地、充分地发挥效能，即是否有强烈的求知欲，是否乐于学习，能否积极参与学习活动。

2. 人格完整

人格指的是个体比较稳定的心理特征的总和。人格完整就是指有健全统一的人格，即人格结构各要素的完整统一，人的所想、所说、所做都是协调一致的，有正确的自我意识，没有自我同一性混乱，以积极进取的人生观作为人格的核心，并以此为中心把自己的需要、目标和行动统一起来。

3. 意志健全

意志是人在完成一种有目的的活动时，所进行的选择、决定与执行的心理过程。意志健全者在行动的自觉性、果断性、顽强性和自制力等方面都表现出较高的水平。意志健全的大学生在各种活动中都有自觉的目的性，能适时地作出决定并运用切实有准备的方式解决所遇到的问题，在困难和挫折面前，能采取合理的反应方式，能在行动中控制情绪和言行，而不是盲目行动、畏惧困难、顽固执拗。

4. 情绪状态良好

情绪状态良好的标志是情绪稳定和心情愉快，包括正性情绪多于负性情绪以及乐观开朗、富有朝气、对生活充满希望；情绪较稳定，善于觉察与调节自己的情绪，既能克制又能合理宣泄；情绪反应与环境相适应。

5. 自我评价正确

正确的自我评价是大学生心理健康的重要条件。大学生通过自我观察、自我认定、自我判断和自我评价，做到自知，恰如其分地认识自己，摆正自己的位置，既不以自己在某些方面高于别人而自傲，也不以某些方面低于别人而自惭，能够自我悦纳，喜欢自己，接受自己，自尊、自强、自制、自爱适度，正视现实，积极进取。

6. 人际关系和谐

良好而深厚的人际关系，是事业成功与生活幸福的前提。其表现为：乐于与人交往，既有广泛而深厚的人际关系，又有知心朋友；在交往中保持独立而完整的人格，有自知之明，不卑不亢；能客观评价别人和自己，善于取人之长补己之短，宽以待人，乐于助人，交往态度积极，交往动机端正。

7. 社会适应良好

社会适应良好指能够做到面对现实、接受现实，并能够主动地去适应现实，进一步地改造现实，而不是逃避现实。大学生应能够对周围事物和环境作出客观认识和评价，并能与现实环境保持良好的接触；既有高于现实的理想，又不会沉湎于不切实际的幻想与奢望；对自己的能力有充分的信心，能够以有效的办法应对生活、学习、工作中的各种困难和挑战，不退缩，还能够根据环境的特点和自我意识的情况努力进行协调，或改变环境以适应个体需要，或改造自我以适应环境。

8. 心理行为符合大学生的年龄特征

在生命发展的不同年龄阶段，人们都有相对应的不同的心理与行为表现，从而形成不同年龄阶段独特的心理与行为模式。人应具有与同年龄段大多数人相同的心理与行为特征，不应存在明显的差异。大学生是处于特定年龄阶段的特殊群体，大学生应具有与年龄及角色相应的心理行为特征。

心灵港湾

/ 如何看待心理健康的标准 /

大学生心理健康的标准，并不是无失败、无冲突、无焦虑、无痛苦，心理健康的大学生也不是能愉快地应对任何事情，而是在这些境遇下，面对环境与挫折，能有效地进行自我调整，更好地表现出积极的适应倾向，从而能保持良好的学习和生活状态。大学生的心理素质千差万别，各有特点，只要在自己现有心理发展水平的基础上做出不同程度的努力，就可以不断发挥自身潜能，成为更好的自己。

三、大学生心理健康的影响因素

（一）生理因素

1. 遗传因素

大量研究表明，遗传因素是某些精神疾病的重要影响因素之一，如精神分裂症、人格障碍、精神发育迟滞等均具有明显的遗传倾向。国内家系调查和流行病学调查显示，精神分裂症患者亲属中的患病率比一般居民高 6.2 倍，血缘关系愈近，患病率愈高，同卵双胞胎发生精神分裂症的同病率为 50%。

2. 躯体疾病

各种躯体疾病，尤其是慢性疾病，常会使人变得烦躁不安、敏感多疑，情绪稳定性降低，行为控制力减弱，兴趣缺乏，人际关系紧张，严重的还可能导致心理障碍。此外，体貌特征也会影响大学生的心理健康，主要是人际关系方面受挫、自我认识产生偏差等。

3. 大脑器质性病变

根据临床观察和专家的研究分析，大脑器质性病变，如脑肿瘤、脑萎缩、脑炎、脑血管疾病、脑外伤等，会直接导致各种心理异常表现，出现意识障碍、智力障碍、人格异常等。

（二）心理因素

1. 自我意识缺乏客观性和正确性

大学生对自我认识和自我评价有浓厚的兴趣，但常常缺乏客观性和准确性。有时自我期望值过高，偏离实际水平，而一旦遇到挫折，又会产生自卑情绪。相反，自我评价过低，则不能客观、正确地认识自己。

2. 个体的人格缺陷

面对同样的环境和同样的挫折，不同的人有不同的反应，这关系到人的个性心理特征问题，健全统一的人格是大学生心理健康的重要标准。在人格的形成和发展的过程中，不良因素会不同程度地影响人格的健康发展，从而导致人格发展缺陷。具有人格缺陷的大学生心理调适能力弱，不健康心理因素不易消除。在大学生的心理健康教育与咨询中发现，不少心理障碍都与人格缺陷有关。

3. 缺乏正确的人际交往认知

大学生思想活跃、精力充沛、兴趣广泛，人际交往的需要极为强烈。但其社会阅历有限，心理上并不成熟，客观环境的限制使其不能全面地接触社会，因而人际交往中常常带有理想的模型，并根据心中的理想模型在现实生活中寻找知己，一旦理想与现实不符，则有可能遇到心理挫折，萎靡不振。有的大学生则以自我为中心，在交往中忽视平等、尊重、互助、互谅的基本原则，孤芳自赏，自命清高，在人际交往中屡次失败，从而感到失落、冷漠、孤独；有的则过于自卑，觉得自己处处不如他人，在交往中缺乏自信，畏首畏尾，恐惧交往。

4. 缺乏科学的社会认知

当今社会环境复杂多变，这使处于敏感期的大学生出现种种心理不适，对社会的复杂性缺乏科学、全面、正确的认知，受社会消极面影响较多，从而产生悲观、失望、消沉、偏激等心理问题，甚至产生攻击型和反社会型人格障碍。

（三）家庭因素

家庭是每个人成长的第一环境，父母是子女的第一任老师。父母的性格特质、教养方式、教养态度、人生观、价值观、文化程度、职业特点等影响着子女的人格特点和心理素质，对其性格塑造、个性形成及世界观、人生观、价值观的形成有着重要影响。教育学和心理学研究表明，父母文化程度越高，思想、观念越开明，教养方式越民主，大学生的心理问题就越少。不良的家庭环境容易造成子女心理行为异常。这些因素主要包括：家庭主要成员变故，如父母丧亡、生病、再婚；家庭氛围紧张、矛盾冲突不断等；家庭教养方式不当，如专制粗暴、强迫压制，或溺爱娇惯、放任自流；家庭变迁、突发意外事件等。这些不良家庭环境容易使大学生在人际交往方面出现障碍，表现为缺乏生活热情、缺乏爱心、人际关系淡漠、人际交往羞怯及恐惧等。

（四）学校因素

进入大学之前，大部分学生的生活主要围绕着高考这一目标进行，学校教育存在重教育、轻素质的状况，忽略学生心理健康的发展。许多学生进入大学后感到理想与现实的差距太大，对所上学校、所学专业不满意，对环境的变迁不适应，加上恋爱、学业压力、就业择业等问题，心理压力大且难以调适。有的学校缺乏正确、规范的教育方法和专业的心理指导，面对激烈的竞争和繁重的学业，大学生感到失望、自卑、忧虑、孤独的现象非常普遍。如果大学生既不能正确看待自己的不足之处，又不能正确处理遇到的各种挫折和内心矛盾冲突，不善于自我调节情绪，心理问题就会产生并严重影响学习与生活。

（五）社会因素

社会竞争日趋激烈、生活节奏日益加快、科学技术快速发展、人际交往需求高涨，这些都会影响人的思想观念和心理行为，造成生活方式、价值观念的变化。大学生一方面要适应新的价值观念，另一方面要对新的价值体系进行整合，提高其开放性和应变能力。由于大学生处于一个自我意识尚未完全成熟、价值选择和判断仍缺乏稳定性和统一性的发展阶段，他们在处理价值冲突问题时就会紧张和困惑，也会相应地产生较多的适应障碍。此外，社会择业环境也给大学生带来了压力。一方面是就业市场竞争激烈；另一方面是社会上存在一些不正之风，加剧了大学生的就业压力。这种压力使应届毕业生容易产生焦虑、抑郁心理，也使在校生感到惶恐和不安。

第二节
大学生心理发展

一、大学生心理发展特点

（一）一般性特点

1. 智力发展达到顶峰，但易带有主观性

智力的构成是多方面的，包括观察力、记忆力、注意力、思维力、想象力等，人的智力水平从出生后开始迅速发展，20～35 岁达到顶峰。大学阶段，人的各项智力因素均达到相当高的水平，大学生记忆力强、观察敏锐、思维活跃、反应敏捷，表现出强烈的求知探索、开拓创新的心理倾向。随着知识的增长、经验的积累和思维能力的提高，大学生对事物的认知开始不再满足于表面，喜欢探究事物的内在本质。但是，由于大学生缺乏实践经验，思维还没有达到完全成熟的水平，在分析问题时容易钻牛角尖，出现过于主观、片面、固执、脱离现实等倾向，得出与事实相去甚远的结论。

2. 情绪、情感丰富，但波动较大

青年期的特点是情绪、情感动荡、起伏，容易出现一些非常显著的相互对立的冲动。大学生正值青年期，丰富多彩的大学生活，使其情绪、情感日趋复杂强烈。这种情绪、情感的内容随着知识经验的增多、生活空间的扩大、业余生活的丰富、自我意识的增强而日渐丰富。但大学生生理、心理和社会性的发展不平衡，对社会的复杂性、自己欲望行为的合理性缺乏足够正确的认识，易造成情绪、情感不稳定，波动较大，甚至表现为两极性，易冲动，做出不理智的行为。

3. 自我意识增强，但容易出现偏差

自我意识是指人对自身的认识及对周围事物关系的各种体验，是认知、情感、意志的综合体，是人心理发展过程中一个极为重要的方面。自我意识的发展与年龄、受教育程度有关，大学时代是真正自我认识的重要时期。大学生的自我意识明显增强，开始关注自己的内部世界，迫切要求了解自己和发展自己，出现了主观自我与客观自我、理想自我与现实自我的分化，力图从理想与现实的关系中把握自己、认识自己，以追求自我完善。然而，现实往往不像大学生所想的那么美好，通往理想的道路上也不是一帆风顺的。由于大学生生活阅历有限，社会实践能力不强，造成了自我意识在自我认知、自我体验等方面出现偏差，在自我认知方面表现为过度的自我接受和自我拒绝，在自我体验方面表现为过强的自尊心和过强的自卑感。

（二）阶段性特点

1. 入学初期

入学初期又称为过渡期，是迈进大学校门的新生都要经历的一个阶段。在这一阶段，大学生面临从中学到大学的变化，不仅生活环境、人际关系、生活方式和学习方法不同，而且从家庭到学校，再从学校到社会，自身扮演的角色也不同，大学生原有的心理平衡被打破，但是又必须面对这些变化，有所成长，形成新的平衡。新生只有积极适应，才能顺利度过过渡期。如果适应不好，可能影响到整个大学时期的学习生活。过渡期的长度因人而异，一般为一到两个学期。

2. 大学中期

大学中期又称为稳定发展期。经过对大学生活的适应，大学生进入稳定发展阶段，这是大学生活最主要、最长久的稳定发展阶段。在这个阶段，多数大学生的专业兴趣渐浓、求知欲强烈、兴趣广泛、思维活跃、人际交往能力增强，对人生有了更加深入的思考，奋斗目标也逐渐清晰，并不断发展和完善自我，不断探索和成长，为大学阶段的学业和将来的发展打下基础。同时，这一时期也是大学的分化阶段，一部分大学生会遇到困难和问题，出现某种程度的心理障碍，还有一部分大学生会沉溺玩乐、学习松懈、纪律散漫，甚至触犯法律，自毁前程。

3. 临近毕业

这是大学生趋于成熟，准备成为社会独立成员的阶段。大学生活即将结束，大学生将进入就业阶段，这是大学生从学生生涯向职业生涯的过渡时期。毕业时大学生要进行毕业考试、毕业设计、论文答辩、求职择业，这既是大学生的毕业准备阶段，也是就业准备阶段，更是从学生生活向职业生活的心理过渡阶段。因此，大学生的心理压力和冲突将会不断出现。经过专业学习和心理发展，绝大多数大学生都具备比较稳定的人生观、丰富的知识和良好的心理调控能力，但也有部分学生因在学业或求职中遇到挫折而产生种种心理问题，或悲观失望，或无所适从，或做出发泄行为。

总的来说，大学生的心理发展是一个充满矛盾的过程，既有对未来的美好憧憬，也有对现实的焦虑和担忧，时而充满信心，时而自卑沮丧。大学生的心理正是在这种矛盾中不断发展起来的。

二、大学生常见心理问题

（一）适应问题

大学生为了在激烈的高考竞争中取胜，几乎全身心投入学习。一旦从中学到大学的环境发生了改变，离开了长期依赖的家长和老师，面对新的集体、新的生活方式、新的学习特点，一些学生就出现了独立与依赖的矛盾。有的学生来到这个新的环境后，会发现原先的预期与现实的大学生活存在较大的差距：有的在学习上存在困难，有的对专业的满意度不高，有的缺乏独立生活的能力，有的因地域差异而觉得与现实环境格格不入，有的在完成进大学的目标后暂时丧失了新的学习和生活目标。总之，由于个体适应能力的差异，一些大学新生会出现因环境变化而造成的适应困难，进而情绪低落，出现心理问题。

（二）学习问题

大学生常见的学习问题主要表现为：学习目的问题、学习动力问题、学习方法问题、学习态度问题，以及学习成绩差等。大学期间，学习往往不再如高中阶段那样得到绝大多数人的重视，目的不明确、动力不足、态度不好构成了学习问题的主要方面。

（三）人际关系问题

如何与周围的同学友好相处、建立和谐的人际关系，是大学生面临的一个重要课题。与高中阶段相比，大学生对人际关系问题的关注程度超过了学习，人际关系问题也成为大学生心理困扰的主要来源之一。人际关系问题常常表现为难以和别人愉快相处，没有知心朋友，缺乏必要的交往技巧，过分委曲求全等，以及由此而引起的孤单、苦闷、缺少支持和关爱等痛苦感受。

（四）恋爱与性心理问题

大学生处于人生的青年期，性发育成熟是重要特征，恋爱与性问题是不可避免的。常见的恋爱心理问题有单相思、恋爱受挫、恋爱与学业关系问题、情感破裂的报复心理等。常见的性心理问题有手淫困扰，以及由婚前性行为等问题引起的恐惧、焦虑、担忧等。由于相当一部分大学生的爱情价值观还不成熟，他们往往凭着自己青春期的冲动，把任何事物都看得很美好，一旦遇到问题，往往没有准备，难以承受。有的大学生失恋后长时间沉浸在痛苦的情绪中，无法自拔，荒废了学业，整个人萎靡不振，甚至引发抑郁症等严重的心理问题。值得注意的是，严重的情感失落是大学生自伤的重要诱因之一，必须加以重视。

（五）个人发展问题

现在大学生就业竞争越来越激烈，一些大学生可能从大一就开始思考自己未来的发展问题，这使得大学生的压力越来越大。在面临压力的时候，有的大学生不懂得如何求助和减压，反而用一些增加压力的方式来解决问题，这样也会使自己的压力越来越大。有的大学生不了解自己的个性能力，对自己没有正确的评估，容易缺乏自信或急功近利，对个人的发展产生了随波逐流的盲从心理，瞻前顾后，毫无主见。还有的大学生表现为情绪的极端性，受到多重因素的困扰，缺乏应有的冷静和自控能力，情绪急躁，盲目攀比，逐渐产生焦虑、抑郁的心理。

体验活动

/ 说出你的心情故事 /

活动目的：认知并分享自我的心理困惑，讨论正确的排解方法。

活动要求：全班同学分成若干小组，每组5~6人。小组里每位同学依次介绍自己，并就最近困扰自己的问题进行交流分享。

1. 我是谁？我的性格如何？我最近被什么问题困扰？
2. 其他同学的问题我是否也存在？我是如何应对的？

3. 其他同学提供的处理方式是否适合我？谈谈我对大学生常见心理问题的看法。

三、大学生心理健康的自我维护

（一）掌握科学的心理学知识

科学的心理健康知识是提高大学生心理素质的重要保证。大学生应认识到心理健康的重要性，具备科学的心理健康知识，用科学的健康理念指导和调节自己的心理和行为，重视自身心理素质的培养与提高，以主动的姿态调整自身的状态，以适应社会的需要。大学生应努力学习心理健康知识，通过参加学校开设的有关心理健康教育的课程与专题讲座，阅读有关图书、杂志，查询相关的心理网站，收听或收看有关广播、影视节目等，获取心理健康知识和维护心理健康的方法，并将其有效运用于自己的生活中。

（二）学会自我心理调适

“解铃还须系铃人”，预防和解决心理问题，最好的心理医生是自己。自我心理调适是一种简便、常用且有效的心理保健方法，也是维护心理健康、提高心理素质的主要的自助途径之一。大学生掌握心理调适的方法，有助于更好地维护自己的心理健康。常用的自我心理调适方法有心理暗示、自我激励、合理宣泄等。

（三）遇到问题时有求助意识

人的心理问题不可能完全通过自我调节来解决，尤其是面对一些复杂的心理困扰时，人们总是难以自拔。在这种情况下，最好的方法是求助心理咨询，及时求助是一种人生智慧。目前，大部分高校都有心理健康中心和专业的心理教师，为大学生提供心理咨询专业服务。如果遇到了心理问题，最好及时接受心理咨询与辅导，帮助自己恢复心理平衡，消除痛苦，保持健康的心理状态。

（四）养成健康的生活方式

生活方式是指人们在日常生活中遵循的行为规范，即习惯化了的生活模式。健康的心理与健康的身体密不可分，坚持健康、文明的生活方式有助于大学生心理健康水平的提高。生活方式对心理健康的影响已经被越来越多的人关注，生活没有规律、随心所欲、懒散与过度学习、沉溺于网络、暴饮暴食、节食瘦身、抽烟酗酒等都是不健康的生活方式。对大学生而言，健康的生活方式主要包括合理作息、平衡膳食、科学用脑、适量运动等。

（五）丰富课余生活

多彩的课余活动不仅能丰富大学生的生活，而且能为大学生的健康发展提供课堂以外的活动机会。大学生应培养多种兴趣，发展课余爱好，通过参加各种课余活动，发挥潜能，振奋精神，缓解紧张情绪，维护身心健康。大学生应积极投身社会实践，并在活动中全面提高自身素质，通过群体交往活动，理解人与人之间的关系，体验友谊与沟通的快乐。发展社会交往可以不断地丰富和激活大学生的内心世界，有利于大学生保持心理健康。

心理百科

/ 大学生心理健康日 /

为引导大学生关注自身的心理健康，2000 年，“5·25 全国大学生心理健康节”在北京师范大学拉开帷幕。健康节取“5·25”的谐音“我爱我”，意为关爱自我的心理成长和健康，活动的主题是大学生人际交往和互助问题，口号为“我爱我——走出心灵的孤岛”。发起人的解释是：爱自己才能更好地爱他人。心理健康的第一条标准就是认识自我、接纳自我，能体验到自己存在的价值，乐观自信。这样的人才能以信任、友爱、宽容、尊重的态度与人相处，能分享、接受、给予爱和友谊，能与他人同心协力。

第三节 大学生心理健康教育

一、大学生心理健康教育的意义

（一）促进大学生全面发展和成长成才的迫切需要

大学生是一个承载社会、家庭高期望值的群体，自我定位高、成长成才愿望强烈，但他们的心理发展尚未完全成熟稳定，心理承受和适应能力相对较弱。随着社会竞争日益加剧，大学生面临的经济、学业、就业、情感等压力越来越大，大学生在环境适应、自我管理、学习成才、人际交往、交友恋爱、求职择业、人格发展和情绪调节等方面反映出来的心理困惑和问题日益突出，这对于大学生成才及适应社会都是十分不利的。因此，健康的心理品质是大学生全面发展和成长成才的基本要求，也是大学生发挥智力水平、积极从事社会活动并不断向更高层次发展的重要条件。

（二）驱动大学生健全人格发展的基本动力

心理健康教育与受教育者的人格发展密切相关，并直接影响个体人格的发展水平。一方面，大学生以在心理健康教育过程中接受的道德规范、行为方式、环境信息、社会期望等来逐渐完善自身的人格结构；另一方面，客观存在的价值观念作为心理生活中对自身的一种衡量、评价和调控，也影响着主体人格的发展，并且在一定条件下可转化为人格特质，从而使人格发展上升到一个新的高度。心理健康教育不仅能使大学生认识并弥补自身人格发展中存在的不足与缺陷，而且更重要的是帮助大学生塑造、发展适应社会主义市场经济发展需要的健康人格模式，从而达到心理优化、健全人格的目的。

（三）开发大学生潜能的可靠途径

潜能是每个人尚未实现的能力，大学生有着无限的潜能有待于开发。良好的心理素质和潜能开发是相互促进、互为前提的。心理健康教育为二者的协调发展创造了必要条件。只有心理健康，才会有积极的心态、广泛的兴趣、强烈的求知欲和顽强的毅力，才能不断激发和运用自己的潜能，成就以前自认为做不到的事。心理健康教育可以通过激发大学生的自信心，帮助大学生在更高的层次上认识自我，从而实现角色转换，发展对环境的适应能力，最终使潜能得到充分发展。

（四）全面贯彻党的教育方针、实施素质教育的重要举措

教育要致力于提高国民素质，特别是培养高层次专门人才的高等教育，更要着眼于提高大学生的综合素质。2023 年教育部等十七部门印发的《全面加强和改进新时代学生心理健康工作专项行动计划（2023—2025 年）》指出，要“培育学生热爱生活、珍视生命、自尊自信、理性平和、乐观向上的心理品质和不懈奋斗、荣辱不惊、百折不挠的意志品质，促进学生思想道德素质、科学文化素质和身心健康素质协调发展，培养担当民族复兴大任的时代新人”。因此，心理健康教育既是时代特征的要求，又是时代任务的要求。

二、大学生心理健康教育的途径

（一）开设大学生心理健康教育课程

系统学习心理、卫生、健康等方面的知识，有助于大学生了解心理发展规律，掌握心理调节方法，增强自我教育的能力。心理健康教育的效果在很大程度上取决于大学生自我教育的主动性和积极性，取决于大学生自我教育能力的高低。因此，通过开设心理健康教育课程，充分发挥课堂教学主渠道作用，真正确立“以学生为中心，以全体学生的主动参与为中心”的教学理念，能够使大学生通过课程的学习掌握心理健康的理论，加强心理行为修养，提高自我教育和维护心理健康的能力。

（二）开展学校心理咨询与指导

学校心理咨询是增进大学生心理健康、优化心理素质的重要途径，也是心理健康教育的重要组成部分。学校心理咨询可以采用个别咨询、团体咨询的方法，指导大学生减缓内心矛盾和冲突，排解心中积郁，开发身心潜能，以帮助大学生正确认识自我、有效地适应外界环境。应加强学校心理咨询中心的建设，有针对性地向大学生提供经常、及时、有效的心理健康指导服务，使其真正成为大学生倾诉心声、减轻心理压力、获得心理帮助的精神家园。同时应加强对心理教师和心理咨询人员的培训，不断提高他们从事心理健康教育工作的理论水平、专业素养和基本技能，促进大学生心理健康教育走向科学化、规范化、专业化。

（三）在学科教学中渗透心理健康教育

不要把心理健康教育局限于某一方面的工作，要树立全局观念，全方位渗透心理健康教育。在各学科教学中渗透心理健康教育既是心理健康教育的有效途径，也是各学科教学自身发展的必然要求。各学科教学过程中都包含着极其丰富的心理教育因素，每一位教师都要掌握一些心理健康的基本知识，在传授知识的过程中需要注重考虑大学生的心理需求，激发大学生学习的兴趣，把各学科的知识、经验和技能转化为大学生自己的精神财富，即内化成大学生的思想观点、人生价值和良好的心理素质。培养一支心理健康、懂得心理学专业知识、掌握心理辅导技能和心理训练方法的教师队伍是加强心理健康教育至关重要的环节。

（四）加强心理健康文化建设

大学生健康心理的培养离不开良好的校园文化氛围。加强校园文化建设，开展形式多样的文体活动和学术活动，营造积极、健康、高雅的文化氛围，有助于陶冶大学生的高尚情操，培养大学生乐观向上的生活态度和健康愉悦的情绪特征，还可以增强大学生相互关怀与支持的意识，提高大学生的适应能力。要形成全员育人的意识，坚持课内与课外相结合，积极开展各种教育活动，如大学生心理健康节、心理文化月、心理剧汇演等，建设符合大学生成长规律的校园心理文化，美化校园环境，不断开发可利用的教育资源，使大学生在良好的人文和校园环境中健康成长。

（五）实施心理危机干预

大学生在成长过程中会遇到不同程度的心理危机。近年来，大学生自伤事件时有发生。在危机中既包含所面临的危险，同时也孕育了成长的机会。因此，建立大学生心理危机干预机制极为必要。应引导大学生积极应对危机，学会化解危机，促使其健康成长。建立大学生心理危机排查机制和大学生心理危机预警机制，力求早发现、早干预、早解决，防止和减少危机事件的发生。制定心理危机干预工作制度和干预方案，明确工作流程，畅通联络渠道。要在院（系）、学校心理健康教育和心理咨询机构、精神卫生专业医疗机构等部门之间建立科学有效的心理危机转介机制，确保心理危机发生时有条不紊地开展干预活动。妥善做好心理危机事件善后工作，加强对心理危机大学生康复及康复后的关注跟踪，持续给予其心理上的支持，最大限度地减少危机事件的负面影响。

三、大学生心理健康教育与思想政治教育

（一）心理健康教育与思想政治教育的内涵

心理健康教育是通过心理学理论与技能的传授，帮助大学生提高自我认知能力、人际沟通能力、自我调节能力，增强自我心理保健意识和心理危机预防意识，全面提升心理素养。

思想政治教育是学习并运用马克思主义理论与方法，研究人们的思想品德形成与发展变化的规律以及思想政治教育规律，培养人们树立正确的世界观、人生观、价值观。高校作为人才培养、科学研究、传承创新、交流合作的重要平台，加强大学生思想政治教育工作，帮助他们树立正确的思想价值观念，事关培养中国特色社会主义事业的合格建设者和接班人，是一项重大的政治任务和战略工程。

（二）心理健康教育与思想政治教育的区别

1. 具体任务的差异性

大学生心理健康教育的具体任务主要聚焦个体心理健康的提升。通过向大

学生提供心理学知识、心理健康保健方法以及心理问题的识别和解决技巧，帮助大学生充分认识和理解自己的心理状态，并掌握应对心理问题的方法。思想政治教育的具体任务更加关注整体意识形态建设。思想政治教育立足于对大学生思想动态的把握，旨在引导大学生树立正确的思想观念和政治立场，弘扬社会主义核心价值观，培养大学生的社会责任感和政治参与意识，使他们成为拥有正确世界观、人生观和价值观的社会主义建设者和接班人。

2. 内容侧重的差异性

心理健康教育侧重围绕大学生具体的心理健康问题展开，涵盖了丰富的心理学知识和心理健康保健方法，帮助大学生了解心理健康的重要性以及如何应对生活中的心理困扰和挑战，建立健康的心理生活方式，提升心理健康水平。思想政治教育则侧重引导大学生树立正确的思想观念、政治立场和价值观，在内容上包含了丰富的思想政治理论知识，如马克思主义、社会主义核心价值观等，以提升大学生的思想政治素养。

3. 教育模式的差异性

心理健康教育一般采用心理咨询、心理辅导、心理健康教育课程等方式，强调倾听，与来访大学生平等交流，在涉及对大学生进行教育时，更注重心理健康教育过程中的双向互动，帮助大学生分析清楚其自身对此事的感受，使其掌握有效的应对方法，从而提升心理健康水平。思想政治教育主要通过集中宣传、思想政治理论课、大会报告、讲座以及参观调查、座谈讨论、个别谈话等方式进行，以灌输与启发相结合、以理服人与以情感人相结合以及普遍教育与个别教育相结合的模式开展。此外，心理健康教育遵循自愿的原则，一般不会主动干预。而思想政治教育工作更提倡主动出击，强调集体性的思想引导。

（三）心理健康教育与思想政治教育的联系

1. 根本任务的一致性

引导、教育大学生正确认识自我，正确处理个人与他人、个人与社会的关系，树立正确的世界观、人生观和价值观，帮助大学生实现自我价值，是大学生心理健康教育和思想政治教育共同的根本任务。心理健康教师可从宏观角度认识大学生及其思想行为的变化发展规律，运用多元化思政教育方法对在校大学生开展思想政治教育。因此，高校心理健康教育工作是对思想政治教育工作的补充，两者的教育目标有重叠的部分。

2. 功能效果的互补性

我国高校思想政治教育更多地关注社会功能，重点关注大学生统一的社会行为和符合新时代发展的思想观念。高校心理健康教育更多地关注大学生的个体问题，重点关注大学生学习生活中的个体需求和问题解决方式。因此，两者相结合不仅拓宽了各自的领域，也是对各自领域教育效果的补充。良好的心理健康水平为思想政治教育工作奠定了坚实的基础，而有效的思想政治教育也能为大学生心理健康教育提供正确的价值方向。

3. 方法途径的互通性

同属于“育人”这个大目标的心理健康教育和思想政治教育，在教育方法和途径上存在差异，但同时也存在一定的交互性。大学生的成长过程是动态、复杂、内化的，很多心理问题的出现也和大学生本人的价值观有关。心理健康教育和思想政治教育同时对大学生进行引导，使其形成正确的价值观和健康的心理状态。值得注意的是，大学生思想政治教育的教学方法和形式要契合大学生心理发展不同阶段的特点，教学途径也应注重大学生的心理实际和规律。与此同时，深入研究大学生思想政治教育有利于丰富有关大学生心理发展的教育资源。

心医之窗

心理健康相关系统理论在中医体系中隶属于“情志”范畴。中医在“整体观念”这一基本原则下，结合“藏象”理论，对情志方面的描述已在《黄帝内经》（完全成书为西汉）中初具雏形并在宋代陈无择《三因极一病症方论》中发展成熟。中医学认为，情志为脑（元神之府）及肝（藏魂，在志为怒）、心（藏神，在志为喜）、脾（藏意，在志为思）、肺（藏魄，在志为悲）、肾（藏志，在志为恐）等脏腑所共同主导，对人体的生理、心理功能起到协调作用。《黄帝内经》中针对情志在心理方面的影响，做了原则性分析总结，对于个性心理特征的种种分类、心理因素在疾病发生发展中的地位、心理治疗的意义、调神摄生的心理卫生等均提出了很多颇有价值的见解，是研究心理健康的宝贵资料。

近年来，随着社会发展，竞争加剧，人们的身心健康大受影响，情志疾病发病率日渐升高。情志病是一种发病即与相关情志刺激关联，且呈现一定情志异常表现的病症。针灸作为中医独具特色的治疗方法，外祛邪，内扶正，具有双向调整气血、经络、脏腑生理功能的作用，是古今医者治疗情志病的重要方式方法。

例：太冲穴（见图 1–1）。

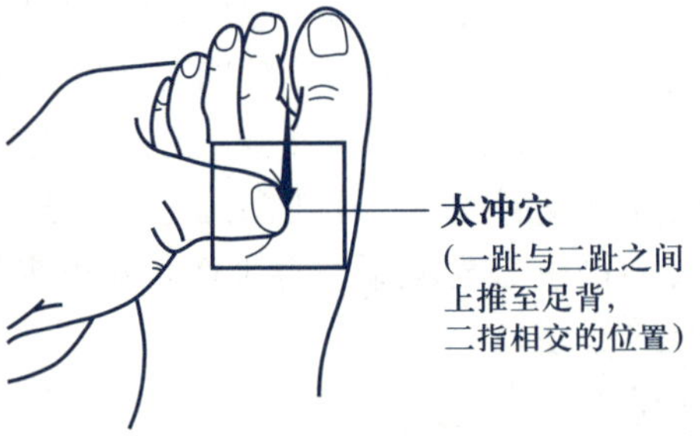

图 1–1　太冲穴

定位：在足背，第一、第二跖骨间，跖骨结合部前方凹陷中，或触及动脉波动处。

功效：太冲穴是肝经输（原）穴，主肝经和全身气血。肝在志为怒，人在发怒生气时，会影响肝经气血的运行。按摩此穴道能够调节人体肝脏功能，通经活血，还可以平息肝火，从而起到稳定情绪的功效。

五脏六腑与人体身心健康密切相关，在日常生活中要更加重视“以情养生”。中医学认为，人有喜、怒、忧、思、悲、恐、惊的情志变化，亦称七情。其中喜、怒、忧、思、恐为五志，五志与五脏有着密切的联系。此观点被历代医家应用于养生学中，对于情志调摄、防病祛疾、益寿延年起着不可低估的作用。良好的心态，能促进五脏六腑功能平衡；相反，不好的心态会打破此平衡状态，导致各种症状出现。

拍出好心情

观察一下身边的同学，用手机（相机）拍一张你认为心理健康的同学的照片，谈一谈你拍的这位同学符合哪些心理健康标准。

心灵成长

查阅历年“5·25 全国大学生心理健康节”活动主题，结合本章内容说说学习感受。

思考题

1. 什么是心理健康？其标准有哪些？
2. 当前大学生常见的心理健康问题有哪些？
3. 生活中维护和促进大学生心理健康的方法有哪些？

课后作业

1. 简述大学生心理健康的标准。
2. 简述大学生心理健康的影响因素。
3. 论述大学生心理健康教育与思想政治教育的关系。

作品推荐

图书：《心理学与生活》，理查德·格里格、菲利普·津巴多著，王垒、王甦等译，人民邮电出版社。
电影：《美丽心灵》，朗·霍华德执导。

第二章

大学生心理咨询与心理治疗

动画导入：
来来来，了解一下心理咨询

学习目标：

了解心理咨询的基本概念和功能、心理咨询与心理治疗的关系、心理咨询的内容与类型，建立正确的心理咨询观念以及自助、求助的意识，学习掌握自我心理调节方法。

心路心语

大甘、大酸、大苦、大辛、大咸，五者充形，则生害矣；大喜、大怒、大忧、大恐、大哀，五者接神，则生害矣；大寒、大热、大燥、大湿、大风、大霖、大雾，七者动精，则生害矣。故凡养生，莫若知本。知本则疾无由至矣。

——《吕氏春秋》

理想的人是能够克服前进道路上种种困难的人，是对全社会作出贡献的人，是社会感得到高度发展的人。不培养深厚的社会感，就不会有人的健康成长。

——阿尔弗雷德·阿德勒

引 言

随着现代社会竞争不断加剧和个人发展需求日益多元，大学生面临着来自学业、职业、人际关系等方面的巨大压力。因此，了解心理咨询和心理治疗，成为大学生心理健康教育的关键一环。本章将深入探讨大学生心理咨询与心理治疗，揭示大学生心理健康领域中的重要理论和实践。

案例导入

小 B 是一名大学生，平时性格外向开朗。但最近几个月，他的情绪开始变得低落，经常感到焦虑和沮丧，学习成绩开始下滑，社交活动也逐渐减少。他常常感到无法控制自己的情绪，甚至在一些情况下，会出现明显的情绪爆发。

小 B 经过深思熟虑，找到心理健康老师寻求帮助。在心理咨询过程中，老师发现小 B 在家中的一次争吵后，突然失去了与父亲的联系，而他一直没有机会好好处理这个情感创伤。他开始对未来感到迷茫，害怕面对社会的压力和不确定性。

通过与小 B 的交流，老师发现他的情绪问题不仅影响到了学业，还影响到了他的人际关系和自我成长。老师采用心理咨询的方法，通过倾听和支持，帮助他了解自己的情绪和焦虑来源，引导他学会有效的情绪管理和压力应对方法。

随着咨询的进行，老师也注意到小 B 表现出了一些与心理健康相关的问题，老师遂决定与专业的心理治疗师合作，提供更深入的支持。小 B 开始接受心理治疗，通过深入的心理探索，逐渐理解并应对内心深处的情感创伤。

请思考：

1. 案例中小 B 表现出明显的情绪问题和社交障碍，作为他的同学，你会如何评估他的情绪问题的严重程度？他的情绪问题是否可能与其他潜在因素相关？

2. 在帮助小 B 时，如何确保他能够逐步形成自我调节方法？你会考虑引导他使用哪些技巧，以帮助他更好地管理情绪和压力？

第一节 心理咨询与心理治疗概述

一、心理咨询的内涵、功能及原则

（一）心理咨询的内涵

心理咨询英文为 counseling（咨询）或 psychological counseling（心理咨询）。字面上看，心理咨询暗含着洽商和顾问指导的概念，即在心理领域为咨询对象提供帮助、建议和指导的过程。根据《心理学大词典》的定义，心理咨询通过心理交流的过程和方法，让心理失调者对自己和环境有准确的认识，从而改变态度和行为，以适应社会生活。

（二）心理咨询的功能

一是协助个体认知个人与社会的关系，增强自我及人际互动的心理能力。

二是引导个体逐步转变与环境不适应的思维、情感和反应模式，学会适应性方法，消除特定症状，推动人格重塑与成长。

三是引导个体克服发展中的困难，以提高工作效能、提升生活品质，从而更好地发挥内在潜能，实现自我价值。

（三）心理咨询的基本原则

1. 保密性原则

咨询师要严守来访者隐私，妥善保存测试资料和咨询档案，不在任何场合透露来访者的隐私，除非得到明确同意。在必须引用案例时，须进行技术处理以保护隐私。然而，若涉及自身、他人或社会安全问题，或要协助公安机关调查，应配合有关部门提供必要信息。

2. 助人自助原则

咨询师辅助来访者整理思绪，培养其理性处理问题能力，从而促进来访者的心理成长，此为助人。而来访者在咨询师的帮助下，认识到自己人格发展的情况，于是开始了自我成长，向着完美、健全的人格发展，此为自助。与此同时，咨询既是来访者学习成长的过程，也是咨询师自身不断发展的过程。

3. “来者不拒、去者不留”原则

来访者应自愿并怀有求助动机，这是咨询关系的前提。若没有求助动机，改变的动力将不足，效果有限。咨询师不会主动要求提供心理咨询，只有当来访者自己寻求援助时，问题才能得到解决。心理咨询服务面向所有有咨询需要的人，若不适合，应进行转介。

4. 客观中立和无条件接纳原则

咨询师应保持客观立场，充分理解和接受来访者的言行情绪，不评判对错。咨询师应协助来访者分析原因，寻找解决方案，助其消除心理阴影。

5. 重大决定延期原则

在心理咨询期间，若来访者情绪不稳定，应告知其不宜轻率作出重要决定，如退学、感情抉择等，需等情绪平稳后再决定，这样的决策较不易后悔。

6. 时限性原则

心理咨询必须遵循时间限制。每次咨询一般约 50 分钟，原则上不得随意延长，初次咨询可以适度延长。

二、心理治疗的内涵

心理治疗与心理咨询类似，至今尚无普遍接受的明确定义。《美国精神病学词汇表》中对心理治疗的界定是:“在这一过程中，一个人希望消除症状，或解决生活中出现的问题，或因寻求个人发展而进入一种含蓄的明确的契约关系，以一种规定的方式与心理治疗家相互作用。”我国学者认为，心理治疗是基于心理学理论，以医患关系为桥梁，运用心理技术与方法，纠正不正确的认知、情绪问题，解决心理矛盾，达到治疗目标的过程。

三、心理咨询与心理治疗的联系与区别

（一）心理咨询与心理治疗的联系

（1）心理咨询与心理治疗所应用的理论方法通常相互交叉，二者的理论界限并不清晰。例如，强化、灌输等方法在心理治疗中常见，在心理咨询中同样有所应用。

（2）心理咨询与心理治疗的核心本质都在于协助来访者解决心理和行为问题，促进其健康成长。

（3）心理咨询与心理治疗均重视建立优质的人际关系。

（二）心理咨询与心理治疗的区别

（1）心理咨询主要服务正常人群，而心理治疗则主要针对具有心理障碍的个体。

（2）心理咨询专注于解决正常人的多种问题，例如，日常生活中的人际关系、学业压力、情感问题以及职业规划等。心理治疗的范畴则主要覆盖神经症、心理障碍和身心疾病等。

（3）心理咨询通常耗时较短，无须住院或门诊治疗。心理治疗一般需要更多时间，通常在专业医院门诊进行，某些情况可能需要住院治疗。

（4）心理咨询注重教育、指导和支持，而心理治疗则涉及深入人的潜意识领域，重塑来访者的人格等方面。

四、心理咨询与心理治疗的对象

（一）心理咨询的对象

心理咨询的对象主要是健康人群，或者是存在心理问题的亚健康人群。

（1）精神正常，但遇到了与心理有关的现实问题并请求帮助的人群。

（2）精神正常，但心理健康出现问题并请求帮助的人群。

（3）特殊对象，即临床治愈的精神疾病来访者。

（二）心理治疗的对象

心理治疗的对象主要是有严重心理疾病、精神疾病的来访者。

（1）患有精神疾病者。人格和精神功能失去协调，常出现幻觉、妄想等症

状，思维、情感、行为均受损，除药物治疗外，心理辅导同样必不可少。

（2）神经症患者。情绪困扰或心理问题较显著，药物可帮助，但心理治疗效果更为显著。

（3）心理有症结者。有些人在生活中面临复杂的内心问题，例如，远距离恋爱引发的焦虑。需要仔细分析心理困境，探究潜在动机来解决问题。

（4）行为及人格障碍患者。虽然可能没有明显的自我感知不适，但在行为或性格方面存在障碍，影响日常生活。例如，社交障碍或过于强迫的行为模式。

五、心理咨询的模式、分类和形式

（一）心理咨询的模式

1. 心理咨询的指导模式

心理咨询是一种特殊的双向互动过程，主要由咨询师引导，因此其引导功能不容忽视。在心理咨询的指导模式中，咨询师须充分了解来访者的性格特点、兴趣、能力等，基于此为他们在生活、学业、职业等多个领域提供综合性指导。心理咨询指导模式的核心目标在于，培养来访者自行解决问题和作出决策的能力。此外，咨询师也应关注社会变革信息和未来趋势，以便为来访者提供全面的信息支持。

2. 心理咨询的发展模式

心理咨询的发展模式是指咨询师按照个体心理成长的普遍模式，专注于解决来访者在不同成长阶段面对的任务和矛盾。这样的咨询旨在解决心理困境，助力来访者顺利完成成长任务。心理咨询发展模式的主要目标是充分释放来访者的潜能，使个体能够适应社会的变迁，建立良好的人际关系，逐步履行各阶段的使命，逐渐完善自我。

3. 心理咨询的社会影响模式

心理咨询的社会影响模式是指咨询师依据社会心理学关于社会影响人际交往的原理对来访者进行干预，关注来访者的价值观念、社会角色、社会文化和性别差异等多种社会因素的影响。心理咨询的社会影响模式强调家庭、学校和社会要密切配合咨询师的工作，切实帮助来访者巩固咨询效果，更好地适应生活、适应社会。

4. 心理咨询的治疗模式

心理咨询的治疗模式是指咨询师利用心理学的理论和方法，通过对来访者的认知、情绪和行为产生影响，激发其积极性，帮助他们减轻心理压力和精神痛苦，改善或消除病理状态，从而促进来访者心理功能的恢复和协调。这种模式通过应用心理学的原则引导来访者，使他们能够更好地理解自己的情感和行为，从而积极应对问题并逐渐恢复心理健康。

（二）心理咨询的分类及形式

1. 按咨询性质分类：发展咨询和健康咨询

（1）发展咨询。发展咨询旨在通过提供指导，帮助大学生应对不同生活阶段面临的挑战，进而作出教育和职业决策，并解决个人局限和困境。发展咨询在帮助个体培养所需技能、视角和适应能力方面发挥着关键作用。

（2）健康咨询。大学生在生活、学业、工作、家庭、健康、恋爱等方面可能出现心理问题，面临困惑、内心冲突，或遭受严重的心理创伤，导致心理失衡。健康咨询可以帮助大学生重新建立内外平衡、提升心理健康水平、减轻心理困扰，以便更好地应对生活中的种种挑战。

2. 按咨询的规模分类：个体咨询与团体咨询

（1）个体咨询。个体咨询是一种一对一的咨询形式，通过咨询师与来访者的互动，帮助个体自我发现和解决个人问题，以促使他们更好地适应社会生活。在这个过程中，咨询师能够专注地倾听来访者的需求和问题，提供个性化的支持和指导，以便个体能够更深入地了解自己，并探索适应性的方法来应对生活中的各种挑战。

（2）团体咨询。团体咨询是一种在团体环境中为来访者提供帮助和指导的形式。在这个过程中，咨询师利用团体内的人际交互作用，引导个体通过观察、体验、学习以及与他人分享自己的感受，从而更好地认知自己和他人。这种咨询形式促使个体学习适应性行为，加强个体的发展，并提升他们在生活中的适应能力。

3. 按咨询形式分类：门诊咨询、电话咨询、现场咨询和互联网咨询

（1）门诊咨询。门诊咨询是咨询师在专门的心理咨询机构或当地专业医院设立的心理门诊进行咨询治疗。这种面对面的咨询方式能够及时地检查和发现来访者的问题，并迅速进行妥善处理。

（2）电话咨询。电话咨询是一种利用电话通信方式为咨询对象提供帮助的形式。这种咨询方式具有方便、迅速、及时的特点。电话咨询不仅提供了随时随地的咨询机会，还有助于提供紧急心理援助，确保咨询对象能够在需要时得到适时的支持和指导。

（3）现场咨询。现场咨询是咨询机构的专业人员深入基层，为咨询对象提供多样化的服务。这种咨询方式使专业人员能够直接走进大学生的学习生活环境，更深入地了解他们的问题和需求，从而提供更有针对性的咨询服务。

（4）互联网咨询。互联网咨询是咨询师通过互联网协助来访者，例如，使用QQ、微信、微博或参与网上论坛进行咨询。来访者在论坛上注册并发布个人信息后，就可以获得咨询师的指导和协助，不足之处是信息可能不够全面。虽然互联网咨询有其便利之处，但咨询师需要注意信息隐私和安全问题。

4. 按咨询的时程分类：短期咨询、中期咨询和长期咨询

（1）短期咨询，通常在一至三周内完成，主要针对一般性心理问题进行干预。

（2）中期咨询，周期一般为一至三个月，主要针对比较严重的心理问题。

（3）长期咨询，周期一般超过三个月，这时应当采用标准化的心理治疗方法，主要应对严重心理问题或神经症性心理问题。

六、心理咨询的一般步骤

（一）建立良好的咨访关系

咨询师与来访者的关系称为咨访关系。建立良好的咨访关系是心理咨询的首要步骤，是心理咨询的基础，可以使来访者毫无保留地倾诉想法，也可以使咨询师全面了解问题，有效运用方法，推动来访者积极变化。建立良好的咨访关系，咨询师须注意以下几点：

（1）共情，又称为入情、同理心等，指在咨询过程中，咨询师要设身处地体会来访者的内心感受，以达到深刻理解来访者的目的。

（2）积极关注，指咨询师以积极的态度看待来访者，强调他们的优点，利用积极因素来推动变化。

（3）尊重与温暖。尊重包括尊重当事人的个性特征，尊重他们所经历的困境和挫折，主要表现为平等对待、以礼相待、保护隐私和无条件接纳。温暖则是咨询师对来访者主观态度的表达，它不仅仅是语言的表达，还通过语气、姿态、面部表情等元素体现。

（4）真诚，指咨询师真实地展现自己和对待来访者。真诚并不等于一味地说实话，也不是自我宣泄，而是真实和适度。

（二）收集资料

为有效地帮助来访者解决心理问题，咨询师需要广泛收集来访者的资料。资料收集应聚焦以下几个关键方面：

（1）来访者的基本信息，包括性别、姓名、年龄、出生地、经济状况、民族、班级和联系方式等。

（2）来访者的主要心理问题、动机以及期望目标。

（3）来访者的身体、心理和社会功能状态。

（4）来访者的既往经历和社会背景。

（5）近期发生的重要生活事件。

（6）对资料来源的真实性和可靠性进行审查，以求辨明真实情况。

（7）将收集到的资料按照性质分类整理，包括环境生活事件、认知、情绪、行为以及社会功能表现等。

（三）评估分析与诊断

咨询师需要通过分析和评估，确定心理问题的起因、性质和程度，最终形成诊断。

（1）基于收集的资料，运用郭念锋十项标准来对大学生的心理健康状况进行评估，从而深入了解来访者的精神状态。

（2）进行定性分析，以判断来访者的问题是否属于心理咨询范畴。依据郭念锋区分正常与异常的三大原则，识别来访者是否存在精神障碍。若确诊为精神障碍，即须迅速转诊至心理医院。

（3）若排除精神障碍，便需进一步区分是一般心理问题还是神经症。若涉及神经症，应立即安排前往心理医院。若为一般心理问题，即可开展心理咨询。

（4）持续修正和评估，以确保形成明确的诊断。

（四）确立咨询方案

咨询方案是实施心理咨询的计划书，包括一般资料、评估心理问题性质、咨询方法、期限、目标、步骤等。在制定方案时需与来访者共同制定目标和实施计划。

（1）来访者基本信息：人口学资料、主诉、亲属和他人介绍、咨询师观察等。

（2）基于资料的评估与鉴别诊断。

（3）共同协商制定的咨询协议。

（4）共同确定使用的咨询和治疗方法。

（5）确定的咨询步骤和过程。

（6）阶段性咨询目标及评估方法。

（7）最终咨询目标及评估方法。

（8）后续追踪与评估方法。

（9）应对咨询困境的策略。

心理百科

/ 心理咨询：帮助大学生走出心理困境 /

新时代中国社会正在经历着急剧变化，各种威胁心理健康的因素影响着人们的生活。青年大学生群体的认知、意志、情感、个性等主要心理特征可塑性强，青年时期是人的一生中心理变化最复杂、波动最大的时期。在这一时期，如果不能正确认知困境，积极自我调适，则可能导致心理困境，甚至产生心理障碍。

出现心理问题并不是一件令人羞耻的事情，它只是心灵的另一种表达方式，是一种信号，它提醒大学生该关爱自己的内心世界了。因为负面情绪本来就是人自身的一部分，我们要觉察它、接纳它、允许它，进而才能把压力释放并转化成内心的力量，真正让生命走向强大和完整。心理咨询是运用心理学的方法，对心理适应方面出现问题并寻求解决问题的来访者提供心理援助的过程。正确运用心理咨询方法，必要时寻求咨询师的帮助，有助于大学生树立健康的心理认知，从而积极面对生活和学业，为毕业走向社会奠定良好的心理基础。

心灵港湾

/ 积极心理与幸福人生 /

物质享受是否一定带来幸福人生？有人调查了一些突然获得巨额财富的人，如果这个人是具有稳定抑郁情绪的人，那么获得财富后会快乐半年左右，但半年后又会陷入不快乐之中，重新变得抑郁。也就是说物质层面的获得，只能使一个原本不快乐的人获得暂时的快乐体验，但从长远发展看，其对人生幸福的意义并不大，甚至可能导致短暂快乐之后的失落感。

积极心理学认为，具有积极情绪的人比一般人更能忍受痛苦。经典心理学实验表明，将手伸进冰水中的人，拥有积极情绪或消极情绪所带来的体验结果可能完全不同。普通人将手伸进冰水中只能忍受60~90秒，但拥有积极情绪者往往能忍受更长时间。同样，积极情绪可以帮助逆境中的人求得生存和发展，更能帮助那些处于正常境况下的人学会怎样过上高质量的个人生活与社会生活。

第二节 心理咨询的基本理论与方法

当前，临床心理学主要包括精神分析学派、行为学派和人本主义学派三大主流学派。20世纪50至60年代，认知心理学派崭露头角，随后蓬勃发展，成为第四大流派。此外，还涌现出森田疗法、认识领悟疗法、沙盘疗法、催眠疗法、正念疗法、家庭治疗、照片治疗等心理咨询技术。

一、精神分析疗法

（一）精神分析基本理论

精神分析疗法又称为心理分析疗法，诞生于19世纪末，由奥地利精神科医师弗洛伊德创立。弗洛伊德主张将人的精神活动分为意识、前意识和潜意识。意识涉及直接感知，是合乎社会规范和道德标准的部分。前意识位于意识和潜意识之间，是在个体成长发育过程中形成的，其心理活动通常需要努力回忆和提醒才能进入意识。潜意识也称为“被压抑的无意识”或“不能被意识到的心理活动”。弗洛伊德认为，大部分心理活动发生在潜意识中，而且被压抑在潜意识里的冲突可能在某些条件下通过转换机制表现出来，导致心身症状和精神疾病。弗洛伊德还构建了人格的三个组成部分：本我、自我和超我。本我是原始的、无意识的部分，按照快乐原则运作；超我代表道德和良心，按照社会道德准则行事；自我则是意识的一部分，旨在平衡本我和超我的要求，遵循现实原则。在健康人格中，这三部分保持平衡，从而确保个体社会化的顺利进行。然而，当本我、自我、超我失衡时，可能导致心理问题。

（二）精神分析疗法常用技术

1. 自由联想

自由联想是一种让来访者自由表达内心想法的方法，鼓励他们回忆童年经历或心理创伤。通过自由联想，潜意识的门不知不觉地打开，潜意识中的心理冲突得以进入意识，治疗师可以分析这些冲突，促使来访者理解心理障碍的核心问题，并建立健康心理。自由联想是精神分析的基本手段。

2. 释梦

弗洛伊德在《梦的解析》中提出了释梦的概念，认为梦是潜意识冲突欲望的象征。通过分析梦境内容，治疗师可以揭示梦中隐藏的象征意义，帮助来访者理解潜在的心理冲突。治疗师会要求来访者谈论他们的梦境，并自由联想梦境中的各个部分，以便更好地理解梦的表面故事和潜在的象征意义。

3. 阻抗分析

阻抗是来访者有意识或无意识地回避某些话题的行为，例如，在自由联想过程中突然沉默或转移话题。这种阻抗可能是来自潜意识中压抑的心理冲突的表现。治疗师的任务是辨认并帮助克服各种形式的阻抗，使被压抑的情感能够释放出来，从而解决心理冲突。

4. 移情

移情是来访者在治疗过程中将早期对父母或亲人的情感转移到治疗师身上的现象。这种情感转移可能是正性的（积极的情感），也可能是负性的（消极的情感）。治疗师通过移情分析，帮助来访者重新体验过去的情感，有助于解决早期心理冲突。

5. 解释

治疗师在治疗过程中会解释来访者所说话语中的潜在动机，帮助他们克服阻抗，理解症状的真正含义，并将无意识内容转化为有意识内容。这一技术随着会谈的深入和来访者逐渐敞开心扉而加深和完善。

二、行为疗法

（一）行为疗法简介

行为疗法是一类以改善来访者的症状和不良行为为主要目标的心理治疗技术，涵盖了多种方法和理论，主要以巴甫洛夫的经典条件反射、斯金纳的操作条件反射和班杜拉社会学习理论为基础。这三种理论共同强调学习在行为塑造中的重要作用。行为主义认为，除了遗传和成熟对行为的影响，学习是塑造活动行为和改变不良行为的主要途径。

（二）行为疗法常用技术

1. 放松疗法

放松疗法包括深呼吸放松法、想象性放松法和渐进式放松法等。深呼吸放松法通过调整呼吸来达到身心的放松。想象性放松法通过唤起内心平静、愉悦的想象情境，减缓紧张和焦虑，引导集中注意力，增强内在的满足感和自信心。渐进式放松法以循序渐进的方式，通过反复的肌肉收缩与松弛来实现全身放松。这一方法通过让个体体验紧张和放松的差异，帮助来访者逐渐感知到紧张和放松的变化，从而达到全身放松的效果。

2. 系统脱敏疗法

系统脱敏疗法基于行为分析，通过构建焦虑等级表，让来访者逐级想象恐惧情境，配合逐渐放松的状态，最终达到脱敏目的。这一过程分为三个步骤：首先，个体学会肌肉放松技巧；其次，构建焦虑等级，了解引发焦虑的不同刺激；最后，逐步实施脱敏训练，通过逐级的暴露让个体逐渐适应焦虑刺激，从而减少恐惧和焦虑感。

3. 厌恶疗法

厌恶疗法旨在将欲戒除的行为与引发厌恶或惩罚性刺激相结合，通过创造厌恶性条件反应，达到减少或消除目标行为的目的。常用的厌恶疗法有电击厌恶法、药物厌恶法、想象厌恶法等。

4. 角色扮演法

角色扮演法通过创造具体情境，让参与者分别扮演不同的角色，例如，“自己”和“对方”，以进行模拟训练，旨在改变不良行为并提升社会技能。这一方法不仅可以预演特定情境，还能够重现现实事件，使来访者更好地觉察到其不适应的行为，同时学习新的应对技巧，进而深刻改变对人际关系和事件的看法。

5. 代币奖励法

代币奖励法的核心思想是通过奖励体系，即在来访者展现出预期的良好行为时，即刻给予奖励，从而促使这种积极行为得以巩固和加强，同时抑制不良行为的发生。这种方法运用代币作为阳性强化物，代币应具备类似于现实生活中货币的功能，被赋予价值，可以兑换多样的奖励物品或来访者感兴趣的活动。

6. 行为塑造法

行为塑造法的目标是培养和养成新的反应或行为，主要通过有序的、逐步递进的方式引导所需的行为，并使其成为固定的模式，这个过程被称作行为塑造。行为塑造是实现管理目标的有效工具，其方法包括积极强化、消极强化和惩罚。在临床实践中采用行为塑造法时，首先要求治疗者与来访者共同明确最终治疗目标。随后，需要确定实现目标的行为、选择起点以及逐步确定逼近目标的步骤和每一步骤的子目标。

7. 模仿学习法

模仿学习法的基础是社会学习理论，它涉及人们依据他人行为模式和活动进行模仿的过程。研究显示，模仿可能导致三种类型的行为变化：一是通过模仿习得一种新的行为方式；二是模仿者可能因为看到榜样受到奖励或惩罚，从而在某种行为上产生抑制或非抑制的效应；三是模仿者在观察榜样的行为后，产生与这一行为有关的反应。这表明人的模仿不是单纯机械地复制榜样的行为，而是经过个体的认知和消化，产生有选择性的反应。

三、人本主义疗法

人本主义疗法是一种心理治疗方法，着重于尊重和理解个体的人性、价值和尊严。它通过建立良好的治疗关系，探索个体内在潜力和需求，帮助个体完成自我实现和发展。创始人是两位杰出的心理学家，分别是卡尔·罗杰斯和亚伯拉罕·马斯洛。他们既反对行为主义把人等同于动物，只研究人的行为，又批评弗洛伊德只研究神经症和精神病人，不考察正常人心理，因而被称为心理学的第三种运动。

（一）人本主义疗法基本原则

人本主义疗法基本原则包括三个要素：尊重、理解和真诚。治疗师必须尊重个体的人格和权利，不对其施加评判或强加意见。同时，治疗师还应理解个体内心的需求和感受，努力建立真诚和互信的关系。

（二）人本主义疗法治疗过程

人本主义疗法治疗过程通常包括以下几个阶段：建立治疗关系、探索内在世界、促进自我意识和实现自我发展。在建立治疗关系阶段，治疗师与个体建立互信和理解的关系，为后续的治疗打下基础。在探索内在世界阶段，治疗师通过倾听和理解，帮助个体深入探索内心的需求和价值观。在促进自我意识和实现自我发展阶段，治疗师通过支持和鼓励，帮助个体认识和发展自己的潜能，实现自我完善和成长。

（三）人本主义疗法治疗方法

1. 求助者中心疗法

这是一种个别谈话的治疗方法，由卡尔·罗杰斯创立。在求助者中心疗法中，治疗者采取一种真诚、积极关注的态度来对待来访者。他们致力于创建一个安全、接纳和无条件积极关注的治疗环境，让来访者能够自由地表达感受、想法和经验。治疗者通过倾听、反馈和提问等技巧，帮助来访者进行自我探索，促进他们对自己的认识和理解。

通过求助者中心疗法，来访者可以学会更好地理解和接纳自己，发展出更强的自我意识和自我控制能力。他们也可以学会更有效地与他人沟通和交流，建立更健康的人际关系。这种疗法在心理治疗领域有着广泛的应用，对于各种心理问题和挑战都有着积极的疗效。

2. 完形疗法

完形疗法由弗雷德里克·S. 皮尔斯博士创立，是一种强调个体自我觉察、存在主义和自我实现的心理治疗方法。它通过增强个体的自我觉察能力，帮助个体面对和体验自己的真实感受和需求，实现自我成长和进步。

完形疗法采用多种技术和活动来促进个体的自我觉察和成长，包括空椅子技术、角色扮演等。这些活动帮助个体面对和体验自己的真实感受和需求，以及与他人的关系。在治疗过程中，治疗师会创造一个安全、接纳和无条件积极关注的环境，让个体能够自由地表达自己，探索自己的内心世界。

四、认知疗法

认知疗法在20世纪60至70年代兴起，阿尔伯特·艾利斯和阿隆·贝克是主要代表人物。认知疗法认为，认知过程在行为和情感之间起着桥梁作用，不良的行为和情感问题常源于不良的认知模式。咨询师的使命在于与来访者一同辨识这些不良的认知，然后提供学习或训练方法，以纠正这些认知，使来访者的思维逐渐趋向理性。随着偏差认知的纠正，来访者的心理问题也逐渐好转。

（一）合理情绪疗法

1. 艾利斯的ABC理论

合理情绪疗法起源于20世纪50年代，由心理学家阿尔伯特·艾利斯创立。

作为一种认知心理治疗方法，合理情绪疗法也融合了部分行为治疗手段，因此被称为认知-行为疗法。艾利斯认为，人类天生具有积极和消极的倾向，同时拥有成长和自我实现的内在趋向。然而，人类也容易陷入不合理、不利于成长的生活态度，这种态度主要是非理性的，正是这种非理性的态度导致了心理问题的出现。

非理性信念是人类常见的认知误区。艾利斯将其总结为三类：① 绝对化的要求，例如，要求别人必须善待自己，生活应该轻松；② 以个别情况代表全部情况的思维方式，比如，一次失败就认为自己一无是处；③ 糟糕化的情绪，如对某些事情过于悲观和焦虑，这些信念常是导致心理问题的根源。

ABC 理论将心理过程划分为三个要素：A（activating）诱发事件、B（belief）信念、C（consequence）结果或症状。诱发事件 A 并不直接引发结果 C，二者之间还有信念 B 的作用，即个体对事件 A 的认知、看法或评价。艾利斯强调，个体对事件的认知往往受到已有信念、动机和偏好的影响，主观性极强。因此，A 并非直接导致 C，而是通过 B 的影响。

情绪和行为反应与个体对事物的看法有关，而其背后则是信念。合理的信念会引发适当的情绪和行为反应，而不合理的信念则会导致不适当的情绪和行为反应。治疗的关键在于通过辩论和讨论改变不合理的认知和信念，重新建立合理的思维方式，从而达到治疗效果。在 ABC 理论中，D（disputing）代表治疗，即通过辩论来改变不合理的信念。这可以有效地影响 B，从而改变个体的认知、情绪和行为，最终达到 E（effect）治疗效果。

2. 合理情绪疗法的基本步骤

（1）辨识非理性想法。了解来访者的情绪问题和其持有的与信念之间的关系，帮助他们理清情绪问题产生的原因。同时，向来访者介绍 ABC 理论的基本原理，帮助分析合理和不合理的信念。

（2）反驳非理性想法。指出情绪问题的延续与不合理信念有关，强调来访者需要对此负责。帮助来访者认识信念中的主观推断、想象和夸大成分，并有针对性地进行辩论。

（3）进一步驳斥非理性想法。通过辩论技巧帮助来访者认识不合理信念的错误，进一步驳斥这些信念，促使认知层次的改变。

（4）建立合理思维方式。不仅要帮助来访者放弃不合理信念，还要教导他们以合理的思维方式替代不合理的思维，从而消除由不合理信念引起的情绪困扰。

（5）布置认知家庭作业。认知改变是一个过程，需要时间来思考和练习。布置家庭作业是为了在面谈之外继续思考和实践合理的思维方式。

（二）阿隆 · 贝克认知疗法

1. 贝克认知理论

阿隆 · 贝克认知疗法以贝克提出的情绪障碍认知理论为基础，是一种具有结构化、短期和现实导向的心理治疗方法。根据贝克的观点，每个人的情感和行为在很大程度上受其对世界的认知、处事方式和方法的制约。换句话说，个人的内心体验和反应主要源于其思维方式，不良的行为和情绪则常常源于不良的认知方式。

2. 常见的认知歪曲

（1）任意推断。在缺乏足够证据的情况下草率得出结论。例如，“我错过了买车票的时间，所以我毫无用处”。

（2）选择性概括。仅基于个别细节得出结论。这是一种以偏概全的认知方式。例如，“我今天说错了一句话，说明我是个坏人”。

（3）过度引申。也称为过度泛化，是从单一事件中得出关于能力、行为或价值的普遍性结论，即从一个琐碎事件中得出的结论。例如，“我这次考砸了，所以我是个愚蠢的人”。

（4）夸大或缩小。对客观事件的意义做出扭曲的评价。比如，“她离开我了，所以所有女人都会变心”。

（5）两极化思维。要么全对，要么全错，个体往往将生活看成非黑即白的单一模式，忽略了中间地带。例如，没有被选为社团干部，就认为“我会被永远拒绝，没人会再选我了”。

3. 认知疗法治疗过程

（1）激发求诊动机。治疗者与来访者协商，共同认知问题，识别不良认知-情感-行为模式，并解释不良表现，预估纠正后的结果。

（2）纠正不良认知。来访者需发展新的认知和行为，以取代不良的认知和行为。

（3）对抗旧认知。在应对日常问题时培养认知竞争，运用新认知对抗旧认知。

（4）改变自我认知。为巩固新认知和训练的结果，来访者需要重新评估自我效能以及自己在认知和情境处理中的作用，练习自我监控行为和认知。

五、森田疗法

（一）森田疗法简介

森田疗法由日本学者森田正马创立，根植于东方文化背景与传统思想。森田主张神经质的形成与疑病素质紧密相关。这类个体对生理、心理的不适极为敏感，过度敏感的感觉刺激会驱使他们进一步关注和体验这些感觉。这种现象被森田称为“精神交互作用”，被视作神经质产生的基础机制。森田疗法奠基于顺其自然的治疗原则，这意味着认同并顺应事物运行的客观法则，最终能够打破神经质患者的精神交互作用。然而，要做到顺其自然，来访者须在这一态度的指导下勇敢面对负面体验，接纳出现的各种症状，并将注意力集中于应做之事。在这种情况下，内心的动机冲突将得到排解，痛苦也会减轻。

（二）森田疗法的实施

森田疗法分为门诊治疗与住院治疗两类。对于症状较轻者，可以让他们阅读森田疗法的自助读物，坚持写日记，并定期到门诊接受医生的指导。门诊治疗频率通常为每周 1 次，内容包括生活指导和日记指导，疗程为 2~6 个月。症状较重者则须进行住院治疗，治疗分为 4 个时期：绝对卧床期、轻度工作期、普通工作期、生活训练期。此疗法主要适用于焦虑症、恐怖症、强迫症等。

六、认识领悟疗法

（一）认识领悟疗法简介

认识领悟疗法由中国心理治疗专家钟友彬先生创立，故又称为“钟氏领悟疗法”。认识领悟疗法可以被看作在医生的引导下进行的来访者自我教育，是针对幼稚心理的改造。在接受治疗之前，来访者通常对其病态行为的幼稚性以及与幼年行为模式无关的认知一无所知。通过医生的解释、分析以及与医生的相互讨论，并结合深入思考，来访者最终能够真正认识到这些病态行为的幼稚性，领悟到它们是儿童时代遗留下来的痕迹，是成年人不应再保持的幼稚心理和行为模式。随着情感和行为的改变，症状也会自然减轻。

（二）认识领悟疗法的实施

认识领悟疗法采用直接而全面的对话方式。每次会话持续 60~90 分钟，疗程由双方商定，可以间隔数天、一周或更长时间。最好是单独进行会谈，每次会谈后，来访者都被要求写下对治疗师解释的意见，并结合自己对病情的理解提出问题。

在初次见面时，来访者或其家人会叙述症状的产生和发展历史，以及症状的具体内容，力求在一个小时内完成。同时还要进行身体和精神方面的检查，以确定诊断。若适用于认识领悟疗法，可以直接进行初步解释，说明病情是可以治愈的。如果初次会面的时间允许，也可以直接告诉来访者，其病态情绪和行为的根源可以追溯到幼年时期。这些病态行为实际上是用儿童的方式解决成年人的心理问题，或满足成年人的性欲望，抑或排解恐惧情绪等。解释的内容会因诊断而有所不同。

在随后的会话中，可以询问来访者的生活历史，以及那些容易回忆起的相关经历，但并不刨根问底。关于来访者的梦境，也可以偶尔谈到，但通常不会进行过多分析。较多的时间会用来引导来访者一同分析临床症状的性质，让他们充分领悟这些情感和行为大都是幼稚的，不符合成年人的思维逻辑，是以儿童的方式来解决成年人的问题。

当来访者初步了解并领悟上述解释和分析后，治疗师会进一步指出疾病的根源在于过去，甚至在5岁以前。例如，对于强迫症患者，可以指出他们的主要问题是恐惧情感，而这些恐惧情感来源于幼年时期的心理创伤。应该认识到，现在已经是成年人，不应再像孩子那样对待恐惧、相信恐惧和排除恐惧。

七、沙盘疗法

（一）沙盘疗法简介

沙盘游戏是通过在沙盘中运用沙子、水和缩微模型等创意形象，实现心理治疗的创造性和象征性模式。一系列的沙盘意象反映了来访者内心意识和潜意识之间的交流与对话，以及由此引发的治愈过程、身心的健康发展及人格的成长和完善。早期沙盘疗法主要针对儿童进行，后逐渐扩展到成年人的心理分析和治疗中。

（二）沙盘治疗的实施

治疗师在短时间内建立双方的熟悉感，构建良好的咨询与访问关系，并初步介绍沙盘游戏的基本流程。然后，将游戏者的兴趣逐渐引导至沙盘游戏所使用的材料，并明确告知，只要他们愿意，可以随意运用这些材料，在沙盘中构建出内心想象的各种图景。

在实施沙盘疗法时，可以给予如下指示：

（1）每次只能选择一件玩具，然后可以自由地摆放。现在，沙盘和这些玩具都在你的支配下。

（2）请用沙子和玩具在沙盘里构建出你心中想象的任何内容，尽情发挥。

（3）随意在沙盘上摆放玩具，看哪个玩具似乎在与你交流，然后将它放到沙盘上。

（4）用这些玩具在沙盘上建立你想要的关系或世界，表达你内心的想法。

（5）将手放在沙子上，感受它，让内心的感觉涌现出来，然后在沙盘上表达这种感觉。

（6）到玩具架上看看各种玩具，也许你会在某些玩具上找到共鸣。

八、催眠疗法

（一）催眠疗法简介

催眠疗法就是催眠师通过不断重复的、单调的言语或动作，刺激来访者的感官，将其意识状态带入一种特殊的境界。在这个境界中，来访者能够配合催眠师的指令和建议，重新唤起被压抑和遗忘的经历与体验，激发被压抑的生理和心理控制力。催眠可以在催眠师的引导下实施，也可以通过自我催眠实现。自我催眠是通过自我暗示的方式与内心对话，进入类似于睡眠的状态，在这种状态下，自我暗示的催眠指令会变成清晰的图像和真实的感觉。

（二）催眠疗法的实施

催眠室的环境和氛围的创造十分重要。室内的光线应该呈柔和状态，装饰要传达出幽静、舒适的感觉。在开始催眠前，催眠师会邀请来访者介绍自己的情况，然后让他们休息 10 分钟，以使身心能够平静地放松下来。

1. 渐进放松法

催眠师邀请来访者以舒适的姿势坐好并闭上眼睛。通过催眠师的指导，来访者逐步放松身体，从呼吸开始，逐渐到头部、面部、双肩、胸腔、腹部、腿部和手臂，直至全身都感到舒适、愉悦和宁静。

2. 数数法

在催眠师的引导下，来访者以舒适的坐姿坐好并闭上眼睛，然后调整呼吸。催眠师会从 20 开始倒数，每数一个数字，都会引导来访者进入更深层次的放松和宁静状态。最终数到 1，来访者可以在这种愉悦和美好的感觉中停留片刻。

3. 手臂上升法

来访者以舒适轻松的姿势站立（或坐着），闭上眼睛。通过催眠师的引导，来访者会逐渐均匀、规律地抬起一只手臂，每一次抬举都会带来更深的放松。手臂抬至最高点时，来访者会进入更深度的催眠状态。

4. 凝视法

来访者调整好舒适的姿势，闭上眼睛，随着催眠师的言语引导，调整均匀的呼吸。接着，催眠师描述一个场景，比如，美丽的花园或者清澈的小溪。来访者会全神贯注地凝视着心灵中的钟，钟的秒针一格一格地移动，每一次的移动都会引导来访者进入更加平静和宁静的状态。

5. 情景引导法

在舒适的姿势下，来访者闭上眼睛，跟随催眠师的指令调整呼吸，放松身体。催眠师会描述一个情景，比如，美丽的花园或者宁静的小溪边，引导来访者充分感受身临其境的体验，在这个过程中，来访者会感受到宁静和放松。

九、正念疗法

（一）正念疗法简介

正念源自佛教禅修，起初由坐禅、参悟和冥想等演变而来。早期认知行为理论认为，人的问题行为源自对事物错误的信念和认知，因此，通过调整信念和认知可以引发行为的积极改变。随着第三浪潮的兴起，认知行为理论迎来新的视角，认为人不同于机械，认知和信念不同于待修复的零部件，而应采用接纳的态度去意识自己内心不同的思维。正念恰是这一进程，是有目的、有意识地关注和察觉当前状况，以开放态度接纳自己。

（二）正念疗法的实施

正念疗法一般运用于8~10周的团体治疗，通过静坐冥想、正念瑜伽等方式，逐步培养正念能力，减轻身心压力，体验内心平静。在全身放松过程中，个体全面感知当前一切感受，树立与当前世界的真实联系。日常生活中，几分钟的正念冥想亦能带来身心的放松效果。

十、家庭治疗

（一）家庭治疗简介

家庭治疗是以家庭为对象的心理治疗模式，其目标是协助家庭消除异常、病态情况，以执行健康的家庭功能。家庭治疗包括结构式家庭治疗和系统式家庭治疗。结构式家庭治疗认为，家庭问题或个体症状的根源在于家庭结构的功能不良，而家庭组织的功能失调是产生心理问题的主要因素，因而主张通过改变家庭结构，达到解决家庭问题的目的。系统式家庭治疗，即以家庭为单位，以系统理论为指导，以调整关系为主，以消除症状为辅，最终目标是改善关系，随着关系的改善，症状也会减轻直至消失。

（二）家庭治疗的实施

1. 开始阶段

治疗师与家庭成员建立联系，解释治疗的性质和原则。在治疗初期，治疗师的角色是引导者和协调者，他们需要帮助家庭成员了解治疗的目标，创造一个安全、开放的治疗环境。与此同时，治疗师也要努力使家庭成员逐渐接受他们的存在，建立信任关系。

2. 进行阶段

治疗师运用多种技术和方法，协助家庭成员进行互动和关系改善。一个关键的挑战是处理家庭成员可能产生的抵抗和阻力，因为改变通常会引发不适和不安。此时，治疗师需要敏锐地观察家庭系统的变化，避免产生新的不平衡。

3. 终结阶段

家庭成员逐渐获得了解决问题和改善关系的技能，治疗师的角色将逐渐减弱，家庭成员将开始承担更多的责任。治疗师需要逐渐将领导权还给家庭成员，鼓励他们自行解决问题，并在日常生活中应用所学的技能。

十一、照片治疗

（一）照片治疗简介

照片治疗是指专业心理治疗师通过拍照、显影、洗印等照片创造活动，在治疗过程中减轻来访者心理障碍，促进其心理发展与治疗变化的方法。该疗法能处理情绪、心理创伤问题，提升心理障碍患者的自我形象、自尊、社交技能，促进其语言发展和认知功能改善。

（二）照片治疗的实施

照片治疗在大学生心理健康干预，尤其是在消极情绪干预、积极情绪干预、人际交流障碍等方面有较好效果。照片治疗作为新媒体媒介的治疗技术，大学生可以随时拍摄能表达情感的人、事、物，将难以言喻的负面情绪具象表达。照片作为媒介对象，给干预对象带来安全感和可控感，这对于那些对未来产生迷茫的大学生至关重要。

体验活动

1. 家庭绘画：邀请家庭成员一起参与绘画活动，可以画出一个象征其家庭的“乔哈里窗”（Johari Window）。这个窗户代表着自我认知的四个区域：公开区、隐藏区、盲区和未知区。成员可以在绘画中选择展示自己的区域，这有助于成员之间更好地了解彼此，促进开放交流。

2. 想象放松：闭上眼睛，想象自己身处一个宁静、美丽的地方，可以是海滩、森林或花园。在想象中，可以感受到身体的放松和内心的平静，这有助于缓解紧张情绪。

心医之窗

中医在治疗情志心理疾病方面，有“五音疗法”这一特色方式。通过运用五行学说，将五音与五脏、五志相结合，利用中医心理学理论和中医气一元论思想，让其发挥舒神静性、颐养身心的目的，是中医五音疗法的理论基础。五音疗法有辅助治疗、改善中医情志病和心理疏导等作用，对情志和情绪可产生比较重要的影响，能够畅志怡情、调和脏腑，从而达到“阴平阳秘，精神乃治”的状态，并且能有效提高情志类疾病患者的生活质量。五行为木、火、土、金、水，对应脏腑为肝、心、脾、肺、肾，对应五音为角、徵、宫、商、羽，对应代表性乐曲为《胡笳十八拍》《紫竹调》《春江花月夜》《阳春白雪》《梅花三弄》。具体应用时应该在全面分析病情的基础上，针对病症发生的脏腑、经络，结合阴阳五行之间的相生相克关系，选择相应的音乐对病人进行治疗。

例：少商穴（鬼信穴）（见图 2–1）。

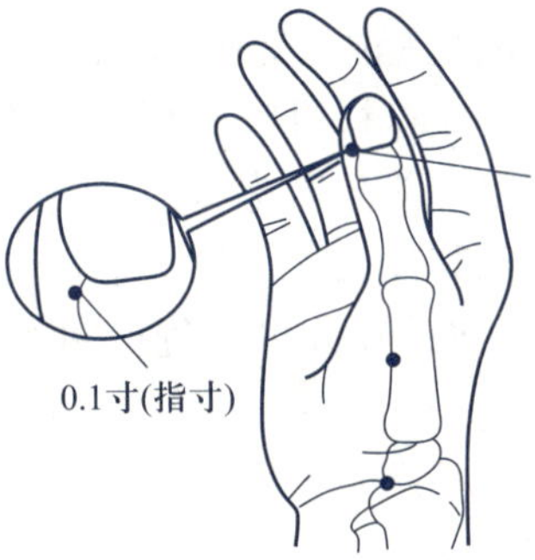

图 2–1　少商穴

定位：位于手指，拇指末端桡侧，指甲根角侧上方 0.1 寸。

功效：少商穴为肺经之井穴（也为十三鬼穴之一鬼信穴）。肺在五行中为金，在五音中与商相对应，是治疗精神、神志病的重要用穴，善于调节气血阴阳之逆乱，醒脑开窍、启闭宁神。同时，少商穴在五脏中与肺相对应，为肺经脉气所发之处，以重力掐按强刺激该穴，可清肺润肠，改善燥气上浮引发的咽喉肿痛，从而止咳平喘。由此可见，少商穴在生理健康上与肺密切相关，对宣肺、利肺以及维持呼吸系统健康有着重要作用。

第三节
大学生心理调节的主要方法

一、深呼吸放松法

在日常生活中，我们常常面对各种压力和紧张的情况，无论是考试还是面试，都可能让我们感到焦虑和不安。为了帮助自己在这些情况下保持冷静和放松，可以尝试以下简单的深呼吸练习。

首先，找一个安静舒适的地方，坐在椅子上，让双肩自然下垂，双手轻轻放在大腿上。闭上眼睛，让自己进入一个相对放松的状态。

开始深呼吸，通过鼻子吸气，让气息自然地流入体内。注意，当吸气时，应该感觉到腹部慢慢鼓起。这是一种腹式呼吸，有助于让呼吸更加深入和放松。

吸气后，憋住呼吸大约两秒钟。这是为了让氧气更好地在体内分布。

接下来，缓慢地呼气。在呼气的过程中，心里默念着“松”字，意识到身体在放松。呼气的时间应该比吸气更长，这样可以更好地让身体放松下来。

在呼气的同时，专注地感受呼吸。想象着深深地吸气进来，然后慢慢地呼气出去。这种专注的感觉可以帮助排除其他杂念，让注意力更加集中。

重复这样的深呼吸练习 10~20 次，每天可以进行两次。这个练习有助于在紧张时保持冷静和放松。

二、渐进式放松法

渐进式放松法是一个逐步进行全身肌肉放松的指导过程。这种方法有助于在紧张和焦虑的情况下实现身心的平静和放松。

首先，找一个舒适的位置，可以是坐着或仰卧。闭上眼睛，准备开始放松练习。

第一步，深呼吸。深吸一口气，保持片刻，然后慢慢呼气。在保持呼吸时，注意感受胸部和腹部的运动。吸气时，腹部应该膨胀。然后，慢慢地将气呼出来。

第二步，放松双手。伸直前臂，握紧拳头，感受手部肌肉的紧张。保持这种紧张感 10 秒钟，然后放松手部，感受放松后的温暖和轻松。

第三步，放松双臂。弯曲双臂，绷紧双臂的肌肉，保持 10 秒钟。然后放松双臂，注意感受肌肉的松弛。

第四步，放松双脚。双脚用力抓紧地面，感受双脚的紧张，保持 10 秒钟。然后放松双脚，感受放松后的轻盈感。

第五步，放松小腿肌肉。用力将脚尖向上翘，脚跟向下，绷紧小腿肌肉，保持 10 秒钟。然后放松小腿，感受肌肉的放松。

第六步，放松大腿肌肉。用力将脚跟向前向下压紧地面，绷紧大腿肌肉，保持 10 秒钟。然后放松大腿，感受肌肉的松弛。

第七步，放松头部肌肉。用力皱紧额头，保持 10 秒钟。然后放松额头，感受头部肌肉的松弛。紧闭双眼，然后转动眼球，从上到左再到下再到右，加快速度。然后再反方向转动眼球，最后停下来，感受眼部的松弛。舌头顶住上腭，保持 10 秒钟，然后放松舌头和腭部。

第八步，放松双肩。向后扩展双肩，保持 10 秒钟。然后放松双肩，感受肩部的轻松。

第九步，放松双肩。向上提起双肩，使其接近耳朵，保持 10 秒钟。然后放松双肩，感受肩部的松弛。

第十步，放松双肩。向内合紧双肩，保持 10 秒钟。然后放松双肩，感受肩部的放松。

第十一步，放松腰部。抬起双腿，弯曲腰部，保持 10 秒钟。然后放松腰部，感受腰部的松弛。

第十二步，放松臀部。上提会阴，保持 10 秒钟。然后放松臀部，感受肌肉的轻松。

最后，进行一个深呼吸，感受全身的放松、温暖和平静。在整个放松练习中，要注意缓慢的动作和深度的呼吸。这种放松练习可以随时在日常生活中使用，有助于缓解紧张和焦虑，保持身心的平衡。

三、学会识别不合理信念和想法

不合理信念是人们内心中的一种不现实、不合逻辑、站不住脚的信念，它们可能是负面情绪和心理困扰的根源。艾利斯提出了 11 条常见的不合理信念，这些信念可能在日常生活中影响我们的情绪和行为。

（1）一个人应被周围的人喜欢和称赞，尤其是生活中的重要他人。

（2）一个人必须能力十足，各方面都有成就，这样才有价值。

（3）那些邪恶可憎的人和坏人，都应该受到责骂与惩罚。

（4）如果遇到和自己期待不一致的事情，有不如意的地方，就认为很糟糕。

（5）不幸福、不快乐是外在因素所造成的，个人无法控制。

（6）常担心危险或灾难性事件的发生，时刻忧虑着。

（7）人生道路上充满艰难困苦，人的责任和压力太重，要设法逃避。

（8）人应该依靠别人，而且需要依靠一个比自己强的人。

（9）过去的经验决定了现在，而且过去的影响是永远无法改变的。

（10）我们应该关心他人的问题，也要为他人的问题感到悲伤难过。

（11）对于任何一个问题，都应有正确的、完美的答案，如果找不到，就会很糟糕。

可以对照以上内容识别自己是否持有这些不合理信念，并尝试进行改变。认识和挑战这些不合理信念，可以帮助我们更积极地应对生活中的挑战，提升情绪健康和心理成熟度。

四、自我催眠法

在日常生活中，我们可以运用自我催眠法和积极的心理暗示来调节自己的心理状态，达到内心的平静与宁静。自我催眠法是一种有效的技巧，可以帮助我们放松身心，减轻焦虑和压力。

首先，找一个舒适的位置，闭上双眼，开始深呼吸，放松身体。接着，想象自己置身于美丽的自然环境中，可以是你喜欢的任何地方。可能是一个宁静的草坪，或是高山的山顶，也可以是在郁郁葱葱的森林中，或者是海浪拍打的海岸边，甚至是在异国的沙漠中或另一个星球上。关键是这个地方对你来说是有吸引力的，能够让你感到舒适、愉快和安宁。

在想象中，细致地巡视这个环境，注意周围的一切细节，包括视觉上可见的景象、听觉上的声音，甚至可以想象出气味。让自己沉浸在这个环境中，感受其中的平静与美好。

接下来，根据你的喜好，把这个地方变成一个像家一样的舒适环境。你可以想象建造一个你心仪的房屋，或者只是用柔和的光线将整个环境笼罩。这个圣殿是你的庇护所，是你内心平静的象征。

在这个圣殿中，你可以随意进出，感受到安逸、舒适和宁静。这是你内心的一个避风港，当你感到焦虑、疲惫或不安时，可以回到这个圣殿，让自己得到放松和平静。

这个圣殿是你的创造，它可以随着你的愿望而变化。你可以时常回到这个地方，在想象中重新装饰它，体验创造过程所带来的满足感。

五、三分钟正念法

当生活中各种杂念和想法充斥着你的内心，让你无法保持平静时，以下的练习可以帮助你重新回归内在的宁静和平静。这种练习不仅可以帮助你减轻内心的焦虑，还能让你更好地与当下连接。

首先，找一个安静的地方，保持坐姿，双脚平放在地上，后背挺直。闭上双眼，或者不聚焦地望向前方，让自己感受到舒适的坐姿。

开始觉察你身体感受到的任何感觉，可能后背有微妙的发酸感，可能胸口有轻微不适，也可能有些许急促的呼吸，甚至可能有隐隐的担忧在内心涌动。

接下来，将注意力集中在呼吸上。深吸一口气，然后缓缓地呼气，感受空气在鼻尖、胸腔中的流动。注意吸气时腹部微微鼓起，呼气时腹部轻轻收缩。可以完成三次或更多次完整的深吸气和缓呼气。

随后，将觉察的范围逐渐扩展到整个身体。保持对呼吸的觉察，同时也开始觉察整个身体的感觉，从头到脚逐渐扫过。注意身体的各个部位，不要去评判，只是单纯地觉察。

将注意力引导到听觉上，注意你能听到的声音。可能是远处传来的车辆声，也可能是风吹过树叶的声音。不要刻意去寻找声音，只是保持觉察。

然后，再将注意力放在视觉上，虽然闭上了眼睛，但你可以觉察到眼前的黑暗。不要试图看到什么，只是觉察眼前的状态。

接下来，注意你的触觉，觉察身体与座位的接触感，觉察空气轻轻触碰皮肤的感觉，觉察身体的温度。

最后，注意你闻到的气味，可以是周围的气味，或者是你身体上的气味。同样，保持觉察，不要去判断。

慢慢地，你可以悠然地环顾四周，把这种觉察的状态带入接下来的活动中。你可以在练习中加入一些舒缓的音乐，或者使用正念冥想的音乐来帮助你更好地练习。这种练习不仅能够让你保持对自身和环境的觉察，也能帮助你更好地活在当下，减轻压力，达到内心的平静。

心灵成长

请评估自己的心理状况，判断自己是否正遭受心理问题困扰。如果这些心理困扰已经对你的正常生活造成影响，你是否能结合本章所学知识寻找到走出困境的办法呢?

拍出好心情

想想曾经或是现在的自己，用手机拍（或搜索）一张自己正能量的照片，分享给周围的同学。

思考题

1. 请简述心理咨询与心理治疗的关系。
2. 心理咨询的基本原则有哪些?
3. 请选择一种心理咨询的理论，介绍其基本原理和治疗方法。

课后作业

1. 请简述艾利斯的 ABC 理论。
2. 请说出生活中常见的不合理信念，以及常见的认知歪曲。
3. 每天练习一种放松方法。

作品推荐

图书：《心理学原理》，威廉·詹姆斯著，方双虎译，北京师范大学出版社。
电影：《消失的她》，崔睿、刘翔执导。

第三章

大学生心理障碍与应对策略

动画导入：走出悲伤的深井，拥抱生命的阳光

学习目标：

了解心理障碍的概念，对异常心理能够进行初步的判断，熟悉常见的大学生心理障碍及异常心理，并掌握应对策略。

心路心语

沉舟侧畔千帆过，病树前头万木春。

——《酬乐天扬州初逢席上见赠》

乐观不仅是应对生活的最好方式，也是使生活变得更好的方式。

——塞利格曼

引　言

本章第一节介绍心理障碍的概念、分类、初步诊断以及关于心理障碍的错误观念；第二节讲述大学生常见的心理障碍，包括抑郁障碍、焦虑障碍、强迫障碍；第三节重点讲述大学生心理障碍应对策略，包括消除对心理障碍的偏见、如何应对自身的心理障碍、如何支持身边的心理障碍患者。本章力求向大学生普及关于心理障碍的科学知识，通过概念讲解，帮助大学生掌握精神异常的初步判断方法，有效识别大学生常见的心理障碍，掌握相应的应对方法。

案例导入

求助者小 C 是老师、同学眼中的佼佼者，不仅学习成绩好，还是学院的文艺骨干，担任学生会主席，经常忙到深夜，日子过得十分充实。可是最近一段时间，小 C 不敢到人多的场合，人一多就感觉心慌、脉搏加速、伴有呼吸困难和濒死感，惊恐不安，浑身发抖，经急诊检查无器质性病变（器官没有发生病变），医生建议她到精神疾病专科医院进一步就诊。

小 C 拒绝去精神疾病专科医院，认为自己只要去了就是精神疾病，很丢脸。在老师、家长的劝说下，小 C 求助心理医生。医生诊断为中度焦虑，并伴有惊恐发作，建议服药并定期进行复查，辅助心理咨询。小 C 对药物很抗拒，担心会一直服药并对自己身体造成不良影响，同时也担心再次惊恐发作。

请思考：

1. 你觉得哪些心理问题属于异常心理？
2. 哪些心理问题可以通过自我调整改善？
3. 哪些心理问题需要专业人员进行诊治？

第一节 心理障碍概述

一、心理障碍的含义

心理障碍是指个体在心理活动、自身认知、人际关系、行为表现以及情绪调节等方面出现异常，导致无法正常适应社会和生活，常常伴随着痛苦和困扰。

二、心理障碍的分类

（一）焦虑障碍

这类障碍以过度担忧、紧张和恐惧为特征。常见的焦虑障碍包括广泛性焦虑症、社交焦虑症和恐慌症等。

（二）情感障碍

这类障碍涉及情绪的持续变化或不稳定，包括抑郁症和躁郁症等。

（三）精神分裂症

这类障碍是一种严重的精神障碍，通常涉及思维障碍、情感淡漠、社交功能减退等症状。

（四）强迫障碍

这类障碍的特点是反复出现强迫性思维或行为，患者无法控制或摆脱。

（五）躯体形式障碍

这类障碍涉及身体不适或疼痛，但医学检查未发现相应的器质性病变。

（六）进食障碍

这类障碍包括厌食症、贪食症和暴食症等，涉及对食物的强烈控制欲望和不健康的饮食习惯。

（七）睡眠障碍

这类障碍包括失眠、嗜睡、睡眠呼吸暂停综合征等，对个人的健康和日常生活产生负面影响。

（八）物质依赖与滥用

这类障碍涉及对酒精、药物等物质的过度使用或依赖，导致生理和心理上的问题。

（九）人格障碍

这是一组持久和固化的行为模式，通常在童年或青少年时期开始，并影响个人的情感、思维和行为。常见的人格障碍包括反社会型人格障碍、边缘型人格障碍和自恋型人格障碍等。

（十）应激相关障碍

应激相关障碍是指在经历重大生活事件或创伤后出现的心理反应，如创伤后应激障碍（PTSD）。

三、心理障碍的初步判断

精神科医生一般会根据《精神障碍诊断与统计手册》（DSM-5）、《国际疾病分类》（ICD-11）、《中国精神障碍分类与诊断标准》（CCMD-3）和《精神障碍诊疗规范》（2020年版）对心理障碍进行诊断。作为大学生，可以从以下几个方面进行初步判断。

（一）行为表现

行为表现是人们在日常生活中或者特定情境下所表现出来的言语、动作、表情等各种行为举止，可以直接反映一个人的心理状态、性格特质、价值观，也是判断个体是否存在心理异常的最直观有效的指标。从行为表现上判断是否有心理障碍，需要观察以下几个方面：

1. 行为是否异常

心理障碍通常会导致个体在行为方面出现异常。例如，出现自伤、自杀、极端行为、社交退缩、破坏性行为、强迫行为、攻击行为等行为异常。

2. 是否影响日常生活

心理障碍往往会对个体的日常生活、工作或学习造成较大的影响。例如，无法正常地进行社交活动、工作或学习效率明显下降等。

3. 持续时间和频率

心理障碍导致的症状持续时间较长，且出现的频率较高，超出了正常的范围。例如，长时间的情绪低落、过度焦虑或持续的思维障碍等。

（二）情绪状态

情绪状态是指个体对客观事物的态度体验，是人类的基本心理活动之一。在心理健康领域中，情绪与心理障碍有着密切的联系。心理障碍的情绪表现多种多样。以下是一些常见的情绪表现：

1. 情绪低落

情绪低落是心理障碍中最常见的情绪表现之一，是指个体常常感到情绪沮丧、消沉、无望、悲伤等，缺乏积极向上的心态和动力，可能对日常生活失去兴趣，甚至出现自杀念头。

2. 情绪波动

情绪波动是指个体的情绪在短时间内出现大幅度的变化，时而兴奋，时而低落，不稳定。例如，个体可能突然感到极度愉快，随后又感到沮丧和绝望。情绪波动往往伴随着情绪的控制障碍。

3. 强迫情绪

强迫情绪是指个体感到一种无法抗拒的冲动或欲望，尽管这些冲动或欲望可能给个体带来痛苦或困扰。例如，即使门窗已经关好了，个体可能会强迫自己反复检查门窗是否关好。

4. 情绪麻木

情绪麻木是指个体对正常的情感体验变得迟钝或缺失，表现为情感冷漠、缺乏同情心等。个体可能对周围的事物和人失去兴趣和热情，甚至对一些令人愉快的事情也难以感到快乐。

5. 焦虑抑郁

焦虑抑郁是指个体同时表现出焦虑和抑郁的情绪症状。焦虑症状包括紧张、不安、恐惧等；抑郁症状包括悲伤、失去兴趣、失去信心等。这种情绪表现可能影响个体的正常生活和工作。

6. 情绪失调

情绪失调是指个体的情绪调节能力出现问题，无法有效地控制自己的情绪。例如，个体可能在某些情况下出现过度激动、失控的情绪反应，给自己和他人带来困扰。

7. 情感爆发

情感爆发是指个体的情绪在极短的时间内达到顶峰，无法控制。例如，个体可能因为一个小小的事情而突然变得非常生气或激动，难以平静下来。情感爆发可能与心理障碍中的某些冲动控制障碍有关。

8. 情感过敏

情感过敏是指个体对某些刺激或情境出现异常强烈的情绪反应。例如，个体可能对一些小事情感到过度焦虑、恐惧或愤怒，甚至会出现恐慌发作或暴怒等极端情绪反应。情感过敏可能与心理障碍中的某些焦虑障碍有关。

（三）认知表现

认知表现是指个体对客观事物的认识和信息处理过程，是心理活动的重要组成部分。心理障碍的认知表现是指个体在认知方面出现的功能性障碍，这些障碍可能影响个体的思维、学习、注意力和记忆等方面。以下是一些常见心理障碍的认知表现：

1. 注意力不集中

注意力不集中是指个体保持集中注意的能力受损，容易分心、失去焦点或频繁切换注意力。这可能是由心理障碍导致的注意力控制障碍。

2. 记忆力减退

记忆力减退是指个体在记忆信息、回忆事件或学习新知识方面的能力受损。这可能是由心理障碍导致的记忆障碍，使个体难以记住、回忆或学习新的信息。

3. 思维迟缓

思维迟缓是指个体在思考、判断和解决问题方面的速度减慢。这可能是由心理障碍导致的思维障碍，使个体难以快速、有效地进行思考和判断。

4. 强迫思维

强迫思维是指个体出现无法控制的强迫性思维，例如强迫性回忆、强迫性检查等。这些思维常常是不必要的，甚至给个体带来痛苦和困扰。

5. 判断力减弱

判断力减弱是指个体在评估风险、做出决策或评估证据方面的能力受损。这可能是由心理障碍导致的判断力障碍，使个体难以做出明智的决策或正确的评估。

6. 自我意识不清

自我意识不清是指个体对自己的认识和理解不清晰，缺乏自我概念或自我感知能力。这可能是由心理障碍导致的自我认知障碍，使个体难以了解自己的情感、需求和价值观。

7. 联想障碍

联想障碍是指个体在思考和表达时出现语言不连贯、思维跳跃或语无伦次的情况。这可能是由心理障碍导致的语言和思维障碍，使个体难以正确地表达自己的思想和感受。

8. 推理能力下降

推理能力下降是指个体在推理、归纳和演绎方面的能力受损。这可能是由心理障碍导致的逻辑思维能力障碍，使个体难以理解和处理复杂的逻辑关系和概念。

（四）生理表现

心理障碍会对个体的生理状态产生显著影响，引发一系列的生理变化。可以通过以下表现判断个体是否发生心理异常。

1. 睡眠和饮食模式改变

心理障碍可能影响个体的睡眠和饮食模式。睡眠质量差、失眠或过度嗜睡是常见的心理障碍的生理表现。心理压力可能导致入睡困难、易醒或多梦等睡眠问题，影响个体的精力和情绪状态。此外，一些心理障碍可能导致食欲不振或暴饮暴食等饮食问题，影响个体的身体健康和心理健康。

2. 精神和身体疲劳

心理障碍可能导致精神和身体疲劳。长期的心理压力和负面情绪可能导致个体感到精神疲惫、注意力不集中、记忆力下降等，影响学习和工作效率。同时，一些心理障碍还可能导致身体疲劳、肌肉紧张、头痛等身体不适，进一步影响个体的生活和工作能力。

3. 躯体症状

心理障碍对个体的身体也产生广泛的影响，引发一系列的躯体症状，比如头痛、肌肉紧张、身体过度敏感、心悸、血压异常、胸痛胸闷、呼吸急促、胃部不适、过敏等。

总之，了解这些生理变化有助于更好地理解心理障碍的本质和影响，为预防和治疗心理障碍提供科学依据。同时，关注身体健康的同时，也要关注心理健康，保持积极乐观的心态和良好的生活习惯。如有疑虑或出现明显的心理和生理不适症状，应及时寻求专业心理咨询师或医生的帮助，以便尽早诊断和治疗。

四、关于心理障碍的错误观念

随着社会的发展，人们对于心理健康的关注度逐渐提高，但对于心理障碍的认识仍存在许多误区。以下列举了关于心理障碍的常见错误观念。

（一）心理障碍很可怕

实际上，大多数心理障碍患者通过药物治疗和心理治疗可以达到临床治愈的效果，恢复正常的工作、学习和生活。治疗心理障碍的方法包括药物治疗和心理治疗等，这些方法可以帮助患者缓解症状、提高生活质量、恢复正常功能。

（二）心理障碍是意志力薄弱的表现

这种观念认为，心理障碍是由个人的意志力、毅力或自我控制能力不足导致的。然而，心理障碍是由多种因素引起的，包括遗传、环境、生物化学等多方面因素，不能简单归因于个人的意志力。

（三）心理障碍只要自己扛一扛，就会自动消失

这种观念是错误的。心理障碍不会自动消失，如果不及时治疗，症状可能加重，甚至影响到个人的日常生活和工作。因此，如果怀疑自己患上了心理障碍，应该及时寻求专业的帮助。

（四）治疗心理障碍的药物有副作用，尽量不吃或少吃

服药是治疗心理障碍的一种方式，而按时服药是保证药物治疗效果的重要措施之一。治疗心理障碍的药物选择和用量需要根据患者的具体情况和医生的建议来确定，现在也有很多副作用很小的精神类药物，患者应当遵医嘱，积极配合医生的治疗计划，并积极参与治疗过程。在治疗过程中，如果患者出现任何不适或疑问，应及时向医生咨询。

综上所述，对于心理障碍的错误观念可能阻碍个体寻求帮助、接受治疗和获得支持。了解这些错误观念并加以纠正，有助于我们更好地理解和管理心理健康问题，为个体和社会创造更健康的环境。

心理百科

/ 心理咨询可以治疗精神障碍吗？ /

心理咨询和心理治疗是两个不同的概念。心理咨询是运用心理学的方法和技术，通过会谈、行为调整等手段来改善来访者存在的心理困扰，例如，情绪困扰、人际关系困扰等。而心理治疗则是指通过专业的心理治疗方法，来帮助人们克服精神障碍，例如，精神分裂症、双相情感障碍、抑郁症、焦虑症等。心理咨

询主要关注心理层面的状态，无法治疗伴随有躯体症状的精神障碍类疾病，如抑郁症等。

《中华人民共和国精神卫生法》第二十三条规定：“心理咨询人员应当提高业务素质，遵守执业规范，为社会公众提供专业化的心理咨询服务。心理咨询人员不得从事心理治疗或者精神障碍的诊断、治疗。心理咨询人员发现接受咨询的人员可能患有精神障碍的，应当建议其到符合本法规定的医疗机构就诊。心理咨询人员应当尊重接受咨询人员的隐私，并为其保守秘密。”第二十九条规定：“精神障碍的诊断应当由精神科执业医师作出。”

当身体、社会功能无法适应社会时，应优先寻求医生的帮助，而不是心理咨询师。

心灵港湾

/ 践行社会主义核心价值观可以提升心理健康水平吗？ /

践行社会主义核心价值观是提升心理健康水平的有效途径。

首先，社会主义核心价值观强调个人对社会的责任和义务，以及积极向上的心态，这有助于提升个体的自我认同感和心理健康水平。通过引导人们正确认识和处理个人与社会的关系，社会主义核心价值观可以帮助个体树立正确的价值观和世界观，进而提升其心理健康水平。

其次，社会主义核心价值观所倡导的和谐、诚信、友善等价值观念，可以有效地减少个体间的冲突和矛盾，从而降低心理问题的发生。在一个充满信任和友善的环境中，个体更容易获得归属感和安全感，这有助于减轻心理压力和焦虑。

此外，社会主义核心价值观还强调个人成长和发展。通过鼓励个体追求自我完善和进步，可以激发个体的积极性和创造力，从而提升其自信心和满足感，有助于心理健康的维护。

践行社会主义核心价值观、提升心理健康水平具体可以从以下几个方面实现：

（1）树立正确的价值观和世界观。通过学习和理解社会主义核心价值观，明确正确的价值观和世界观，从而树立正确的自我认知和社会认知，增强和提升自我认同感和心理健康水平。

（2）增强社会责任感和义务感。践行社会主义核心价值观，积极参与社会公益活动，增强社会责任感和义务感，从而提升自我价值和心理健康水平。

（3）建立和谐的人际关系。在践行社会主义核心价值观的过程中，树立友善、和谐的人际关系，从而获得更多的社会支持和归属感，减轻心理压力和焦虑。

（4）培养积极心态和应对能力。通过践行社会主义核心价值观，培养积极向上的心态和应对能力，增强自信心和满足感，提升心理健康水平。

第二节 大学生常见心理障碍

大学生正处在人生的重要阶段，面临着许多挑战和压力。由于各种原因，一些大学生可能出现心理障碍。以下介绍大学生常见的心理障碍，包括抑郁障碍、焦虑障碍、强迫障碍。

一、抑郁障碍

我国2023年心理健康蓝皮书《中国国民心理健康发展报告（2021~2022）》显示，大学生的心理压力比较突出，在18~24岁人群中，抑郁轻度风险筛出率是24.1%，高于全国平均水平。

（一）抑郁障碍概述

抑郁障碍也称抑郁症，是一种高发病、高临床治愈率但低治疗接受率以及高复发率的精神障碍，即使治愈后也比较容易出现复发的现象。其主要特征是显著而持久的情绪低落，有的患者可能存在自伤、自杀行为，甚至可能伴有妄想、幻觉等精神病性症状。

抑郁障碍的治疗主要包括药物治疗、心理治疗及物理治疗等方式。药物治疗是主要的治疗手段，一般在2~4周开始起效。但需要注意的是，所有药物必须在医生指导下，严格遵照医嘱服用。除药物治疗外，心理治疗也能够有效降低复发的风险。

（二）临床表现

抑郁障碍主要以情绪低落、兴趣减退、精力缺乏作为表现，也存在一些早期症状如反应慢、思维迟缓、记忆力下降等，不过这些都会存在个体差异。抑郁障碍并不具备传染性，但与应激性生活事件、悲观的人格特质、其他精神疾病史、严重的慢性病、酗酒、滥用药物等有较大关系。

1. 情绪低落

（1）患者常常感到悲伤、沮丧或绝望，这种情绪可能持续数周、数月甚至更长时间。

（2）患者可能失去对以往感兴趣的活动或事物的兴趣，感到“空虚”或

“无助”。

（3）情绪低落的程度可能因人而异，有时患者甚至会出现自杀意念或行为。

2. 兴趣减退

抑郁自评量表（SDS）

（1）患者可能对日常活动、爱好或社交活动失去兴趣，即使这些活动以前能给他们带来乐趣。

（2）他们可能变得被动、退缩，避免与人交往或参与活动。

3. 精力缺乏

（1）患者常常感到疲倦、无力，即使经过充分的休息也无法恢复精力。

（2）他们可能难以集中注意力，记忆力下降，思维变得迟缓。

（3）由于精力缺乏，患者可能无法进行正常的工作、学习或日常活动。

除了上述主要症状，抑郁障碍还可能伴随其他症状，如睡眠障碍：失眠、早醒或嗜睡；食欲改变：体重增加或减少，对食物的渴望增加或减少；自我价值感降低：患者可能感到自己毫无价值，过度自责或内疚；注意力难以集中：导致记忆力下降，决策困难；焦虑或易怒：患者可能变得容易激动、烦躁或不耐烦；躯体症状：头痛、胃痛或其他无法解释的身体不适。

如果出现以上症状，且持续时间较长，影响到正常生活和学习，建议及时寻求专业医疗帮助。抑郁障碍是一种常见的心理障碍，但通过科学的治疗和管理，大部分患者可以得到有效的缓解和康复。

（三）心理干预与管理

1. 心理干预

心理干预是针对大学生抑郁障碍的重要干预手段之一。心理干预主要包括贝克认知疗法、行为疗法、合理情绪疗法等，可以帮助大学生认识到自己的负面思维和行为、学会如何应对压力和挑战、提高自信心和自尊心，从而缓解抑郁症状。

2. 生活方式调整

生活方式对大学生的心理健康有很大的影响。建议大学生保持规律的作息时间，保证充足的睡眠和休息；坚持适度的运动，以缓解压力和焦虑；保持良好的饮食习惯，注意营养均衡；尽量避免长时间使用电子设备，保持心情舒畅。

3. 社交支持

社交支持是缓解大学生抑郁障碍的重要因素之一。建议大学生多参加各种社交活动，扩大社交圈子，与同学和朋友保持联系和交流；建立良好的人际关系，与家人和朋友保持良好的沟通和互动；遇到困难时，及时寻求帮助和支持。

4. 学业应对

学业压力是大学生抑郁障碍的主要原因之一。建议大学生制订合理的学习计划，安排好时间；学会合理分配精力，避免过度疲劳；注意放松自己，不要给自己太大的压力；如果遇到学习困难，可以向老师或同学请教，寻求帮助和支持。

5. 精神药物治疗

如果大学生的抑郁症状严重影响到生活、学习和工作，建议及时寻求精神药物治疗。精神药物治疗可以缓解抑郁症状，帮助大学生恢复正常的心理状态和生活功能。但需要注意的是，精神药物治疗需要在专业医生的指导下进行，不能随意使用。

二、焦虑障碍

（一）焦虑障碍概述

焦虑和恐惧是人的正常情绪反应，对我们的生活也非常有意义。比如，当我们感知到环境可能存在一定的危险，会做出一个防御性的行为或反应。另外，一定的焦虑和恐惧会激发起身体和心理的能量，甚至有时会超出我们的身体极限。但如果在没有威胁或者应激源的情况下出现，或反应过度，且影响社会功能，则成为焦虑障碍，其特征是持续紧张、不安和恐惧。大学生焦虑症的常见原因包括学业压力、人际关系问题、未来就业的不确定性等。焦虑症患者常常出现失眠、头晕、心悸等症状，严重时会影响学习和生活。

（二）临床表现

1. 情绪焦虑

情绪上的过度担心是焦虑症的核心症状，表现为对未来可能发生、难以预料的某种危险或不幸事件经常担心。有的患者不能明确意识到自己担心的对象或内容，而只是一种提心吊胆、惶恐不安的强烈内心体验，称为自由浮动性焦虑。有的患者担心的也许是现实生活中可能发生的事情，但其担心、焦虑和烦恼的程度与现实很不相称，称为预期焦虑。患者常有恐慌发作，突然出现强烈的不适感，有濒死感或失控感，并伴有心跳加快、胸闷、呼吸急促、口干、吞咽梗阻感等自主神经功能紊乱症状。

2. 躯体焦虑

躯体焦虑表现为躯体上的不适，患者对这些不适的焦虑常常十分明显，表现为心慌、胸闷、气短、心前区不适或疼痛，心跳加快，全身疲乏感，或全身肌肉跳动等运动不安症状。有的患者还表现为头痛、头昏、胃部不适、出汗、心慌、尿频、尿急、因呼吸困难而感到窒息或过度通气等。

焦虑自测量表（SAS）

（三）心理干预和管理

1. 心理干预

对于大学生焦虑障碍，心理治疗是主要的治疗方法。它包括认知行为疗法、放松训练、系统脱敏法等。认知行为疗法可以帮助患者识别和改变负面的思维模式和行为习惯，从而减少焦虑情绪的产生。放松训练则通过深呼吸、渐进性肌肉放松等技术，使患者放松身心、缓解焦虑。系统脱敏法则通过逐步暴露患者于恐惧情境，帮助其逐渐适应并克服焦虑。

2. 药物治疗

药物治疗在大学生焦虑障碍的治疗中具有一定的辅助作用。抗抑郁药物和抗焦虑药物可以帮助缓解患者的焦虑症状，但药物治疗需要在医生的指导下进行。

3. 生活调整

生活调整对于大学生焦虑障碍的治疗也是非常关键的。患者需要保持良好的作息习惯，保证充足的睡眠时间，避免过度疲劳和压力过大。此外，适当的运动、良好的饮食习惯和良好的人际关系也有助于缓解焦虑情绪。

4. 社会支持

社会支持对于大学生焦虑障碍的治疗也非常重要。患者可以寻求家人、朋友、同学的支持和帮助，与他们分享自己的感受和困惑。同时，参加支持小组或心理咨询活动，也可以获得更多的社会支持和心理支持。

5. 自我调节

自我调节是大学生焦虑障碍治疗的基石。患者可以通过自我调节，掌握一些简单的心理调节技巧，如深呼吸、冥想、放松训练等。此外，培养乐观、积极的心态，增强自信心，也有助于缓解焦虑情绪。

三、强迫障碍

（一）强迫障碍概述

强迫障碍，也被称为强迫症，是具有持续性、闯入性、非己所欲的强迫性思维、先占观念和反复的强迫行为。这些强迫观念或行为常来源于个体的内心深处，并强烈地影响着个体的日常生活和行为。

强迫障碍对日常生活功能有多方面及不同程度的影响，可能导致学习、工作和人际交往的困难。近年来统计数据显示，强迫症的发病率正在不断攀升，约2/3的患者在25岁前发病。世界卫生组织所做的全球疾病调查发现，强迫症已成为15~44岁中青年人群中造成疾病负担最重的20种疾病之一。

（二）临床表现

强迫障碍是一种常见的神经精神疾病，以强迫思维和强迫行为为主要临床表现。该病患者会反复出现一些不必要的想法、影像或冲动，并感到无法控制。

1. 强迫观念

强迫观念是指患者脑海中反复多次出现某一观念或概念，伴有主观的被强迫感觉和痛苦感。患者完全能够意识到这一思想是不必要的，但是控制不住。例如，某大学生在与人交往时产生了“人人都很不可信”的想法，进而担心自己的某些行为是否会伤害他人，虽然明知这些想法是多余的，但就是不能摆脱。

2. 强迫行为

强迫行为通常是指为了缓解强迫观念所引起的焦虑而采取的行为。这些行为是患者不由自主地、反复采取的，并且被患者认为是没有意义或无效的。常见的强迫行为包括强迫检查、强迫洗涤、强迫询问、强迫计数、强迫性仪式动作等。例如，有些患者会反复检查自己的学习资料是否整理好、门窗是否关好，有些患者会经常洗手或者洗澡，有些患者会重复一些无意义的动作等。这些行为往往会消耗大量的时间和精力，影响患者正常学习和生活。

强迫症简易自测量表

（三）心理干预和管理

1. 认知行为疗法

认知行为疗法（CBT）是治疗大学生强迫症的主要心理治疗方法之一。CBT 强调认知过程在强迫症发病机制中的作用，通过识别和改变负面的思维模式和行为习惯，达到缓解症状的目的。CBT 治疗师会帮助患者识别自动的、负面的思维模式和行为模式，通过逻辑分析和思考，建立积极的思维方式和行为习惯。

2. 暴露与反应阻止法

暴露与反应阻止法是另一种有效的心理治疗方法，主要用于治疗强迫症。这种方法是通过逐步暴露患者于恐惧或焦虑的刺激，并阻止或缓解典型的强迫行为，帮助患者逐渐适应和克服恐惧和焦虑。在治疗师的指导下，患者逐渐面对自己的恐惧和焦虑，学习如何应对这些情况，从而降低强迫症状的频率和强度。

3. 药物治疗

药物治疗是治疗大学生强迫症的另一种方法，通过调节大脑神经递质 5- 羟色胺的水平，改善患者的情绪和焦虑症状，降低强迫症状的严重程度。但是，药物治疗需要在医生的指导下进行，并定期监测药物的效果和副作用。

4. 生活调整

生活调整也是大学生强迫症治疗的必要环节。患者需要注意调整自己的生活方式，建立健康的生活习惯，保证充足的睡眠和饮食，增加适度的运动和娱乐活动。此外，注意调整自己的学习和生活环境，减少压力和刺激，也可以降低强迫症状的严重程度。

5. 支持性心理治疗

支持性心理治疗是一种重要的辅助治疗方法，可以提供支持和理解，帮助患者缓解情绪压力。通过与治疗师建立良好的关系，患者可以获得情感上的支持和建议，增强应对困难的能力。支持性心理治疗还可以帮助患者更好地理解和处理自己的问题，提高治疗的依从性和效果。

对大学生来说，如果出现了强迫观念和行为，建议尽早在医生的指导下选择合适的治疗方法，并积极配合治疗，以获得最佳的治疗效果。

体验活动

/ 识别你的自动化思维 /

自动化思维（automatic thoughts）是指不需要意识的参与就可以自然而然地出现在头脑中的想法、意象和冲动。这些想法往往是我们日常生活中经常出现的，并且对行为和情绪有很大的影响。如果你能够在生活中识别出这些自动化思维，就能够更深入地了解自己的内心，从而做出一些积极的改变。

第一步，当你出现负向情绪时，记录下来你内心的想法，找出影响情绪最强的、反复出现的自动化思维，如表 3–1 所示。

表 3–1　负向自动化思维举例

负向自动化思维	举例	产生影响
负面评价	我们常常不自觉地对自我或他人进行负面评价，例如，“我不行”“我很失败”“他不喜欢我”等	影响情绪和行为，甚至可能导致焦虑、抑郁等心理问题
负面预测	我们往往会对未来做出负面的预测，例如，“我肯定考不好”“这件事一定会失败”等	影响行为和情绪，甚至可能导致放弃努力
自我怀疑	我们常常会怀疑自己的能力、价值或真实性，例如，“我是不是在说谎”“别人会不会看穿我的谎言”等	这些怀疑会影响自信和自我认知
强迫性思维	我们有时会不自觉地出现一些强迫性的想法，例如，“我必须反复检查门是否锁好”“我必须按照一定的顺序摆放物品”等	这些想法会影响日常生活和工作效率

第二步，找出自动化思维后，寻找支持它的证据和不支持它的证据，如表 3–2 所示，遇到类似的事情可以选择其他的思维吗？想一想，你该怎样面对。

表 3-2 寻找支持与不支持自动化思维的证据

步骤	1. 情境：发生了什么事情	2. 情绪：你当时的感受如何？评估情绪（0～100分）	3. 自动化思维	4. 支持证据	5. 不支持证据	6. 可选择的其他思维
举例	竞选班委失败	失落（90分）	我很差劲，同学们都不喜欢我	全班只有5人投票选我	（1）我有很多爱好和特长 （2）刚开学，同学们还不太了解我 （3）有5个同学认可我	（1）我可以去更多展示自己的能力 （2）我可以通过社团等学生组织提升自己的能力

心医之窗

在探讨人体生理、心理异常时，我国传统医学采取的基本原则是整体审查和辨证论治。因此，在对心理异常症状的认识上，中医学采用的是运用藏象理论去探索和解释。单从最常见的焦虑抑郁症状来说，属于中医学内“郁证”范畴，常见证型为肝郁气滞（病位在肝，因肝之舒泄功能失调而肝气郁结）、气郁化火（病位在肝，因长期气滞而郁结化火）、痰气郁结（病位在脾肺，因脾肺运化水湿功能失调而导致痰气交阻搏结于咽喉）、心脾两虚（病位在心脾，气血生成不足及神识不能得到充养而对诸多事情丧失兴趣）、心神失养（病位在心，因为长期心神不得濡养而神志受到影响）、心肾阴虚（病位在心肾，因为疾病日久导致心神阴精不足而情绪不宁、失眠健忘）。而中医始终倡导“治未病”“正气存内，邪不可干”，因此大学生日常应保持常规的户外活动，坚持锻炼养生，在预防心理异常疾病的同时，保证良好的健康状况。

例：百会穴（见图 3-1）

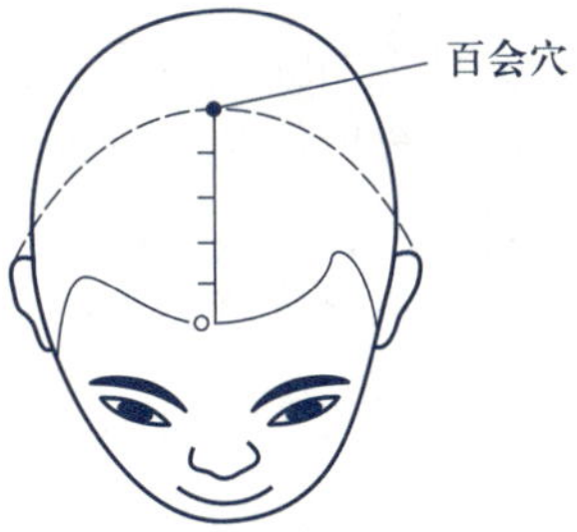

图 3-1 百会穴

定位：位于头部，前发际正中直上 5 寸。

功效：郁证患者通常会有情绪低落、失眠多梦、精神不振等表现。针刺拍打百会可以起到宁心及镇静安神的作用。

百会，为百脉之会，贯达全身。百会穴位于头顶正中线与两耳尖连线的交叉处，穴居颠顶，联系脑部，有清头散风、开窍醒神、回阳固脱之功效，可见，百会穴与大脑内部组织关系比较密切，是调节大脑功能的重要穴位。

第三节 大学生心理障碍应对策略

一、消除对心理障碍的偏见

反对心理障碍歧视是一项重要的社会议题。心理障碍是一种常见的心理健康问题，但仍然经常受到歧视。这种歧视不仅对心理障碍者造成伤害，也阻碍了社会的进步和发展。由于歧视，心理障碍者不愿意就医是一个严重的问题。这种歧视可能导致心理障碍者不敢寻求帮助，从而错失治疗的最佳时机。要解决这个问题，我们可以采取以下措施：

（一）普及心理健康知识

首先，加深大学生对心理障碍的认识和理解至关重要。大学生可以更多地了解心理障碍的成因、表现及治疗方法，明白心理障碍是一种疾病而非道德或性格缺陷，减少对心理障碍的误解和恐惧，从而消除偏见和歧视。

（二）倡导平等和包容的社会环境

倡导平等和包容的社会环境对于消除歧视至关重要。政府、学校、企事业单位等应推动建设无障碍环境，提供合理便利，确保心理障碍者享有平等的权利和机会。同时，作为大学生，更应以包容和理解的态度对待心理障碍者，共同营造一个友善的社会氛围。通过设身处地地理解心理障碍者的感受和处境，我们可以更好地关心和支持他们，消除歧视和排斥。

（三）寻找专业的心理咨询和治疗服务

专业的心理咨询和治疗服务是帮助心理障碍者恢复健康的重要手段。专业的心理咨询和治疗服务可以帮助心理障碍者应对困扰、缓解症状，提升应对能力和心理健康水平。

（四）搭建社会支持

家庭和朋友的关爱和支持对于鼓励心理障碍者就医也非常重要。家属和亲友可以给予心理障碍者足够的关心和理解，帮助他们克服困难和恐惧，增强就医的信心和勇气。

二、如何应对自身的心理障碍

（一）及时就医并遵医嘱进行治疗

如果你认为自己有心理问题，不要犹豫，尽快寻求专业帮助。心理咨询师、精神科医生等专业人士可以帮助你评估和治疗心理问题。选择一位合适的治疗师非常重要，可以通过查看其资质、经验和口碑来选择。目前心理障碍已纳入医保范畴，大学生可以选择精神科医院或者三甲医院心理门诊就诊。可以与专业心理医生进行详细的讨论，制订合适的治疗计划，并在治疗过程中保持耐心，积极配合，以获得最佳的治疗效果。

（二）医疗资源与心理咨询资源相结合

精神科治疗和心理咨询在服务范围上存在一些差异。总的来说，精神科的服务范围更广泛，涉及严重的精神疾病和心理障碍，比如，抑郁症、焦虑症、强迫症、精神分裂症等；心理咨询则更侧重于对轻度和中度心理问题的干预，比如，适应障碍、人格障碍、较轻的神经症等。精神科医生通常需要经过医学教育和培训，掌握医学知识和药物管理技能。而心理咨询师则通常接受过心理学或相关专业教育和培训，对心理学理论和实践有深入的了解。因此，在服务过程中，精神科医生更侧重于药物治疗，而心理咨询师则更侧重于心理干预和支持。

如何判断个人适用精神科治疗还是心理咨询呢？如果你怀疑自己或身边的人有严重的心理障碍（如重度抑郁），首选是去精神科医院做一个明确的诊断。如果被确诊为心理障碍，那么是否需要心理咨询则由精神科医生来判断。对有些重症患者，心理咨询的帮助是微乎其微的。而另一些患者，在药物治疗的同时配合做心理咨询效果更佳。患者也可以选择与心理咨询师见面，配合其进行初次评估，按照心理咨询师的建议判断是否需要去精神科医院诊断和治疗。

（三）休学及休学后重返校园的适应

大学生在学习成长过程中的压力过大时，需要得到系统的心理治疗，以及适当的休息和调整。

休学是缓解压力的一种有效方式，患者可以有足够的时间来处理心理问题，并找到合适的方式重新面对学习。患者可以结合医生和学校的建议，选择是否需要休学。

1. 休学后，要根据医嘱进行积极治疗

（1）药物治疗。在医生的指导下，按时按量服用药物，不要自行增减剂量或停药。药物治疗是心理障碍治疗的重要手段之一，有助于缓解症状、提高生活质量。

（2）心理咨询。接受专业的心理咨询，与心理医生或治疗师建立良好的合作关系。通过心理咨询，可以更好地了解自己的情感和思维模式，掌握有效的应对策略，提高自我认知和情绪管理能力。

（3）康复训练。根据具体情况，进行有针对性的康复训练。例如，学习放松技巧、认知重构、行为疗法等，以帮助自己更好地适应生活和学习。

（4）营养调整。保持良好的饮食习惯，均衡摄取营养。避免过度依赖垃圾食品，保持充足的睡眠和适当的运动。良好的营养状况有助于身体健康和心理健康的恢复。

（5）定期复查。按照医生的建议，定期进行复查。复查可以帮助医生了解治疗效果和病情变化，及时调整治疗方案，确保治疗顺利进行。

（6）生活方式调整。积极调整生活方式，保持健康的生活习惯。例如，规律作息、避免过度劳累、保持心情愉悦等。这些有助于缓解心理压力，促进身体康复。

（7）家庭支持。家庭是重要的支持系统，亲人的理解和支持对于患者的康复非常重要。与家人保持良好沟通，共同应对困难和挑战，有利于尽快恢复健康。

（8）社会适应训练。通过参加社交活动、志愿者工作等途径，逐渐恢复社交能力，提高社会适应能力。社交活动有助于建立新的人际关系，拓展社交圈，提高自信心。

2. 返校后需要注意的事项

绝大部分大学生经过治疗后，学业和人际关系适应情况良好，可以融入大学生活。然而，也有一些大学生可能因为各种原因无法完全融入大学生活，比如注意力和记忆力还在恢复期，学习上需要付出更多的时间，在人际适应上存在一定的困难。面对这样的情况，要给自己更多的接纳与宽容，循序渐进地开展学业上的规划，参加一些团体辅导活动，慢慢恢复社会功能。

同时，大学生也可以利用学校里的心理咨询资源，向心理咨询师寻求帮助。返校后可以与心理咨询师进行面对面的交流，分享自己的困惑和问题，得到专业的分析和建议。心理咨询师会给予耐心倾听和理解，帮助大学生理清思路，找到解决问题的方法和途径。此外，大学生还可以利用学校的心理测评工具和资源进行自我评估和监测。这些工具可以帮助大学生更好地了解自己的情绪和心理状态，及时发现和解决潜在的问题。通过自我评估，大学生可以更加清晰地认识自己，明确自己的需求和目标，制订出更加合理的计划和方案。

（四）警惕威胁生命安全的时刻

有些心理障碍会威胁到个人的生命安全，要及时识别并且保障个人和他人的生命安全。

比如，抑郁症患者可能有绝望、无助、焦虑、易怒等负面情绪，而这些情绪可能引发自杀念头或行为。一个人出现自杀念头或行为，可能是他内心深处痛苦和绝望的表现。在这种情况下，及时寻求帮助是非常重要的。可以向专业医生、心理治疗师或心理咨询师寻求帮助，他们可以提供支持、指导和治疗，帮助患者解决抑郁症和其他心理健康问题。除了寻求专业帮助，也可以采取一些措施来预防自杀念头或行为的发生。例如，与家人和朋友保持联系、参加社交活动、进行身体锻炼、养成健康的生活习惯等。这些措施可以帮助缓解负面情绪和压力，增强内心的幸福感和满足感。

另外，心理障碍患者会因病产生幻觉——幻视或者幻听。幻觉是一种感知上的改变，患者会看到或听到并不存在的事物，这可能对他们的日常生活造成困扰和影响。出现幻觉可能是精神障碍加重的表现，因此，如果有人出现幻觉症状，建议立即寻求医疗帮助。医生可以进行评估和治疗，根据具体情况制订合适的治疗计划。如果有些幻听到的声音是督促自己去自杀或者伤害别人，这也是一个危险的信号，要与家人或者辅导员联系，迅速采取行动，及时就医，保障个人与他人的生命安全。

三、如何支持身边的心理障碍患者

心理障碍是一种常见的精神疾病，可能影响一个人的思维、情感和行为。对于身边的人来说，如何支持心理障碍患者是一项重要的任务。下面是一些建议，帮助你更好地支持他们。

（一）建议对方寻求专业帮助

当我们意识到他人可能存在心理问题时，寻求心理治疗是一个明智的选择。心理治疗通过一系列专业的技巧和工具，帮助个体识别和解决这些问题，提升心理韧性和适应能力，提高生活质量。

对于寻求心理治疗，一些人可能有担忧和疑虑。例如，担心被评判或担心隐私泄露。然而，专业心理治疗师的任务是帮助案主解决问题，他们遵循严格的伦理准则，并采取措施确保客户的隐私和安全。

此外，可以向对方普及：寻求心理治疗并不意味着你有“问题”或“弱点”。相反，这表明你重视自己的心理健康，愿意采取积极的措施来改善自己的生活质量。与心理治疗师合作，可以帮助你更好地理解自己的情感和需求，获得支持和指导，从而应对困难和挑战。

（二）给予对方尊重与支持

以平常心对待心理障碍患者是至关重要的。我们需要了解心理障碍是一种疾病，就像其他疾病一样，心理障碍患者需要治疗和关怀。我们不应该对他们有任何歧视或偏见，而是应该以开放和接纳的态度来对待他们。

心理障碍患者往往需要更多的支持和理解。我们可以倾听他们的感受，提供情感支持，让他们知道自己并不孤单。同时，避免过度解读他们的行为和情绪。有时，他们的行为可能只是因为他们正面临心理障碍，而不是故意要伤害或冒犯他人。

最后，要调整好自己的心态，懂得没有人可以为其他人的生命负责，心理障碍患者确实需要尊重与支持的人际环境，但最终痊愈仍然需要依靠他们自己。

心灵成长

查阅《精神障碍诊断与统计手册》（DSM-5）相关心理障碍的诊断说明，了解不同心理障碍的类型。

拍出好心情

去外面走走，拍摄多张可以治愈心灵的照片。

思考题

1. 心理障碍的影响因素有哪些？
2. 你怎么看待心理障碍？
3. 如果同学得了抑郁症，你该怎样与其相处？

课后作业

1. 概述心理障碍的影响因素。
2. 概述心理障碍的评估标准。
3. 谈一谈如何应对心理障碍。

作品推荐

图书：《焦虑症的自救》，克莱尔·威克斯著，王泽彦、赵妍译，广西科学技术出版社。

电影：《心灵捕手》，格斯·范·桑特执导。

第四章

大学生自我意识与自我调适

动画导入：
接纳自我
勇敢做自己

学习目标：

了解并掌握自我意识的内涵、结构及发展特点，认识到自我意识的作用，能够识别在自我意识发展过程中出现的偏差及影响因素，并能够对其进行评估和调适。

心路心语

知人者智，自知者明；胜人者有力，自胜者强。

——《道德经》

一个人越有自我意识，他就越有活力。

——罗洛·梅

引　言

大学阶段是大学生自我意识迅速发展和趋于完善的重要时期。自我意识与大学生的成长成才有着紧密的关系。认识自我、了解自我是发展自我的前提与基础，只有对自己有一个全面、客观、深入的认识，才能更好地提升与发展。在这一时期，大学生的身心发生着巨大的变化，他们逐渐走出家庭，充满活力和生机，但又充满变化和不确定性。他们虽然已经成年，但思想和心理还并未完全成熟，身份认同悬而未决，价值观还在经受考验，经济未独立。尤其是在这个充满了机遇与挑战的时代，面对社会的急剧变革和现代化进程的加快，青年人也面临着全新的发展任务和发展环境。

因此，帮助大学生全面、客观地认识自我，积极体验自我，有效管理自我，促进大学生不断悦纳自我、发展自我，进而维护大学生的心理健康，就显得尤为重要。

案例导入

扁鹊是中国古代著名的医生，成为中国名医的代称。一次扁鹊去见魏王，魏王说：“我听说你们家兄弟三人都擅长医术，你们三人中，谁的医术最高明啊？”扁鹊老老实实地回答：“我大哥医术是最高明的，我二哥其次，我的医术最差。”魏王惊讶地问道：“那为什么你天下闻名，而他们两个却默默无闻呢？”扁鹊说：“因为我大哥给人治病总能做到防患于未然。这个人得病，但还没有显出征兆，他手到病除把病根给消除了。这个病人就像没得病一样，所有的人都不知道他是在给别人去除病兆未起之病。我二哥治病是在病兆初起之时，他一用药就把病给除去了。大家总认为他能治的是小病，不知道这个病如果发展下去那就是要命的大病啊。我的技术最差，因为我只能在人已经生命垂危的时候才出手治病，往往能够妙手回春，所以我的名声就传遍天下。行医治病，防患于未然者最高，但天下无名；病初起而手到病除者次之，但被人认为是治小病，只能传名乡里；病人垂死时才挽救人，虽保住了生命，但早已元气大伤，还会留有后遗症，这个人已经受损了，但是我却能名传天下。”

这个故事告诉我们，世俗的评判标准，未必能评价一个人的真正水平，只有我们的内心能做出准确的回答。

请思考：如何才能正确评价自己?

第一节 自我意识概述

古希腊神话中的狮身人面兽斯芬克斯，作为神的使者，带着神对人的忠告——“人，认识你自己”，从奥林匹斯山来到人间，它把那句神的箴言化作一个问题：“有一种动物，它在早晨的时候用四条腿走路，在中午的时候用两条腿走路，在晚上的时候用三条腿走路，那么这个动物是什么呢？”每个过往的人都要作答，答不上来就会丧命。年轻的俄狄浦斯在路过的时候说出了最终的答案：“这个动物就是人。”因为“在生命的早晨，人是软弱无助的孩子，他必须用两脚两手爬行；在生命的中午，他是青壮年，可以用两只脚走路甚至奔跑；但到了老年，临到生命的暮年，他需要扶持，因此，他拄着拐杖，把拐杖作为第三只脚”。

这个故事说明，离我们最近的东西往往是最难认知的。在人生整个成长的过程中，我们可以不断地认知天地万物，增长经验，但唯独难以认清的却是我们自己。

一、自我意识的内涵

“自我”的影子无处不在，但很多人却难以认识。其实，自我就是指一个人的具体存在形式，包括过去、现在以及未来触摸、感知到的一切。健康的自我，会引导我们自尊、自信、自爱。这样的人生充满着神奇、安全感，这样的人生会使生活多一些快乐，多一些勇敢，多一些聪慧，多一些轻装前进的勇气。

（一）自我意识的概念

自我意识（self-consciousness）是指人对自己存在的觉察，即自己认识自己的一切，是主观我“I”（作为认知者的自我，指个人对外界的感受与思考）对客观我“me”（作为被认知的自我，指个体对自己的态度、情感和判断）的认识。

自我意识是人的意识发展的高级形式，是人特有的心理活动，是一个多维度、多层次的心理系统。

如果请你自己回答一下“我是谁”，你会怎么回答？或许有人会觉得这也太简单了：我还能不知道自己是谁？那么，下面我们就一起来做一个“我是谁”的活动，来帮助你更清晰地认识自己。

体验活动

请你写出 20 个“我是谁”。

（1）我是________________________________；

（2）我是________________________________；

……

……

（20）我是_______________________________。

基于你写的 20 个“我是谁”，请将它们按照生理自我、心理自我、社会自我进行分类，并计算每一项的数量。

（二）自我意识的内容

1. 从内容上划分

（1）生理自我。对自己的身体、外貌、衣着、风度、所有物的认识和体验。如我挺帅的；我有点胖；我身材像模特……

（2）心理自我。对自己的智力、性格、气质、理想、能力、情感等心理特征的认识和体验。如我遇事反应挺快的；我是内向型性格……

（3）社会自我。对自己在社会中的地位、在人际关系中的角色和作用等的认识和体验。如朋友喜欢和我待在一起；在人群中，我总是比较显眼的那个……

自我意识的这三个内容是既相互独立但又相互关联的。在我们的自我意识系统中，如果有一个系统出了状况，其他的部分亦会受池鱼之殃，即一个属性可以影响其他的属性。比如，健身、变瘦，是生理自我的特点，但它会影响一个人对自己心理自我的判断——自己是不是有自控力、是不是有恒心等。同时，因为身材原因，一个人也可能变得不愿在人群中展示自己，社会自我也受到影响。

但是，有时候出问题的部分可以被直接或间接地修补。比如，小 D 同学看起来不怎么起眼，长得又瘦又小，相貌也一般（很低的生理自我概念水平），但他善于学习，兴趣也很广泛（提高了他的心理自我概念水平），这使他成为很友善又乐观的人，而且他随时随地都愿意帮助别人（发展出正面的社会自我概念）。小 D 同学用一种间接的方式努力补偿自己的弱点因素，强化其他自我因素，这使得他成为一个受欢迎的人。

2. 从结构上划分

（1）自我认识。主观我对客观我的认识与评价，包括自我觉察、自我感知、自我概念、自我评价等。如我觉得我是一个挺理性的人；我觉得我需要在各方面提高一下自己……

（2）自我体验。自己对自己怀有的一种情绪体验，即主观我对客观我所持有的态度，如自信、自爱、自卑、优越感等。例如，我觉得蛮喜欢自己的；我对自己有很多不满意的地方……

（3）自我调控。自己对自身行为和思想语言的控制，即主观我对客观我的制约作用，如自我调节、监督、制约等。例如，我想做到的事情一定会制订好计划，一步步把它完成……

上述三种表现形式以自我认识为基础，产生自我体验，进而达到自我调控，同时又在自我体验的推动下加强自我调控，加深自我认识，增强自我体验。这三者的有机组合和完整统一，就成为一个人的自我意识。

自我认识、自我体验、自我调控即我们常说的心理学中的知、情、意，三者之间的和谐程度以及与客观现实的吻合程度，决定了个体自我意识的健康状况。自我认识包含自我感觉、自我观察、自我分析、自我评价等，其中自我评价是关键。自我体验包含自尊、自信、自豪、自卑、自怜、自责等，其中自尊感是关键。自我调控包括自我控制、自律自强、自我监督等，其中自我控制是关键。如表 4–1 所示。

表 4–1　自我意识的内容

	自我认识	自我体验	自我调控
生理自我	对自己的身体、外貌、衣着、风度、所有物等的认识	英俊、漂亮、有吸引力、迷人、自我悦纳	追求身体的外表、物质欲望的满足，维持家庭的利益等
心理自我	对自己的智力、性格、气质、兴趣、能力、记忆、思维等特点的认识	有能力、聪明、优雅、敏感、迟钝、感情丰富而细腻	追求信仰，注意行为符合社会规范，要求智慧与能力的发展
社会自我	对自己的名望、地位、角色、性别、义务、责任、力量的认识	自尊、自信、自爱、自豪、自卑、自怜、自恋	追求名誉地位，与他人竞争，争取得到他人的好感等

3. 从指向上划分

（1）现实自我。自己目前的状况，现在已经具备的人格特征，是一种客观存在。

（2）投射自我。个体想象自己在他人心目中的形象，是一种主观映像。

（3）理想自我。希望自己成为怎样的人，具备何种人格，是一种未来指向。

二、自我意识的特点和心理功能

（一）自我意识的特点

自我意识是人对自己身心状态及对自己同客观世界的关系的意识。自我意识包括三个层次：对自己及其状态的认识；对自己肢体活动状态的认识；对自己思维、情感、意志等心理活动的认识。自我意识不仅是人脑对主体自身的意识与反映，而且人的发展离不开周围环境，特别是人与人之间关系的制约和影响，所以自我意识也反映人与周围现实之间的关系。自我意识具有意识性、社会性、能动性、同一性等特点。

1. 意识性

意识性是指个体对自己以及自己与周围世界的关系有着清晰、明确的理解和自觉的态度，而不是无意识或潜意识。从马克思主义哲学的角度来看，这种自我意识是主观我对客观我的一切主观能动的反映。

2. 社会性

自我意识是个体长期社会化的产物。这不仅因为它是在社会实践中产生的，而且因为它的主要内容是个体社会属性的反映。对自我本质的意识，不是意识到个体的生理特性，而是意识到个体的社会特性，意识到个体的社会角色，意识到个体在一定的社会关系和人际关系中的地位和作用，这是自我意识发展到成熟阶段的重要标志。

3. 能动性

自我意识的能动性不仅表现在个体能根据社会或他人的评价、态度和自己的实践所反馈的信息来形成自我意识，而且表现在能根据自我意识调控自己的心理和行为。

4. 同一性

心理学研究表明，自我意识一般需要经过 20 多年的发展，直到青年中后期才能较为稳定、成熟。虽然这种自我意识有可能因个体实践的成败和他人评价的改变而发生变化，但到青年期以后，个体会对自己的基本认识和基本态度保持同一性。正因为自我意识的同一性，个体才会表现出前后一致的心理面貌，从而使自己与其他人的个性区别开来。

（二）自我意识的心理功能

1. 支配个体的行为

意识决定行为，行为是意识的反映。每个人的心中对自己都有一个认知和设定：我是一个什么样的人，于是在自我介绍时就会把自己描绘成什么样的人，在实践中也会不自觉地按照那种描绘来行事。例如，一个人觉得自己非常善于交朋友，在日常生活中可能就会主动和别人交往，在团体中也会愿意充当组织者与协调者。

2. 决定个体的归因

归因是个体对自己或他人行为过程原因的分析。不同的个体可以有相同的行为经历，但每个个体对这种经历的归因却大不相同，不同的归因便取决于个体独特的自我意识。例如，自我意识积极的学生会把期末考试的失利归因于自身复习不够认真，于是会不断鼓励自己，在今后的学习中更加努力；自我意识消极的学生则会把期末考试失利归因于自己能力不济，于是不断否定自己，愈加消极。事实上，当个体消极的自我意识占主导时，任何行为或经历都会与消极的自我评价相关联；相反，当积极的自我意识占主导时，所有的经历都会被赋予积极的含义。

3. 反映心理健康水平

自我意识是个体全部内心世界的总和，也是人格的核心部分，对个体人格的发展和塑造起着至关重要的作用。自我意识的发展程度集中反映了个体的心理成熟程度和心理发展水平。大量的心理学实验也证明，个体社会适应不良及人际关系不协调主要是由自我意识不正确造成的。只有健全的自我意识才能正确认识、悦纳自己，合理分析自己与周围环境的关系，从而保持良好的社会适应和人际关系，维护自身心理健康。

总之，健全的自我意识通过合理的自我认知、良好的自我体验、自觉的自我控制，促进个体的自我实现，且最大限度地挖掘个体心理潜力。

三、自我意识发展的相关理论

（一）詹姆斯的“经验自我”和“纯粹自我”

詹姆斯将“自我”划分为“经验自我”和“纯粹自我”。“经验自我”主要涉及“自我”与外部环境、社会之间的关系，是一种被知的我或者宾我；“纯粹自我”是主动体验和认识世界的自我，也称“主我”。

1. 经验自我

“每个人的经验自我，就是他试图用‘我’（me）来称呼的一切。”在他看来，人们很难将称为“我”与称为“我的”东西区分开来，我们所经历的“我”，事实上也是在经历某些属于“我”的事物。詹姆斯将“经验自我”分为物质自我、社会自我和精神自我三部分。

（1）物质自我。一般是指与周围物质客体相伴随的躯体我，比如，个人的身体、衣物、房屋、家庭、财产等。

（2）社会自我。是指关于别人对自己的看法的意识，每个人在社会上都需要获得别人的认可，让许多人认识自己。

（3）精神自我。是指包括个人的意识状态、特质、态度、气质，监控内在思想与情感的自我。

詹姆斯认为，一切与自身相关的事物都会在某种程度上成为自我的一部分，这就解释了当你的朋友或家庭成员受到打击时，你会做出防御性反应，因为他们也是你的自我的一部分。

2. 纯粹自我

纯粹自我指一个人知晓一切东西，包括自我的那些东西，所以又称为能动自我或主动自我。詹姆斯在论述纯粹自我时，是以“个人同一性”（personal identity）理论为依据的。个人同一性就是“现在的自我与它想起的那些过去的自我相同”。纯粹自我是由不断更迭和传递其内容的当下思想所构成。詹姆斯把作为对象的个人称为经验自我（me），把当下思想看成是纯粹自我（I）。他认为，纯粹自我接受不同的感觉并影响感觉所唤起的动作；它是兴奋的中心，接受不同情绪的震荡；它是努力和意志的来源，意志似乎从此发出命令。

（二）弗洛伊德的“本我”“自我”和“超我”

弗洛伊德是精神分析学派的创始人，他认为人格由本我（id）、自我（ego）和超我（superego）构成。对于本我和自我的关系，弗洛伊德有这样一个比喻：本我是马，自我是马车夫。马是驱动力，马车夫给马指方向。

本我是人格结构中最原始的部分，是人类的本能需求，如饥、渴、性等。本我中的需求产生时，个体要求立即满足。例如，婴儿感到饥饿时即要求立刻喂奶，绝不考虑母亲有无困难。

自我是个体出生后，在现实环境中由本我分化、发展而产生的。由本我而来的各种需求如果不能在现实中立即获得满足，自我需要迁就现实的限制，并学习如何在现实中获得需求的满足。此外，自我介于本我与超我之间，对本我的冲动与超我的管制具有缓冲与调节的功能。

超我是人格结构中居于管制地位的最高部分，是由于个体在生活中接受社会文化道德规范的教养而逐渐形成的。超我有两个重要部分：一为自我理想，是要求自己行为符合自己理想的标准；二为良心，是规定自己行为免于犯错的限制。因此，超我是人格的道德部分。

人格结构中的三个层次相互交织，形成一个有机的整体。它们各负其责，分别代表着人格的某一方面：本我反映人的生物本能，按快乐原则行事，是“原始的人”；自我寻求在环境条件允许的情况下让本能冲动得到满足，是人格的执行者，按现实原则行事，是“现实的人”；超我追求完美，代表了人的社会性，是“道德的人”。一个心理健康的人，其人格结构中的这三个“我”理应是协调的、平衡的。

（三）罗杰斯的“现实自我”和“理想自我”

罗杰斯提出现实自我（real self）和理想自我（ideal self）。理想自我代表个体最希望拥有的自我概念、理想概念，即他人为我们设定的或我们为自己设定的特征。它包括潜在的与自我有关的且被个人高度评价的感知和意义。而现实自我包括对自己存在的感知和对自己意识流的意识。通过对自己体验的无偏见的反映及时对自我进行客观观察和评价，个人可以认识现实自我。罗杰斯认为，对于一个人的个性和行为具有重要意义的是其自我概念，而不只是现实自我。他在临床实践中发现，现实自我和理想自我之间的不一致是导致神经症的原因之一。

（四）埃里克森的人生八阶段理论

埃里克森认为个体自我的成长发展贯穿一个人生命的整个过程。他将个体自我认识的形成与发展划分为 8 个相互联系的阶段（见表 4–2），认为每一个阶段都有一种危机或矛盾需要解决，或者说有一种发展任务需要完成。如果危机解决得顺利，个体可能获得积极品质，增强自我的力量，为下一阶段的发展创造条件；如果危机解决得不顺利，个体可能形成消极品质，削弱自我的力量，影响下一阶段的发展。这 8 个阶段的顺序由遗传决定，但是每一阶段能否顺利度过却是由环境决定的，所以这个理论又称为心理 – 社会阶段理论。

表 4–2　人生 8 个阶段

阶段	年龄	冲突	人格发展任务	发展障碍者的心理特征	发展成功者的品质特征
婴儿期	0～18 个月	基本的信任感对基本的不信任感	发展信任感，克服不信任感	面对新环境时会焦虑不安	希望的美德
儿童早期	18 个月到 3 岁	自主感对羞怯与怀疑	培养自主感，克服羞怯与怀疑	缺乏信心，行动畏首畏尾	意志的美德
学前期	3～6 或 7 岁	主动感对内疚感	培养主动感，克服内疚感	畏惧退缩，缺少自我价值感	方向和目的的美德
学龄期	6 或 7～12 岁	勤奋感对自卑感	培养勤奋感，克服自卑感	缺乏生活基本能力，充满失败感	能力的美德
青年期	12～18 岁	同一性对角色混乱	建立同一性，防止角色混乱	生活无目的、无方向感，时常感到彷徨迷失	忠诚的美德
成年早期	18～30 岁	亲密感对孤独感	发展亲密感，避免孤独感	与社会疏离时感到寂寞孤独	爱的美德
成年中期	30～60 岁	繁殖感对停滞感	获得繁殖感，避免停滞感	不关心别人与社会，缺少生活意义	关心的美德
成年晚期	60 岁以后	完善感对绝望与沮丧	获得完善感，避免绝望与沮丧	悔恨旧事，徒呼负负	智慧的美德

心理百科

你是如何评价自己的？在传统教育之下，我们似乎习惯了用“成绩排名”

"绩点"来评价自己，似乎只有绩点高、成绩排名靠前，自己才是令人满意的、优秀的、值得高兴的。但成绩、学习能力仅仅是评价人的一个方面，对一个人的评价应该是丰富而多元的。每个人都有不同优势。心理学家加德纳提出，智力的结构不是单一的，而是多元的。他提出智力至少包括语言智能、音乐智能、逻辑－数理智能、空间智能、身体－动觉智能、自我认识智能、人际交往智能、自然观察智能八个方面（见图 4-1）。因此，排名、绩点只是人生很小的一部分，而不是生活的全部，人生的价值和意义也不该由此来衡量。我们对自己的认识应该是层次丰富、维度多样的。那么，我们如何评价自己、成为更好的自己呢？

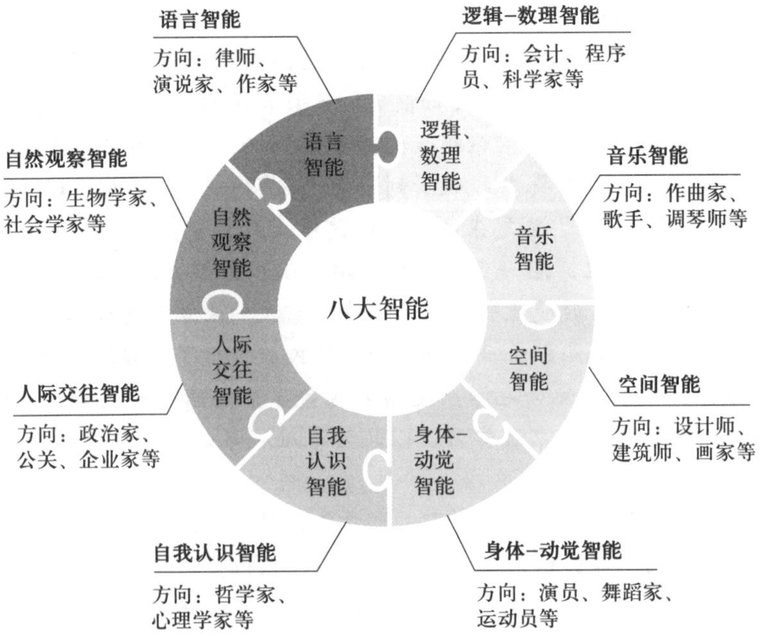

图 4-1　加德纳的多元智力模型

我们只有更好地了解自己、认识自己，才能促进自己的发展和成长。自我认识可以分为三个步骤：首先，自我认识是对自我本质和意义的探寻，是对理想自我的探索，主要回答我是谁、我想做什么、我为什么要这么做、我将怎么做、我做得怎么样五个问题。这五个关于人生自我的终极问题，是我们生活和实践的指挥棒，当我们可以想清楚、想明白这几个问题时，我们在人生航行中就会坦然自若。但是，需要注意的是，对这五个问题的回答并不是一蹴而就的，它需要在实践中认识自我，在反思中提升认识。其次，自我认识包括对现实自我的理解。每个人的优势和美德各有不同，有的人拥有智慧与知识，对世界充满好奇；有的人具备仁爱，拥有爱与被爱的能力；有的人具备正义，能维护公平正义……我国著名爱国主义诗人臧克家高考时对于数学符号一筹莫展，高考数学一道题也算不出，最后得了零分，但他凭借扎实的文学功底和独到的人生思考，作文被闻一多赏识，得以进入大学读书。优势美德和天赋的出现时间也具有个体差异，每个人都有属于自己的花期。正如曹操所言"老骥伏枥，志在千里。烈士暮年，壮心不己”，我们要厚积薄发，耐心等待自己的花期。最后，自我认识包括对近期自我的理解和调控，是现实自我逐渐靠近理想自我的过程。我们可以根据自己的现状，理解和接纳自己，并制定符合自己实际的可操作的目标，一步一个脚印踏实实现自己的目标。

心灵港湾

周恩来是中国近现代伟大的政治家和外交家，他终其一生致力于中国的崛起和发展。作为一名优秀的政治家，周恩来从青年时代起就将自我发展与祖国的发展紧密结合在一起。1911 年的一天，正在上课的魏校长问同学们：你们为什么要读书？同学们纷纷回答：为父母报仇，为做大学问家，为知书明理，为让妈妈、妹妹过上好日子，为光宗耀祖，为挣钱发财……等到周恩来发言时，14 岁的他说：“为中华之崛起！”魏校长听到一惊，又问一次，周恩来又加重语气说：“为中华之崛起而读书！”周恩来的回答让魏校长大为赞赏。

在周恩来的一生里，他一直将自身所学知识和为国家民族作贡献紧密结合。他长期关心国计民生，兢兢业业，推动了许多重大的改革和建设工程。在抗日战争期间，他坚持不懈地组织抗日斗争，为中华民族作出了卓越的贡献。在中国解放战争时期，他坚决地配合毛泽东发动并领导了广泛的土地改革，促进农村发展。他一生都不曾停止读书和学习，以此为基础从事政治活动，指导中国革命、建设和改革的事业。

通过周恩来的故事，我们看到了一个青年人对知识的渴望、对自我意义的探寻，以及将自己的所学付诸国家、民族发展的伟大抱负。

第二节 大学生自我意识的发展

一、自我意识的发展阶段

自我意识不是生而有之的，它是个体在后天的社会实践、社会交往过程中逐步形成和发展起来的。它作为一种个体对自己的反思，比认识外部世界更为复杂。一个人的自我意识从发生、发展到相对稳定和成熟，大致经历了以下几个时期。

（一）自我中心时期（0~3 岁）

人刚出生时，处于客体未分化的状态。七八个月，婴儿开始产生自我意识的萌芽，即能意识到自己的身体和外部世界的边界，听到别人叫自己的名字，会知道是在叫自己。2 岁左右，儿童掌握了人称代词“我”，会用“我”来表达自己的意愿，这是自我意识产生的重要标志。3 岁左右，儿童开始出现羞耻感、占有心和独立意愿，自我意识有了新的发展。但这一时期的幼儿是以自己的身体为中心，并以自己的想法和情绪来认识、投射外部世界的，即他们能够分清“我”与“非我”，却分不清我与物之间的关系，因此，他们的客观认识带有强烈的主观性。例如，他们常常认为，夜晚月亮出来是为了给他们照明，他们所看到或拿到的东西都是自己的。这一时期被认为是生理自我时期，也叫自我中心时期。

如何测量自我意识?

部分发展心理学家认为，刚出生的小孩是没有自我意识的，他们无法将自己和环境相区分。如何确定孩子自我意识的形成呢？镜像自我识别实验（mirror self-recognition test，MSR test）可以在一定程度上检验这个问题。

研究人员趁孩子不注意时将一个红点标记到他的额头上，过一会儿将其引至一面镜子前。如果孩子知道镜子中的人是自己就会很关注——盯着看或者用手去抠额头上那个红点。如果孩子根本没有自我意识，那么他就会忽略那个红点。这个方法也可通俗地称为镜像红点测试。一般一岁半之前的婴儿会忽略额头上的红点，他们对镜中的小孩兴趣不大，不认为那是自己，只是冲着镜子拍拍手，嘴里吐吐泡泡。但一岁半至两岁的儿童开始认识到镜中映像是自己，他们会对着镜子用手去触摸额头上的红点，好奇地想把它弄掉。

（二）客观化时期（3 岁至青春期）

3 岁至青春期是个体接受社会文化、学习社会角色的重要时期。在这一时期，儿童通过练习、模仿和认同作用，学会了性别角色、家庭角色和同伴角色等各种角色，逐步掌握了社会规范，并能有意识地调控自己的心理和行为。虽然这一时期青少年开始积极关注自己的内部世界，能够初步意识到自己的兴趣爱好和气质性格等，并具有一定的自主性和自信心，但他们主要是根据他人的观点去认识世界，并根据他人对自己的评价来评判自我，因此被认为是处在社会自我发展阶段，也叫客观化时期。

（三）主观化时期（青春期至成年）

青春期至成年大约 10 年间，是个体的自我意识迅速发展并趋向成熟的关键期。这一时期个体性的成熟和逻辑思维的快速发展等，促使自我意识有了质的变化。由于面临“自我同一性”的危机，即理想自我和现实自我之间出现分化和矛盾，个体去寻求自我意识的统一。总的来说，这一时期，个体的自我意识发展呈现如下特点：① 从自己的观点出发来认识事物，而不是人云亦云，思想和行为带有浓厚的个人主观色彩；② 个体能根据自己所认识的人的特点，如气质性格和身体特征等，强调相应事物的重要性，从而形成自己特有的价值体系；③ 个体能追求理想和目标，出现了理想自我；④ 个体的抽象思维能力大大提高，使自我意识能超越具体的情境，进入精神领域，从而表现出对哲学、伦理学和文学等探讨人生问题的学科的兴趣。

二、大学生自我意识的发展

青年期是身心发展的关键期，更是自我意识发展的关键期。一是由于身体成熟，大学生开始注意、关心自己的身体、内驱力及内部欲求；二是由于人际关系网的扩大，大学生将自己的内在能力与他人进行比较，从而关心自己的素质、天赋等问题；三是由于认识能力的发展，大学生开始对自己行动的原因、结果以及自己的存在价值和人生意义进行思考。大学生自我意识的发展以及自我的明显分化，意味着自我矛盾冲突的加剧，其结果便造成在新的水平和方向上达到自我协调一致，即自我统一。

（一）大学生自我意识的发展阶段

1. 分化阶段

在这个阶段，大学生开始更加深入地审视自己的内心世界和行为，关注到许多之前未曾注意的“我”的细节。他们开始区分主观我（I）和客观我（me），对自我的认识逐渐从模糊走向清晰。这种分化使得大学生能够主动迅速地关注自己的内心需求和行为表现，从而带来了一系列的情感波动，如激动、不安、焦虑和喜悦。这种分化是自我意识开始走向成熟的标志。

2. 冲突阶段

随着自我意识的分化，大学生开始面临各种矛盾和挑战。主观我与客观我之间的矛盾、理想与现实之间的矛盾、独立心理与依附心理之间的矛盾等逐渐凸显。这些矛盾加剧了大学生内心的痛苦和不安，使得他们对自己的控制变得不果断，产生了很大的适应困难。在这个阶段，大学生需要学会正确面对和处理这些矛盾，通过积极的思考和行动来寻求解决问题的方法。

3. 整合阶段

建立自我同一性，实现理想自我与现实自我的整合统一。每个人对理想自我和现实自我的整合能力是不同的，根据个体的差异，会产生不同的情况：努力改善现实自我，使之逐渐接近理想自我，达到积极统一；修正理想自我中某些不切实际的过高标准，并改善现实自我，使两者互相趋近；放弃理想自我而迁就现实自我。根据以上情况，也会产生不同的整合结果：自我肯定型，心情舒畅，生活如意，容易成功；自我否定型，消极统一，胸无大志，悲观失望，难有作为；自我夸大型，虚假统一；自我冲突型，难以统一，内心苦闷，心事重重，无所适从。

（二）大学生自我意识的独特性

与同龄群体相比，大学生的生活阅历与学习特点决定了大学生自我意识的独特性，主要表现在以下三个方面：

1. 时间上的延缓偿付期

对大学生而言，思想上的独立与经济上的依赖、生理上的成熟与心理社会性成熟的滞后存在着深刻的矛盾。从年龄上看，大学生到了独立承担社会责任的时候，但相对单纯的学习生活使他们承担的社会责任从时间上向后延续。一方面，这为大学生广泛、深入、细致地思考自我提供了时间的现实可能性；另一方面，增加了大学生的心理压力。

2. 空间上的自主性

大学这座象牙塔为大学生提供了一个多元文化背景下的学习环境，网络发展为大学生提供了无限广阔的、平等自由的学习与交流空间。而东西方文化的交融与发展更为大学生自我意识的发展提供了客观条件。但这种影响是双重的：一方面，大学生有不同的家庭背景、不同的地域文化，有着不同的人生追求，在共同的学习生活中，大家互相影响、互相包容，在这种互动的环境中逐渐形成自己的价值观念，特别是在心灵的沟通与碰撞中建立与尝试新的自我；另一方面，大学生在多种价值体系、多种文化碰撞交织的环境下，原来建立的价值体系、自我观念会受到强烈的冲击，这种冲击有时甚至会使大学生怀疑自己。

3. 自我意识发展的“不平衡性”

大学生生理、心理与社会自我的发展并非平稳。大学生的主观我与客观我往往表现出不一致性，特别是大学高年级学生，一直处于较高的自我意识水平，但随后到来的人才市场职业选择常常使他们长期建立的“高自我意识”与“自我概念”变得摇摇欲坠。高主观我与客观我的不平衡，生理、心理与社会自我发展的不平衡都直接影响大学生自我意识的发展水平。造成这种不平衡的主要原因有：大学生的人生观、世界观尚处形成与健全阶段，对自我的认识易受环境的影响；大学生的自我概念仍在不断地发展变化，大一新生到毕业生的自我概念并不一致，只有到大学毕业时，大学生才能在不断的变化与调整及社会需求中建立自我概念；经历高考后，大学生真正开始痛苦的“心理断乳”，适应新环境、新的人际关系的过程必然充斥着发展中的自我意识与自我概念的不平衡。

三、大学生的自我意识偏差

在大学这样一个面临人生巨变的阶段，青年人又肩负重建自我的重要任务，一些人会因此出现对自我认识的混乱，出现一些不适反应。

（一）自卑

自卑是由于自我认识偏差等形成的自我轻视和自我否定的情绪体验，也是一种轻视自己、贬低自己的心理感受。自负是虚假的自信，相信自己是天才而不再努力。它是一种自我欺骗，是自卑的另外一种表现形式。阿德勒在《自卑与超越》中提到："在一个生命成长的历程中，自卑是必然出现的一个现象。尤其是在青春这个'羞涩的季节'里，自卑普遍存在。"

有自卑心理的大学生往往无视自己的优点，过分夸大自己的缺点，常常贬低自己，不能接纳自己的缺点和短处，感到自己不如他人，常常有沮丧、失落的情绪反应。他们的人际交往模式是"我不好，你好""我不行，你行"。他们常常习惯于用否定的眼光看待自己和整个世界，终日郁闷。

（二）内心矛盾

大学生正处于自我分化、矛盾、逐渐同一和趋于成熟的人生阶段。内心矛盾是指内心里多个"我"之间的冲突或者不一致。一个自我同一的人能够有效统合自我多方面的信息，以平和心态面对自己的优势和劣势。而有的大学生可能只看重自己认为重要的部分，其中有些在别人看来是比较偏激或者刻板的自我看法。进入大学之后，学生的身心素质及家庭状况等全部都呈现在"光天化日"之下，如成绩、外貌、家庭出身、是否有男（女）朋友、社会交往能力、是否有特长、自身心理状态等因素都会纳入大学生自我认知与评价的范围。成绩不好的学生会看重成绩，家境不好的学生较难接受自己的出身，没有男（女）朋友的学生羡慕有恋爱对象的学生，没有任何特长的学生往往因此而贬低自己。这种只看到自己不好的一面而无视其他方面、刻板的自我评价现象就是典型的自我肯定与自我怀疑混乱的表现。

（三）理想自我与现实自我的矛盾

大学生正值青春年华，意气风发，志向高远，渴望成功，人人都想拥有闪亮人生。而现实往往是，外形不如他人，成绩不尽如人意，未来不可预知，种种理想自我与现实自我相差较远，既可能给人带来奋斗的激情，又可能带来挫败，从而加剧内心的混乱。

（四）独立意向与依附心理的矛盾

大一学生已经处于青春期后期，大多数人是离家去外地上大学，必须独立处理学习、生活、经济、思想等方面的事务。在这个过程中，大学生独立意识增强，独立能力提高。可是，当面对新出现的人生困境，比如，校园诈骗、毕业选择、恋爱失败、学业不顺等问题时，又感到自己缺乏独立解决问题的能力和勇气，需要父母或者师长的帮助。

四、影响大学生自我意识发展的主要因素

（一）生理因素

1. 身体发育

大学生正处于身体发育的成熟阶段，身体的变化会对他们的自我意识产生重要影响。随着身体逐渐成熟，他们开始更加关注自己的身体和外貌，形成对自我形象的初步认识。

2. 生理状态

包括身高、体重、容貌等生理状态，也是大学生自我意识形成的重要因素。他们可能会因为自己的某些生理特征而感到自信或自卑，进而影响他们的自我评价和人际交往。

（二）心理因素

1. 自我过程

包括对感知、记忆、思维、智力、能力、性格、气质、爱好、兴趣等心理活动的认识、体验和愿望。这些心理过程的发展和完善，有助于大学生更全面地认识自我，形成更加稳定的自我意识。

2. 自我评价

大学生自我评价是个体对自身状况所作的肯定与否定的判断，它依赖于社会比较和自我估价。正确的自我评价有助于大学生形成健康的自我意识，而错误的自我评价则可能导致自卑、自负等心理问题。

（三）家庭因素

1. 家庭教育

父母的教育方式、期望和态度会直接影响大学生的自我评价和自我价值观念。过于苛求或缺乏关注的教育方式可能导致子女自我价值感降低，产生自卑情绪。

2. 家庭氛围

家庭氛围的和谐与否也会对大学生的自我意识产生影响。一个充满爱和支持的家庭氛围有助于大学生形成积极的自我意识，而一个充满矛盾和冲突的家庭氛围则可能导致大学生形成消极的自我意识。

（四）社会因素

1. 社会文化背景

社会的文化背景、价值观和意识形态等都会影响大学生的文化认同、价值取向和生活方式，从而影响其自我意识的发展。

2. 社会实践

大学生在学校以及社会实践中获得的经验和体验，有助于他们更加深入地了解社会和自己，形成更加成熟和稳定的自我意识。

体验活动

/ 你是一个什么样的人 /

请将以下说明内容归类，分别写在窗口的四个格子里（见图 4–2）。

公众我：自己与别人都知道的特质。

背脊我：自己不知道而别人却知道的特质。

秘密我：自己知道而别人却不知道的特质。

潜在我：自己与别人都不知道的特质。

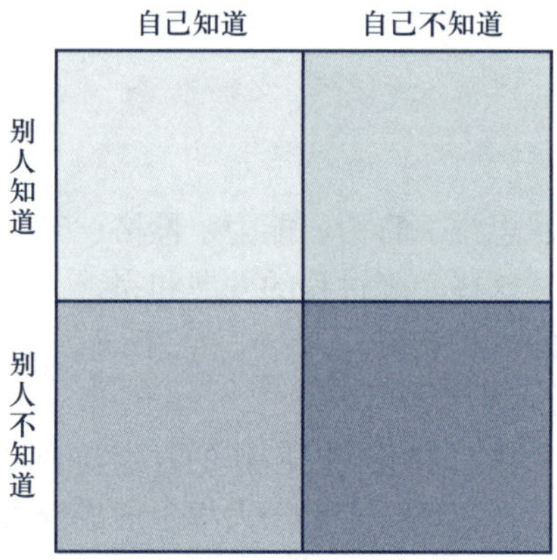

图 4–2　归类窗口

综合而言，我认为自己是 ×××。请将此内容填入图 4–3 中。

图 4–3　对自己的归纳总结

注意：① 每一项均须记录 3~5 项特质。② 至少应有 2 位同学或好友的回馈。③ 由自己填写 2~3 项可以与同学或好友分享的秘密，并请 3 位同学看过后签名。

心理学上的“乔哈里窗”（Johari Window）理论，是由心理学家Joseph和Harry提出的关于人的自我认识的窗口理论。他们认为人对自己的认识是一个不断探索的过程。因为每个人内心都有四块领域：第一块是公众我，也就是透明真实的自我，这部分自己很了解，别人也很了解;第二块是秘密我，是自己了解，但别人不了解的部分；第三块是背脊我，别人看得很清楚，自己却不了解；第四块是潜在我，是别人和自己都不了解的潜在部分，通过一些契机可以激发出来。

这四块领域在每个人的内心所占比例却大不相同。一个人公开的自我占的比例越大，活得就越真实。通过这个练习，希望大家能够更加具体和全面地认识自我，发现自己眼中和他人眼中的我有何差距。每个人的认识水平不同，综合主客观诸方面的认识，进步的关键在于缩小盲区、开发潜能区。

心医之窗

自我认识是自我意识的认知成分，是自我意识的首要成分，也是自我调节控制的心理基础。它又包括自我感觉、自我概念、自我观察。健全的自我意识通过合理的自我认识、良好的自我体验、自觉的自我调控，促进个体的自我实现，最大限度地挖掘个体心理潜力。在我国传统医学领域内，针对调养心境、树立正确自主观念、提升生活积极性，发展出多种调养生息的日常保健方法，其中，呼吸吐纳法最为经典。

现存文献中关于六字诀呼吸吐纳法的最早记载见于南北朝时陶弘景所著《养性延命录》。其内容为：在盘腿正坐心无杂念时，深吸气之后用口呼气的同时配合默念“嘘、呵、呼、呬、吹、嘻”六字。“嘘”字平肝气，“呵”字补心气，“呼”字培脾胃气，“呬”字舒肺气，“吹”字补肾气，“嘻”字理三焦。六字各做六次，可以修养身心、涵养心性、增强意志力。而无论练习何种功法，起势时便讲求心神宁静、气沉丹田。在中医经络理论中，气海穴（见图 4-4）便同脏腑之气与丹田有着密切的联系。

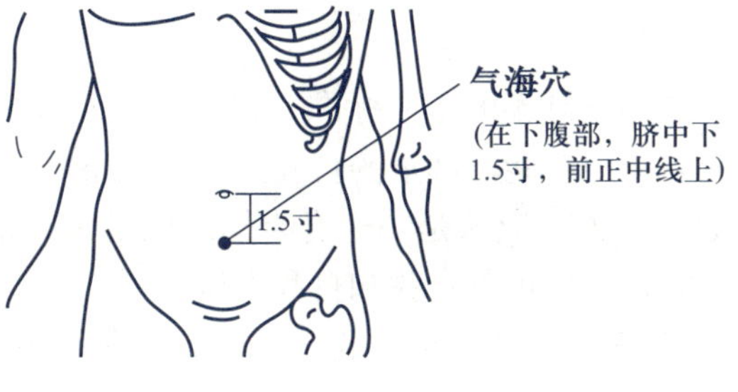

图 4-4　气海穴

气海穴位于下丹田，为大气所归，犹百川之汇海者，故名为“气海”。气海穴与肺气息息相关，而肺朝百脉，故气海穴对于全身气机的调畅具有重要意义，属于养生的大穴。

定位：下腹部，脐中下 1.5 寸，前正中线上。

功效：气海穴有生气之海的意义，灸气海穴则可达激发一身之气、濡养经脉之效。气海穴用于家庭保健时，可选择用艾条温和灸，能起到温通经络之效。

气化运动是生命的基本特征，而气化运动的主要场所离不开六腑之中三焦。

三焦有以下几点生理功能：一是通行元气：三焦者，人之三元之气……总领五脏六腑营卫经络、内外上下左右之气。三焦通，则内外上下皆通。其于周身灌体，和调内外，营左养右，导上宣下，莫大于此。三焦通，则前后内外、上下左右皆通，从而发挥导上宣下、和内调外、营左养右的诸多功能。如果元气虚弱，三焦通道功能失调，就会出现人体的气虚现象。二是疏通水道：饮入于胃，游溢精气，上输于脾，脾气散精，上归于肺，通调水道，下输膀胱，水精四布，五经并行。就是说人体的水液代谢只有经由三焦通道，才能正常地升降出入。三焦的水道不利，必然影响肺、脾、肾等脏腑对水液的输布与排泄功能。可以说，三焦疏通水道的功能，是对脾、肺、肾等脏腑参与水液代谢作用的综合概括。三是运行水谷：三焦具有运行水谷，以及协助精微输布和传导糟粕帮助其排泄的功能。三焦中的上焦有把水谷精微输布到全身的作用；三焦中的中焦有消化吸收和转输的作用；三焦中的下焦有传导糟粕，帮助排泄尿液和粪便的作用。三焦运行水谷的功能，是对脾、胃、肝、肾、心、肺、大小肠等脏腑完成饮食物之消化、精微物质之吸收以及糟粕之排泄功能的综合概括。

第三节
大学生自我意识调适

一、健全自我意识的标准

健全的自我意识是心理健康的重要标准，它制约着人格的形成发展，在人格的优化中发挥着强大的动力功能。健全的自我意识有如下标准：

（1）自我意识健全的人，应该是一个有自知之明的人，既知道自己的优势，也知道自己的劣势，能正确地评价自我和自我发展。

（2）自我意识健全的人，应该是自我认识、自我体验和自我调控协调一致的人。

（3）自我意识健全的人，应该是积极自我肯定的、独立的并与外界保持一致的人。

（4）自我意识健全的人，应该是理想自我与现实自我统一的人，有积极的目标意识和内省意识，积极进取，从不停下脚步。

二、如何塑造健全的自我意识

（一）遇见未知的自己——客观地认识自我

认识事物是困难的，认识自己更为困难。纪伯伦提出了“认识自我”的命题，他曾借他人之口说：“认识自我是一切认知之母，我应该认识自己。”

如果用几个形容词来描绘自己，你会写下什么呢？你都是通过什么方式来认识自己的呢？让我们一起来了解认识自我的五种方式。

1. 通过自我比较认识自我

自我比较是把现在的自我和过去的自我、所追求的将来的自我进行比较，动态地看待现在的自我。如果三者之间基本一致，个体就会肯定现在的自我，对自我是满意的、悦纳的，并产生自信和自尊；如果对过去的自我不满意，或觉得现在的自我与将来的自我有较大的差距，那么自我就会产生不平衡，对现在的自我就会持否定态度，个体的自信心会动摇，自尊心也会受到伤害。

对这种自我比较，心理学家詹姆斯提出了一个公式：自尊＝成就／目标。公式中的“自尊”可以看作自我对现在的自我的态度；“成就”是过去活动的结果，因而标志着过去的自我；“目标”即自我的追求，因而标志着将来的自我。詹姆斯的这个公式概括了过去的自我、现在的自我和将来的自我三者的关系。如果已取得的“成就”与追求的“目标”一致，甚至高于“目标”，自信心就会较强，标志着现在的自我充满自信，自尊感就较强。反之，如果“成就”低于自我设定的“目标”，个体的自信心和自尊感都会降低，并对现在的自我产生不满意的感觉。

从这个公式可以看到，一个人过去的成功或失败对个人的自我评价有着重要的影响，并通过此评价影响到对整个自我的态度。公式也表明，一个人追求的目标如果超过过去取得的成就，那么他对现在的自我就会不满意，心理上的平衡就会被打破。因此，为自己设定恰当的目标就显得十分重要。当然，如果把目标定得很低，不费吹灰之力就能达到，那么对个人来讲也是毫无意义的。可是，如果把目标定得过高，超过自己的能力或实际条件，结果即使付出巨大的努力也无法达到，这不仅会使行动招致失败，更重要的是会给自我带来打击和创伤。现实生活中有不少大学生就是因为脱离实际条件，为自己定出过高的目标，对自己提出不切实际的期望，从而给自己带来精神上的折磨和痛苦。

2. 通过与他人比较认识自我

他人是反映自我的镜子，与他人交往，是个人获得自我认识的重要来源。大文豪苏轼写道："不识庐山真面目，只缘身在此山中。"认识自己有时候的确比较难。一般来说，当局者迷，旁观者清，周围的人对我们的态度和评价能帮助我们认识自己、了解自己。我们要尊重他人的态度与评价，冷静地分析，既不盲从，也不忽视。

我们不妨先从家庭中的感情扩展到外部的友爱关系，进入社会又体验到人与人之间的利害关系。有自知之明的人能从这些关系中用心向他人学习，获得足够的经验，然后按照自己的需要去规划自己的前途。但是通过与他人比较认识自我应该注意比较的参照体系。

确立一个合理的参照体系，明确一个合理的立足点，对于自我认识尤为重要。

3. 通过他人对自己的评价认识自我

他人对自己的反应与评价，就如同一面镜子，反映出自己的形象，是个体形成自我评价的一个重要线索。比如，某人若是被父母钟爱、被师长重视、被朋友尊重和喜爱，大家都乐于和他交往，愿意和他一道学习或工作，那么就表示他一定具有某些令人喜欢的品质。如果他经常被大家推举担任某项工作，或是经常成为周围人们求教的对象，则表明他具备某些才能，或是在某些方面超越了其他人。很多人与别人相处时总有一种愿望，就是"想了解别人怎么看待我"。积极地寻求外界的评价对个人自我意识的确立是有必要的。唐太宗李世民曾把魏徵批评他的一篇奏章写在屏风上，当作镜子，随时对照。他总结自己"照镜子"的体会说："以铜为镜，可以正衣冠；以古为镜，可以知兴衰；以人为镜，可以明得失。"一般来说，当对方与自己的关系愈密切时，他的态度对自己也愈有影响力。

但是，镜子也不一定能够完美地表达出事物的本来面目。有时会因为反光作用欠佳，使人看不清镜中影像；有时会因为表面平整的缺陷，而使人物的影像扭曲变形。像游乐场所陈设的哈哈镜，有意夸张地把人映射成为种种怪异和滑稽可笑的形象。同样的道理，由他人的态度反映出来的自我印象，有时也存在有意歪曲或夸张。对方由于偏见或缺乏了解所给予的赞美或批评，常常与当事者本身的情况不尽相符。如果单纯据此来建立自我印象，则可能存在偏差。

4. 通过实际学习与生活实践认识自我

学习和工作的成就与挫折可以帮助人们重新认识自己。如果觉得自己具有某方面的天赋或才能，不妨寻求适当的机会予以展示，以证实自我感觉的正误。有时，我们主观上并未注意到自己的某种特殊才能，然而，偶然的机会却使这种才能令人吃惊地呈现在自己面前。著名科普作家阿西莫夫青年时代在实际工作中发现，自己不可能成为一名科学家，却可能成为出类拔萃的科普作家。于是，他矢志于科普创作，终于获得巨大成功。

5. 通过自我觉察、反省认识自己

我们的思想分成两部分：一为意识；二为潜意识。潜意识是指人类心理活动中，不能认知或没有认知到的部分，是人们"已经发生但并未达到意识状态的心理活动过程"。

我们是无法觉察潜意识的，但它影响意识体验的方式却是最基本的——我们如何看待自己和他人，如何看待我们生活中日常活动的意义，我们所做出的关乎生死的快速判断和决定能力，以及我们本能体验中所采取的行动。潜意识所完成的工作是人类生存和进化过程中不可或缺的一部分。

有人说，如果将人类的整个意识比喻成一座冰山的话，那么浮出水面的部分就属于显意识，约占意识的 5%。换句话说，95% 隐藏在水面下的意识就属于潜意识。因此，任何人，不论聪明才智的多寡，出身背景的好坏，也不论愿望多么高不可攀，只要懂得善用这种潜在的能力，愿望就会更容易实现。想要认识真正的自我，也要善于通过自我觉察、反省，了解自己的潜意识。

潜能来源于潜意识。从某种意义上来说，潜能就是潜意识。开发潜能，就是诱发潜意识。我们当前生活的一切，都是我们潜意识的真实反映。人们潜意识中的思想和观念，造就了现在的自己。如果想让自己的未来有所不同，一定要现在就改变自己的潜意识。通过自我反思、了解自己的成长经历、心理咨询等途径，个体能够更好地探索自己的心理世界，更好地与自己和周围人相处。

（二）接纳不完美的自己——悦纳自我

悦纳自我是指个体对自身以及自身所具特征所持的一种积极的态度，即能欣然接受自己现实中的状况、满意于自己有某些长处的同时，也要允许自己有不足的地方，承认自己总是有局限性的，但能够接纳自己、爱自己，坦然地面对自身的不足。

自我接纳看起来是个很平常的字眼，谁会不喜欢自己呢？但实际生活中不能接纳自己的大有人在。不能接纳自己的表现形式有很多。

在对待自己方面，表现为：追求完美；常批评责备自己；对自己苛刻；常想改变自己；凡事强迫自己按“应该”怎样去做，如果做不到就会讨厌自己；常使自己负担过重；一定要符合自己或他人为自己预设的形象；等等。

在与人交往方面，可能出现下列情况：扮小丑，自觉吸引力不够，又怕别人不接纳自己，便经常要做些奇怪的事引人注意，希望自己能受欢迎；扮弱者，自觉常被人忽略，又怕别人取笑，唯有扮可怜，希望得到别人的同情，常常以弱者姿态出现；扮好人，不敢得罪人，怕别人拒绝，别人说是，自己不敢说不，为争取他人好感讨好别人，忽略、淡化自己，甚至委曲求全，压抑自己；扮超人，不想被人看轻，怕认输，有攻击性且好压倒他人，以为踩低别人可以抬高自己，尽量避免与人深交，以更好地掩饰自己的不足；扮完人，装作完美的形象，要求自己事事优秀，不能有任何方面不如别人，否则就难以接受。

在生活中，不接纳自己的人常会把很多能量用在自我否认和排斥上，带着较多对自己的不满、失望，甚至否认和拒绝，不能很好地学习和生活。同时，不能爱自己的人也不会很好地爱别人。心理疗法专家斯坦芬妮·德瑞克说：“如果我们不了解和信任我们自己，我们就不能很好地了解和信任他人。”自己与自己的关系决定了自己与他人的关系，只有看重自己，才能看重别人。积极地悦纳自己可以从四个方面进行努力：

1. 接纳自己的全部

绝大多数人从小就受到种种有条件的关注，或者严格的管束，致使很多人以为只有具备某种条件，如漂亮的外表、优异的学习成绩、过人的专长、出色的业绩等，才能获得被自己和他人接纳的资格。于是，很多人背上了自卑的包袱。由于曾经被挑剔，也就逐渐习惯于用挑剔的目光看待自己，越看越觉得无法接受。接纳自己就是无条件地、无批判地接受自己的现状。比如，学习名次落后了，焦虑，自责，于是强迫自己改变。越强迫越混乱，于是感觉胆战心惊，压抑、焦虑，被压抑痛苦淹没。还怎么改变自己？这是个体用头脑、用观念和价值来判断的结果。所以，接纳自己不是用头脑，不是用观念和价值，而是用心灵爱自己、鼓励自己。在爱中、在接纳中，个体的心绪被有序地整合起来，心不乱，头脑就清醒，做起事情来就开心轻松了许多，就会有自己的节奏，这时才会萌生源于心灵深处的力量，这个力量不是来自外部的强迫。一个人并非要有突出的优点、成就或做出别人希望的改变才能被接纳。自我接纳是人天生就拥有的权利。无条件地接纳自己，学习做自己的朋友，站在自己这一边，接受并且关心自己的身体和心理状况，不加任何附加条件地接纳自己的一切。

2. 不追求完美，不苛求自己

我们每个人都有长处和短处，要学会接受不完美的自己。一个能接受自己不足的人，才有可能接受他人。我们每个人都是有不足的人，我们周围所有的人也都一样，完美只是一种概念。

其实，很多时候正是自己看来的不完美，塑造了自己的独特性，而完美的心态就是接受自己的不完美。我们每个人都是这个世界上独一无二的，是最独特的那一个，我们要学会只做自己。

如果你拥有一个全世界独一无二的稀有之宝，你会如何珍惜它呢？你是否想过，你自己本身也是绝无仅有、独一无二的。你的外表、动作、个性和思想都是唯一的，过去没有、现在没有、将来也不会有其他的人跟你一模一样。在这天地之中，你就是你，无人可以取代。我们的基因、环境、遭遇和经验造就了我们自己。无论自己是什么样子，我们都应接纳自己、喜欢自己、珍视自己。

学会只做自己，做最好的自己，最终才会赢得别人的尊重。

3. 自我激励，建立和巩固良好的自我感觉

自我激励是指个体具有不需要外界奖励和惩罚作为激励手段，能为设定的目标自我努力工作的一种心理特征。自我激励是一个人迈向成功的引擎。

（1）树立远景。迈向自我塑造的第一步，要有一个你每天早晨醒来为之奋斗的目标，它应是你人生的目标。远景必须即刻着手建立，而不要往后拖。你随时可以按自己的想法做些改变，但不能一刻没有远景。

（2）离开舒适区。不断寻求挑战激励自己。提醒自己，不要躺倒在舒适区。舒适区只是避风港，不是安乐窝。它只是你心中准备迎接下次挑战时刻意放松自己和恢复元气的地方。

（3）把握好情绪。人开心的时候，体内就会发生奇妙的变化，从而获得新的动力和能量。但是，不要总想在自身之外寻开心。令你开心的事不在别处，就在

你身上。因此，找出自身的情绪高涨期用来不断激励自己。

（4）调高目标。许多人惊奇地发现，之所以达不到自己孜孜以求的目标，是因为他们的主要目标模糊不清，不能激发想象力，使自己失去动力。目标的实现从而变得遥遥无期。因此，真正能激励你奋发向上的是确立一个既宏伟又具体的远大目标。

4. 从错误和失败中吸取经验教训

要以建设性的态度和方法对待自己的弱点和错误。因为弱点也是有意义的。首先，它让我们懂得自己的局限性，使我们不至于狂妄自大。其次，它使我们懂得尊重有相应长处的人。只要我们能吸取教训，错误就会成为我们的老师，从修正错误中学习是学习的主要方式之一。我们要学会正视自己的弱点和错误，避免把时间花在自责和沮丧上，要把精力集中在怎样改正上。

（三）实现理想的自己——勇敢地完善自我

自我完善是个体在认识自我、认可自我的基础上，自觉规划行为目标，主动调节自身行为，积极改造自己的个性，使个性全面发展，对自身能力或素质进行突破，以适应社会要求，并努力走向自我实现的过程。

确立正确的理想自我。正确的理想自我是在自我认识、自我认可的基础上，按社会需要和个人的特点来确立自我发展的目标。大学生要积极探索人生、理解人生，树立正确的人生观、价值观和世界观，为理想自我的确立寻找合适的人生坐标，从个人与社会的联系中认识有限人生的价值和意义，并通过实现这一目标而努力地完善自我。

努力提高现实自我。不断战胜旧的自我，塑造新的自我。首先，可以给自己制订一个自我发展的计划，想清楚这三五年想要做的事情。然后，可以考虑下近期需要做好的事情是什么，也就是说，为了实现自己的发展目标如何去努力。对这一问题的思考越细致越好。制订计划时，可以采用书面的方式，将其放在容易看到的地方。并且，可以把计划告诉身边的同学、朋友，让他们也给自己的计划提点意见或出些主意，并监督自己执行计划，这有利于计划的顺利实施。

认真进行自我探究，逐步获得积极的自我统一。自我统一意味着“主观我”和“客观我”的统一，自我认识、自我体验和自我调控的统一。大学生在认真探索人生的过程中，逐步获得积极的自我统一，实现自身的价值。在获取自我统一的过程中，首先要分析和确认理想自我的正确性和可行性；其次与现实自我相对照；最后有针对性地、有计划地解决二者之间的矛盾，缩小差距，从而获得统一。

中国有句古语：“自知者英，自胜者雄。此为‘英雄’耳。”英雄是一个民族的精英，是时代杰出人物的代名词。但成为英雄的前提是要有自知之明，即先“英”而后“雄”，这也是我们的祖先总结出的一个处世经验。希望大学生都能尊重自己的真实存在，走出自己的人生之路。

心灵成长

现在的你是什么样子？你期待中的理想自我是什么样子？请结合本章所学，写下你对自己的认知和了解，以及期待中自己的样子。

拍出好心情

两名同学一组，相互用手机拍现实自我、镜中自我、理想自我各一张照片，和同学分享三个层面的不同自我，你从中发现了什么？

思考题

1. 弗洛伊德对于自我有哪些认识？
2. 大学生自我意识发展有什么特点？
3. 如何塑造健全的自我意识？

课后作业

根据埃里克森人生八阶段理论，回顾自己的成长经历，已经度过的几个阶段你的任务完成得如何？现在处于哪个阶段？你将如何度过？

作品推荐

图书：《人的自我寻求》，罗洛·梅著，郭本禹，方红译，中国人民大学出版社。
电影：《建党伟业》，韩三平，黄建新等执导。

第五章
大学生人格心理与人生发展

动画导入：
你是什么气质类型?

学习目标：
了解并掌握人格的内涵、结构、特点及人格的形成与发展，能够识别自己人生发展中人格状态的偏差及其影响因素，对不良习惯进行调整，并以更具适应性的方式实现人生发展。

心路心语

江山易改，禀性难移。

——《醒世恒言》

“特殊的人格”的本质不是人的胡子、血液、抽象的肉体的本性，而是人的社会特质。

——马克思

引　言

本章介绍了人格心理学的基础知识，包含人格的内涵、结构、发展及心理发展任务，讲述了大学生的人格发展现状及常见的人格发展障碍，并讲解了大学生应如何在大学校园中培养健全人格。在本章中，学习重点在于认识自己的积极人格特质，矫正人格偏差，发展健全人格。

案例导入

小 E 是一位内向而安静的大二学生。他在学习上表现出色，但在社交方面却总是感到紧张、不自在，害怕与陌生人交流，担心自己说话会受到他人的评判。这种焦虑逐渐降低了他的自我评价，影响了他的人际关系。

然而，在学习人格心理学时，他了解到人格是复杂而多维的，不是只包含内向和外向。小 E 开始思考自己的人格特点，发现了自己所拥有的积极人格特质，比如创造力、责任心、耐心。他决定积极地面对自己的内向，加入兴趣小组，在活动中学习如何社交。在这些小组中，最开始他感到非常局促，但他慢慢学习在社交中放松自己，逐渐感觉到自在，并与小伙伴们建立了良好关系。

逐渐地，小 E 的社交技巧和自信心得到了提升。他意识到人格特点不是个人发展的障碍，而是一种独特的资源和优势。

请思考：你的人格中有哪些典型特点？这些特点中哪些是积极特质？

第一节 人格心理学概述

一、人格的内涵

每个人都是独一无二的，拥有着独特的思维方式、情感体验和行为倾向。在生活中，我们会发现一些性格迥异的人，如有人开朗，有人温柔，有人冲动，有人退缩……而这些心理差异就是人格差异的表现。我们常常开玩笑说“你侮辱了我的人格”。那么，什么是人格？在这个问题的探索中，我们开始人格心理学的学习。

（一）什么是人格

1. 人格的含义

人格是构成一个人的思想、情感及行为的独特模式，这个独特模式包含了一个人区别于他人的稳定而统一的心理品质。

“人格”一词，源于古希腊语“persona”。此词的原意是指希腊戏剧中演员戴的面具，面具随人物角色不同而变换，体现了角色的特点和人物的性格，就如同我国京剧中的脸谱一样。心理学沿用其面具的含义，转译为人格。人格包括两部分内容：一是表现为外在的种种言行，这是人格的外在特征；二是不愿为人所知的成分，即面具后的真实自我，这是人格的内在特征。

2. 人格的特点

人格具有独特性、稳定性、整体性、功能性四个特点。

（1）独特性。所谓“人心不同，各如其面”，正说明了人格的独特性，即一个人区别于他人的特征。这种独特性表现在心理、行为特征和行为模式上，使得人与人之间相互区别开来。虽然人与人之间在心理或行为特征上存有共同性，但从整体上来讲，每个人的人格都是独一无二的。

（2）稳定性。人格具有稳定性。其稳定性是指一个人的人格及其特征在时间上具有前后一致性。人格的稳定性主要表现在两个方面：一是跨时间的持续性；二是跨情境的一致性。例如，一位性格开朗的大学生，在不同的场合都会表现出活泼好动的形象特点，这种特点从入学到毕业不会有很大的变化，这就是人格稳定性的表现。人格的相对稳定性并不意味着个体是一成不变的。在人的一生中，人格仍具有可塑性和可变性。

（3）整体性。人格是由多种成分构成的，如能力、气质、情绪情感、认知、意志等，这些特质在同一个体身上不是孤立存在的，而是相互关联的。当一个人人格结构的各个方面，如认知、情感、性格等彼此和谐统一时，其人格就是健康的。否则，这个人会出现适应困难，甚至出现分裂人格。

（4）功能性。人格具备功能性。其对个体的应对能力和适应性起着关键作用。个体的人格特点会影响其应对压力、挑战和变化的方式。一些人可能更具韧性和自信，更能够积极应对困难，而另一些人可能更倾向于焦虑或回避。这就是人格功能性的表现。

（二）健全人格的意义

1. 什么是健全人格

健全人格，又称健康人格，指个体在心理、情感、认知等方面获得满足并表现出协调的行为模式和思维方式。具备健全人格的个体有以下共同特征：具备自我控制能力，能够有意识地掌握自己的生活和命运；认识到自己的优点和缺点，能够认可和接纳它们；不困扰于过去，而专注于现在和未来的目标和任务。

在心理学中，不同心理学家对健全人格有着不同的理解。精神分析理论的创始人弗洛伊德认为，健全人格是本我、自我和超我三者的和谐统一。阿德勒认为，健全人格是指具有社会兴趣，即能够尊重他人的存在价值。荣格则认为，健全人格也即个体意识到被压抑的“阴影”方面，并表现在自己的生活方式之中，以超越最初获得的那种“社会化”。行为主义者则认为，健全人格就是胜任和自我控制，而这种适应能力以强化规律为基础。人本主义代表罗杰斯提出“机能充分发挥型”模式，认为具有健全人格的人是创造性的人。

关于健全人格，我国很早就有过论述。儒家的重要经典著作《易经》提出了儒家的理想人格模式。这个模式有两个层次，即低层次的“君子”和高层次的“圣人”。君子须具备仁、义、礼、智四德；圣人也一样，但在智的修养上要高过一般君子。孔子认为，教育的目的就是培养君子，即塑造出仁、义、礼、智相统一的人。近代教育家蔡元培把培养学生的健全人格作为教育的最高目的，他提出体育、智育、德育、美育这“四育”的观点。

2. 大学生健全人格标准

（1）正确的自我认知。自我认识是指个体对自己与自己、他人、世界关系的认识。具备健全人格的大学生应对自己有深入了解，如自己的价值观、兴趣爱好、优点和缺点。他们能够看见自己的独特性，意识到自己的个人价值，不过分依赖外界的评价，具备独立思考和决策的能力。同时，他们具备自我管理和自我约束的能力，能够控制情绪和行为，避免冲动和不良习惯的影响。

（2）良好的社交能力和人际关系。人格健全的大学生具备良好的沟通能力和人际交往技巧。他们能够与他人建立健康、平等和互动的关系，包括建立真诚的友谊、有效合作和解决冲突的能力。他们尊重他人的观点和感受，具备倾听和表达的能力。

（3）情绪调节和应对能力。在面对挫折和逆境时，人格健全的大学生具备情绪管理和应对压力的能力。他们往往能够有效地应对困难，保持积极的心态和情绪稳定，主动寻求支持和适当的帮助，并运用积极的应对策略来处理困难和压力。

（4）社会责任。人格健全的大学生具备对自己和他人负责的意识。他们勇于承担起自己的责任，不推卸责任或逃避困难，同时也会尊重他人的权益，遵守社会规范和道德准则，关心社会问题，理解自己在社会中的角色和责任。

（三）人格特质

人格特质理论认为，特质是决定个体行为的基本特性，是人格的有效组成元素，也是测评人格常用的基本单位。

塔佩斯等人发现了人格中五个相对稳定的因素，众多研究者在这一理论模型中达成较为一致的共识，从而形成了著名的大五因素模型。

（1）外倾性。表现出热情、社交、果断、活跃、冒险、乐观等特质。外倾性描述了个体在社交和外部刺激方面的倾向。外倾性高的人通常喜欢社交互动、充满活力、乐群、健谈，倾向于与他人合作和表现，而外倾性低的人则更偏好独处、内省、冷静、退让、谨慎。

（2）宜人性。具有信任、直率、利他、依从、谦虚、移情等特质。宜人性描述了个体在社交互动中的合作性和友好性。高宜人性的人更善于合作、体贴、友善、慷慨，对他人有较多的关注和照顾，而低宜人性的人则更为独立、更具竞争性、更以自我为中心。

（3）尽责性。显示了胜任、公正、条理、尽职、成就、自律、谨慎、克制等特质。尽责性指的是个体对目标设定、责任感和自我控制的程度。高尽责性的人更为自律、有序可靠、注重计划和执行，以目标为导向，而低尽责性的人则更为自由散漫、灵活、无拘无束，具有即兴性。

（4）神经质。具有焦虑、敌对、压抑、自我意识、冲动、脆弱等特质。神经质指的是个体情绪稳定性的特征。高神经质的人更容易感到焦虑、紧张、愤怒、敌对、冲动，情绪波动较大；而低神经质的人则更为冷静、稳定、放松，情绪平和。

（5）开放性。具有想象、审美、情感丰富、求异、创造、智能等特质。开放性是指个体对新鲜事物和经验的接受程度。高开放性的人更善于接受新观念、新经验，富有想象力和创造力，而低开放性的人更传统、实际、保守，习惯固化。

这五个特质的英文首字母构成了“OCEAN”一词，代表了“人格的海洋”。每个人的人格可以是这五个维度的不同特质的组合，有些人在开放性和宜人性两个维度中有突出的特质表现，有些人在神经质和尽责性等方面有突出的特质表现。

（四）人格的结构类型

1. 单一类型理论

心理学家弗兰克·法利提出 T 型人格。T 型人格是一种好冒险、爱刺激的人格特征，具备 T 型人格的人热衷于追求一切激动人心的事件和刺激。当冒险行为朝健康、积极、创造性和建设性的方向发展时，就是 T+ 型人格。当冒险行为具有破坏性质时，就是 T- 型人格，这种人可能做出酗酒、吸毒、暴力犯罪等反社会行为。

2. 内 – 外倾人格理论

瑞士心理学家荣格最先提出了内 – 外倾人格类型学说。内倾型的人倾向于关注内部世界，擅长内省、沉思、自省，对自己的内心感受和想法有较高的敏感度，更加注重内在的体验、感知和感受，他们可能更喜欢通过独处和独立思考来获得理解和成长。外倾型的人则更关注外部世界，更喜欢社交和与他人互动，喜欢与他人分享经验和想法。外倾型的人通常从与他人的互动中获得能量和满足感，他们更喜欢在人群中展现自己，寻求社交和刺激。

二、人格的心理特征

（一）能力

能力是顺利实现某种活动的心理条件。例如，一位音乐家具备节律分辨力、音乐创造力等，这些都是保证其顺利完成音乐活动的心理条件。能力不是指现有的成就，而是指个体具有的潜力和可能性，它表现在个体进行的各种活动中，并在活动中得到发展。多大程度地完成了某项活动，即代表着在这项活动中的能力。

心理学家斯皮尔曼提出了一般能力和特殊能力的概念。一般能力指在大多数活动中都表现出来的能力，如观察力、记忆力、想象力、创造力等。特殊能力指在某种专业活动中表现出来的能力，它是顺利完成某种专业活动的心理条件，例如，画家的色彩鉴别力等。

（二）气质

1. 气质的概念

气质是表现在行为的强度、反应的速度、活动的持久性等方面的一种稳定的心理特征，即我们平时所说的脾气、禀性，比如，人们常说的“冲动”与“文静”“敏感”与“迟钝”“急性子”与“有耐性”等，都是对气质的描述。人的气质是先天形成的，无好坏之分，如有的孩子爱闹，而有的孩子喜欢安静。一个人是否活泼并不能决定他成为好人或是坏人。

2. 气质的类型

气质主要可划分为四种基本的类型：胆汁质、多血质、黏液质、抑郁质。

（1）胆汁质。胆汁质的人反应速度快，反应性和主动性高，情绪体验强烈，思维灵活，易粗枝大叶、莽撞、着急。他们为人热情直率，朴实真诚，表里如一，但是遇事常欠思量，鲁莽冒失，易感情用事，刚愎自用。

（2）多血质。这种类型的人情感丰富，行为迅速，不太稳定，思维敏捷，愿意尝试新事物，与人交往充满活力，但是做事不求甚解，与人交情浅薄，缺乏耐心和毅力，比较容易见异思迁。

（3）黏液质。黏液质的人通常表现出稳重、冷静、适应性强、耐心、平和、稳重等特点，但他们的行为主动性较差，对于新的环境适应性较差，有时会觉得这类人缺乏生气，行动迟缓。

（4）抑郁质。抑郁质的人有较高的感受性，情感深刻，心思细腻，富于想象，但与此同时，他们的敏感性比较高，不善交际，孤僻，受到挫折后常容易心神不定，软弱胆小，优柔寡断。

在现实生活中，只有单一气质的人并不多，绝大多数人是四种气质的混合体。

（三）性格

一个人的性格与个人的品行道德相关联。性格主要体现在对自己、对别人、对事物的态度和所采取的言行上。而一个人的态度是个体对社会、对自己和对他人的一种心理倾向，它包括对事物的评价、好恶和趋避等方面，态度表现在人的行为方式中。人们对待同一事物的不同态度和方式，构成了人的不同性格。性格是在后天环境中逐渐形成的，可以直接地反映出一个人的道德风貌。我们常常说到的“勇敢”与“懦弱”“轻信”与“多疑”“谦逊”与“傲慢”等，都是在描述人的性格。

三、人格的形成基本理论

弗洛伊德认为，一个人的核心人格在 6 岁之前就基本形成了，且人有两种动力来源，一个是力比多，一个是攻击性。精神分析理论认为，人格包含三个重要的组成部分：本我、自我和超我。这些部分共同作用，塑造个体的人格特征和行为模式。

本我是个体心理结构中最原始的部分，自我是个体心理结构中的中间者，超我是个体心理结构中道德和道德意识的代表，这三个部分之间存在着复杂的相互作用和冲突。自我需要平衡本我的冲动和超我的道德要求，同时考虑现实环境和社会规范。当冲突无法得到妥善解决时，个体可能出现焦虑、冲突和心理困扰。本我、自我、超我协调的人是心理健康的人。

心理百科

在人格结构的本土化研究中，七因素模型与六因素模型也是非常有代表性的两个理论。在这里简单介绍人格七因素模型。

外向性：子维度包括活跃、合群、乐观，反映人际交往情境下主动、积极、活跃、自然的特点。

善良：子维度包括利他、诚信、重感情，反映个体在与他人的交往过程中表现出的诚信、正直的内在品质和对他人的基本态度的特点，是个人修养和道德水平以及人际交往中的利他表现。

行事风格：子维度包括严谨、自制、沉稳，反映在工作中体现出的稳定的个人特点。

才干：子维度包括决断、坚韧、机敏，反映一个人的工作能力和态度。

情绪性：子维度包括耐性、爽直，反映情绪稳定性的特点。

人际关系：子维度包括宽和、热情，反映人际交往中温和友好、热情主动、行事成熟、坚定的特点。

处世态度：子维度包括自信、淡泊，反映个体对人生和事业的基本态度。

心灵港湾

每个人的内心深处都隐藏着巨大的潜能和无限的可能。在人格心理学的学习中，我们会发现，自我的人格可以塑造，未来可以经由自己定义。积极的态度和心态可以引领我们走向幸福和成功，正确的价值观和思想可以让我们在人生的道路上坚定前行。

大学生活是人生中的一个重要阶段，我们可能面临着各种挑战和压力，但其中也蕴藏着无限的机遇和可能。让我们不断探索自己的内心，发现自己的优势和潜力，拥抱积极的心态和人格特质，用积极的思维和态度来面对生活中的种种状况，在大学生活中逐步培养自己的人际交往能力和社会责任感，发展自己的批判思维和创新能力。

通过学习，我们可以找到内心的归属和平静。通过实践，我们可以塑造健全的人格，增长智慧，提升素养，成为生命中最好的自己。无论前方有多少困难和挑战，我们都要勇往直前，不畏艰险。良好的人格和心态影响着一个人的人生轨迹，让我们用积极的人格心理去开创一个充满希望和光明的未来！

第二节
大学生人格发展

一、大学生人格水平现状

（一）大学生人格概述

1. 大学生人格概念

大学生人格是指大学阶段学生所表现出的个人特征、行为方式、价值观、情感倾向等心理特征的总和。人格是一个相对稳定且持续存在的心理构造，影响着大学生在不同情境下的反应和行为，不同的大学生在不同的方面表现出不同的特征。同时，人格也具有可塑性，大学阶段正是人格发展的重要时期，大学生在学习、社交、成长的过程中逐渐塑造出自己独特的人格。

2. 大学生人格特征

（1）性格特征。大学生的性格特征可以分为多个维度，如外向性、内向性、情感稳定性、开放性等。外向性的人通常喜欢社交活动，容易与人建立联系；内向性的人则更喜欢独自思考和从事个人活动；情绪稳定的人更能够应对压力和挫折；开放性则与对新事物的接受程度和创造力有关。

（2）价值观与道德观。大学生的价值观与道德观可能受到家庭、宗教、文化和教育背景的影响。这些观念塑造了他们对善恶、公正、责任等的看法。一些人可能更关注社会责任，而另一些人可能更注重个人成就。

（3）情感表达与情绪管理。大学生的情感表达方式各异。有些人可能更直接地表达情感，而其他人可能更加内敛。情绪管理是重要的心理技能，它涉及认识自己的情绪、适当表达情感，以及应对压力和挑战的能力。

（4）人际关系与适应。大学是社交的重要场所，培养健康的人际关系和社交技能对于大学生至关重要，社交技能包括合作性、沟通能力、解决冲突的能力等。与此同时，大学生常常面临转变和挑战，适应能力的发展同样重要，良好的适应能力意味着能够灵活应对变化，更好地适应环境变换。

（5）自我认知与职业发展。大学阶段，学生需要认识自己的兴趣、优点、缺点和目标。积极的自我认知有助于他们更好地规划自己的发展轨迹。进入大学之后，通过不断探索和自我尝试，他们通常开始思考自己的职业方向和目标。

大学生人格的多方面特征涵盖了他们的性格、价值观、情感表达、人际关系、自我认知、适应能力等方面。这些特征相互交织，共同构成了大学生独特的个人特质和发展轨迹。

3. 大学生人格的动能

大学生人格的动能指的是个体人格中具有活力和推动力的部分，这些特征和能力使他们能够积极参与各种活动、面对挑战，并在学习、社交和个人成长方面取得成功。大学生人格的动能主要体现在大学生的自信与自尊提升、积极情绪表达、自我激励与目标设定、环境适应性与灵活性、积极应对与解决问题等方面。大学生人格的动能是一系列积极的心理特征和行为习惯，它们共同支持大学生在学业、社交和个人发展方面保持持续的动力和活力。这些特征有助于塑造积极的个人发展轨迹，培养成功的心态和行为。

（二）大学生核心人格因素

2002 年，北京师范大学心理学教授许燕通过对北京地区部分大学生进行人格特征分析，总结了 7 项大学生核心人格因素：敢为性、宜人性、道德感、开放性、责任感、务实性和情绪性。在核心人格结构中，不同核心人格反映出了人格的不同侧面，也反映出核心人格在不同的实践领域中的功能。

1. 敢为性——大学生进取精神的体现

敢为性体现了大学生在思想与行为层面的进取与开拓精神，也显示出青年人积极向上的心态。这一核心人格被视为大学生最重要特征。敢为性是体现时代特征的核心人格。21 世纪社会快速发展，要求人们既要适应社会的飞速发展，也要不断地开拓创新、自强自立、勇于拼搏、充满自信。而敢为性很好地体现出新世纪对大学生的心理要求。这一核心人格包含三个层面的人格特征：一是自我意识层面的特征，如自立自强；二是进取创新层面的特征，如积极进取；三是行为层面的特征，如拼搏勤奋。这些特征体现了大学生的主导人格特征，对大学生的未来社会发展具有积极的作用。

2. 宜人性——大学生社交风度的体现

宜人性是反映在人际交往领域的人格特征。这一人格结构还表现出人际交往中的交流与助人两个层面的特征，人际交往体现了思想与行为上的互惠原则。在人际交流层面上，需要相互理解与尊重，真诚守信，宽容豁达，为人谦虚，重视他人评价；在人际行为层面上，要友善助人，易于合作。同时，在这一人格结构中，体现了两极性特征。一方面是增进良好人际关系的人格特质，如友善助人、善解人意、真诚守信、宽容豁达、谦虚合作等；另一方面是不利于人际关系的人格特质，如自我为中心、清高自傲等。

3. 道德感——大学生两极品格的体现

道德感作为大学生自我完善的品质一直为社会重视，大学生主体同样也看重这一品质。这是一项两极性明显的核心人格，正性特征表现在正直、爱国、奉献、大公无私，负性特征表现在自私自利、见利忘义。从这一人格特征可以看出，大学生人格中的道德发展并不完善，大学生也能反观到自身的不足。从宏观道德观的角度来分析，他们具有爱国热情，忧国忧民，富于正义感；从微观道德观的角度来分析，他们又表现出自私自利的特点。这说明加强大学生自身道德修养是当务之急。

4. 开放性——大学生才智与活力的体现

开放性是体现大学生聪明才智与朝气活力的人格特征。这是一个单维的人格结构，它体现出大学生是一个富有朝气的健康群体，他们对新知识表现出渴求的状态，对新生事物持开放态度，强调知识的积累与才智的提升，他们追求时尚，把握潮流，具有与时俱进的特征。

5. 责任感——大学生学业与工作品质的体现

责任感是重要的工作人格特征。在大学生的社会生活领域里，它涉及大学生的学习与未来职业的人格特征，对大学生学习生活和未来职业生活具有重要的作用。在大学学习期间，责任感可以体现在学习活动和社会工作中，但大学生对责任感的功能意识不足，大学生群体的责任感水平较低。

6. 务实性——大学生社会适应的体现

务实性体现在当代大学生在体察社会发展特征时，努力适应现实、正视环境，少一点空想，多一点脚踏实地。大学生将社会需求与自身发展紧密结合起来，既视国家发展为己任，也将自我发展纳入其中，更强调双赢原则。这一特征与当前大学生崇尚实用型价值观是相吻合的。

7. 情绪性——大学生心理健康的体现

情绪性是一项涉及大学生心理健康的人格特征。大学生的这一人格特征表现出正负两极性。对大学生心理健康具有积极作用的人格特质有热情乐观、轻松愉快、随和包容等，起消极作用的有冷漠忧郁、内心冲突、情绪不稳定等。

二、识别大学生常见的人格障碍

人格障碍是指明显偏离正常且根深蒂固的行为方式，导致患者对于周围的环境、人际关系等表现出明显的不适应，患者自己和周边的人往往都会较为痛苦，也可能给社会带来不良影响。患人格障碍的人，有时候难以察觉到自身的问题，也不太能够理解自己的言行对他人的影响，但是往往会给他人带来较多的困扰。

（一）偏执型人格障碍

偏执型人格障碍是一种以猜疑和偏执为主要特点的人格障碍。主要表现为：① 固执、敏感多疑、过分警觉、心胸狭窄、好嫉妒；② 常处于戒备和紧张状态；③ 对他人中性或是善意的动作歪曲理解，对他人普遍不信任和猜疑，例如，将他人的动机解读为恶意；④ 自我评价较高，拒绝接受批评，对挫折和失败过于敏感，如果受到质疑，则出现争论、诡辩，甚至冲动攻击的行为。

（二）分裂型人格障碍

分裂型人格障碍是一种以观念、外貌和行为奇特，以及人际关系有明显缺陷，且情感冷淡为主要特点的人格障碍。其主要典型表现有：① 性格明显内向，与家庭和社会疏远，社交被动；② 面部表情呆板，对人冷漠，缺乏情感体验；③ 常不修边幅，服饰奇特，行为古怪，言语怪异；④ 爱幻想，脱离现实；⑤ 可能有牵连、猜疑、偏执观念等。他们通常存在认知偏差，且其逻辑自成一派，无法察觉自身的异常，如果不主动积极配合治疗，基本难以自愈，少数轻症患者的症状会随着年龄增长而缓解。

（三）反社会型人格障碍

反社会型人格障碍是一种以行为不符合社会规范为主要特点的人格障碍。其表现为：① 往往在成年前（18 岁前）就出现品行问题，如经常逃学、吸烟、酗酒、欺侮弱小，无视家教、校规、社会道德礼仪，甚至出现性犯罪行为；② 不能维持持久的工作或学习；③ 缺乏自我控制力，易激怒、冲动，并有攻击行为；④ 对家庭亲属缺乏爱和责任心，待人冷酷无情；⑤ 行为无计划或有冲动性；⑥ 极端自私与自我主义，往往是损人利己或损人不利己，以恶作剧为乐，无羞耻感；⑦ 经常撒谎、欺骗，以获私利或取乐。反社会型人格障碍患者无自我反省能力，觉得自己没有任何问题。

（四）边缘型人格障碍

边缘型人格障碍主要以情绪、人际关系、自我形象、行为的不稳定为特征，并且伴随有多种冲动行为。该病患者主要有以下典型表现：① 情绪不稳定，表现为可能在上一刻好争论，下一刻就变得抑郁；② 人际关系不稳定，与人的关系要么极好，要么极坏，几乎没有持久的朋友，害怕被抛弃，不能忍受孤独，强烈且极不稳定的人际关系模式，可能导致连续的情感危机，并可能伴有一连串的自杀威胁或自伤行为；③ 自我形象、目的及内心的偏好常常是模糊不清或扭曲的，缺乏持久的自我同一性；④ 行为不计后果，事先进行计划的能力很差，易冲动。

（五）表演型人格障碍

表演型人格障碍是一种以过分感情用事或夸张言行吸引他人注意力为特点的人格障碍。表现为：① 表情夸张，像演戏一样，装腔作势，情感体验较肤浅；② 暗示性强，意志较薄弱，容易受他人影响或诱惑；③ 以自我为中心，强求别人满足其需要和符合其意志，不如意时则强烈不满，甚至立即使对方难堪；④ 经常渴望表扬和同情，感情易波动，喜欢寻求刺激；⑤ 爱表现自己，行为夸张做作，经常需要引起别人注意；⑥ 情感反应强烈易变，完全按个人的情感判断好坏。表演型人格障碍者为了引起注意或成为别人关注的焦点，不惜用一切极端的方式和手段。他们笑纳一切赞美，将一切批评视为“妒忌”和“不理解”，将一切缺点想象成优点，过度自信导致表演夸张，不会内疚和自责。

（六）自恋型人格障碍

自恋型人格障碍是一种以自我为中心为主要特点的人格障碍，患者善于抓住机会陶醉自我，对他人挑错、贬低，但自身不接受任何批评。表现为：① 对批评的反应是愤怒、羞愧或感到耻辱（尽管不一定当即表露出来）；② 喜欢指使他人，要他人为自己服务；③ 过分自高自大，对自己的才能夸大其词，希望受人特别关注；④ 坚信自己关注的问题是世上独有的，不能被某些特殊的人物所了解；⑤ 对无限的成功、权力、荣誉、美丽或理想爱情有非分的幻想；⑥ 渴望持久的关注与赞美；⑦ 缺乏同情心；⑧ 认为自己应享有他人没有的特权。自恋型人格障碍患者通常来自溺爱和过度打压这两类极端家庭。

（七）强迫型人格障碍

强迫型人格障碍是一种以要求严格和完美为主要特点的人格障碍。常表现为：① 做任何事情都要求完美无缺，按部就班，不容改变，否则会感到焦虑不安；② 主观、固执，比较专制，要求别人也按照自己的方式做事；③ 遇到需要解决的问题时，常犹豫不决，推迟或避免做出决定；④ 常有不安全感，反复考虑计划是否得当，反复核对检查，唯恐有疏忽或差错；⑤ 拘泥细节，甚至对生活小节也要程序化；⑥ 完成一项工作之后常缺乏愉快和满足的内心体验，相反常有悔恨和内疚。强迫型人格障碍形成时间较长，治疗难度较大，需要较多时间及配合。彻底扭转强迫症和挑剔状态几乎不可能，药物可减缓焦虑情绪及睡眠问题。

（八）回避型人格障碍

回避型人格障碍最大的特点是行为退缩、心理自卑，面对挑战多采取回避态度或不能应付。表现为：① 常有社交恐惧，对负面评价极其敏感，害怕被拒绝和被抛弃，会先拒绝和抛弃他人；② 过度害羞、自卑，面对否定与指责通常难以释怀，与人交互时常发生冷暴力；③ 回避型人格障碍患者，通常在原生家庭长期遭受打压教育，或是在人生早期被嘲笑，会把屈辱的经历内化，形成消极的自我意象，不相信别人是善意的，也不相信自己值得被爱，大部分时候孤僻、自闭、难沟通。如果回避型人格障碍人群没有自发地对消除内在自卑做功课，没有自愿练习深度人际交往，或寻求心理咨询师的帮助，基本不可能被外人或伴侣治愈。如果强迫回避型人格障碍人群回应，通常会引发更大的回避。

（九）依赖型人格障碍

依赖型人格障碍是一种以过分依赖、被动服从为主要特点的人格障碍，主要在孩童或部分成年人中出现。依赖型人格障碍表现为：① 无主见，对日常事务不能做出决策，有强烈的无助感；② 有被遗弃感，害怕被别人遗弃；③ 过度容忍，为讨好他人甘愿做低下的或自己不愿做的事；④ 独处时有不适和无助感，或竭尽全力逃避孤独；⑤ 难以接受分离，当亲密的关系中止时感到无助或崩溃。依赖型人格障碍患者通常来自溺爱以及过度保护的原生家庭，极度缺爱的家庭也会出现这类患者。依赖型人格障碍患者难以独处、独立，没有依靠会产生恐惧、虚无和无价值感。他们所做的一切行动与牺牲，都是为了“不被忽略”以及“求关注”。

三、影响大学生人格发展的主要因素

大量的研究资料和临床实践表明，生物、心理、社会环境等因素都会对人格的形成产生影响，人格的发展是遗传与环境两种因素交互作用的结果。

（一）遗传与发育因素

遗传在人格形成中是非常重要的生物影响因素，双生子研究、家谱调查研究中，都有证据认为遗传与人格的发展有关。遗传因素对人格的作用程度也随着人格特质不同而有差异。通常在智力、气质这些特质上，遗传因素的作用较重要；在价值观、信念、性格等特质上，后天环境的作用可能更重要。

（二）童年经历

人格心理学家重视人生早期发生的事件对人格的影响。不少研究都表明，人的心理健康和人格发展与童年时期的经历有关。幸福的童年有利于儿童发展出健康的人格，不幸的童年也会使儿童形成不良的人格。但两者不存在一一对应的关系，溺爱也可能使孩子形成不良的人格特点，逆境也可能磨炼出孩子坚强的性格。

（三）家庭因素

每个家庭对子女都有教育作用，父母按照自己的方式来教育孩子，孩子的成长必然与家庭教育息息相关。家庭的差异和不同的教养方式对人格发展和人格差异存在一定的影响。一般可把家庭教养方式分为三种：权威型、放纵型、民主型。权威型教养方式的家庭中，孩子的一切都由父母来控制，在这种环境下长大的孩子容易消极、被动，做事缺乏主动性。放纵型教养方式的家庭中，父母对孩子溺爱，让孩子随心所欲，这样的家庭培养的孩子容易任性、蛮横，唯我独尊。在民主型教养方式的家庭中，家庭氛围和谐平等，父母尊重孩子，给孩子一定的自主权和及时的指导，孩子较容易形成积极的人格品质。

（四）社会因素

每个人都处在特定的社会文化环境中，文化与社会因素对人格的影响是非常重要的，它们可以塑造、影响和调节个体的人格特征和行为方式。不同的文化背景会对人格发展产生深远的影响。文化价值观念包括对个人主义和集体主义的态度、对权力与权威的认同、人际关系的模式、道德观念等。不同文化的人格特点可能在个体的行为、情绪和认知方式上表现出差异。同时，社会中存在着各种行为规范和期望，它们对个体的人格发展具有引导作用，会对个体的行为、价值观和社交方式产生影响，塑造其与他人的关系。

（五）学校教育因素

学校中的教师、班集体、同学与同伴都是学校教育的元素，这些共同构成了校园教育对一个人人格发展的影响。教师的言传身教对学生有着巨大的影响，不同的教师风格也会给学生带来不同的人格特点的影响，同伴群体也会对学生的人格产生巨大的作用。学校教育提供了丰富的社交机会和交往经验，帮助学生学会合作、沟通和解决冲突，从而发展出健康的人际关系和社交技能。

在人格发展的过程中，许多因素对个体的人格形成和塑造起着重要的作用，这些影响因素相互作用，共同塑造了个体的人格特征和行为模式。尽管遗传和环境因素对人格的形成起着重要作用，但人格的发展是一个持续的过程，可以受到后天的影响和干预，教育、社会支持、心理健康的促进都可以对人格的发展产生积极影响。

体验活动

/ 心理剧定格活动 /

请班级同学分小组进行心理剧定格表演，展现课上讲到的九种常见的人格障碍类型。主要规则如下：

每个小组负责一种常见的人格障碍类型，小组成员一同构想该人格障碍类型在生活中的主要表现，每个人用相应的动作来代表这一人格障碍在生活中的体现，最后小组形成一组心理剧的定格照，并在班级分享。

心医之窗

人格是个体在行为上的内部倾向，它表现为个体适应环境时在能力、情绪、需要、动机、兴趣、态度、价值观、气质、性格和体质等方面的整合，是具有动力一致性和连续性的自我，是个体在社会化过程中形成的给人以特色的心身组织。在塑造自身健康人格方面，我国传统中医学依照整体观念，认为具备健全人格和健康体魄的人是形、气、神三位一体的。在此基础上，修养形体，以形化气养神，是中医学认为的颐养身心、树立健全健康人格的方法之一。五禽戏是中国传统导引养生的一个重要功法，其创编者为东汉末年华佗。《后汉书·方术列传·华佗传》记载："吾有一术，名五禽之戏：一曰虎，二曰鹿，三曰熊，四曰猿，五曰鸟。亦以除疾，兼利蹄足，以当导引。体有不快，起作一禽之戏，怡而汗出，因以著粉，身体轻便而欲食。普施行之，年九十余，耳目聪明，齿牙完坚。"可见五禽戏不论是对形体还是心理健康，都有不可忽视的作用和研究价值。国家体育总局在华佗五禽戏的基础上根据虎、鹿、熊、猿、鸟五禽的活动特点，结合人体脏腑、经络和气血等理论，融合现代人体运动学等现代科学健身理念，整理编纂了五禽戏。从形、气、神三位一体生命观出发，对五禽戏的健身机理进行研究探索，为五禽戏的健身机理提供科学的方法论，促进其推广与发展，同时探索形、气、神三位一体生命观的具体实践方法，为建设健康中国服务。在当今社会之下，无论身处何种位置，过着何种生活，有着多大年龄，强身健体、调气养神总为第一要务。除了导引吐纳之术，足三里穴（见图 5–1）也被誉为中医界公认的治病、养生、保健要穴。

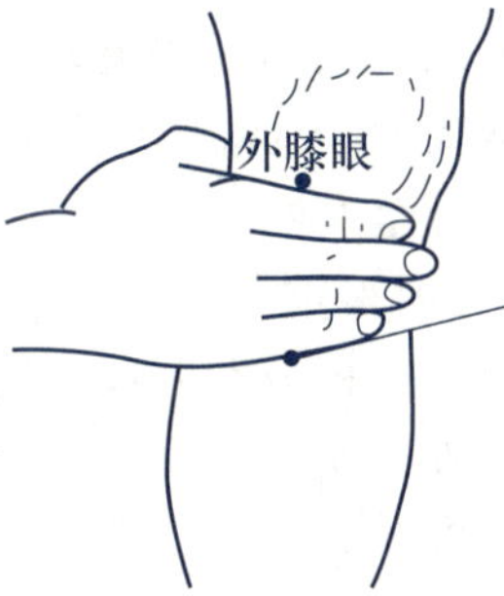

图 5–1　足三里穴

定位：小腿前外侧，犊鼻穴（膝前区，髌韧带外侧凹陷中）下 3 寸，距胫骨前嵴一横指（中指）处。

功效：日常生活中按摩此穴，有调理脾胃、补中益气、通经活络、疏风化湿、扶正祛邪之功能，且有抗衰老、延年益寿、强身健体的功效。很多养生专家都将足三里穴作为健身养生的第一大穴。

《平人气象论》中提到，"平人之常气禀于胃，胃者，平人之常气也，人无胃气曰逆，逆者死”，可见胃对于一个人生命的重要作用，而足三里穴属于胃的下合穴，是胃气合于足阳明胃经的腧穴，由此也不难理解养生专家都将足三里穴作为养生第一大穴。

胃为水谷之海，有受纳腐熟水谷的功能，又有以降为顺、以通为用的特性。其生理功能具体可分为：

（1）受纳水谷。机体的生理活动和气血津液的化生，都需要依靠饮食物的营养，胃主受纳功能是胃主腐熟功能的基础，也是整个消化功能的基础。若胃有病变，就会影响胃的受纳功能，而出现纳呆、厌食、胃脘胀闷等症状。其受纳功能的强弱，取决于胃气的盛衰，反映于能食与不能食。能食，则胃的受纳功能强；不能食，则胃的受纳功能弱。

（2）腐熟水谷。胃接受由口摄入的饮食物并使其在胃中短暂停留，进行初步消化，依靠胃的腐熟作用，将水谷变成食糜。饮食物经过初步消化，其精微物质由脾之运化而营养周身，未被消化的食糜则下行于小肠，不断更新，形成了胃的消化过程。如果胃的腐熟功能低下，就会出现胃脘疼痛、嗳腐食臭等食滞胃脘之候。

第三节 大学生健全人格

大学生健全人格的培养不仅对个人的成长和成才至关重要，也对社会的发展和进步产生重要影响。良好人格的养成需要个人吸收优秀社会文化，接受社会和学校教育，通过自身的努力，逐步塑造健全人格。

大学时期对于培养大学生的人格发展很重要，也是调整和培养良好人格特征的有利时机。大学生应该抓住这个时机，积极发挥自己的能动性，努力完善自我，提升心理素质、文化素养和道德修养，纠正个人人格中的偏差，培养健康而良好的心态，为未来的发展奠定坚实基础。

一、积极心理学中的人格研究

积极心理学是一门研究人类优点、幸福和全面发展的心理学分支，旨在探索人类的潜力和积极心态。它强调个体的优点、积极情感和满意度，并研究如何培养积极心理和改善生活质量。塞利格曼提出了积极心理学的概念，并将其作为心理学领域的新方向。他强调传统心理学主要关注疾病和问题，而忽视了人类的优点和积极方面。随着塞利格曼提出积极心理学的概念，积极心理学逐渐成为心理学领域的重要研究领域，并得到了广泛的关注和发展。

积极心理学主要从以下几个方面关注人格的发展：

（1）积极心理学强调人格的优点和优势，将其视为个体发展和幸福的重要组成部分。研究者关注并研究个体的优点特质，例如，勇气、好奇心、坚韧性、宽容心等，并探索如何发展和应用这些优点以促进个体的全面发展和幸福感。

（2）积极心理学强调积极情感对个体幸福和心理健康的重要性。积极情感包括喜悦、爱、关怀、乐观等。研究者关注这些情感的产生、影响和培养，以提高个体的幸福感和心理健康。

（3）积极心理学认为人格的发展和幸福感与个体的意义感和目标有密切关联。个体寻求有意义的生活和追求有价值的目标，能够增强其幸福感和心理满足感。研究者关注个体如何发现和追求意义，并帮助个体建立积极的目标和生活意义。

（4）积极心理学强调个体的自我实现，即充分发挥个体的潜力，追求自我成长和完善。研究者关注如何培养和支持个体的自我实现，帮助他们发挥优势、追求目标，并在各个领域中获得满足和成就感。

关于个体的自我实现，人本主义创始人罗杰斯提出每个个体都在不断努力实现固有的发展能力和才能，从而最大限度地发挥、表现个人潜能。罗杰斯把自我分为两个部分：现实自我，指人对自我现状的知觉；理想自我，指人对自己将要成为怎样的人的理想。罗杰斯认为，现实自我总会与理想自我有距离，这促使人们努力追求理想。马斯洛提出“健康的创造性的人”的概念，人会运用所有的才能、潜力、技能努力发展潜能至极限，人不是与他人竞争，而是努力尽自己所能成为理想的自己。

以上这些观点都强调人格的积极因素和个体的发展潜力，通过关注人格中的积极特质、情感和意义，促进个体的幸福、满意度和全面发展，为个体的幸福和心理健康提供指导和支持。

二、了解自己的积极人格品质

积极人格品质是积极心理学人格观点建立的基础。积极心理学认为，了解积极人格品质，可以帮助个人更健康地发展。塞利格曼等人对普通人群、有抑郁症状人群、抑郁症患者进行了干预研究，来探索减轻抑郁、提高生活满意度的有效方法。结果发现，当实验干预促进实验对象认识自己的优点，并让他们在日常生活中创造性地运用自己的优点时，成员的抑郁程度降低，快乐水平有所提升。因此，在生活中认识并强化自己的优势，对于人们建立起积极的生活态度是非常重要的。

表 5-1 是积极人格品质的简易问卷，可以通过该表来了解自己的积极人格

品质。

积极人格品质调查指导语：请您仔细阅读表 5-1，在各题符合自己情况的数字上画圈。1 表示“从来没有”，2 表示“绝大多数时间没有”，3 表示“多半时间没有”，4 表示“半数时间有”，5 表示“多半时间有”，6 表示“绝大多数时间有”，7 表示“所有时间都有”。每一题只能选择一个数字，请认真填写。

表 5-1 积极人格品质的简易问卷

序号	积极人格品质	从来没有	绝大多数时间没有	多半时间没有	半数时间有	多半时间有	绝大多数时间有	所有时间都有
1	创造性或灵活性	1	2	3	4	5	6	7
2	好奇心或兴趣	1	2	3	4	5	6	7
3	开放、虚心	1	2	3	4	5	6	7
4	爱学习	1	2	3	4	5	6	7
5	远见或智慧	1	2	3	4	5	6	7
6	勇敢和勇气	1	2	3	4	5	6	7
7	坚定不移、持之以恒、勤奋、刻苦	1	2	3	4	5	6	7
8	诚实或真诚	1	2	3	4	5	6	7
9	热情或激情	1	2	3	4	5	6	7
10	爱或依恋	1	2	3	4	5	6	7
11	仁慈或慷慨	1	2	3	4	5	6	7
12	社会智力或社交技巧	1	2	3	4	5	6	7
13	忠诚和协作	1	2	3	4	5	6	7
14	公平、正直	1	2	3	4	5	6	7
15	领导能力	1	2	3	4	5	6	7
16	宽恕	1	2	3	4	5	6	7
17	谦虚	1	2	3	4	5	6	7
18	谨慎、判断力	1	2	3	4	5	6	7

续表

序号	积极人格品质	从来没有	绝大多数时间没有	多半时间没有	半数时间有	多半时间有	绝大多数时间有	所有时间都有
19	自制或自我调节	1	2	3	4	5	6	7
20	对美的欣赏与敬慕	1	2	3	4	5	6	7
21	感恩	1	2	3	4	5	6	7
22	希望或乐观	1	2	3	4	5	6	7
23	有趣或幽默	1	2	3	4	5	6	7
24	信念或精神	1	2	3	4	5	6	7

三、培养健全人格的策略

（一）认识自身性格

1. 增强自我认识

增强自我认识有非常多的途径和方法。古人云，“吾日三省吾身”。自我觉察与反思是一项自我提升的能力，我们可以从反省中回顾自己的成长与变化，增强自我意识，认识到自身具有的优点和缺点，扬长避短。

除可以自我觉察与反思以外，大学生可以使用专业的心理量表增加对自我的认识。专业的心理量表具有可靠的信度和效度，经过测评，大学生可以达到了解自我性格特征的目的。较为专业的自测性格量表有：MBTI 职业性格测验量表、大五性格测试量表、卡特尔 16 人格因素测试量表、PDP 性格测试量表等。

2. 善于从他人视角了解自我

认识自身性格是一个复杂的过程。人对自身性格的了解可以采用将自我评价与他人评价相结合的方式，也需要以一种中立的视角来进行自我认识，这时可以借助身边他人来了解自我。

（1）邀请 3~5 个彼此熟悉了解的好友，确定一名带领者，共同认识自身性格。

（2）每人（包括带领者）拿出一张白纸，在纸上写出至少 10 项自我性格特征，越多越好。其中，在纸的正面写下自己认为好的特征，在纸的反面写下自己认为不好的特征，越详细越好。

（3）带领者随机抽出写好的性格特征，然后读出纸上的内容，让其他人猜纸上说的究竟是谁。如果你能被顺利猜中，则说明你对自身性格有比较清晰、客观的评价和了解。

（4）带领者组织大家补充猜测对象的其他性格特点，并针对那些自我评价和他人评价不一致的特征进行讨论，深入了解和探索真实的自身性格。

3. 发现并发挥积极人格品质

古人云“尺有所短，寸有所长”“天生我材必有用”，每个人都拥有自己积极和闪光的一面。关注自身的积极正向特质对于激发我们的潜能、积极面对生活中各种情况至关重要。作为大学生，我们在校园中时刻都在经受各种历练。在日常生活和事务中，我们可以多关注自己的所能，如“我擅长什么”“我掌握了哪些技能”“我已经取得了哪些成就”，通过这样的思考方式来替代对自己的消极认知，如“我一无所长”“我无法擅长任何事情”“我没有取得任何成就”。

作为大学生，可以每天写下“三件自己做得棒的事情”，这三件事可以是学习了新的知识、掌握了新的技能，也可以是走出了宿舍门、在校园里散了散步，它可以不是什么大事情，但对于自己而言是重要的事。每天记录，可以培养对自己的积极认知，培养自己的积极心态，让自己更加清楚地认识到生活小事中被忽略的闪光点。

（二）培养积极的人际支持关系

进入大学后，大学生可以积极主动与同学、室友、学长、学姐等建立良好的关系，主动参加社团、俱乐部和学校活动，参与讨论和团队合作，通过增加与他人的交流与合作来结交志同道合的朋友，彼此支持陪伴。为建立良好的人际关系，大学生可以有意识地提升自己的交友策略。

1. 倾听与尊重

在大学生人际交往中，倾听是有效沟通的关键，学会倾听，可以从专注于他人表达的内容、减少打断他人表达的行为开始。积极的倾听能够让对方感受到被重视和理解。沟通时尊重他人意见和观点也是倾听的重要部分，避免批判性地评价对方的观点，而是尝试理解他们的立场，鼓励开放的讨论。

2. 学会沟通

大学生沟通时，锻炼简单语言表达自我的能力，并在沟通中学会提出开放性问题，这可以促进和激发意义对话。学会提出开放性问题，可以引导对方更深入地分享想法，促进更深入的交流。在沟通过程中，适时地给予反馈和确认也很重要，确保自己正确理解了对方的意思，这有助于减少彼此的误解。当然，在人际关系中难免会遇到冲突和问题，要学会有效地解决冲突，通过沟通和妥协找到共同的解决方案。

3. 主动提供帮助

在生活中，学会留意他人遇到的困难，并主动表达愿意提供帮助，真诚的态度更容易建立良好的关系。在大学环境中，团队合作能力也变得越来越重要。在团队项目中，主动提供帮助并与团队成员合作，可以营造更富有成效的合作氛围，实现共同目标。

（三）培养良好的习惯

1. 培养学习兴趣

学习科学文化知识、增长智慧的过程也是塑造健全人格的重要环节。事实上，许多人格发展的缺陷源于知识匮乏。知识匮乏的人们往往容易感到自卑、胆怯和粗鲁。相反，拥有丰富的知识使人们更加自信、坚强和理智。因此，通过不断学习和积累知识，我们可以培养健全的人格，并避免许多人格发展上的问题。

大学是学生兴趣培养的良好基地。在大学丰富多彩的生活中，学生应多探索、多尝试，找到自己的兴趣所在，培养自己对知识的好奇心与探索欲。学习兴趣可以帮助大学生实现自我成长和发展，积极参与学习活动，不断挑战自己，提升个人能力和学术水平。学习兴趣也体现在学习态度上，学习是主动探索求知的过程，积极的学习态度让大学生在不同阶段和领域都能够适应和应对变化。

2. 培养持之以恒的耐力

在培养持之以恒的耐力时，个人需要设定明确的目标，包括想要实现的长期和短期目标。这些目标应该是具体、可测量且可分解的，这样可以更容易地跟踪进展并保持动力。将大任务分解成小任务，每个小任务都相对较小且可管理，有助于避免因任务过大而感到不知所措，同时也能在完成小任务时获得成就感，在逐步完成任务的过程中，提升自己的坚持力，逐步培养良好的习惯，例如，每天都花一定时间进行学习和锻炼。好习惯有助于克服懒惰和拖延，将持久耐力变成一种自然而然的行为。在这个过程中，不要害怕挑战自己，尝试新的事物和领域。这不仅有助于增强耐力，还能提高自信心和应对挑战的能力。

心灵成长

请你判断你室友的气质类型是四种基本类型（胆汁质、多血质、黏液质、抑郁质）中的哪一种。

拍出好心情

搜索能代表胆汁质、多血质、黏液质、抑郁质四种气质类型的你崇拜的历史人物或体育、艺术等明星，并向同学们介绍这些历史人物或体育、艺术等明星都是什么气质类型，分别有什么特点。

思考题

1. 你理解自己的人格构成吗?
2. 你具备哪些积极人格特质?
3. 关于培养自己的健全人格，你还有哪些其他策略?

课后作业

1. 每天写出自己做得好的三件事。
2. 列出自己的十项优点。
3. 写一篇人格成长记录，字数不少于 500 字。

作品推荐

图书:《人格心理学》，霍华德·S. 弗里德曼著，王芳，等译，机械工业出版社。
电影:《温暖的抱抱》，常远执导。

第六章

大学生职业生涯规划与职业发展

动画导入：
生涯幻游——开启一段生涯探索之旅

学习目标：

了解生涯规划的内涵和重要作用，提高对生涯规划意义的认识，掌握自我探索的方法，拓展对职业生涯的认识，提高职业生涯规划水平，形成个人目标和行为计划，为个人职业发展奠定良好的基础。

心路心语

凡事预则立，不预则废。

——《礼记》

在选择职业时，我们应该遵循的主要指针是人类的幸福和我们自身的完美。

——马克思

引　言

本章首先介绍了生涯规划的基础知识和相关概念，包含工作、职业、生涯规划的相关理论，其次讲述了大学生的生涯发展困惑及生涯规划的步骤，最后介绍了大学生应如何在大学校园中进行职业生涯规划实践。本章学习重点在于尝试进行自我探索和职业探索，用职业生涯规划指导职业发展。

案例导入

小 F1 是大学新生，没有什么爱好，每天除了学习还是学习，但觉得 90 分的考试成绩和 60 分没有什么区别，所以学习没什么动力。偶尔想起未来的发展，他有些迷茫和焦虑，但觉得那应该是大四时考虑的事情。

小 F2 该上大学二年级了。随着对大学的新鲜感逐渐淡去，她成了校园里的“老生”，天天都很忙，上课、听讲座、参加社团活动、和同学逛街……但她又不知道自己在忙什么。有时觉得很累，有时又很茫然，甚至有点沮丧，不知道这样的付出对未来的发展有没有作用。

小 F3 是大学三年级的学生，刚进入大学的时候她对自己四年后的目标就很明确——考研究生。这主要来自父母的意见：“在大学扩招的背景下，不读研，怎么能找到好工作？”小 F3 开始还挺认同，但随着大学生活的深入，生性活泼的她参加了很多社会活动，乐在其中并小有成绩。渐渐地，小 F3 觉得继续读研究生并不是她喜欢的，自己更喜欢做与人打交道的工作。可是，对于本科毕业生能否找到好工作，小 F3 很怀疑，所以虽然很痛苦，但她每天依然复习功课、准备考研。

请思考：这些同学的困惑，你有吗？关于未来发展，你有哪些困惑和想法？

第一节 生涯规划概述

生涯规划不只是求职找工作，而是思考自己想干什么、自己能做什么的过程。生涯规划包括职业生涯规划，也包括学业规划等其他方面。如何把生涯规划和我们的职业选择联系起来？大学生对“生涯规划”这个词有不同的理解。什么是生涯规划？什么是职业生涯规划？生涯规划与职业发展有什么关系？自己该如何规划职业生涯？

一、生涯规划的相关概念

在日常生活中，我们常常把工作、职业与生涯混为一谈，以为工作就是职业，从事了某种职业就拥有了个人的职业生涯。诚然，工作、职业、生涯是密切相关的概念，但它们并不完全是一回事。

（一）工作

工作是指某一行业中的具体职位，是有目的、有结果、需要投入时间和精力并持续一定时间的活动，例如，教师的教学工作。工作不仅可以谋生，也可以满足人的不同需要，如表 6–1 所示。

表 6–1 工作可以满足人的不同需要

经济需要	社会需要	心理需要
物质需求的满足	一个与他人会面的地方	自我肯定
对未来发展的安全感	潜在的友谊	角色认定
可用于投资的流动资产	人际关系	秩序感
可以保证休闲和自由时间的资产	工作者与家庭社会地位	可信赖感
购买物品和服务	受人尊重的感觉	胜任感
成功的证明	责任感	自我效能感
	被人需要	投入感
		个人评价

（二）职业

职业是一系列有内在关系的工作的总称，也可以理解为不同专业领域中一系列相似性服务或彼此相关的工作的集合。出现社会分工以后才产生职业。随着社会经济的发展，社会分工越来越细，有些职业消失了，新的职业又诞生了。从个人的角度来讲，职业和我们扮演的工作角色密切相关。不论是一门手艺还是某种专业，职业都独立于个人而存在于某个行业或机构中。

（三）生涯

职业比较好理解，生涯却有诸多解释。“涯”的本意是水边，泛指边际。生涯指个人通过从事工作所创造出的一种有目的的、延续一定时间的生活模式或历程，如教师生涯、军旅生涯、运动生涯等。生活中我们往往将生涯理解为某种特定的人生历程，一般说生涯时就是指职业生涯。英文 career 既可以指职业，也可以指生涯或职业生涯。生涯理论专家舒伯认为，生涯是个人终其一生所扮演角色的整个过程，生涯的发展是以个人为中心的，只有个人在寻找它的时候，它才存在。

生涯概念的提出给了我们一个系统地探看自己人生或职业发展的视角。这一视角引领我们透过生活或职业中的行为、感受，看到自己内心的渴望，并以此为动力去建构自己的人生。生涯不是一个静止的点，而是一个动态的历程，不仅仅发生在人生的某个阶段，或只跟某个职业经历相关，而是随着冒险或对个人的挑战，相伴人的一生。同时，因为遗传、家庭、经历、所处社会环境等不同，每个人的生涯也会不同。所以，生涯的发展是个性化的发展，即使处于同一时代或同一文化背景下的人们，因为生涯发展中其他因素的影响，每个人也会有属于自己的生涯。

二、职业生涯规划

（一）舒伯的生涯发展理论

通过对生涯概念的了解，我们知道，职业生涯规划与职业发展相关，但不能简单地等同于找工作，或者仅仅与工作相关。舒伯的生涯发展理论将生涯的过程视为从出生到死亡，包括成长阶段（0~14 岁）、探索阶段（15~24 岁）、建立阶段（25~44 岁）、维持阶段（45~65 岁）和衰退阶段（65 岁以上），如图 6-1 所示。大学生的生涯发展阶段属于探索期，这个阶段主要的生涯发展任务是从多种实践机会中探索自我，逐渐确定职业偏好，并在所选定的领域中起步。

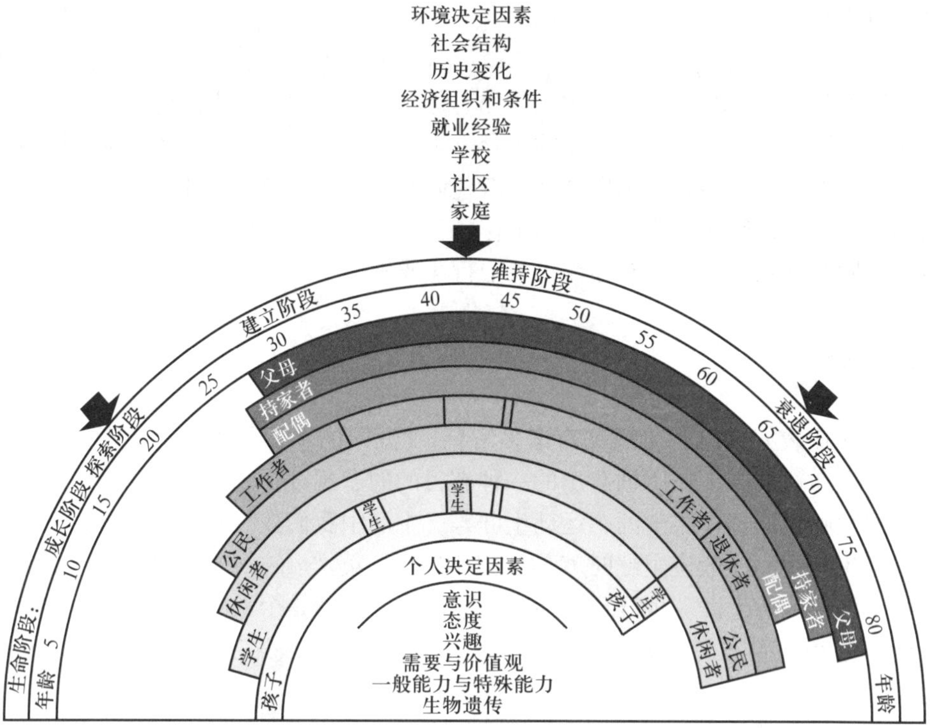

图 6-1　生涯彩虹图

舒伯的生涯彩虹图展示了立体化的生涯规划，反映了在个人发展不同时期不同角色的意义和相互间的影响。从长度上看，它包括一个人从生到死的全部生命历程；从空间上看，并不局限于对职业角色的关注，同样重视非职业角色对一个人生涯的影响。舒伯认为，持家者、公民、休闲者、学生、孩子、配偶、退休者等角色和工作者角色都是一个人自我概念的具体表现。这里的自我概念指个人对自己在兴趣、能力、价值观以及人格特征等方面的认识，是个人生涯发展历程的核心。工作与生活满意的程度，有赖于个人能否在工作上、职场以及生活形态上找到展现自我的机会。

在舒伯的理论中，生涯规划更关注职业对人的意义。该理论认为，一个完美的人生，未必仅仅依赖于职业角色的完美，更多的非职业角色使人生有更多自我实现的可能性。例如，一个学生的兴趣，如果不能从专业学习中得到百分之百的释放，那么就要认真规划自己的休闲角色，从而获得更高的自我实现。

（二）职业生涯形态

大学生正处于生涯的探索期，需要在学习、休闲活动甚至一些工作经验中，进行自我探索和职业探索，并做出适当的职业选择。

小 F4 和舍友大一就选修了生涯规划课，很多同学认为大一就考虑这个问题有点早，大一的计划能执行到大四吗？如果不能从一而终，那么该做什么样的生涯规划呢？黄中天教授认为，生涯规划是有目的、有计划地设计不同的人生阶段，在考虑个人的智能、性格、价值以及阻力和助力的前提下，做出合理安排，并且借此调整和摆正自己人生中的位置，以期能适得其所，获得最佳的发展和自我实现。由此可见，生涯规划不是简单地制订计划、按日程表行事的机械过程，而是包含对自己、对职业的理解和探索，有能力做出决策、执行决策的灵活行动过程。随着社会发展和时代变迁，生涯形态和生涯规划路径也发生了很大的变化。

1. 专业型职业生涯

专业型职业生涯指专业性较强的职业发展路径，例如，医学、法律与教育等专业，准入门槛较高，拥有专业资格的人们可能在不同的组织间流动，但是往往一直保持在同一行业或职业中。如果你期望自己未来走专业发展道路，那么学好基础知识、提高成绩、关注学科专业方向上的探索就是专业型职业生涯规划之道。专业型职业生涯规划就是帮助个人明晰自己的兴趣和能力，并与社会所能提供的职业相匹配，做出选择和合理安排的过程。

2. 组织型职业生涯

组织型职业生涯指在同一组织内部进行的生涯发展路径，个人可能随着晋升或调动从事不同工作，成为管理型人才。例如，某些大型企业会在校园招聘时不规定具体的职位，入职的大学生作为“储备人才”或者“管理培训生”，可能在企业的各个部门轮训，最后再定岗。大部分企业会采用金字塔式组织结构，组织高层只有少数职位。在当前竞争激烈的商业环境中，组织重组越来越普遍，员工个人可能要面临被取代的威胁。

3. 创业型职业生涯

进入 21 世纪，随着经济全球化、数字化的发展，职业发展路径也更加多变和难以预料。在这个多变的社会中，有些大学生可能选择创业之路，他们不是按照外界的要求安排自己的生活，而是通过新价值的发现与新组织的空缺，创造出一条新的职业发展路径。创业的大学生不再受雇于某一组织，而是自我雇用，为自己工作。选择这条路径的大学生往往追求更大的自主性，拥有较高的成就动机，更愿意冒险，也更能忍受不确定性。

4. 跨边界和无边界职业生涯

如今，跨边界和无边界职业生涯发展路径变得更为普遍。越来越多的人偏离传统职业，寻求更加灵活、流动的生活轨迹。例如，小 F5 在大四毕业后，申请了一个欧洲国际实习项目，边打工边游学了整个欧洲，她把自己的经历写成文章发表在互联网上，获得了许多人的关注，甚至很多旅游公司想聘请她做旅游顾问。但是她认为旅行者加网络作家的身份非常适合自己，并不准备签约旅游公司，她计划 3 年后环游整个非洲，让自己继续“流浪”下去。小 F5 的工作地点、身份、边界变得非常模糊，不同身份之间的跨越变得更加频繁。

（三）生涯愿景

生涯规划首先要明确自己的生涯愿景，思考自己的生涯目标，确定属于自己的关于成功的想象。当然，真正的成功往往是多元化的。成功可能是你创造了新的事物或方法，可能是你为他人带来了快乐，可能是你在工作岗位上得到了别人的信任，也可能是你找到了回归自然的生活方式。每个人的成功都是独一无二的。罗曼·罗兰认为："成功就是发挥了自己所长，尽自己的努力之后，所感受到的一种无愧于心的收获，而不是为了虚荣心和金钱。"

心理百科

/ 传统文化中对职业生涯规划的阐释 /

在源远流长的中华传统文化中，职业生涯规划虽未以现代术语明确提出，但其思想精髓却深植于古人的智慧与实践中，体现了对个人成长、职业发展及社会责任的深刻洞察。

1. 自我认知与定位

《周易》有云："天行健，君子以自强不息；地势坤，君子以厚德载物。"这句话启示我们，职业生涯规划的起点在于自我认知，即了解自身的优势、劣势、兴趣与潜能，如同天地运行自有其规律，人亦需顺应自身本性，明确自我定位。古代先贤强调"知彼知己，百战不殆"，在职业生涯中，认清自我是实现个人价值与社会贡献的前提。

2. 树立职业观与志向

儒家思想倡导"立志"，认为"志不立，天下无可成之事"。在职业生涯规划中，树立明确的职业观与远大的志向至关重要。古人常言"志存高远"，鼓励人们根据自身的天赋与使命，设定长远目标，并为之不懈奋斗。同时，强调职业选择应与个人价值观、社会需求相结合，实现个人价值与社会价值的统一。

3. 强调道德修养

"德才兼备"是传统文化对人才评价的重要标准。在职业生涯规划中，道德修养被视为不可或缺的基石。无论是为官从政，还是经商治学，都需以高尚的品德为支撑，方能赢得他人的尊重与信任。正如《大学》所言："自天子以至于庶人，壹是皆以修身为本。"良好的道德修养是职业生涯稳定发展的内在动力。

4. 勤勉与适应环境

"天道酬勤"是传统文化中的一条至理名言，强调勤奋是通往成功的必经之路。在职业生涯中，勤勉不仅体现在工作上的不懈努力，更包括对新知识、新技能的不断追求。同时，传统文化也倡导"随遇而安"，即在面对职业生涯中的环境变化时，应具备高度的适应性和灵活性，灵活调整策略，抓住机遇，应对挑战。

5. 慎重选择与努力

"三思而后行"是传统文化对决策过程的智慧总结。在职业生涯规划中，每一步选择都需谨慎考虑，既要考虑个人的兴趣与能力，也要考虑行业趋势与市场需求。一旦确定目标，便需全力以赴，坚持不懈地努力。正如《论语》所言：

"譬如为山，未成一篑，止，吾止也；譬如平地，虽覆一篑，进，吾往也。"

6. 终身学习与发展

"学不可以已"是荀子对学习的深刻见解，也是传统文化对终身学习的推崇。在快速变化的现代社会，职业生涯的可持续发展离不开持续的学习与自我提升。传统文化鼓励人们保持好奇心，勇于探索未知领域，通过不断学习来丰富自己的知识结构，提升专业技能，以应对职业生涯中的各种挑战。

7. 追求社会价值

"修身、齐家、治国、平天下"是儒家思想对人生理想的最高追求，其中蕴含着浓厚的社会责任感。在职业生涯规划中，追求社会价值是终极目标。个人应通过自身的工作与努力，为社会作出贡献，实现个人价值与社会价值的和谐统一。这不仅是个人职业生涯成功的标志，也是传统文化对职业生涯规划的终极期望。

心灵港湾

/ 钱学森的职业生涯愿景 /

钱学森始终将个人的学术追求与国家的需要紧密结合在一起，不断调整自己的研究方向和人生目标，为国家的科技进步和国防建设作出了卓越的贡献。

1. 学术追求与科研方向的选择

钱学森在报考大学时，受到了孙中山先生"实业救国"思想的影响，选择了学习铁道工程，希望为国家的铁路建设贡献力量。然而，随着"一·二八事变"的爆发，他深刻认识到航空事业对国家的重要性，于是毅然决定改学航空工程，这一转变直接源于他为国家强大而不断调整的学术追求。

在美国加州理工学院学习期间，钱学森发现航空工程的实践工作缺乏系统的理论指导，于是他决定深入研究航空理论，以期用理论指导实践，提高航空工程的效率。这一选择使他在航空理论领域取得了卓越的成就，并提出了"卡门-钱近似公式"等重要理论。

2. 回国报效祖国的选择

钱学森在美国取得了辉煌的学术成就，并拥有了优越的生活条件。然而，他始终心系祖国，渴望用自己的所学为国家的发展贡献力量。在得知中华人民共和国成立的消息后，他毅然决定放弃国外的优厚待遇，冲破重重阻力回到祖国。

回国后，钱学森积极响应国家的号召，投身于国防科技建设之中。他领导了中国第一颗人造地球卫星"东方红一号"的研制和发射工作，为中国航天事业的起步和发展作出了不可磨灭的贡献。这一选择体现了他深厚的爱国情怀和为国家强大而努力奋斗的坚定信念。

3. 晚年科研与人才培养的选择

在晚年，钱学森从国防科研领导岗位退下来后，再次回到了学术理论研究领域。他继续深入研究系统科学、思维科学等多个领域，提出了一系列新观点、新思想和新理论。这一选择体现了他对科学研究的热爱和不懈追求。

钱学森深知人才对于国家发展的重要性，他非常重视对年轻人才的培养和传承工作。他亲自参与教学工作，培养了一大批优秀的航空航天领域人才，为中国的航天事业和科技发展注入了源源不断的动力。

第二节 大学生职业生涯发展

一、大学生职业生涯发展的困惑

咨询职业问题的大学生通常可以分成两类：一类有清晰的目标。比如有个大二学生决定大三先准备出国考试，如果成绩好就申请国外的大学，如果成绩不好一定要再试一次，同时准备国内考研，要考国内重点大学研究生，考研复习的同时还准备公务员考试……他的困惑是“我是否选择了最佳方案”。另一类则完全相反，他们不知道未来要做什么，甚至不了解自己的兴趣和喜好，也从未想过要去实习。韩国学者金兰都教授把这两类人分别称为“鹰派”和“纸船派”：鹰派要求的不仅是瞄准目标，而且是一击即中，以最短的时间实现最大的收益；纸船派对待人生的态度就像漂泊的纸船，他们对未来的担心不少，但是可能想法太多或过于善变，反而找不到方向。鹰派看似比纸船派更有目标和方向，那么是否意味着鹰派的选择更好呢？诚然，人生的终极目标或中间目标如果明确固然非常好，但是一个人如果习惯性地将未来能遇到的所有可能全部加以控制，力保一定要选择唯一正确的道路，则很容易受挫。但是转投纸船派，就意味着个人等着某个专家或高人给自己指明方向、挖掘潜能，这本身可遇不可求，就算别人指出了道路，如果自己不去践行，也完全没有成功的可能。

更多的人要在鹰派和纸船派之间寻找自己的位置，在这之间掌控自己的生活。这就像在自由的天空中寻找自己的界限，在自己的界限中营造最大的自由。你在多大程度上能掌控自己的生活呢？为自己制定职业生涯规划的过程就是掌控自己的过程。这包括以下内容：

第一，放弃只能做唯一正确选择的想法。不用“我还没拿定主意”来进行自我保护，错误的决定也有珍贵的价值。

第二，为自己的选择承担责任。尽量少抱怨他人或命运。自由和责任是一个硬币的两面，在面对问题时承担自己的责任，也不能过分苛责自己。

第三，敢于冒险。几乎所有的规划和决定都是在不确定的条件下作出的。掌控自己意味着进入陌生和冒险的领域，放下完美主义和安全感，则更能忍受失败。

二、大学阶段的发展任务

从职业生涯发展的角度可以把大学生活分为职业生涯适应期、职业生涯探索期和职业生涯决定期三个阶段，每个阶段都有职业生涯规划和个人成长两部分的任务。

（一）职业生涯适应期

大学一年级是职业生涯适应期。大学生经历了从梦想到现实的过程，在这个阶段的主要任务是“适应”，注重培养对大学的认识和未来职业的设想。具体任务包括以下几方面：

1. 学习方面

（1）了解专业发展。可以利用资源去查找有关自己专业的信息，了解所选择专业的行业趋势、市场需求和就业前景；了解不同职位的工作内容、职责要求、发展前景以及所需技能和素质；通过网络搜索、参加就业指导讲座和行业研讨会、与专业人士交流等方式来获取这些信息。

（2）改变学习策略，制订学习计划和进行时间管理。根据专业发展目标，制定详细的学习计划，包括所需掌握的专业知识、技能以及相关的证书或资格要求。

（3）学习使用学校资源。可以查阅学校官方网站、学生手册或参加新生指导活动，了解图书馆、实验室、学术支持中心、职业发展中心等各种资源的位置、开放时间和使用方式。

（4）参与学生会或社团工作，参与志愿服务，以及各科研小组，发展与人交往和团队合作的能力。

2. 个人成长方面

（1）了解自己的兴趣、价值观、技能、性格特点以及潜在的职业倾向。通过反思自己的过往经历或使用科学的测评工具来辅助进行自我认知。

（2）自我适应，包括适应现在的生活，克服自卑情绪，正确定位、培养自理能力。

（二）职业生涯探索期

大学二、三年级是职业生涯探索期。大学生对自己的专业和兴趣的了解有所增加，开始进行职业的探索，需要经历从学业到工作的尝试过程。大学生在这个阶段的主要任务是“尝试”，注重职业生涯的实践。具体任务包括以下几方面：

1. 专业发展方面

（1）专业学习，着重基本能力的培养。对学习者而言，专业学习不仅意味着掌握特定的知识体系，更重要的是在学习的过程中培养一系列基本能力，以适应不断变化的工作环境。比如，理论知识体系、实践操作技能、问题分析与解决等。

（2）了解职业发展需要什么样的能力。这是职业发展的基石，包括对所从事领域的深入理解、技术掌握和专业知识等。

（3）辅修、选修、转专业。辅修、选修和转专业都是大学生涯中常见的选择，它们提供了探索和拓宽知识领域的机会。在作出这些选择时，衡量自己的兴趣和能力是至关重要的。

（4）职业目标确定与规划。探索工作或进修的实际要求，并与自己的兴趣特点相匹配。

（5）缩小与职业目标的差距，展开与职业发展相关的实践。

（6）兼职和实习，注重选择的质量与金钱管理。

2. 个人成长方面

（1）进一步了解自我兴趣和价值观。通过进一步了解自我兴趣和价值观，更好地认识自己、明确职业发展方向并作出明智的决策。

（2）发展与职业生涯相关的能力，注重在活动或兼职中自己能力的发展，特别是发展责任心，提高团队合作、时间规划等能力。

（3）培养创新意识和同理心。在工作中发现自己的独特价值，自我关照并能从他人的角度考虑问题，发展对他人的信任以及亲密关系。

（三）职业生涯决定期

大学四年级是职业生涯决定期。大学生不管是工作、考研还是出国深造都要在这一阶段作出决策。大学生经过前面的大学二、三年级职业生涯探索期，在这个阶段要走过从尝试到实战的历程，因此，这个阶段的主要任务就是“理性决策”。大学生要能够根据自己的需求以及社会的形势作出适合自己的生涯决定，同时理解这次生涯决定是人生中众多决定中的一次，重要但不唯一。具体任务包括以下两个方面：

1. 职业生涯决定方面

（1）求职技巧。在竞争激烈的求职市场中，掌握有效的求职技巧并精心准备个人简历，对于脱颖而出至关重要。其中包括信息收集与使用、简历编写、着装礼仪、面试准备以及面试后的行动，并附上个人的详细信息，以展现自身的独特优势。

（2）了解就业相关信息，如相关的求职、考研和出国等信息。例如，通过招聘网站、社交媒体、校园招聘会等多渠道了解职位信息；通过各个学校的校园网站了解相关专业师资情况以及就业前景。

（3）了解不同地区、行业、学校、专业可能的发展前景和利弊。不同行业的发展趋势、市场需求、政策环境等都会影响个人在该行业的发展前景。例如，人工智能、大数据、新能源等新兴产业正处于快速发展阶段，而一些传统行业则面临转型升级的压力。

（4）作出负责任的职业选择。它涉及个人的兴趣、能力、价值观，同时也受到市场环境、社会趋势等多种因素的影响。进行职业选择时，我们需要理性思考，并对自己的选择负责。

（5）考研、申请出国的准备，例如，学术准备、语言能力、应考心态、文书材料、推荐信、经济准备以及签证材料等方面。

2. 个人成长方面

（1）理解工作或者深造对恋爱关系和生活的影响。学习处理事业与爱情的关系，考虑到自己多种生涯角色的平衡。

（2）适应工作。适应工作不仅仅是一个简单的过渡阶段，更是一个持续学习和成长的过程，需要不断提升工作能力，适应工作时间。

（3）规划以后发展。分析此次职业生涯决定对下次规划的影响，再次进行自我探索、工作探索，为下一次职业生涯选择做准备。

这些具体的职业生涯发展任务，以职业为核心，涵盖大学生活的各个方面，你可以在具体的发展任务中找到与自己职业生涯愿景的结合点，并以此为参照规划自己的职业生涯。

三、职业生涯规划的基本步骤

职业生涯规划的具体过程与不同生涯理论的发展密切相关，不同的理论都试图从某个视角来解读生涯规划的过程。比如，特质因素理论强调生涯规划和生涯指导就是帮助人们进行个人与职业的匹配；生涯发展理论认为生涯规划就是帮助人们发展稳定和成熟的生涯自我概念；信息加工理论强调了生涯决策流程的科学性；生涯建构理论强调生涯规划就是不断在叙述中发现个人的生命主题、发展生涯适应力的过程。其中彼得森、桑普森和里尔登等人提出的信息加工金字塔模型对生涯规划的步骤进行了明确的阐述（见图 6-2）。

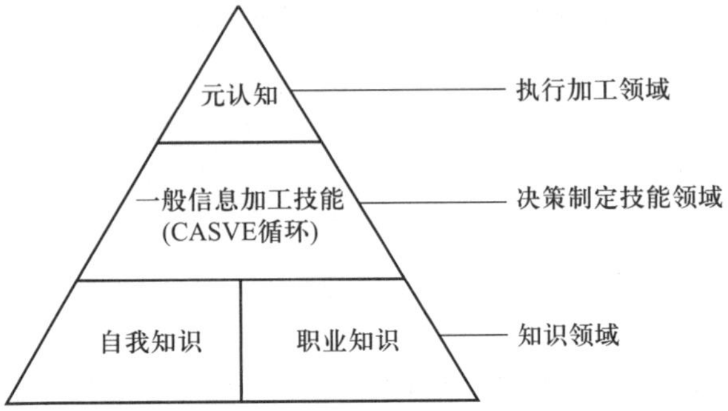

图 6-2　信息加工金字塔模型

信息加工金字塔模型底部被称为知识领域，包括自我知识和职业知识两部分：自我知识包括了解兴趣、能力和价值观等，职业知识包括了解特定的职业、社会环境等。中间是决策制定技能领域，指能够整合自我知识和职业知识，作出适合自己的决定。最上层是执行加工领域，这个领域中的重要技能是元认知技能，检验并调整自己的决策。参照这个模型，可以给生涯规划制作一个基本流程（见图 6–3）：① 明确个人生涯愿景；② 自我评定；③ 职业评定；④ 确立职业目标；⑤ 设定生涯发展路径；⑥ 制订行动方案并实施；⑦ 评估反馈；⑧ 目标调整。

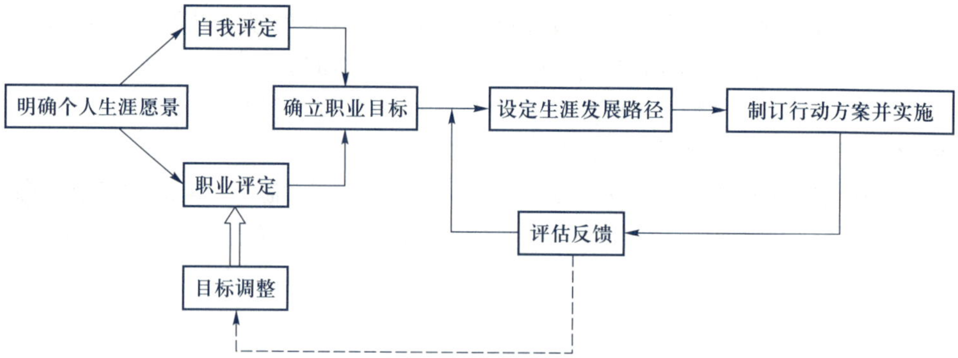

图 6–3　生涯规划流程

职业生涯规划的第一步就是要明确自己的愿景和理想，清楚自己真正的内在需求，如果只忙于制定目标或完成任务，就会走入自我管理的误区。接下来的步骤就是进行自我探索与职业探索，在综合两者的基础上确立符合自己实际情况、符合职业世界现实的发展目标，并设定生涯发展路径，制订行动方案，主动实施。最后还要根据现实的反馈，重新评估和调整方案。职业生涯规划流程最大的特点就是“循环”，当情况发生变化或者方案经过评估并不适合自己的需求时，就要重新考虑自己的愿景，再次启动整个规划过程。需要注意的是，在当前多变的社会环境中，人们明确生涯发展路径变得越来越困难，在整个职业生涯规划过程中，越来越容易受到机遇和社会大系统的影响，所以大学生在做职业生涯规划的时候，不是制定一个明确的发展路径，而是充分地探索、发展自己的职业生涯能力。

体验活动

/ 生涯幻游 /

指导语：现在请你慢慢地闭上眼睛，跟着我开始一段时光穿梭的冥想，看看未来你的一天是什么样子的。现在请你尽量地想象 10 年后的情形，越仔细越好。想象你现在正在 10 年后，一个清晨，你正躺在床上，在这个早晨，你是怎么醒来的？仔细看房间一圈，这是什么地方？屋子里都有什么人？都有些什么？起床梳洗一番以后，你站在镜子前，看到的自己是什么样子的？穿着什么样的衣服？你会和谁怎样吃早饭？接着你准备去上学或者上班，你要出发了，搭乘的是什么样的交通工具？在你走远之前，回头看一眼你住的地方，看起来怎么样？在你快到达上学或上班的地方，首先注意一下，这个地方看起来怎么样？是一个什么样的地方？如果有名字的话，会是什么名字？好，现在你走进了这个地方，你和周围的人打招呼，他们怎么称呼你？你在这个地方的身份或者职位是什么？你注意到他们正在做什么？你走到你工作的地方，是在室内还是室外，是你自己一个人还是和很多人在一起？你办公的地方看起来怎么样？这一天你将做什么？上午你会做些什么，心情如何？中午你会和谁吃饭，吃些什么，心情如何？下午你会做些什么，心情又如何？终于到了傍晚的时间，该下班或者放学了，你会去哪里，和什么样的人在一起，做些什么？到了睡觉的时间，你躺在床上，回忆一下今天的生活，你感觉怎么样，对今天的生活满意吗？渐渐地，你进入了梦乡。好，现在，听到我的声音后，慢慢地从睡梦中醒过来，睁开你的眼睛。

请你尽量想象 10 年后的情景，越仔细越好。请独自或者在老师的带领下完成本次生涯幻游体验，然后与小组的同学分享自己的感觉。

分享 10 年后的自己在幻游中看到或者听到了什么，有什么感受。

____

____

你最喜欢 10 年后生活的哪个部分？为什么？

____

____

在幻游中，你想到的可能是什么职业？跟你现在的学习有什么关系？你可以通过什么途径获得那样的生活？

____

____

心医之窗

当代大学生面对快速发展的社会，对自身的价值定义易于产生迷茫情绪，面对毕业后的职业规划和发展也会有所焦虑，对自身的社会价值及自我价值容易迷失。当代青年人面对人生职业重要抉择之时，难有清晰准确定位。中国传统哲学及我国医学，在安心立命方面有极其详细的论述。老子曰，“道常无为而无不为”，是说当不怀着功利主义或者不去奉行一个明确的目的做事的时候，往往会把应当做的事情都做了。只做应当做的事情，少一些功利主义的追求，会对实现自我价值及未来的职业生涯和发展大有裨益。孟子曰，“有所为有所不为”，或许身处时代漩涡中的大学生早已被繁杂的信息浸染，唯有平静下来自己的心神，才可探究自己真正所需的东西。在中医理论中，内关就是内在关隘，“内”可以理解为内脏，“关”可理解为关隘。古语有云：“一夫当关，万夫莫开。”内关在中医看来就是这样的作用——保护人体的关隘。它联络我们上、中、下三焦。

例：内关穴（见图 6–4）。

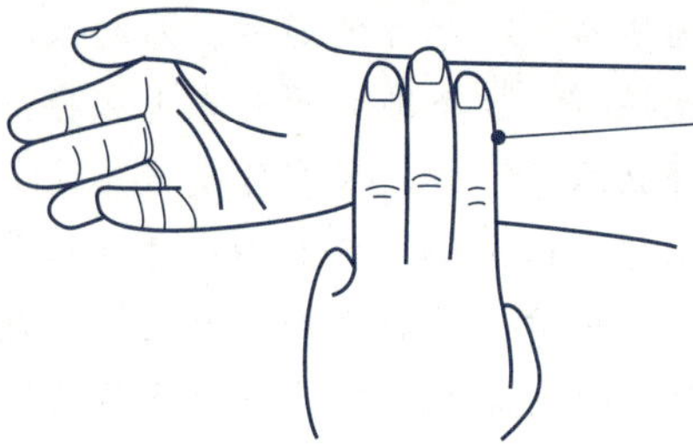

图 6-4　内关穴

定位：前臂前区，腕掌侧远端横纹上 2 寸，掌长肌腱与桡侧腕屈肌腱之间。

功效：用大拇指指尖按揉内关穴，一直感觉到稍微酸胀为止，能起到理气止痛和宁心安神效果，帮助调节不良情绪。艾灸这个穴位有宽胸理气、宁心安神的作用。

心为“君主之官”“生之本”“五脏六腑之大主”。它属于阳脏而主通明，是指心以阳气为用，心之阳气能够推动心脏搏动，温通全身血脉，振奋精神，使生命活动旺盛，生机不息。心主通明，是指心脉以通畅为主，心神通畅则清明。

心的主要生理功能包括：

（1）心主血脉。心气推动和调控血液在脉管中运行，流注全身以输送营养物质到达全身脏腑、器官、形体，维持人体正常的生理功能和生命活动。血液运行与五脏功能密切相关，但是心的搏动、泵血作用更为重要。

（2）心主藏神。心有统帅全身脏腑、经络、形体、官窍的生理活动，以及主司精神、意识、思维和情志等心理活动的功能。人体之神有广义和狭义之分。心所谓的藏神，既能够主宰生命活动的广义之神，又包括精神、意识、思维、情志等狭义之神。因此可说“心为五脏六腑之大主”。

第三节
大学生职业生涯规划

小 F6 像许多大学生一样，在高考填报志愿选择专业的时候是懵懵懂懂的，不知道该选什么专业好。别人告诉她“选你自己喜欢的”，她却发现自己并不了解真正喜欢什么。她听从家长的意见，选了“家长认为对女孩子比较适合”的外语专业。她对自己所学的专业谈不上非常喜欢，但也不是特别讨厌。她很在意别人的看法，如她所学的专业是否有前途，其他专业怎样好等。每当这时，她都会陷入困惑和迷茫，疑惑所学的专业究竟是否适合自己，不知道什么样的职业才是自己最喜欢的。

小 F7 则为他的兴趣太多而苦恼。他的兴趣十分广泛，他学过武术、绘画、唱歌、打羽毛球，收集过车模，研究过昆虫、兵器乃至鞋子……在某些方面还得过奖。可就是没长性，过不了多久就扔一边了。面对职业选择时，他想知道到底什么才是自己真正的兴趣。

小 F8 喜欢文学，当一个作家是他的梦想。可父母认为学计算机做 IT 精英才有前途。他现在在某大学的计算机专业读大二，每天都感到郁郁寡欢，无论自己怎么努力，都没法喜欢上数学、计算机这些理论性很强的课程，所以学起来有些吃力。想换专业又很难实现，对自己也有些失去信心了。

上述三位大学生的经历在当今的大学生中并不少见，有的人觉得自己的兴趣十分模糊，有的人兴趣又过于广泛，还有的人兴趣明确却因为种种原因进入了一个与自己兴趣不相符合的专业。他们都对此感到苦恼，想要知道怎样才能将自己的兴趣与未来的职业结合起来。更重要的是，怎样正确地认识自己、了解自己的兴趣，并将其与自己的专业和职业结合，是当代大学生普遍面临的问题。

一、探索自己

兴趣是影响人们工作满意度、职业稳定性和职业成就感的重要因素，同时也是对职业进行分类的重要基础。因此，兴趣是生涯规划中进行自我探索的一个重要方面。关于自我探索的内容，大学生要面对一个实际的问题：自我所涵盖的内容太多了，除兴趣之外，还应该探索哪些方面呢？一般来说，人们在具体思考与职业相关的问题时，会聚焦于以下几个问题：我喜欢做什么职业？我想过怎样的生活？我能做什么样的工作？我愿意在什么环境下工作？

以上问题的回答反映的是自我对兴趣、价值观、能力和潜力，以及性格、偏好的看法，这些内容对自我探索非常重要，构成了自我探索的职业导向系统、职业动力系统和职业功能系统。

（1）职业导向系统。职业导向系统包括价值观、世界观和职业伦理。这些成分引导人们去选择特定的职业、追求职业目标、接受和内化职业价值，建立正确的职业角色，以及努力获得职业成功，其中价值观是关键。

（2）职业动力系统。职业动力系统包括需要、动机、兴趣、信念和理想。这些成分推动人们努力克服各种困难，实现职业目标，实现职业成功，其中兴趣是核心。

（3）职业功能系统。职业功能系统包括气质、性格和能力。这些成分保证人们能胜任特定的职业，同时适应职业要求，并实现职业与生活的平衡，其中性格是基础，能力是保证。

综上所述，大学生在进行职业自我探索分析时，可以参照图 6–5 所示内容。

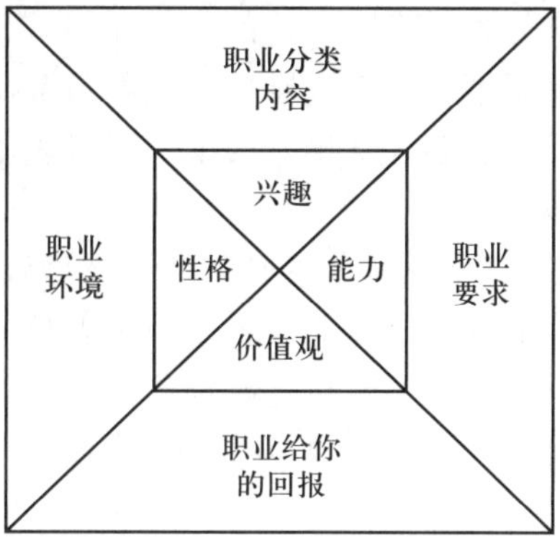

图 6-5　职业自我探索分析

（一）职业兴趣探索

大量的研究表明，职业兴趣和工作满意度、职业稳定性、职业成就感之间存在着明显的关联。正因为如此，职业生涯探索普遍将职业兴趣作为自我探索的一个方面。个人的兴趣是最好的动力源泉，帮助自己进行职业聚焦，因为这些职业最可能做得长久。在实际生活中，兴趣与职业也往往交织在一起。但并不是所有的兴趣都应该或能够在自己的职业中得到满足。兴趣也可以通过兼职、志愿活动、参加社团、业余爱好等方式来满足。关键在于工作和生活之间的协调和平衡，以及工作和个人爱好的适度统一。

著名的生涯辅导理论家霍兰德自 20 世纪 70 年代以来，提出了霍兰德兴趣类型理论。他认为：① 职业选择是人格（personality）的一种表现，某一类型的职业通常会吸引具有相同人格特质的人，这种人格特质反映在职业上就是职业兴趣；② 大多数人的职业兴趣可以归纳为 6 种类型，即实用型（realistic type，R）、研究型（investigative type，I）、艺术型（artistic type，A）、社会型（social type，S）、企业型（enterprising type，E）和事务型（conventional type，C）；③ 个人的职业兴趣往往是多方面的，很少只是集中在某一种类型上，大家可能或多或少地具备这 6 种兴趣，只是偏好程度不同。

（二）性格探索

自己或他人通常会用什么词来形容你？“活泼”还是“沉静”？“内向”还是“外向”？这些词常常和一个人的性格有关。每个人在自己的成长经历中，可能受到生理、遗传、家庭教养、文化、学习经验等因素的交互作用，从而形成自己的独特个性，在不同的情境中表现出特定的气质。

你可以拿出一张白纸，在纸上签下自己的名字。接下来换一只手，再次在纸上签下自己的名字。两次签名有什么不同的感受？你可能用得心应手、不假思索、不习惯、别扭、费劲等来形容自己的感受。我们天生有自己擅长的一面，也有自己不擅长的一面，没有好坏或对错之分。知晓性格上的“左右手”，了解对应的环境和职业，才能做到“人职匹配”。对自己性格的了解，一方面可以借助MBTI 等性格测评工具认识自己，另一方面身边的亲人、朋友也可以帮助你认识自己，而对自己兴趣、能力等方面的认识也是如此。要认识自己的性格类型，理解自己的行为特点，根据自己的特点学习、工作和解决问题，但这并不意味着它可以成为约束你不做某事或不选择某种事业的借口。世界上没有百分之百适合某种性格的职业，也没有百分之百不适合某种性格的职业，懂得用己所长，整合资源，才是问题解决之道。

（三）能力探索

“你有什么样的能力”是每一个人在求职时都要面对的问题，不管这个问题是不是被直截了当地表达出来。能力是用人单位最关心的问题，也是我们最需要证明的。怎样发现、培养和表现自己的能力，从而在劳动力市场中拥有竞争力是非常关键的。

能力按照其获得的方式（先天具有与后天培养），可以分为“能力倾向”和“技能”两大类。能力倾向（aptitude）是指上天赋予每个人的特殊才能，如音乐、运动能力等。它是与生俱来的，不过也有可能因未被开发而荒废，因此，这是一种潜能。技能（skill）则是指经过后天学习和练习培养而形成的能力，如阅读能力、人际交往能力、表达能力等。在个人成长的过程中，从什么都不会做的小婴儿到一个能够看、听、说、行走、阅读、写字、生活自理的普通成年人，其实我们每个人都已经学会了无数的技能。

心理学家罗圭斯特与戴维斯对个体的工作适应问题进行多年研究以后，提出了明尼苏达工作适应论。他们认为：当工作环境能够满足个人的需求时，个人会感到“内在满意”；当个人能够满足工作的要求时，个人能够达到“外在满意”（令自己的雇主、同事感到满意）；当个人能够同时达到内在和外在满意时，个人与环境之间的关系就比较协调，个人的工作满意度会比较高，在该工作领域也能持久发展。而在对内在满意和外在满意这两个指标的衡量当中，能力都占有很重要的地位。罗圭斯特与戴维斯认为：外在满意主要可以通过衡量个人职业技能与工作技能要求之间的配合程度来进行评估；内在满意则主要通过衡量个人价值观与企业文化及奖惩制度之间的适配性来评估。由此可见，能力与个人的职业满意度、工作适应性以及职业稳定性具有直接的相关关系。

（四）职业价值观探索

价值观就是人们在生活和工作中所看重的原则、标准或品质。生涯发展研究者舒伯认为，职业价值观是个人追求的与工作有关的目标，即个人在从事满足自己内在需求的活动时所追求的工作特质或属性，它是个体价值观在职业问题上的反映。在我们的日常生活中，同样可以看到价值观的巨大影响。比如，你的父母是不是常常用他们的价值标准来影响你进行专业、职业方面的选择？而当你的观点与他们的意见发生分歧的时候，这种冲突是否也是不同价值观之间矛盾冲突的体现？

除了个人价值观，文化价值观也会影响到我们的生活和职业发展。著名的职业辅导理论家高特弗莱德森提出了职业选择上的“限制与妥协”理论。她认为：人们在遇到环境限制时，在职业选择上通常最先放弃的是兴趣，其次是社会地位，最后是性别角色（人们传统上认为适合男性或女性从事的职业，例如，男性很少会从事护理专业）。但事实上，不同文化背景下选择也会不同。社会地位、兴趣或性别角色在人们心目中的重要程度，体现了社会群体的价值观。由于个人是生活在社会群体当中的，所以文化价值观很容易为个人所采纳，从而对个人的生活产生影响。

著名社会心理学家马斯洛提出，人有五个层次的需求：生理需求、安全需求、爱与归属需求、尊重需求和自我实现需求。只有当低层次的需求得到基本满足后，个人才能关注并致力于满足高层次的需求。这些需求是强大的内在驱动力，我们所做的事情正是为了满足这些需求。它们在我们的生活中反映出来，就体现为我们的价值观。比如，有些大学生会比较重视工作能带给自己多少收入，而有些大学生可能更多地考虑要做自己喜欢的工作。这两者的差异在很大程度上可以归结于他们所处的需求层次不同，前者在生理需求、安全需求的层次上；后者是在较低层次的需求已经得到满足的情况下，追求对爱与归属需求、尊重需求、自我实现需求的满足。图 6-6 标示出了不同层次的需求所对应的价值观。

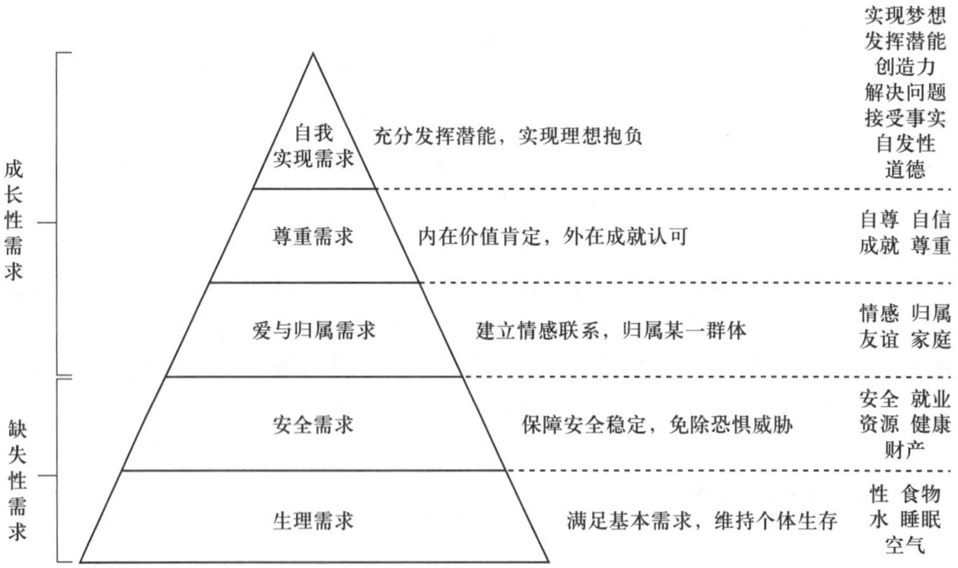

图 6-6　马斯洛需求层次理论

二、探索职业世界

上大三的小 F9 对未来很迷茫，一方面别人都说管理科学专业是万金油，但小 F9 对所学的专业没太多感觉，另一方面自己所学的专业没什么竞争优势，所以他想利用业余时间再学习一些其他专业的知识和技能。但究竟社会上有哪些工作岗位，这些工作岗位的用人要求是什么，小 F9 一点也不知道，况且他对自己喜欢哪种工作也说不上来，这让小 F9 怎么准备呢?

（一）所学专业和职业选择

大学所学专业与大学生未来从事的职业间的关系究竟如何呢？专业选择对大学生而言是一种生涯困惑。在高校大类招生背景下，越来越多的大学生遭遇类似的难题。

社会某种商品的生产或服务涉及许多的人和职业，从管理到制造，从研发到市场，这说明有很多专业和技能是可以变通的。因此，同一个专业可以从事多种职业，如机械设计专业毕业的学生，可以从事助理、售前工程师等与人打交道的工作，也可以做研发等与概念相关的工作。因此，大学生在探索职业世界时，应了解和自己专业相关的职业有哪些，学习专业知识的目的是帮助人更好地发展自己，而不是限制人的发展。

工作市场和经济形势时常发生变化，甚至是急剧的变化。有的行业在目前可能充满了机会，但却会在数年内饱和。所以在职业世界中，每个大学生都有可能找到属于自己的那份工作，只是需要做好心理准备。这是一个过程，对不同的人，过程也会有长有短，变化是其中必然要面对的，一个决定可能不会持续一生，也常常伴随着风险，因此需要个人不断调整和改变才能保持满意度。面对职业世界，你需要学会如何应对工作的变动，而不是一味地去回避它。

（二）了解职业世界

1. 了解职业的维度

一般来说，大学生可以从个人想要、个人能要和工作环境 3 个维度来锁定目标职业，然后进一步了解这个职业的关键要素。我国台湾的刘淑慧教授认为可以从以下 6 个关键要素了解职业。

（1）工作任务：核心工作任务有哪些。

（2）要求和职能：主要包括工作本身对人才能力和技术的要求、企业的任职要求。一般来说，对于某一具体职位的任职要求，可以通过企业的招聘广告获得。

（3）工作酬劳：包括一项工作的工作环境、工作强度、晋升机会、薪资等。

（4）职业者兴趣：从事这个工作的人都喜欢什么人或者什么事物。

（5）工作者生活：从事该工作的人过着什么样的生活，前人的职场经验是什么。

（6）社会评价：职业的社会声望，如同样是英语专业的毕业生，做外交官的社会声望很高，但是做英语秘书的社会声望则相对较低。

2. 分析环境的阻力和助力

环境对大学生职业选择的影响非常大。环境带给大学生的既有阻力又有助力，如一线城市可能比三线城市有更多的就业机会，但是三线城市的竞争压力要比一线城市小，所以阻力和助力都是相对的。从资源的角度来看环境的影响可能更加有意义，你可以分析自己拥有的人脉资源和社会环境资源，评估这些资源对职业发展的阻力和助力情况，帮助自己更好地了解社会和职场。

3. 探索职业世界的途径

探索职业世界的方法有很多，遵循一定的规律可以提高效率，如从近至远的探索。所谓近和远，是指信息和探索者的距离。通常近的信息比较丰富，远的信息更为深入；近的信息容易获得，远的信息则需要更多的投入和与环境的互动才能了解。所以，从近至远的探索是一个范围逐渐缩小、了解逐渐加深的过程。图 6-7 列举了从近至远获取职业信息的一些方式。

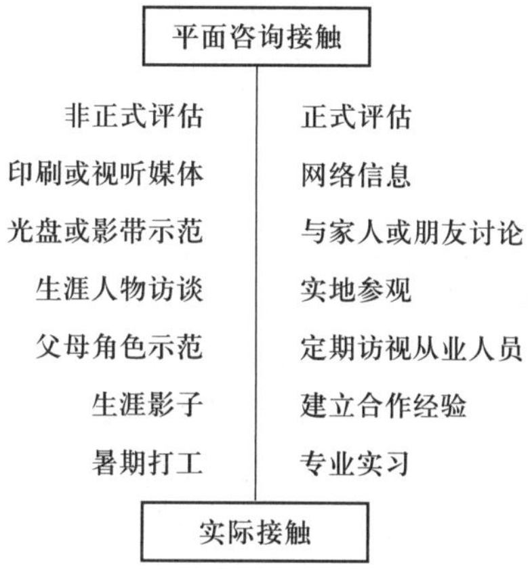

图 6-7　从近至远获取职业信息的方式

非正式评估是指探索者有意无意得到的对某个信息的最初评估。正式评估是指各种正式的职业测评，如兴趣测评等。通常学校就业指导中心会提供给学生免费的相关测评，社会上的职业测评机构也提供有偿服务。印刷或视听媒体的范围比较广泛，报纸、杂志、电视、书籍都有可能提供职业信息，网络信息如今已经成为越来越主要的获得大量信息的途径，和职业相关的网站很多。生涯人物访谈处于近与远的中间，在效率和信息的真实性上有比较好的平衡。这种方式是指大学生对身居自己感兴趣职位的人进行采访。接受访谈者应是被称为“生涯人物”的人，在这个职位上已经工作了三至五年甚至更长时间。为防止访谈中的主观影响，应至少访谈两人，如既与成绩卓然者谈，也与默默无闻者谈，则效果会更好。生涯影子指跟着某个特定的工作角色观察其工作内容。建立合作经验、暑期打工和专业实习都是实践性很强的方式，获得的信息更为真实，但是所耗的时间、精力也比较多，机会也有限。

三、决策与行动

小 F10 上大学以后就感到迷茫。已经上大三了，周围的同学似乎都已经有了目标和方向，她却还不知道自己是应该考研还是先工作。

小 F11 已经决定先工作。但到底是去企业还是考公务员，他仍拿不定主意。父母说公务员工作稳定，收入也不错，他也同意父母的看法，但又想去企业闯闯。

小 F12 本身是学心理学的，她对于幼儿教育这一领域非常感兴趣，已经对此做了不少的探索，从自己的性格和兴趣、能力等方面的评估来看，应该也没有什么问题。可是，她却迟迟下不了最后的决心，总是问老师：“我真的适合干这一行吗？”

上面几位大学生的问题都涉及职业决策。决策不是一件容易的事情。小到选一双什么样的鞋子，大到选择职业或伴侣，都不乏犹豫不决的人。通常一个决定越重要，决策也就越困难。但是决策是不可避免的。经过自我探索和对工作世界的探索，大学生需要综合两方面的信息，进行初步的职业抉择。那么，我们通常采用什么方式来进行决策呢？

（一）如何做出决策：CASVE 循环

在进行重大决策时，为了减少风险，应尽可能充分地考虑决策所涉及的多方面因素。我们推荐使用计划型决策，它由沟通（communication）、分析（analysis）、综合（synthesis）、评估（valuing）、执行（execution）五个步骤组成，即“CASVE 循环”（见图 6–8）。

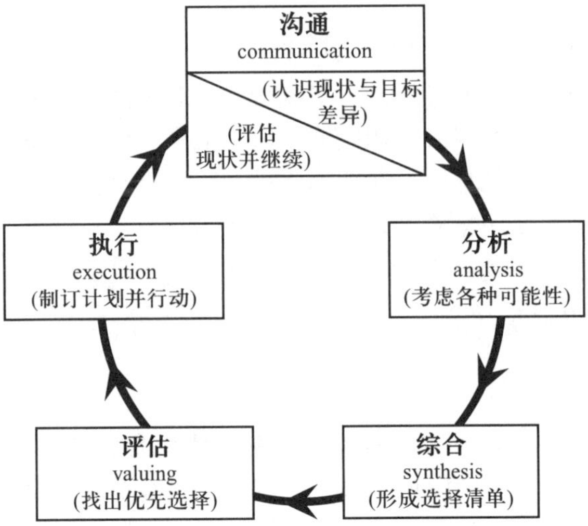

图 6–8　CASVE 循环

1. 沟通

个人发现理想与现状有差距，认识到问题的存在。这一步是决策的开始。个人如果没有意识到自己的需要，则后面的步骤都无从谈起。比如，许多大学一年级的学生，常常觉得职业生涯规划离自己还很遥远，认为找工作“是大三大四的事，自己才大一，只要好好学习就够了”。只有当他们具备了职业生涯规划的意识，通过沟通了解到找工作不是一蹴而就的事情时，才会产生这方面的需求，从而进入职业决策的下一阶段。

2. 分析

将问题的各个组成部分相互联系起来，对现状进行评估，了解自己和自己可能的选择，对所有的信息进行分析。不少人将目标与达成目标的手段混淆，如为了学历而读书，但实际上学历只是手段，就业才是最终目的。如果并没有清楚自己的目标，如出国或者考研是为了什么，就开始盲目行动，可能不会有好的结果。可以说，分析是决策过程中最容易出现问题的阶段。

3. 综合

在分析的基础上，个人形成可能的解决方法并进一步收集相关信息，确认自己的选择。这里需要注意的是，不要在没做探索之前就匆忙决定，这样会将可能的选择面限制得很窄。在生涯规划中，我们提倡先扩展个人的职业前景清单（通常要列出至少10个可从事的职业），打开视野，充分地看到自己所拥有的可能性，再在收集信息的基础上适当压缩（至少3个最终选项）。

4. 评估

从可行性和满意度两方面评估信息，并按评估结果对所有选择进行排列，得出最终的选择。在决策过程中对多种选择进行评估排序时，可能感受到该决定所涉及的各方面因素有不同的重要性，需要以权重来体现。一个有效的方法是使用决策平衡单，它将重大决策的思考方向集中到四个主题上：个人物质方面的得失、他人物质方面的得失、个人精神方面的得失、他人精神方面的得失。

5. 执行

根据自己最终的选择制订计划，采取行动。对于优先的选择，可采取的行动包括接受训练或教育、实习或兼职锻炼、申请工作岗位等。需要注意的是，决策是一个循环的过程。也就是说，在行动之后，还需要对自己的决定及其结果进行评估，由此可能进入新一轮的决策过程。

（二）设立合理的目标

1. 目标的重要性

我们都知道，目标很重要，对于生涯发展具有重要的指导意义。“忙—盲—茫”的现象在当代大学生中屡见不鲜，就像《爱丽丝漫游奇境记》里猫对爱丽丝说的那样：如果你不知道自己想去哪儿，那走哪条路都无所谓，只有当个人在头脑中对自己的职业发展方向有清晰的概念时，他的生命才会有意义和方向，而这也许是人生中最宝贵的财富之一。

2. 设立目标的指导原则

下面我们来谈谈目标设立的SMART原则（见图6–9），以及如何运用这些原则来设立我们的职业发展目标。

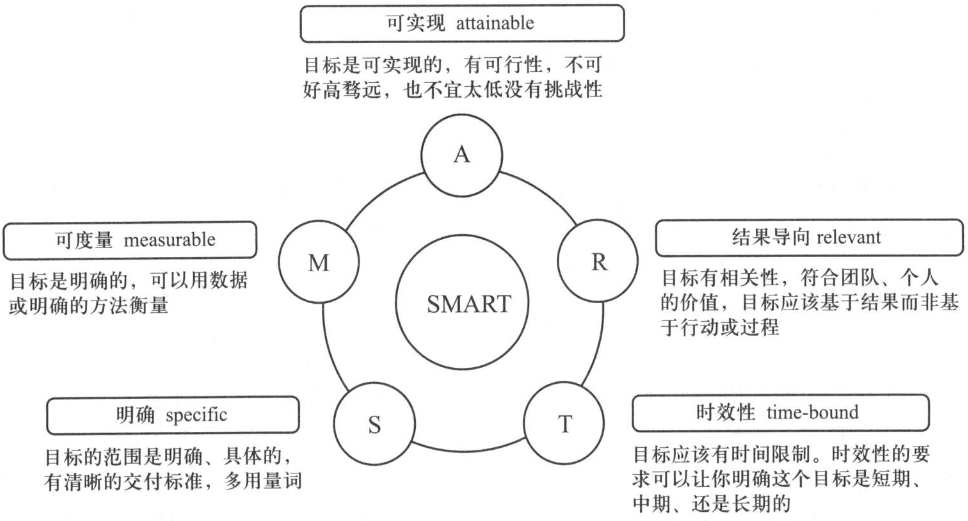

图 6-9　SMART 原则

（1）明确（specific）。不要用含糊笼统的语言，如不要说“我的目标是更好地利用时间”，应该说“我一天只能花不超过一个小时的时间来看电视”，或“我每周要花两个小时的时间上网查找有关服装设计师这一职业的资料”。

（2）可度量（measurable）。这样你才有一个可以衡量成功或者失败的标准，从而可以准确地评价你是否达到了自己的目标。比如，“加强社会实践”应改为“在这个月内，参加一个学生社团（摄影协会），并访谈两位摄影师”。

（3）可实现（attainable）。就你的能力和特点而言，实现这个目标是现实的、可能的但又有一定难度。比如，如果你目前只是一个大四学生并且没有什么相关的工作经验，却计划在两年之内就成为大公司的中层经理，这个目标也许就不那么可行；如果你计划十年之内才做到中层经理的位置，那么这个目标又缺乏挑战性，可能不太有激情去实现。

（4）结果导向（relevant）。实现这个目标能带给你成就感、愉快感；反之，则会使你有所损失。比如，如果你没有按计划在一个月内完成对两位工程师的访谈，那么你就不能在“十一”时外出旅游，而要利用七天的假期完成访谈的任务。

（5）时效性（time-bound）。不能将目标统统定为“在大学毕业前完成”，而要有计划、分步骤地在限定的时间内完成。以一周、一个月或一学期为单位设立目标，会比将事情都堆到大四毕业前完成有效得多。

（6）可控性（controllable）。在 SMART 这几条标准之外，还有一条原则对于目标设立来说是非常重要的，那就是可控性。可控性主要是指你对影响目标实现的因素具有相当的控制能力。比如，“我的目标是在 ABC 公司获得一份工作”，这种表述方式就违反了可控性原则，因为你能否获得这份工作并不取决于你自己，你有被拒绝的可能；如果你将目标换成“在下周三之前向 ABC 公司申请一个职位”就是可行的，因为你能控制相关的因素。

采用上述原则设立目标的好处是：它使你所制定的目标与计划有实现的可能，并且可以帮助你在一段时间之后回顾总结自己所取得的进步与不足，明确自己该干什么以及干得怎么样。

3. 目标和行动计划示例

职业目标又可以分为长期目标、中期目标和短期目标。当我们把自己的中长期目标分解为一个个小的短期目标时，就有了具体的行动计划和步骤。这样做有助于个人对自己的职业生涯发展进行管理。

假设你的目标是在这学期末前完成初步的职业生涯规划，那么你的小目标可以是：

（1）在本周五以前报名参加学校的职业生涯规划训练营，按时上课。

（2）下周一开始学习职业生涯规划课的教材，每周学习一章并完成教材后的练习，在期末前学完这本教材。

（3）课外阅读一本职业规划类读物（如《就业宝典》或《你的降落伞是什么颜色》），每两周阅读一章。

（4）9月，完成就业指导中心提供的职业兴趣和性格测评，并就测评结果与就业指导老师面谈一次，以便更好地了解自我。

（5）10月，参加学校组织的就业指导讲座，了解一些基本的关于职业世界的信息。

（6）11—12月，联系寒假实习的单位。

（三）做好时间管理

时间是人们最宝贵的资产，它的魔力就是你用它来做什么，它就是什么。我们的目标和行动赋予了时间意义，没有行动就没有意义，管理时间是个人自我实现中必不可少的组成部分。你是否了解自己的时间管理情况呢？

1. 把握原则

时间管理本质上是事件管理。面对多任务时间管理时，我们首先需要对要做的任务按照重要性和紧急性进行分类。这样任务就可以分成重要且紧急、重要不紧急、紧急但不重要、不重要不紧急4类，组成4个象限（见图6-10）。著名时间管理专家德鲁克特别强调了重要性维度在时间管理中的地位。虽然对每个人来说，重要事情的定义并不一样，但是一直花时间做重要不紧急的事情，可以避免让自己像个救火队员一样忙碌，花了大量的时间在紧急的事情上，却没有获得多少成就感。

2. 使用策略

（1）精简任务，每次只专注一件事。多任务操作会让我们注意力分散，极大影响工作效果。时间管理的精髓不是多做事，而是少做事，专注地做真正想做的事。

（2）5分钟起步法。有时候我们会感到自己不在做事情的状态，此时只要再坚持5分钟就会产生一个新的良性循环。

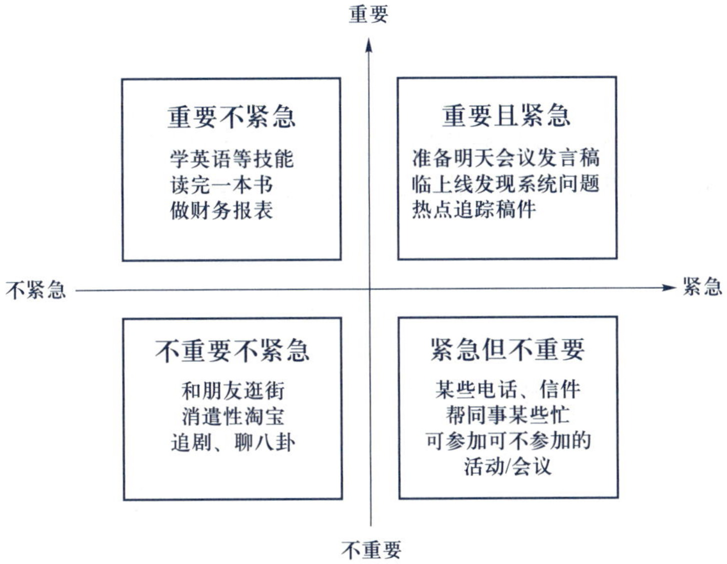

图 6-10　时间规划象限图

（3）向其他人做出承诺。告诉大家你的目标，你可以组织一个宿舍卧谈会，利用大家的力量帮助自己改掉拖延习惯。

（4）化整为零。如果一个重要的项目需要花费很长时间，那么最好的办法就是把项目分解，每次花 15～30 分钟或者更短的时间从事该项目，保证每天都在这个重要的项目上工作，积少成多，而不是一味地等自己有灵感时一下子完成。

（5）精力管理。训练自己做“短跑运动员”，集中注意力学习，然后给自己时间休息和恢复。个人可以根据自己的注意力情况找到适合自己的精力管理方案，如每次集中注意力学习 1.5 小时，休息 15 分钟，做冥想、呼吸训练，或者做其他的任务。另外，设立有意义的休整计划保证恢复。

心灵成长

请在 5 分钟内尽可能多地写下自己所拥有的能力。与你的同伴分享，看看谁写得多。大家写的一样吗？有什么不同？

拍出好心情

用手机（相机）拍一张，或搜索一张路的照片。你为什么拍（选）这张路的照片？大学毕业后你要走什么样的路？如果要走的路途中有困难，你会如何克服？

思考题

1. 你的兴趣可以和哪些职业相联系？这些兴趣有可能与你的专业相结合吗？
2. 你的价值观会对你的职业选择和人生产生什么样的影响？

课后作业

设立个人职业目标及行动计划

长期：（职业目标）________________________________。

中期：（今后 5 年）________________________________。

短期：（0.5~1 年）________________________________。

近期：（1~3 个月）________________________________。

为了实现我的人生目标，我将要做以下三件事：

1. 具体实践：________________________________；

具体措施：________________________________。

2. 具体实践：________________________________；

具体措施：________________________________。

3. 具体实践：________________________________；

具体措施：________________________________。

作品推荐

图书：《你的降落伞是什么颜色？》，理查德·尼尔森·鲍利斯著，李春雨、王鹏程、陈雁译，中国华侨出版社。

电影：《钱学森》，张建亚执导。

第七章

大学生学习心理与时间管理

动画导入：
学习的两极

学习目标：

了解并掌握学习心理学的基本概念、基本原理与基本理论，建构良好的知识结构；能应用基本理论、时间管理策略分析现实生活中的学习与行为问题的心理机制，设计切实可行的解决方案，提高学习效率以及学以致用的问题解决能力；学会运用心理学的规律和原理指导学习，提高学习效率和质量，更加有效地学习。

心路心语

少年易老学难成，一寸光阴不可轻。

——《偶成》

真正的教育，是要培养人的思想、心灵和道德。

——高尔基

引　言

时间管理倾向是个体在运用时间方式上所表现出来的心理和行为特征，具有多维度、多层次的心理结构。时间管理倾向与心理健康程度存在一定的相关性，现实生活中我们也经常发现时间管理倾向确实对大学生产生非同寻常的影响。良好的时间管理倾向对大学生的学业压力具有较大的缓冲作用，与学业成绩也呈显著的正相关关系。认清大学生时间管理倾向及其与学习心理之间的关系，可以为大学生心理健康、愉快学习保驾护航。

案例导入

小 G1 是某高校大二学生，是老师和同学心中的好学生。两年来，他从未逃过一次课，虽然有些课他一点儿兴趣都没有。由于他担心不上课就拿不到全优，评不上奖学金，所以，不论什么功课他都认真去学习，大二的他还想通过努力学习获得推免保送本专业硕士研究生的资格。

小 G2 也是某高校大二学生，高考时因为意外失利，几经调剂被非理想的一所普通高校录取，心里总有一个执念未放下，认为学校和所学专业都不是自己喜欢的，任课的教师水平太差，周围的同学都太笨。他经常逃课，要么就在宿舍睡觉，要么就沉迷网络游戏，仅大二上学期就有三门功课亮红灯。

请思考：同样是经历过高考洗礼的大二学生，面对学习，是什么造成了学生小 G1 和小 G2 如此迥异的行为表现？

第一节 大学生学习心理

现代教育观念认为“现代教育由四大支柱支撑”，它们是：学会认知、学会做事、学会生活、学会发展。其中首推第一位的就是学会认知，也就是学会学习。有资料显示，人类知识在 19 世纪每 10 年增加一倍，20 世纪 70 年代每 5 年增加一倍，而目前达到每 3 年增加一倍的速度。一个大学生在校学习的知识只占工作所需的 10%，而 90% 的知识需要在工作期间重新学习。学习是一种十分复杂的心理现象，它不仅与感觉、知觉、注意、记忆、思维等认识过程直接相关，而且涉及人的情绪、动机、个性和社会化等问题。

一、学习的概念

（一）广义的学习

早在几千年前，中外思想家、教育家就开始了对人类学习活动的理论探讨。在 2 500 多年前，我国著名思想家孔子就提到了“学”与“习”。他有一句家喻户晓的话：“学而时习之，不亦说乎。”但孔子还是把“学”与“习”分开使用的。《礼记·月令》中“季夏之月……鹰乃学习”一语，便是我们目前所能见到的最早将“学”“习”二字连在一起的资料。现代心理学家认为，广义的学习是指有机体由后天获得经验而引起的比较持久的行为和行为倾向的变化。个体行为或行为潜能的持久变化，是学习者反复练习而形成经验的结果。

（二）人类的学习

人类的学习与动物的学习有着本质不同。这种本质不同是：人类的学习借助语言和思维的参与，除获得个体经验以外，还可以掌握人类积累的全部经验，而动物的学习只局限于其自身的直接经验。

人类的学习是在改造客观世界的劳动中，在同其他人的交往过程中进行的，而动物的学习是有机体对一定刺激所做出的单一反应。

人类的学习是一种自觉的、积极的、主动的过程，动物的学习是一种被动的适应。

（三）狭义的学习

狭义的学习即学生的学习，是指学生在教师的指导下，有目的、有计划、有组织、有系统地掌握前人的知识、技能，发展智力和能力，培养个性和思想品德的过程。

学习不仅指有组织的知识、技能、策略等的学习，也包括态度、行为准则等的学习。学习不仅指学生在学校内的学习，也包括个体自出生就存在的一直持续终身的日常生活中的学习。

二、布鲁姆的学习目标分类

教育家本杰明·布鲁姆从教育目标的角度将学习分为三个领域，即学习的三种类型——认知领域学习、情感领域学习和技能领域学习，并将每一类从低到高分为若干层次。

（1）知识：对已学材料的保持，主要依据记忆。这种认知水平学习能回忆具体事实、过程、方法、理论等。

（2）领会：把握所学材料的意义，超越了记忆，但仍是较低水平的理解。能解释、概述和说明所学的材料，能用自己的语言表达已学习的内容，即转换，能估计预期的后果。

（3）运用：将已掌握的知识运用于新的情境，已达到较高水平的理解。

（4）分析：既能理解材料的内容，又能理解、把握材料的结构，是一种比运用更高的知能水平。能从整体出发把握材料的组成要素及其彼此间的联系。

（5）综合：能将已学过的材料或已获得的经验结合成新的整体、产生新的认知结构，故特别需要有一定的创造能力。能制订一项操作计划，能概括一些抽象关系，能口头表达或文字表达新的见解。

（6）评价：评定所学材料的合理性，如材料本身组织是否合乎逻辑和意义性，如材料的社会价值。最高水平的认知学习能对各种体裁、题材、类型的材料做出价值判断。

三、学习性质分类

认知教育心理学家戴维·保罗·奥苏贝尔根据学习主体所得经验的来源，将学习分为接受学习、发现学习与模仿学习；依据所得经验的性质，将学习分为有意义学习与机械学习。

（一）依据学习主体所得经验的来源分类

1. 接受学习

它是指人类个体经验的获得，来源于学习活动中主体对他人经验的接受，把别人发现的经验经过自身掌握、占有或吸收，转化成自己的经验。接受学习区别于发现学习之处，在于在这种学习中主体所得到的经验是来自经验传递系统，他人对此经验的传授并非来自他自己的发现与创造。低级的接受学习主要表现为呆读死记、一知半解、半通不通。高级的接受学习则表现为举一反三、触类旁通、精通或融会贯通等。对于陈述性知识，如历史、文学等，接受学习模式则更加合适。

2. 发现学习

它是指学生利用教材或教师提供的条件自己独立思考，自行发现知识、掌握原理和规律。它是心理学家杰罗姆·布鲁纳提出的以发展探究性思维为目标、以学科的基本结构为内容、以再发现为学习步骤的教学方法。学生在教师指导下，像科学家发现真理一样，通过自己探索学习，发现事物的变化及其内在联系，从中获得规律性的知识。发现学习强调学生是发现者，参与知识的建立过程，关心学习过程甚于关心学习结果。发现学习的好处是：提高智慧潜力；使外来动机向内在动机转移；学会发现的试探法；有助于理解记忆，形成迁移能力。

3. 模仿学习

它是心理学家班杜拉提出的，是指个体通过观察并模仿他人的行为或策略，从而学习新的技能或知识的过程。其基本原理在于，个体通过观察他人的行为，提取出其中的关键信息，并在适当的时候将这些信息应用到自己的实际行为中。比如在艺术领域，模仿前人作品是艺术家成长的必经之路。无论是绘画、音乐、舞蹈还是文学等领域，艺术家们都会通过研究和学习前人的作品来提升自己的艺术造诣。这种模仿不仅是对前人智慧的传承，也是艺术家们不断探索和创新的基础。

（二）依据所得经验的性质分类

1. 有意义学习

有意义学习的实质，就是在符号所代表的新知识与学习者认知结构中已有的适当观念之间建立非人为的和实质性的联系。这一论断既给有意义学习下了明确的定义，也指出了划分机械学习与有意义学习的两条标准。奥苏贝尔提出，进行有意义学习必须具备三个前提条件：① 学习材料本身必须具备逻辑意义；② 学习者必须具有有意义学习的心向；③ 学习者的认知结构中必须有同化新知识的适当观念。

2. 机械学习

机械学习是一种单纯依靠记忆学习材料，而避免去理解其复杂内部和主题推论的学习方法。平时多称为死记、死背或死记硬背。它是与有意义学习相对的概念，指在符号所代表的新知识与学习者认知结构中已有的知识之间建立非实质性的和人为的联系。比如，学生仅能记住乘法口诀表，形成机械的联想，但并不真正理解这些符号所代表的知识。

四、学习结果分类

当代著名教育心理学家罗伯特·米尔斯·加涅在 20 世纪 70 年代对学习结果进行了分类，认为设计教学的最佳途径，乃是根据期望目标安排教学工作。为此，他将教学目标，即学习结果分成五大类。

（一）智力技能

智力技能是学习者掌握概念、规则并将其应用于新情境，是使用符号与环境相互作用的能力。智力技能作为一类学习的结果，是指学习者通过学习获得了使用符号并与环境相互作用的能力。智力技能与言语信息不同，言语信息与知道“是什么”有关，而智力技能则与知道“怎样做”有关。比如，知道什么是分数和小数，是言语信息的学习结果，而掌握分数和小数的概念，以及怎样把分数化为小数，就是智力技能的学习结果。言语信息的学习是从不知到知，由知之甚少到知之甚多的过程；智力技能的发展则是从简单到复杂，从低级到高级的过程。智力技能可以细分为若干小类，较简单的是辨别技能，进一步是形成概念，在形成概念的基础上学会使用规则。智力技能的最高形式是高级规则的获得，这与解决问题的能力有关。

（二）认知策略

认知策略是“学习者借以调节他们自己的注意、感知、记忆和思维等内部心理过程的技能”。上面所述的智力技能是运用符号处理问题的能力，即处理外部世界的能力；认知策略是自我控制与调节的能力，即处理内部世界的能力。学习者通过认知策略指挥自身对环境中刺激物的一定特点予以注意，对学习的事物进行选择和编码，对学习所得进行检索。学习者的认知策略还影响他对已掌握的言语信息和智力技能的综合思考，以提出解决问题的高级规则。可以说，认知策略是学习者“使用脑子”管理或操作自己学习过程和解决问题的方式。

（三）言语信息

言语信息是以言语陈述的形式存储于学习者记忆中的相关事物和组织化了的知识。言语信息包括名称、符号、事实和原则。为了使言语信息的学习得以发生，言语信息的内容对学习者必须是有意义的。教授言语信息应将新的信息与学习者原有的知识相联系。言语信息的学习是通过让学习者给词下定义等方式进行评价的。

（四）运动技能

运动技能亦称动作技能，是一种习得能力，指为完成有目的的动作，使骨骼、肌肉、筋腱有组织地活动，是平稳、精确、灵活而适时的操作能力。以此技能为基础的行为结果表现为身体运动的迅速、准确、力量或连贯等方面，如乐器演奏、绘画、实验操作、打球等。动作技能也可存在于不使用器具或设施的活动中，如竞走、练拳、唱歌、舞蹈等活动。

（五）态度

态度是人们对于事情的看法和采取的行动。作为一种学习结果，在教育心理学中态度被定义为：习得的、影响个人对特定对象做出行为选择的、有组织的内部准备状态。特定对象包括事物、人和活动。当教学目标是使学习者形成先前未有的态度，或改变当前积极的或消极的态度时，我们应要求学习者从事一项有关态度的学习任务。态度包括认知成分、情感成分和行为倾向成分。

五、大学生学习心理的特点

（一）大学生学习的特点

1. 学习主体的变化

中小学时期的学习以教师组织教学为主，大学生学习是以教师为主导、学生为主体进行的。这就决定了大学的学习带有一定的创造性，即学生不仅能举一反三，还能提出自己的独到见解，活化所学知识。

2. 学习的自主性

无论从学习内容、学习时间还是学习方式上都更加强调个体在学习活动中承担角色，主要强调学习的自觉性与能动性。

3. 学习的专业性

大学生的学习是在确定了基本的专业方向后进行的，因此其学习的职业定向性较为明确，即为将来走上工作岗位，适应社会需要所进行的学习。

4. 学习方式的多样化

信息时代教师不再是知识的中心，学习获取知识的多元化带动了学习方式的变迁，网络又开辟了一条学习的新途径。

5. 知识的学习与能力、素质的培养并重

大学开放式的教学为学生提供了多种多样的成功之路。除课堂教学外，课外实习、课程设计、科研训练计划、学年论文、专家讲授、学术报告及走向社会的社会实践、咨询服务等都为大学生学习提供了广阔的道路。

6. 学习的研究探索与创新性

大学生学习已具有一定的探索性，即对书本之外的新观点、新理论进行深入的钻研与探索。大学生学习不仅在于掌握知识，更在于探究知识的形成过程与科学的研究方法，了解学科发展前沿、存在的问题及解决的思路。

（二）大学生学习心理的特点

1. 智力发展达到高峰

发展心理学家南希·贝雷的研究结果表明，20~34 岁是人生中智力发展的高峰时期（见图 7-1），它是一个人智力发展的鼎盛时期，也是一个系统掌握科学技术知识及出成果的最佳时期。

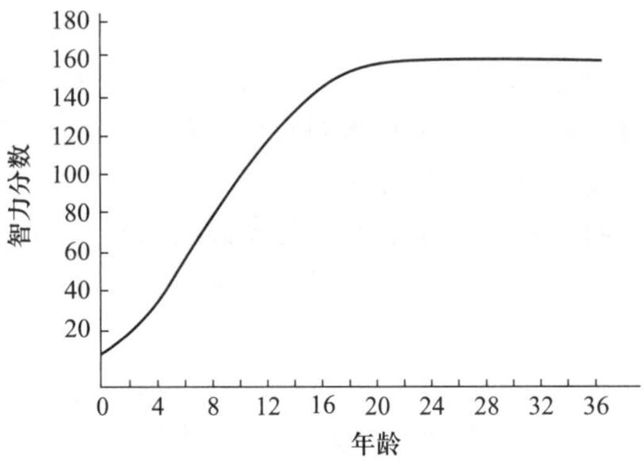

图 7-1　贝雷智力发展曲线

2. 学习动机发展达到核心层

以学习的社会意义、人生意义作为内心的学习的深层动力。采用方便取样法，选取动机学习策略问卷（MSLQ），选取某中医药大学不同年级学生参与实验，实验结果得出大学生学习活动具有更高的自觉性、竞争性和紧迫感（见图 7–2）。

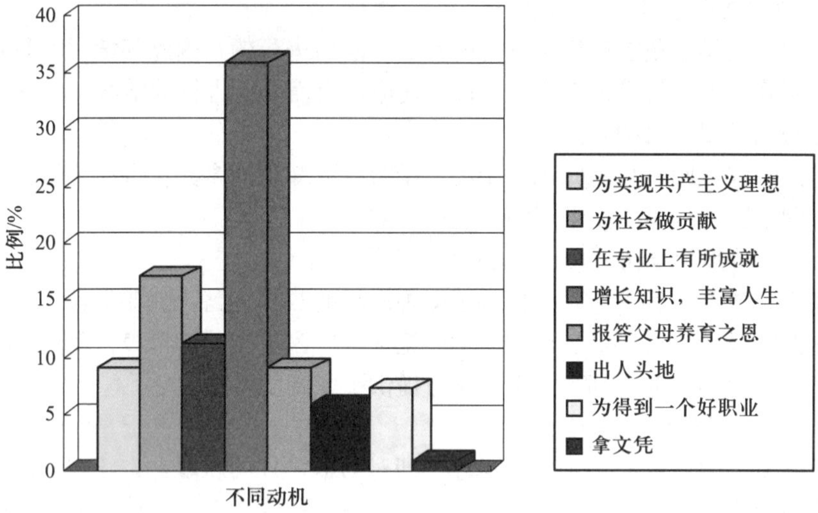

图 7–2　大学生不同学习动机比例

3. 自我评定能力日益增强

随着知识的丰富和能力的提高，大学生的自我评定能力也不断增强。他们在学习过程中，能够依靠自己的学习结果所提供的信息，对自己的学习活动自动进行调节和控制，制订出一套适合自己智力、能力发展的计划，更好地完成大学阶段的学习任务。

（三）大学生学习的特殊性

大学生学习既不同于儿童的学习，也不同于成人的学习。大学生学习既有一定的专业性、目的性和探索性，又有深刻的社会意义，表现出广泛的兴趣和各种各样的学习方法。大学生学习有其特殊性。

大学生学习是一种特殊的认识活动，是掌握前人积累的文化、科学知识等间接的知识，在学习中会有发现与创造。但其主要内容还是学习前人积累的知识与经验。

大学生学习是在教师的指导下，有目的、有计划、有组织地进行的，是以掌握系统的科学知识为前提的，因而它比单枪匹马地自学有更高的效率。

大学生学习是在较短时间内接受前人的知识与经验，重要的是间接经验的学习与掌握，大学生的实践活动是服从于学习目的的。

大学生学习不但要掌握知识经验与技能，还要发展智能、培养品德及促进健康个性的发展，形成科学的世界观。

心理百科

/ 系列位置效应 /

研究者先让参加实验者按一定顺序学习一系列的单词，然后让他们自由回忆，也就是说不必按照他们学习的顺序回忆出来，想到哪个单词就说出哪个单词。结果发现最先学习的和最后学习的单词的回忆成绩较好，而中间部分的单词回忆成绩较差。这就是心理学上的系列位置效应（见图 7–3）。开始部分较好的记忆成绩称为首因效应，结尾部分较优的记忆成绩称为近因效应。

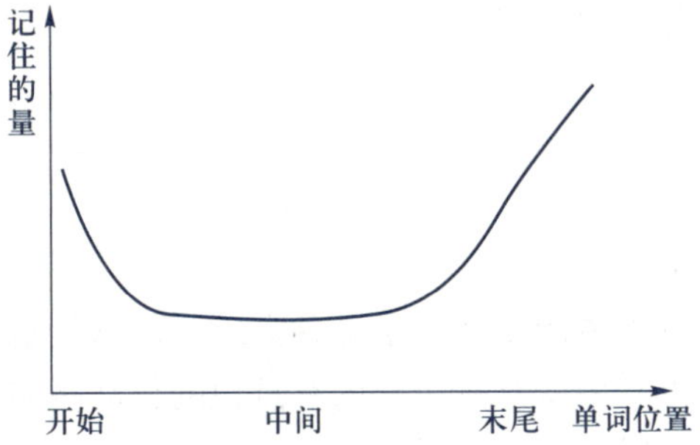

图 7–3　系列位置效应

心灵港湾

/ 大学生的时间管理观 /

不断暗示自己时光飞逝，不能虚度大学四年光阴。我们的人生并不长，应利用好时间做人生最有意义的事情。有效的时间管理可以提高效率，得到更高的工作满意度，使人际关系得到改善，还可以减少紧张与焦虑。学会时间管理将会对人的一生产生不可估量的作用，大学阶段重要的不是教给我们多少知识而是注重培养学习的能力。在有效的时间内完成自己制定的一系列目标，从现在起培养区分轻重缓急的能力。

让时间对我们发挥更有效的作用，坚信时间是由我们自己来掌控的。大学这个阶段是我们生命中不可多得的黄金时期，要学会合理安排时间，有效管理时间，抓住机遇，真正实现我们心中的成功之梦！

第二节
大学生常见学习问题及调适

一、意愿方面的学习问题及其调适

意愿方面的学习问题主要是指愿不愿学习的问题，包括缺乏学习动机、缺乏自信、意志薄弱等引起的学习问题。

（一）缺乏学习动机

1. 动机与学习动机

动机是直接推动有机体活动以满足某种需要的内部状态，是行为产生的直接原因和内部动力，是由某种需要所引起的有意识的行动倾向。它是激励或推动人们去行动以达到一定目标的内在动因。

学习动机是大学生将学习需要和愿望转变为学习行为的心理动因，是发动和维持学习行动的内部力量，是推动人们进行学习的直接原因和内部动力。学习动机支配了学习者的学习行为，说明了学习者是否想要学习、乐意学什么、学习努力的程度。或者说，学习动机是指激发、定向和维持学习行为的心理过程。

2. 学习动机的作用

（1）学习动机能够激发起适当的学习行为。学习动机促使学习者进入学习状态，自觉主动地进行各种学习活动。

（2）学习动机能够为学习行为定向。学习动机促使学习者有选择地进行各种学习活动，使学习活动指向特定的学习目标。

（3）学习动机能够维持学习行为。学习动机促使学习者在学习目标达成之前保持学习活动的强度，克服学习过程中的各种困难。学习动机的水平越高，学习者的努力程度越大，持续时间越长。

3. 学习动机对学习的影响

（1）学习动机和学习的关系是辩证的。学习能产生动机，而动机又推动学习，二者相互关联。

（2）动机具有加强学习的作用。高动机水平的学习者，其成就水平也高；反之，高成就水平也能导致高动机水平。

（3）有些学习既不靠动机给以力量，也不靠内驱力的满足来加强。人类生活中的大量学习，也是可以在没有任何明确学习意向的情况下偶然发生的。但是，要有效地进行长期的有意义学习，动机是绝对必要的。

（4）一般说来，动机并不是直接地卷入认知的相互作用过程之中，也不是通过同化机制发生作用，而是通过加强努力、集中注意力和对学习的立即准备去影响认知的相互作用过程。

（5）不少心理学家认为，中等程度的激发或唤起动机，对学习具有最佳的效果。动机过弱不能激发学习的积极性，随着动机强度的提高，学习效率会逐渐提升并达到一个最高点。超过这一点，动机强度的提高则会造成学习效率的降低。

（6）动机的最佳水平因课题的性质不同而不同。在比较容易的课题中，工作效率随动机的提高而上升；随着课题难度的增加，动机的最佳水平有逐渐下降的趋势。

（7）动机过强或过弱，不仅对学习不利，而且对保持也不利。并且，在难度不同的任务中，动机强度影响解决问题的效率。

（8）教育实践和教育心理学实验都表明，学习动机推动着学习活动，能激发学生的学习兴趣，保持一定的唤醒水平，指向特定的学习活动。

4. 学习动机缺乏的调适方法

（1）提高认识。了解学习的意义所在是激发大学生学习动机最直接有效的途径。只有认识到学习的重要性，才可能增强学习动机，才能够提高学习效率与成绩。

（2）培养兴趣。一项调查研究表明，大学生中对所学专业不感兴趣或感兴趣程度只是一般的占48%。兴趣能让我们有选择、积极愉快地去探究某种事物或进行某项活动。兴趣有助于大学生在认识事物过程中产生良好情绪，运用积极的自我暗示，带着问题去学、积极主动地参与学习实践活动。兴趣是学习动机中最现实、最活跃、带有强烈情绪色彩的因素。学习兴趣是可以通过后天培养的。

（3）树立目标。学习动机作为促使大学生达到学习目标的动因，就是以某种学习目标为出发点的，只有树立明确的学习目标，才能产生强烈的学习动机。学习目标作为产生和保持学习动机的因素，在学习行为中起着重要的指导作用。大学生在学习过程中，既要有长远明确的目标，又要有短近具体的学习目标。后者是有效地完成学习任务，从而成功地达到远大学习目标的关键。

（二）缺乏自信

自信是指人对自己的个性心理与社会角色进行的一种积极评价的结果，是一种有能力或采用某种有效手段完成某项任务、解决某个问题的信念，是心理健康的重要标志之一，也是一个人取得成功必须要具备的一项心理特质。

缺乏自信，即学习中的自卑心理，是一个人对自己的智力、学习能力及学习水平做出了偏低的评价，总觉得自己不如别人、悲观失望、丧失信心等。正如哲学家斯宾诺莎所说，由于痛苦而将自己看得太低就是自卑。学生学习中缺乏自信的主要原因有：对自己认识不足、过低估计自己、消极的自我暗示、挫折的影响等。

调适方法是：建立学习自信。即正确估计自己，培养自信心理；与自己较劲，选准突破口获得成功；积极补偿，以勤补拙；克服学习无助感，提高自我效能感。

积极的自我形象和健康的生活态度，可以增强抵抗压力和疾病的免疫力。任何人，无论表现得多么自信，也难免对自己面临的挑战缺乏自信心，这常常是对压力的一种自卫性反应。长期自信心丧失，会影响对自己能力的认识，压力就产生了，情绪上的、心理上的或生理上的问题就相伴而至。许多心理健康专家认为，焦虑、沮丧等神经失常是因为自我形象和别人对自己的看法有矛盾而造成的。

有意识地选择与那些性格开朗、乐观、热情、善良、尊重和关心别人的人进行交往。在交往过程中，注意力会被他人吸引，会感受到他人的喜怒哀乐，跳出个人心理活动的小圈子，心情也会变得开朗起来。同时在交往中，能多方位地认识他人和自己，通过有意识的比较，可以正确认识自己，调整自我评价，提高自信心。

不断提高对自我的评价，对自己做全面正确的分析，多看看自己的长处，多想想自己成功的经历，并且不断进行自我暗示、自我激励，如“我一定会成功的”“我也能干成，也不比他们差”等。经过一段时间的锻炼，自卑心理会被逐步克服。

不断增加自己成功的体验，寻找一些力所能及的事情作为试点，努力获取成功。如果第一次行动成功，自己增加了自信心，就如法炮制，获取一次次的成功。随着成功体验的积累，自卑心理就会被自信取代。

（三）意志薄弱

意志是人克服困难和问题的勇气，是人前进的巨大动力，对人的行为有很强的调节作用。意志薄弱者对学习有一种畏难情绪，常常知难而退、自暴自弃，这是一个人前进道路上的大敌。有人对大学生学习曾做这样的描述：大学生差别最小的是智力，差别最大的是毅力。因此，意志在大学生学习中起着重要作用。

调适方法是：提高意志力。即树立正确的挫折观，积极投身实践活动，掌握自我调适方法、进行自我暗示和自我锻炼。挫折是普遍存在的，但挫折也并不总是存在，挫折也有积极的一面，坎坷和磨炼可以让我们成熟和坚强。心理学家把挫折比作精神补品，因为每战胜一次挫折，就强化了自身的力量，为下一次应对挫折提供了精神力量。挫折促使人们认真总结教训，探究陷入困境、导致失败的原因，寻求摆脱困境、走向成功的途径。人生的道路就如同高尔夫球场，球道两侧若无草木丛生的崎岖地，便无法凸显出绿草地的平坦与宁静。经历挫折，我们才能够充分体验成功的喜悦。

二、操作方面的学习问题及其调适

操作方面的学习问题主要是指如何学习的问题，包括学习方法不当、记忆力减退、注意力不集中、考试焦虑等方面。任何事情都要讲究方法，有些大学生很刻苦、很勤奋，花了大量的时间和精力在学习上，但不去分析、不会综合运用，结果心身疲劳，成绩并不理想。大学的学习方法因大学学习的专业性、阶段性、自主性、探索性等特点而有别于中学，大学生必须结合自己的实际寻求适合的学习方法。学习是一种个人的活动，大学生因个性特征、学科专业方向等不同，应该采用的学习方法也各有特点。

（一）学习方法不当

1. 学习方法不当的表现

（1）不能形成知识结构。知识结构是知识体系在大学生头脑中的内化反映，也就是指知识经过输入、加工、储存过程而在大学生头脑中形成的有序的组织状态。构建一定的知识结构在学习中是很重要的，如果没有合理的知识结构，再多的知识也只能成为一盘散沙，无法发挥出它们应有的功效。对所学内容与学科之间、各章节之间不及时总结、归纳、整理，致使知识基本上处于“游离状态”，这种零散的知识很容易被遗忘，也很容易被张冠李戴。

（2）不会听课。课前不预习，对课上内容完全陌生，无法带着疑问去学，听课时开小差、不记笔记；把老师所讲的一字不漏地记录下来，只让自己的记录与老师的讲述保持同步，而不让自己的思路与老师保持同步；课后不及时复习，听完课就万事大吉。

（3）不会阅读。不善于选择阅读书目，完全凭个人兴趣或完全听从老师、父母的安排；没有阅读重点，处理不好“博”与“精”的关系，要么广种薄收，要么精读于一而漏万；阅读速度慢，不会快速阅读，也不会略读，任何情况下都逐字逐句阅读；不善于带着问题去读，阅读之后没有什么收获。

（4）抓不住重点和难点。学习方法不当的大学生，在看书和听课时，不善于寻找文字和课堂内容的重点，往往在脑中无法形成有效记忆点。

（5）理论与实践脱离。理论知识与实践操作相结合是非常重要而有效的学习方法，所谓“学而必习，习又必行”。而方法不当的大学生往往只满足于学习书本上的知识，不善于在实践中学习、在实践中运用，不能用所学知识解决实际问题。具体表现为动手能力差、不喜欢上实验课和操作课、不关心现实生活、“两耳不闻窗外事，一心只读圣贤书”。

（6）不善于科学用脑。学习时不注意劳逸结合，不善于转移大脑兴奋中心，使大脑终日昏昏沉沉，影响学习效率。

2. 调适方法

（1）要有好心态，告诉自己学习其实很好玩，尽量培养自己有一门或几门擅长的科目，建立自信心。然后，要知道自己需要什么、不需要什么。在记忆方面，可以采用联想的方式，这样会让记忆成为游戏。同时要观察别人的学习方法，多和其他同学交流。

（2）预习是学习的重要环节。上课前充分预习，考试前充分复习。预习效果好，听课才能有针对性；听课有针对性，复习才能顺利进行。预习是大学生学习过程中一个必不可少的环节。

（3）有效的听课方法。老师是经验丰富的传道者，对知识的脉络、疑问难点都很清楚，讲的内容也比较系统。所以，集中精力听课是掌握知识的捷径。听讲时，思想上必须与老师讲解的思路保持一致，听老师对事物是怎样分析、推理的；听老师解决问题用什么方法、技巧；听老师对问题有哪些解释。要把自己在预习中的理解，和老师的讲解相比较。通过比较，一是能加深对知识的理解；二是加深自己的思考、认识；三是能找到自己在预习中所犯错误的原因。

（4）合理安排复习时间。很多科学家通过研究发现，有几个时间段有利于巩固记忆：一是学习后最初几分钟内，电生理活动引起蛋白质的合成；二是在学习后 48 小时内复习；三是一周之后，此时脑突触发生永久性变化。根据人在学习过程中这一生理变化，复习加强记忆就显得特别重要了。

（二）记忆力减退

记忆力减退是许多大学生感到头痛的问题，它不仅直接影响学习的效率，而且会影响大学生学习的兴趣和情绪。

自我矫正记忆力减退的方法如下：

（1）保持良好的情绪状态，掌握最佳记忆时间，遵循记忆规律，掌握科学记忆方法。愉快的心情会使记忆效果显著提高。研究表明，在上午 10 时和晚上 9 时人处在最佳学习工作状态，因人而异调整，不断变换记忆的起始位置。

（2）善于把知识点总结归类。知识是按照一定的网络结构保存在大脑中的。我们在学习的时候要善于把知识点总结归类，把零散的知识点归入整个知识网络中，这样可以避免遗忘。

（3）加深理解。对大部分事物，如果我们了解得越深，理解得越透彻，知道得越多，就越不容易忘记。

（4）将心理活动指向和集中于一定的事物。心理宁静放松而又能将全部精力专注于工作学习将取得事半功倍的效果。注意力与学习效率有着非常密切的关系。

（三）注意力不集中

商界管理学专家托马斯 · H. 达文波特给注意力下的定义是：“注意力是对于某条特定信息的精神集中。当各种信息进入我们的意识范围，我们关注其中特定的一条，然后再决定是否采取行动。”他认为，注意力其实是一个信息的接收与选择性过程，它包括“探索”与“决策”两个阶段。在前一个阶段，人们对从周围摄入的大量知觉信息进行筛选；在后一个阶段，决定是否对吸引自己注意力的信息采取行动，即决定接收信息以后要做什么。两个阶段缺一不可，否则不存在注意力。注意力不集中（注意力涣散、缺乏专注力），首先打击的是自我控制与意志力。缺乏专注力通常表现为：稳定性差，注意力不能较长时间集中在某种事物上；持续性差，注意力集中时间短，坐不住，爱做小动作，爱走神；集中性差，上课走神、发呆，容易被外界干扰，看起来在听讲，实际漏听了很多，很多不该犯的错误会由于粗心马虎一再出现。注意力不集中的人往往具有被动注意占主导的特点，即使有心想要完成某事，但是却仍然没有办法把注意力集中起来，导致无法按照自己的意志和计划把注意力集中在自己想要完成的事上。

集中注意力的方法如下：

（1）进行正确的锻炼和饮食。进行有规律的、大强度的锻炼，能够正面地消耗掉过度的能量和进攻性，使得身体平静和柔和下来。吃各种健康食品，限制甜食摄入以减少情绪波动。

（2）保证充足的睡眠和定期休息。当人感到疲倦时，就更加难以集中注意力、管理压力、保持创造力、履行责任。保证每晚有 7~8 小时的睡眠。避免积累大量事务，有事及时处理。把时间性强的任务加以优先化，写下每一个任务、信息和重要的想法。

（3）更好的时间管理方法。给每一件事（包括小事）都设定截止日期，并使用闹钟来提醒自己。

（4）改善人际关系。跟朋友们约好时间去做事，并且不要失约。在交谈时要专心致志，当别人在说话时要倾听，说话不要太快，与那些理解你和有同情心的人建立友谊。

（5）创造一个友善的学习工作环境。经常使用清单、颜色、提示、小纸条、文件、仪式等。如果有可能，选择那些自己感兴趣的工作。注意自己在什么情况下工作效率最高，尽可能在工作效率最高时完成工作。可以与创造力弱但是组织性强的人联合起来，这种联合对于双方都是有利的。

（6）适当做一些需要集中注意力的游戏。在日常生活中适当玩一些需要集中注意力的游戏，让自己的注意力聚焦在某一件事情上。比如，玩协同类的游戏、脑电波控制的游戏（现在有一种使用专注力来控制场景的游戏叫作脑电波战斗训练器，目的就是训练专注力）等，让自己的专注力得到提升。

（7）寻求外界帮助。如果注意力不集中严重影响到自己的学习、生活、工作，甚至上升为疾病层面，那么应该寻求外界帮助。成人注意力缺失症有多种治疗方法，包括行为辅导、个案治疗、互助小组、职业咨询、教育、药物治疗。

（四）考试焦虑

考试焦虑（test anxiety）是指因考试压力过大而引发的系列异常生理、心理现象，包括考前焦虑、临场焦虑（晕考）及考后焦虑紧张。心理学认为，心理紧张水平与活动效果呈倒U形曲线关系。紧张水平过低和过高，都会影响成绩。适度的心理紧张，可以对考试有激励作用，产生良好的活动效果。但过度的考试紧张则导致考试焦虑，影响考场表现，并波及身心健康。调查显示，在学生之中，存在的考试焦虑主要有两种趋向：一种是临到考试之前开始感到紧张和焦虑；一种是在学习过程中长期存在学习焦虑，而一到考试之前则表现更为强烈。两者都是由考试这一紧张情境直接触发的，但前者的学习成绩有好也有差，后者则基本上是因为成绩一贯不是很好、缺乏信心所导致。

缓解考试焦虑的方法如下：

（1）认知调节。认知调节是保持平常心态应对考试焦虑的一个重要工具。考试焦虑时，人们往往会有一些不合理的信念，如“我必须每门课都考得好”“如果考不好，别人就会笑话我”等。这些信念会导致过度担忧和紧张。通过识别和转化这些绝对化要求、避免概括化评价、克服糟糕化预测等不合理信念，保持一颗平常心，就可以更加从容地面对考试。

（2）系统脱敏。在考试前，可反复想象以下场景：在家复习准备、老师宣布考试、我被第一道题难住了、时间几乎快到了、我根本做不完……如果想象后出现心慌头晕、手抖出汗，请立即做深呼吸20~30次，一般很快就能平息不安的情绪。如此反复多次（每2天进行1次，每次3~5分钟），考试焦虑就会有所缓解。

（3）自我暗示。作家大仲马说过：“人生是一串由无数的烦恼组成的念珠，达观的人总是笑着念完这串念珠。”在我们的生活中到处充满着自我暗示，考试焦虑也可以通过自我暗示来调整。进入考场后，可以暗示自己“我能行”“我紧张，别人也一样”“我最棒”等，放下包袱，减轻紧张感，增强自信。此外，可采用深呼吸法，一呼一吸，将呼吸放得很慢很慢。这样，可以调整身心，保持头脑冷静，避免胡思乱想，发挥出自己的正常水平。

（4）宣泄倾诉。当感到压力过大，内心的焦虑自己无法排解时，不要闷在心里，找个值得你信任的人把苦恼说出来。在宣泄自己负情绪的同时，你还会惊奇地发现，原来考试焦虑的不止自己一个人，很多同学都有，从而恢复心理平衡。

（5）睡眠缓解法。事实证明，很多临考大学生的考试焦虑是由学习过度疲劳、睡眠不足引起的。针对这种情况，临考大学生一般不宜夜半挑灯苦读，要养成中午小睡的习惯。因为良好的、充足的睡眠可以消除大脑疲劳，换取充沛的精力和清醒的头脑。充足的睡眠是从容应考的前提，也是克服考试焦虑情绪行之有效的方法。

（6）运动缓解法。学生以脑力活动为主，而适当的运动是消除大脑疲劳的有效方法。临考大学生可根据自己的实际情况，散散步、打打球、做做体操。因为运动可以消除一些紧张的化学物质，虽然使肌肉疲劳，但可以放松神经。

（7）兴趣消除法。人们在从事自己感兴趣事情的时候，整个身心都会投入进去，进入一种物我两忘的境界，什么忧愁烦恼都会被抛到九霄云外。因此，临考大学生在紧张的学习之后，做一些感兴趣的事情，如唱唱歌、看看报、听听音乐等，都可以消除疲劳，化解烦恼，远离考试焦虑情绪。

（8）游戏转移法。通过开展游戏活动，让处于考试焦虑情绪的临考大学生参与其中，进入角色，忘记疲劳，转移注意力，释放体内积聚的能量，调整机体的平衡，摆脱内心的烦恼。

（9）饮食缓解。通过饮食摄入增加身体营养。临考大学生脑力劳动强度大，能量消耗大，需大量补充营养。因此，必须设法增加适量含蛋白质、脂肪、碳水化合物的食物，同时还要补充大脑所需的维生素、氨基酸以及钙、铁、锌等微量元素。

（10）音乐缓解。音乐能影响人的情绪行为和生理机能，不同节奏的音乐能使人放松，使人的生理、心理节律发生良性的变化。比如，圣洁、高雅的音乐，可使人净化灵魂、境界开阔；舒缓、柔和的音乐给人以安全感、舒适感；清澈、质朴的古典音乐，可以增进人们的记忆力、注意力；浪漫的音乐，可激起人们恻隐、怜悯之心；流行音乐，可使人感情投入；时尚音乐，可释放心声。

体验活动

身心小知识：一起来测试一下你的“人体生物钟”，如表 7-1 所示。

表 7-1　人体生物种

时间段	身体状态	适宜做的事情
6—7 时	第一次最佳记忆时期	背诵、学习
7—8 时	血液加速流动	早餐
8—11 时	精力旺盛，记忆力强	学习、从事脑力劳动
11—12 时	最为清醒	决策、解决问题
12—14 时	进入困乏期	午餐、午休
14—15 时	下午低沉期	处理不重要的事情
15—16 时	思维又开始活跃	进行长期记忆
16—17 时	听觉敏锐	练习外语听力
17—18 时	人体的体温最高	体育锻炼
18–19 时	有饥饿感	晚餐
19—22 时	反应异常迅速、敏捷	是学习的最好时间
22 时以后	人体各脏器活动开始减慢	最适宜休息

6—7 时身体从睡眠状态中苏醒，每个细胞逐渐兴奋、活跃起来。

7—8 时血液加速流动，是最佳的早餐时间。

9 时精神活性提高，疼感降低，心脏开足马力工作。

10 时精力充沛，处于最佳运动状态，是最好的工作时间。

11 时心脏照样努力地工作，人体不易感到疲劳。

12 时到了全身总动员的时刻，此时最好不要马上吃午饭。

13 时肝脏休息。上半天的最佳工作时间即将过去，感到疲倦，需要休息。

14 时是 1 天（24 小时）的最低点，反应迟钝。

15 时情况开始好转，人体器官此时最为敏感，特别是嗅觉和味觉。

17 时工作效率很高，运动员的训练量可以加倍。

18 时疼感下降，希望增加活动量。

19 时血压增高，精神最不稳定，任何小事都能引起口角。

20 时体重最重，反应异常迅速。

21 时神经活动正常，此时最适于学生背书。晚间记忆力增强，可以记住不少白天没有记住的知识。

22 时体温下降。

23 时人体准备休息。

心医之窗

学习能力是对大学生掌握理解某种技术和概念量化的高度概括，指个体从事学习活动所需具备的心理特征。在学习的全过程中，记忆力、专注力等精力是决定学习效率与能力的关键因素，针对学习记忆功能，主要是与心肾是否亏虚、有无心失所养以及脑髓的情况等有关，适当针灸治疗，能够起到疏通经络、活血化瘀的功效，能够促进全身的血液循环，增加心脏和肾脏的血液供应，从而帮助改善心脑气血状况，因此可定期针灸，进而达到增强记忆力的目的，改善学习记忆功能。

例：悬钟穴（见图 7–4）。

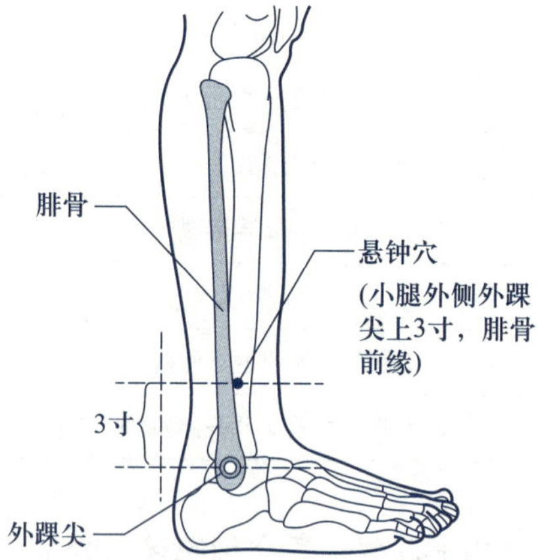

图 7–4　悬钟穴

定位：悬钟穴在小腿外侧外踝尖上 3 寸，腓骨前缘。

功效：悬钟穴为八会穴之髓会。《难经·四十五难》记载，“髓会绝骨”。绝骨即悬钟穴，而脑为髓海，故其具有改善脑循环、活化脑细胞、增强记忆力的作用。

悬钟穴为足少阳胆经上的穴位。胆居六腑之首，又属于奇恒之腑，其生理功能有：

（1）贮藏胆汁：“胆者，中精之腑”，内藏胆汁。胆汁，又称“精汁”“青汁”。

（2）排泄胆汁：肝的疏泄功能直接控制和调节着胆汁的排泄。

（3）主决断：“胆者，中正之官，决断出焉”，是指胆在精神意识思维活动过程中，具有判断事物、做出决定的作用。

因此，位于胆经的悬钟穴对补益肝肾、补益脑髓有不错的效果。

第三节 大学生时间管理

一、时间管理

时间管理指通过事先规划和运用一定的技巧、方法与工具实现对时间灵活有效的运用，从而实现个人或组织既定目标的过程。时间管理可以有效地运用时间，降低变动性。

不合理的时间管理可能导致压力、焦虑、无法按时完成任务，而有效的时间管理能够提升工作效率，事半功倍。

（一）时间管理的目的

决定什么事该做，什么事不该做。时间管理最重要的功能是将事先的规划作为一种提醒与指引。

（二）时间管理 11 条金律

1. 要和价值观相吻合

一定要确立个人的价值观。假如价值观不明确，就很难知道什么对自己最重要。当价值观不明确时，时间分配一定不好。时间管理的重点不在于管理时间，而在于如何分配时间。一个人永远没有时间做每件事，但永远有时间做对自己来说最重要的事。

2. 设立明确的目标

成功约等于目标，时间管理的目的是在最短时间内实现更多想要实现的目标。必须把4~10个目标写出来，找出一个核心目标，并依次排列重要性，然后依照自己的目标制订一些详细的计划，关键就是依照计划实行。

3. 改变想法

心理学家威廉·詹姆斯通过对时间行为学的研究发现，有两种对待时间的态度：这项工作必须完成，它实在讨厌，所以我能拖便尽量拖；这不是项令人愉快的工作，但它必须完成，所以我得马上动手，好让自己能早些摆脱它。当有了动机，迅速踏出第一步是很重要的。不要想立刻推翻自己的整个习惯，只需强迫自己现在就去做所拖延的某件事，然后，从第二天一早开始，每天都从时间表中选出最不想做的事情先做。

4. 遵循20∶80定律

生活中肯定会有一些突发和迫不及待要解决的问题，如果你发现自己天天都在处理这些事情，那么表示你的时间管理并不理想。成功者花最多时间在做最重要的事，而不是最紧急的事情上，然而一般人都是做紧急但不重要的事。

5. 安排不被干扰时间

每天至少要有半小时到一小时的不被干扰时间。假如你能有一个小时完全不受任何人干扰，把自己关在自己的空间里思考或者工作，这一小时可以抵过你一天的工作效率，甚至有时候这一小时比你三天工作的效率还要高。

6. 严格规定完成期限

帕金森在其所著《帕金森法则》（*Parkinson's Law*）中写下这段话：你有多少时间完成工作，工作就会自动变成需要那么多时间。如果你有一整天的时间可以做某项工作，你就会花一天的时间去做它。而如果你只有一小时的时间可以做这项工作，你就会更迅速有效地在一小时内做完它。

7. 写好时间日志

你花了多少时间在做哪些事情，把它详细地记录下来，早上出门前（包括洗漱、换衣、早餐等）花了多少时间，搭车花了多少时间，出去拜访客户花了多少时间……把每天花的时间一一记录下来，你会清晰地发现浪费了哪些时间。这和记账是一个道理。当你找到浪费时间的根源，你才有办法改变。

8. 理解时间大于金钱

用你的金钱去换取别人的成功经验，一定要抓住一切机会向顶尖人士学习。仔细选择你接触的对象，因为这会节省你很多时间。假设与一个成功者在一起，他花了40年时间成功，你跟10个这样的人交往，你不是就浓缩了400年的经验？

9. 学会列清单

把自己要做的每一件事情都写下来。这样做能让你随时都明确自己手头上的任务。不要轻信自己可以用脑子把每件事情都记住。而当你看到自己长长的列表时，也会产生紧迫感。

10. 同一类的事情最好一次把它做完

假如你在做书面作业，那么用一段时间都做书面作业；假如你是在思考，用一段时间只是思考；打电话的话，最好把电话累积到某一时间一次把它打完。当你重复做一件事情时，你会熟能生巧，效率一定会提高。

11. 每分每秒做最有效率的事情

时间管理是一个概念，更是一种方法，每一个人都需要进行时间管理。但是因为时间管理是一个虚拟的概念，很多人对时间管理没有很明确的定义。并且时间管理不仅仅是个人安排一下自己的日程表这么简单，时间管理有很多需要总结、计划、调整的环节。

二、科学地运筹时间

科学地运筹时间可以使工作和生活有条不紊地进行，有利于提高时间的利用率，有利于体力的恢复和精神的放松，可以让你在处理事务时取得最佳效果。

（一）科学运筹思考时间

思考是创作和效率的源泉，我国古代就有“学而不思则罔，思而不学则殆”的思想认识。物理学家欧内斯特·卢瑟福（Ernest Rutherford，1871—1937 年）是最早完成原子核裂变实验的科学家。有一天晚上他走进实验室，当时已经很晚了，却见他的一个学生仍斜倚在工作台上，便问：“这么晚了，你还在干什么呢？”学生回答：“我在工作。”“那你白天在干什么呢？”“我也工作。”“你早上也工作吗？”“是的，教授，早上我也工作。”于是卢瑟福提出了一个问题：“如果这样的话，你用什么时间去思考呢？”事实证明，思考往往可以带给人们巨大的创造力量。

（二）科学运筹关注时间

一个人在做某件事时，大脑皮质的某一区域就会发生一种兴奋过程，而其他相邻的区域则相应发生一种抑制过程。这便出现了“一个兴奋，其他抑制”的情形，于是构成了注意力的高度集中。如果读书时书的内容居于塔顶意识中心，兴奋区域高度兴奋，就会抑制各种外界干扰；反之，读书时注意力不集中，书的内容只居于一个人的意识边缘，那么学习效果肯定不会太好。

要做到注意力高度集中，就必须以兴趣为导向，同时还要极力排除外界干扰。这里有两个办法可供选择，一种是闹中取静，一种是闭门谢客。科学家培根说：“如果你对数学没有兴趣，那就抄书吧。几页内容抄下来，注意力就慢慢集中了。”

（三）科学运筹作息时间

科学研究表明，大脑皮质的兴奋过程和抑制过程是交替进行的，任何人都无法始终保持旺盛的精力，适当的休息可以让体力得到恢复，精神得到放松，而且可以从中获得启发和灵感，使一项活动取得更大的进展。

心理学家做过这样的实验：让两组智力和学习成绩都差不多的学生记忆同样数量的生僻字，记忆完毕，让一组学生休息 5 分钟，另一组学生继续用脑，然后一起默写。结果，休息 5 分钟的一组学生，默写成绩比不休息的要高 28%。

心理学家做这个实验是想告诉我们这样一个道理：休息和不休息，所得到的结果大不一样；精力疲乏苦干 10 个小时，不如精神饱满干 5 个小时。也就是说，工作时就要全力以赴，休闲时就要尽量放松，工作和休闲要交替进行，这就是我们平时常说的“劳逸结合”，即“文武之道，一张一弛”。

（四）科学运筹业余时间

业余时间是科学运筹时间的一个重要方面。人们可以利用业余时间从事自己喜欢的活动，即发展自己的业余爱好。许多成功者都善于利用业余时间来发展自己的爱好，而他们的许多研究成果大多是在业余时间创造出来的。因此，有人把业余爱好形象地比喻为“孕育人才的百花园”。

古代先哲亚里士多德在业余时间喜欢捕捉蝴蝶和甲虫，他利用业余时间积累了人类历史上第一批昆虫标本，成为第一个昆虫分类学者。生物学家达尔文从小对打猎、旅行、收集生物标本有着特殊的爱好，上大学时又利用业余时间广泛采集植物、昆虫和动物标本。后来，他的业余爱好发展成为个人专长，为生物学科发展做出了巨大贡献。

三、大学生时间管理的方法

（1）抓住每天的最佳学习时间段。大脑活动的效率在一天中的不同时间段是不同的，学习时间的最佳选择应该是一天中大脑最清醒的时候。

人一天之内有 4 个学习高效期。第一个学习高效期是清晨起床后，大脑经过一夜休息，消除了前一天的疲劳，脑神经处于活动状态，没有新的记忆干扰，此刻认知、记忆印象都会很清晰，学习一些难记忆而必须记忆的东西较为适宜，如语言、定律、事件等的记忆和储存。上午 8 点至 10 点是第二个学习高效期，体内肾上腺等激素分泌旺盛，精力充沛，大脑具有严谨而周密的思考能力、认知能力和处理能力，此刻是攻克难题的大好时机。第三个学习高效期是下午 6 点至 8 点，这是用脑的最佳时刻，也是整理笔记的黄金时机，不少人利用这段时间来回顾、复习全天学过的东西，加深印象，分门别类，归纳整理。入睡前1小时是第4个学习高效期，利用这段时间来加深印象，特别对一些难以记忆的东西加以复习，则不易遗忘。

（2）劳逸结合。休息几分钟可让人恢复精力，实现1＋1>2的效果。休息是为了更好地学习。

（3）控制时间长度。大学生一次学习时间最好为60~90分钟，时间过长或过短，效率都不高。

（4）交叉学习效果好。大脑长久接受同一类信息刺激，就容易产生疲劳，降低学习效率。应及时转换学习内容，注意各门学科交替进行，特别是文理交替。学习之余，可做一些文体活动以提高学习效率。

（5）尽可能每天在固定的时间进行学习。这样形成规律，学习心理和生理上产生适应性，到固定时间效率会有所提高。

心灵成长

/ 时间管理自我诊断量表 /

请你根据日常学习与生活中对待时间的方式与态度，在A、B、C选次中选择最适合你的一项：

1. 星期天早晨醒来时发现外面正在下雨，你会怎么办？

A. 接着再睡

B. 仍在床上逗留

C. 按照生活规律，穿衣起床

2. 吃完早饭，上课之前，你还有一段自由时间，怎样利用？

A. 无所事事，不知不觉时间过去了

B. 准备学点什么，但不知道学什么好

C. 按订好的学习计划进行，充分利用

3. 除每天上课外，对所学的各门课程，在课余时间里怎样安排？

A. 没有任何学习计划，随心所欲

B. 按照自己最大的能力来安排复习，完成作业、预习，并紧张地学习

C. 按照当天所学的课程和第二天要学的内容制订计划，严格有序地学习

4. 每天晚上怎样安排第二天的学习时间？

A. 不考虑

B. 心中和口头做些安排

C. 书面写出

5. 为自己拟订了“每日学习计划表”，并严格执行。

A. 很少如此　　B. 有时如此　　C. 经常如此

6. 每天的作息时间表有一定的灵活性，以便留出一定时间去应付预料不到的事情。

A. 很少如此　　B. 有时如此　　C. 经常如此

7. 当你学习忙得不可开交，而又感到有点力不从心时，你会怎样处理?

A. 开始泄气，认为自己笨，自暴自弃

B. 有干劲和用不完的精力，但又感到时间太少，仍拼命学习

C. 每天花时间分析检查自己的学习时间分配是否合理，找出合理安排学习时间的方法，在有限时间里提高学习效率

8. 在学习时，常常被人干扰打断，你怎么办?

A. 听之任之

B. 抱怨，毫无办法

C. 采取措施防止外界干扰

9. 学习效率不高时，你怎么办?

A. 强打精神，坚持学习

B. 休息一下，活动活动，轻松一下，准备再战

C. 把学习暂停下来，转换一下兴奋中心，待效率最佳的时刻到来，再高效率学习

10. 阅读课外书籍，怎样进行?

A. 无明确目的，见什么看什么，并常读出声来

B. 能一边阅读一边选择

C. 目的明确，阅读快速，加强阅读能力

11. 你喜欢什么样的生活?

A. 按部就班，平静如水

B. 急急忙忙，精神紧张

C. 轻松愉快，节奏明快

12. 你的手表或书房的闹钟经常处于什么状态?

A. 常常慢

B. 比较准确

C. 比标准时间快一点

13. 你的书桌井然有序吗?

A. 很少如此　　B. 偶尔如此　　C. 常常如此

14. 你经常反省自己处理时间的方法吗?

A. 很少如此　　B. 偶尔如此　　C. 常常如此

[评分方法]

选择 A 得 1 分，选择 B 得 2 分，选择 C 得 3 分。将各题的得分加起来，然后根据下面的评析判断自己的时间管理能力和水平。

[结果分析]

35~45 分，有很强的时间管理能力，是时间管理的成功者，不仅时间观念强，而且能有目的、有计划、合理有效地安排学习和生活时间，时间的利用率高，学习效果良好。

25~34 分，善于对时间进行自我管理，时间管理能力较强，有较强的时间

观念，但是，在时间的安排和使用方法上还有待进一步提高。

15~24分，时间自我管理能力一般，在时间的安排和使用上缺乏目的性，计划性也较差，时间观念较淡薄。

14分以下，不善于时间管理，时间观念淡薄，不能合理地安排和支配学习、生活时间，需要好好地训练，逐渐掌握时间管理的技巧。

［改进方法指导］

如果所得的分数较低，要提高警惕，努力寻求改进方法。

增强时间观念。牢记“最严重的浪费就是时间的浪费”“放弃时间的人，时间也会放弃他”，制订时间使用计划，并认真执行。以星期为单位制订一个较长的计划。每天要有“学习计划表”和“时间使用表”，严格地按照计划学习，并自觉进行检查和总结。

记录和分析一天内使用时间的情况。将在一天里所做的事情及耗用的时间记录下来，然后进行分析，看看哪些时间使用得有价值，哪些时间是浪费掉的。只要做到持之以恒，对时间管理能力的提高是大为有效的。

肯定拍练习

操作：

1. 在纸上写下你正在面对的挑战，最好是具体一点的，可以评估的（如考过大学英语6级）。
2. 在挑战旁边写下4种能解决挑战的方法。
3. 观察周边环境，用手机拍4张照片分别代表这4种方法，再修图。例如，调整照片明暗或是拼成一张4宫格照片。
4. 把拍摄的作品设置在手机和电脑桌面，每几天或每周更换，用照片提示自己完成挑战。

思考题

1. 什么是学习？
2. 简述学习动机理论。
3. 简述时间管理策略。

课后作业

1. 请阐述时间管理的 11 条定律。
2. 简述大学不同学习阶段的学习特点。
3. 分析自己学习活动中存在的问题，以及如何解决这些问题。

作品推荐

图书：《自控力》，汪国锋著，金盾出版社。
电影：《土拨鼠之日》，哈罗德 · 雷米斯执导。

第八章

大学生情绪管理与自我调节

动画导入：
情绪背后的不合理信念知多少？

学习目标：

了解情绪的类型、成因及其影响作用，熟知大学生的情绪特点。掌握常见不良情绪的调节方法，做情绪的主人。

心路心语

钟鼓之声，怒而击之则武，忧而击之则悲，喜而击之则乐。其志变，其声亦变。

——《说苑·修文》

塑造自尊自信、理性平和、亲善友爱的社会心态。

——习近平

引 言

情绪时刻存在于人们的日常生活中。和家人、朋友相聚时感到轻松愉快，面对离别时感到痛苦和悲伤，和他人争吵时会感到愤怒等，这些都是自然的情绪体验。了解情绪的产生、特点、作用，熟悉常见的不良情绪，掌握情绪管理能力，有助于养成积极乐观、理想平和的心态。

案例导入

小 H 是一名大一女生，她从小学到中学成绩优异，性格活泼开朗，深受老师和父母的喜欢。进入大学后，小 H 却没有了高中时学习的动力，上课时无法集中注意力听讲。小 H 变得整日闷闷不乐，不爱和宿舍室友交流，也不参加学校组织的活动，和从前的朋友们也不主动联系了。没有课的时候，小 H 就一个人闷在宿舍。就这样持续了一个多月后，小 H 的室友关切地建议她去学校的心理中心咨询。在心理老师的陪伴和支持下，小 H 慢慢地说出了自己的心里话。原来，小 H 高考时发挥失常，没能考入自己理想的大学。入学后，小 H 觉得自己不属于这里，满脑子都是对高考失利的自责和烦恼，无法静下心来学习。小 H 还觉得自己没有颜面面对以前的同学和朋友，觉得他们会笑话现在的自己，不愿意和自己做朋友了，于是小 H 干脆主动断了联系，这些让她变得郁郁寡欢。

请思考：小 H 同学存在哪些情绪困扰？你有什么方法帮助小 H 同学解开心结，重拾阳光心态？

第一节 情绪概述

一、情绪的内涵及分类

（一）情绪的内涵

生活中情绪总是无处不在。取得优异成绩时的欣喜，观看精彩比赛时的紧张，失去挚爱亲人时的悲痛……每当事情发生，情绪总是如影随形。广义而言，情绪是人对客观事物与自身需要之间关系的态度体验，是人脑对客观现实的主观反映形式，是由某种外在的刺激或内在的身体状况作用而引起的体验。简单来说，情绪反映了自身的需求是否被满足，以及获得什么程度的满足。情绪是复杂的心理现象，与认识不同，它包含了主观体验、生理唤醒和外显表情等多种因素。

每种具体情绪都具有不同的主观体验，带给人们不同的感受。情绪不是对客观事物特性的客观反映，而是对客观事物与人的需要之间关系的反映。情绪的产生与个体的切身需要和主观态度密切相关。因此，情绪体验具有主观性，遇到相同的事情时不同的人也可能产生不同的情绪感受。正是情绪过程的体验感受给行为提供动机，对认知和行为起到调节作用。

情绪常会伴随着生理唤醒，主要是通过自主神经系统中的交感神经和副交感神经的相互拮抗作用形成的，表现为呼吸、循环、消化、内分泌系统以及脑电、皮肤电反应等一系列变化。神经系统一些部位的激活、大脑多种区域的复杂交互作用为情绪的发生和活动提供了能量，如脑干部位的网状结构、边缘系统、杏仁核等结构均与情绪的产生和调节相关。

外显表情包括面部表情、肢体表情和言语表情，是情绪表达过程的外部呈现。每种具体情绪的表现，特别是面部表情是特异化的。这些特异化的表情是各种具体情绪的客观标志。通过情绪的外显表情，情绪能够起到通信传递的作用。如愤怒时眼睛瞪大，瞳孔变小，眉毛下压，鼻孔不自觉张大；悲伤时面部的肌肉会整体向下垂，眉毛稍微紧皱并向下压，眼睑下垂。

（二）情绪与情感

情绪与情感合称为感情，综合反映人的情绪和情感状态以及愿望、需要等主观感受体验。在日常用语中，情绪和情感一般不做严格区分。但作为科学概念，情绪和情感的内涵及外延还是存在一定的区别与联系的。

从产生的角度看，情绪通常与个体的基础生理需要满足与否相联系。例如，与饮食、休息、繁殖等需要相联系的主观体验，是人和动物共有的大脑活动过程。因此，情绪一词也可以用于描述动物的需要反应。情感是人类特有的较高级的心理活动，通常与人的社会性需要相联系，例如，爱国主义、集体主义、荣誉感、羞耻心、求知欲、责任感等，是人社会化的重要标志。

从稳定性角度看，情绪受环境影响较大，随着情境的变化以及需要满足状况而发生改变。情感具有更深刻的社会意义且更加稳定，不轻易随情境变化，如对真理的追求、对祖国的热爱等。

从表现方式看，情绪具有明显的外部表现，如高兴时手舞足蹈，愤怒时暴跳如雷。情感则以更加内敛的方式存在或流露。

情绪和情感也存在着紧密的联系。稳定的情感是在情绪的基础上形成的，通过情绪反应得以表达。而情感的深度决定着情绪的表现强度，情感的性质决定了在一定情境下情绪表现的形式。情绪发生的过程往往深含着情感的因素。总之，情绪是情感的外部表现，情感是情绪的本质内容，两者紧密联系。

（三）情绪的分类

《礼记》中将情绪分为七类，即喜、怒、哀、惧、爱、恶、欲。医学著述也将情绪归为喜、怒、忧、思、悲、恐、惊七类。1944 年，心理学家林传鼎从《说文解字》中整理出 354 个描述人的情绪表现的词语，他按照其定义将这些词语分为 18 类，包括安静、喜悦、恨怒、哀怜、悲痛、忧愁、愤急、烦闷、恐惧、惊骇、恭敬、抚爱、憎恶、贪欲、嫉妒、傲慢、惭愧、耻辱。他认为，人类丰富多样的情绪主要是由这 18 类基本情绪组合而成的。一个人在某一时刻可能体验到其中的一种情绪，也可能同时产生多种情绪。

心理学家艾克曼认为，人类有 6 种跨文化普遍存在的基本情绪，分别是愉快、悲伤、厌恶、恐惧、惊讶和愤怒。普拉奇克进一步提出了“情绪轮”的概念。他认为每一种基本情绪都可以根据强度上的变化而细分，比如，高强度的愉快是狂喜，而低强度的愉快是平静；每一对相邻的情绪都会混合产生第三种较复杂的情绪，比如，信任和恐惧混合成为屈服，也可能与较远的情绪混合，比如，恐惧和期待混合为焦虑，以此来解释人类复杂的情绪分类。

情绪按照状态划分，可以分为心境、激情和应激。

1. 心境

这是一种比较微弱而持久的情绪状态，它不是很强烈，也不指向某一特定的事件，而是长久地弥散在心中，影响着个体一段时间内的体验和态度。处在某种心境中的个体，往往以同样的情绪倾向看待所有事物，仿佛世界的一切都蒙上了同一种色彩。比如，有的大学生经历过这样一段时间：情绪不高，也没有具体发生什么不开心的事，但也没什么好开心的，提不起兴趣来。“人逢喜事精神爽”描述的也是心境状态。

影响心境的因素是多样的，如身体状况、学业、人际关系、过往经历，以及自然环境。有时，即使外部刺激因素已经消除，这种情绪状态仍然持续下来，形成一种心境。由于心境常常持续一段时间，人们往往不会清楚地意识到引起某种心境的原因，而是感到无来由，无法摆脱。积极心境能够激发人的主动性与创造性，使学习生活充满动力；消极心境抑制人的积极性，妨碍日常学习生活，长期处于消极心境会破坏身心健康。

2. 激情

这是一种强烈的、短暂的、爆发性的情绪状态，通常由生活中意义重大的事件引起。激情带有一定的盲目性和冲动性，激情状态下会出现认识范围缩小、理智水平下降、自我控制能力减弱等现象。激情常由明确而特定的事件引起，发生时有很明显的外部表现，比如，咬牙切齿、面红耳赤、目瞪口呆、手舞足蹈等。如大学生在看到喜欢的球队夺得比赛胜利时的欣喜若狂，《儒林外史》中范进得知中举后的狂喜和疯癫也是激情的表现。激情可以成为鼓舞人心的巨大动力，也会转化为冲动而引发非理智行为。

3. 应激

这是在出乎意料的紧张与危急情况下产生的情绪状态。危机的状态激发了机体最大程度的生理唤醒水平，心率、血压、肌肉紧张度发生显著变化，以迅速做出判断和反应，如突发的自然灾害或险情。日常生活中也常有应激状态，如被突然要求在众人面前讲话时、在考试中发现时间不够时，人都会进入应激状态。

应激状态有助于认知功能的充分发挥，使人做出平时不能做出的大胆判断与行为；也可能使人的感知局限、思维迟滞，导致处理事件的能力大大减弱。长时间处于应激状态对身体健康是非常不利的。生理学者谢尔耶认为，应激状态的延续能够击溃人的生物化学保护机制，降低抵抗力，耗竭身体能量，甚至危害生命。

二、情绪的产生

（一）詹姆斯－兰格情绪理论

心理学家詹姆斯和生理学家兰格先后提出了内容相同的情绪理论，被称为詹姆斯－兰格情绪理论，又称情绪的外周理论。该理论认为，情绪不是由感知到的外部事件引发的，而是由对事件的身体反应所引起的。该理论提出的情绪与身体反应的联系，是之后的情绪理论的重要组成成分。基于此理论，体验情绪的先决条件是出现相应的身体变化，比如，看到一头熊，先心跳加快，然后体验到恐惧。然而，有时人们有身体变化却没有情绪体验，如服用药物导致的生理变化；有时不同的情绪可能有相同的生理反应，如愤怒和恐惧都会感到心跳加快。因此，詹姆斯 – 兰格理论有其局限性。

（二）坎农 – 巴德理论

生理学家坎农指出了詹姆斯 – 兰格理论的缺陷，并与巴德研究发现，情绪的产生不在外周神经系统，而在中枢神经系统的丘脑。情绪体验不依赖于身体反应，而是与身体反应同时发生，并且彼此独立。例如，看到一头熊时，在大脑感到恐惧的同时心跳也加快。坎农 – 巴德的理论存在局限性，不仅仅是丘脑，下丘脑、边缘系统和网状结构等广泛区域对情绪的产生均有影响，大脑皮层在情绪产生中起决定性作用。

（三）沙赫特 – 辛格理论

沙赫特和辛格于 1962 年提出情绪的认知理论，认为情绪体验是刺激情境、生理唤醒和认知评价共同作用的结果，且认知评价是确定某种相应情绪反应的决定因素。对情绪的解释和归类来自个体对三方面信息的认知：一是对刺激情境性质的认知；二是对自己身体生理变化的认知；三是情绪状态由交感神经系统以一定形式唤醒。例如，当在野外看到一头熊时，判断处境十分危险，同时感到心跳加速，断定此场景中的个体感到恐惧。

三、情绪的功能

（一）情绪的适应功能

情绪是个体适应生存与发展的重要方式，是人类早期赖以生存的手段，并逐渐演变发展。例如，在原始丛林中，个体之间搏斗时露出尖齿的动作，在文明社会中演变成愤怒的表情行为。情绪的适应功能帮助个体更好地适应和改善生活环境。例如，恐惧能够帮助个体识别并脱离险情；内疚感可以让个体对自身的行为进行约束和纠正，以更好地符合社会化需要。

（二）情绪的动机功能

情绪是个体对客观事物与自身需要之间关系的态度体验，而需要是行为产生的动机和来源，因此情绪具有激发某些行为活动的动机功能。积极情绪会成为个体行为的动力，而消极情绪会成为个体行为的阻力，指引个体趋近或回避一些事物。如对厌恶的人或事绕道而行，对喜欢的人或事就凑上前去。

（三）情绪的组织功能

情绪作为监控系统，对其他心理活动具有组织作用。情绪的性质和强度能影响个体的认知和行为，积极情绪起协调、促进的作用，消极情绪起破坏、瓦解的作用。例如，当个体情绪积极时，会关注到生活美好的一面，积极向上；当情绪消极时，对生活的关注则侧重于糟糕的一面。研究表明，中等强度的积极情绪，可以为认知活动提供最佳的心理状态，促进个体的工作记忆、推理操作和问题解决过程。

（四）情绪的信号功能

情绪是个人与他人沟通交流的重要方式，通过表情来传递信息、交流思想并实现信号功能。例如，大学生见面时微笑传递出友善的信息，引出进一步的交谈；大学生因考试失利而哭泣，传递出悲伤的信息，朋友会来陪伴安慰。

心理百科

/ 情绪的外显行为——表情 /

表情是一种十分重要的非言语沟通手段。人类面部有 40 多块肌肉，能产生出 7 000 余种不同的表情，拥有最复杂的表情系统。面部表情除额眉、眼鼻和口唇部的肌肉变化外还有自主神经活动。愉快的表情是嘴角上扬并且眼睛会变小，同时眼角上扬；愤怒的面部表情是眼睛瞪大，瞳孔变小，眉毛下压；惊讶的表情是眼睛睁大，瞳孔放大，上眼皮和眉毛都会向上扬，并且嘴巴张大，持续时间不到一秒；恐惧时面部表情肌肉紧绷，眉毛和眼皮也会上扬，瞳孔会先变大后慢慢变小。一般来说，面部各器官是一个有机整体，协调一致地表达出同一种情感。当人感到尴尬、有难言之隐或想有所掩饰时，其五官将表现出复杂而不和谐的表情。

一些基本情绪的表情具有跨文化的普遍性。心理学家艾克曼让西方人和新几内亚原始部落居民辨认各种面部表情的图片，并且要用面部表情来传达自己所认定的情绪状态，结果发现一些基本情绪，如快乐、悲伤、愤怒、厌恶、惊讶和恐惧的表达在两种文化中基本相同。

心灵港湾

/ 心流体验 /

心流这一概念由积极心理学家米哈里教授提出，也被称作“福流”，是指人们在处理某一事务时全神贯注并忘记自我的状态。在这一状态中，个体忽略了对外部事物的感知，甚至察觉不到时间的流逝，但完成任务后会感受到充盈的能量和极致的满足。

心流体验对于提高工作效率、培养创新能力和自我成长都有着积极的作用。它由如下要素构成：目标明确，人们能够专注投入其中；能够及时得到反馈，了解自己的表现，及时调整策略；保持注意力集中，沉浸其中避免分心；自我意识消退，忘记了自我的存在；时间感知发生改变，几小时像几分钟一样快速流逝；主观感受到愉悦，个体在完成任务的过程中感受到成就和满足。

生活中，你是否有如下时刻？在地铁上看书，读到精彩桥段，不知不觉坐过了站；在桌前专心完成论文，室友喊你吃饭都听不见；乐团成员们进行音乐表演，大家沉浸在音乐中，演出结束有一种如梦初醒的感觉。这些都是心流体验。

第二节 大学生情绪特点与情绪困扰

一、大学生情绪特点

（一）情绪的丰富性

大学生的社交范围逐渐扩大，社会化水平逐步提高，许多人生课题如学习、社交、恋爱、择业等基本上都要在这一阶段完成，大学生对自己的身份角色有了更深入的思考，这些都会带来全新的感受。从自我意识和人格发展来看，大学生的自尊需要强烈，相应地产生了如自满、自信、自负、自惭、自卑、自怯等丰富的情绪体验。大学生的社交更复杂，有的大学生还开始体验亲密关系，而亲密关系会带来更加深刻的情绪情感体验。随着世界观、人生观、价值观逐步形成，大学生也逐步确立道德感、正义感、集体荣誉感等高级情感，如家国情怀、痛斥社会不公正现象的正义感等。

（二）情绪的波动性

大学生的情绪在两极间变化频繁，时而高涨，时而低落。室友关系的变化、学习成绩的好坏、是否评上班委、恋爱关系的发展等都可能引起情绪变化。有时，情绪变化是无来由的，或未被意识到。情绪表现的波动性大是青年人固有的特征，是情绪发展的必然阶段。大学生的情绪波动与其在生理、社会和心理上发展的不平衡有关。另外，大学生辩证思维的发展水平有待提升，对一些事物容易产生偏激认识，存在“非黑即白”的极端思维，从而引起情绪上的两极反应。另一方面，情绪波动性大也反映了大学生在探索自我、他人及世界过程中积极开放的态度。

（三）情绪的敏感性

大学生普遍对自己期望、要求较高，自我意识较为强烈，自尊需要普遍较强，希望能引人瞩目，以证明自己的价值。凡是涉及“我”的或与“我”相关联的事物，如“我是什么样的人”“别人是否喜欢我”“我是否重要”“怎样才能体现我的价值”，大学生都非常敏感，并产生强烈的情绪反应。如导师的一句批评、室友的一句抱怨，都可能引发大学生的强烈情绪体验，使其陷入困境。对情绪具有敏锐的觉察能力是情绪健康的体现，但过分敏感却是自尊、自信不足的表现，多半是夸大了对自己不利评价的意义。

（四）情绪的冲动性

大学生的情绪具有强烈性、爆发性和冲动性，心理学家霍尔称青春期为疾风骤雨期。同样的刺激情境对成年人来说可能不会引起明显的情绪反应，但却能引起大学生较强烈的情绪体验。大学生对外部刺激反应敏锐而直接，为赢得球赛而欢呼雀跃，为不公事件暴跳如雷，这种情绪的即时表达常带有较强的冲动色彩，还没有来得及思考就已经采取了行动。大学生的情绪波动起伏有生理原因，其神经活动的兴奋过程往往优于抑制过程，且容易引起兴奋的泛化和扩散，导致情绪的冲动性较强。

二、情绪对大学生的影响作用

（一）情绪影响身体健康

在经受消极情绪困扰的时候，身体也常常出现状况，身与心相互影响。我国古代中医强调“喜伤心，怒伤肝，忧伤肺，思伤脾，恐伤肾”，体现了不同情绪对各脏器的影响。比如，一些大学生在期末复习备考期间会因免疫力下降而过敏，还有大学生在参加演讲比赛前紧张到胃痛。现代医学研究表明，情绪会对人们的身体健康产生重要影响，积极良好的情绪状态可以缓解症状、促进康复。

（二）情绪影响学习效果

心理学家研究发现，适度的焦虑紧张情绪会取得更好的学习效果，且最佳的情绪唤醒水平与学习任务的难度有关：学习任务比较简单时，最佳情绪唤醒水平较低；学习任务较难时，需要偏高的情绪唤醒水平才能够达到最佳学习效果。

情绪不仅能够影响日常学习的效果，也能影响备考状态进而影响考试成绩。有的大学生考试前几天夜不能寐，有的大学生在考场上紧张得汗流浃背。过度的焦虑会影响考试发挥，而适度的紧张则能够保持思维活跃和注意力集中，从而取得好成绩。

（三）情绪影响人际交往

大学是从校园到社会的过渡阶段，大学生需要处理比从前更加复杂多元的人际关系，情绪在其中起到重要的影响作用。情绪影响人际过程的表达和沟通方式，积极稳定的情绪状态会促进交流，而消极情绪会妨碍沟通。情绪还会影响亲密度和信任，积极情绪促进合作行为，拉近人际距离，而消极情绪容易引发矛盾冲突，破坏信任。一个微笑、一次握手、一个诚挚的眼神、一句温暖的话语，都会起到增进友谊的效果。相反地，冷漠、暴躁、愤怒和埋怨等消极情绪会严重阻碍人际交往，破坏友谊。

三、大学生常见的情绪困扰

（一）抑郁

1. 大学生抑郁的表现

抑郁情绪是大学生常见的情绪困扰，主观感受为忧愁和伤感，主要表现为情绪低落、思维迟缓、兴趣减退、缺乏活力、反应迟钝、自我价值感低，常常伴有羞愧、自卑等体验。处于抑郁情绪的大学生常有“无能、无望、无助”感，感到前途一片灰暗，没有人能够真的帮助自己，甚至有绝望厌世、生不如死的感觉。每个人生活中都曾有过抑郁体验，对大多数人来说，抑郁只是偶尔出现，过一段时间就会缓解。一些性格内向、敏感多疑、不爱交际的大学生更容易受抑郁困扰。也有部分大学生长期处于抑郁状态，患上抑郁症，需要药物治疗调节。

2. 大学生抑郁的原因

大学生产生抑郁情绪有多种原因，如学业压力、人际关系、职业规划、家庭因素、经济压力、自我认识、身体健康等。一些大一学生尚不适应大学课程难度和学习模式，会加重心理负担；室友关系、社团中的同伴关系、导学关系等人际关系的处理对很多大学生而言也是挑战，冲突和矛盾会带来抑郁情绪；与父母的关系、家庭变故等会影响大学生的情绪状态；缺少生活费和学费等现实经济压力会引发抑郁；过高的自我期望和对自己的不正确认识也会导致大学生在面对挫折时产生抑郁情绪。

（二）焦虑

1. 大学生焦虑的表现

焦虑是个体对于潜在的威胁或危险产生的一种高度不安的复杂情绪，同时伴有忧虑、烦恼、害怕、紧张等情绪体验。当有重要的、需要付出巨大努力的事情来临时，如考试、升学、比赛等，大学生会表现出焦虑情绪，常出现如下生理和心理反应：心跳加速，手心出汗，坐立不安，持续性精神紧张，注意力不集中，思维能力受限等。焦虑情绪在生活中具有普遍性和适应性，可以帮助大学生及时发现和应对潜在的威胁，完成工作学习任务。然而，长期过度的焦虑情绪会对个体的心理健康和生活质量产生不良影响。

2. 大学生焦虑的原因

心理学家斯皮尔伯格将焦虑分为状态焦虑和特质焦虑两类。特质焦虑可能源于遗传、性格、生活经历等多种因素，是一种相对稳定的倾向，面对同样的事件，一些大学生更容易产生焦虑情绪。而状态焦虑是在特定情境下产生的，当压力源消失后，焦虑也会有所缓解。适应困难是大学新生常见的焦虑原因，生活习惯与学习习惯的改变、考试压力与就业压力的增加、对人际关系和身体情况的担忧等，都会引发大学生的焦虑情绪。

（三）愤怒

1. 大学生愤怒的表现

愤怒是当个体遭受攻击、威胁、羞辱等强烈刺激而感到自己的愿望受到压抑、行动受到挫折、尊严受到伤害时表现出的极端情绪体验。由于大学生情绪的冲动性，愤怒常剧烈发作，感受到高度的压力、紧张和焦虑，心跳加速、呼吸变快、血压升高，身体里充满着滚动的能量，容易出现攻击、冲动等不可控制的言论和行为。愤怒情绪会发生转化。当大学生面对不敢、不该表达愤怒的对象，如老师、父母时，会将愤怒转化为对自身的攻击，或转而责备他人。即便有时愤怒会带来破坏性的结果，愤怒情绪依旧有其重要价值，愤怒表达了内心的需求，激发出克服障碍和解决问题的能力，无视和压抑愤怒会影响身体健康。

2. 大学生愤怒的原因

愤怒常来源于个体认为他人以某种方式侵犯了自己，或自己珍视的东西受到威胁、破坏或阻碍，如所有物、自我观念、自尊心、生活方式等。充满威胁的情境，如挫折、伤害、被利用、被忽视、嫉妒与吃醋、缺乏社会认同感时也会激发大学生的愤怒情绪。

（四）孤独

1. 大学生孤独的表现

孤独是大学生常见的情绪困扰，是一种主观上的社交孤立状态，伴有个人知觉到自己与他人隔离或缺乏接触而产生的不被接纳的痛苦体验。一般来说，感受到孤独的大学生表现出社交退缩、较封闭自我、依赖网络、情绪低落。一些大学生在日常生活中几乎没有朋友，常待在宿舍中，不参与班级或社团活动，经常形单影只地行动，独自去上课或去图书馆。

2. 大学生孤独的原因

孤独可能源自自我认识的不充分。一些孤独的大学生有着较强的自责观念和悲观的归因方式，把人际交往中的失败归结于自己的无能，且是无法通过努力和练习来克服的，因此他们更容易放弃社交，对自己产生消极的自我评价，感到自卑和孤独。还有一些大学生沉浸在对过去的回忆和留恋中，对当下的生活不抱希望。一些感到孤独的大学生常回忆高中时的同伴和班级氛围，而无法适应和融入大学生活。研究显示，网络使用时间与孤独感呈显著正相关，沉迷互联网的大学生同现实生活中的同伴、家人交流减少，孤独感日益增长。

体验活动

/ 心理调节的第一步：识别情绪 /

情绪时刻存在于个体中。当感到不舒服时，不妨停下来问问自己：我怎么了？我现在有怎样的感受？不常表达情绪的人往往也不擅长识别情绪，因而不能很好地调节情绪。识别情绪，是心理调节的第一步。

首先，回想一下刚刚发生了什么事让自己产生了不舒服的感受。可能是某件具体的事，也可能是某人说的一句话，或是一个微妙的表情，或是一闪而过的某个回忆，导致不舒服的情绪产生。

其次，为自己当下的情绪命名。自己现在的感受具体是怎样的？是悲伤、焦虑，还是愤怒、恐惧呢？命名情绪为调节情绪提供了抓手，不常关注自己情绪的大学生可能一时间无法用言语为情绪命名，可以反复练习，多加尝试。

接着想一想：我的什么需要没有被满足？情绪反映了自身需要和外物的关系，思考是什么需要未被实现而引发了当前的情绪，这有助于进一步认识情绪。

最后想一想：接下来做点什么让自己可以更好些？经常停下来对情绪做这样的识别和练习，会越来越快速、自然而准确地识别自己的情绪，发现自己的需要，尊重、理解自己，做出合适的行为和选择。

心医之窗

大学生在日常学习生活中，普遍存在压力和诸多影响情绪的复杂因素，压力会产生焦虑，焦虑会导致情绪波动。情绪管理作为一种新颖有效的管理模式和理念，在新时代高校大学生思想政治教育中的作用日益凸显。在日常情绪管理和积极心理学的帮助下，亦可采取中药代茶饮的方法辅助调节情绪，缓解压力。在中医学理论体系下，压力、焦虑、情绪抑郁不舒均属于“肝气郁滞”范畴。在传统疏肝解郁的中药里，理气而不伤阴，适合煎汤或开水冲泡的有：① 佛手。在《本草纲目》中记载：“煮酒饮，治痰气咳嗽。煎汤，治心下气痛。” ② 玫瑰花。在《食物本草》中记载：“主利肺脾，益肝胆，辟邪恶之气，食之芳香甘美，令人神爽。” ③ 合欢皮。在《神农本草经》中记载：“主安五脏，和心志，令人欢乐无忧。” 日常用上述三味中药饮片各 3 克开水冲泡随饮，可有效安稳情绪，缓解由压力导致的焦虑抑郁等情况。除中药疗法外，针灸疗法也可以达到调节情绪、理气疏肝的效果。

例：阴包穴（见图 8-1）。

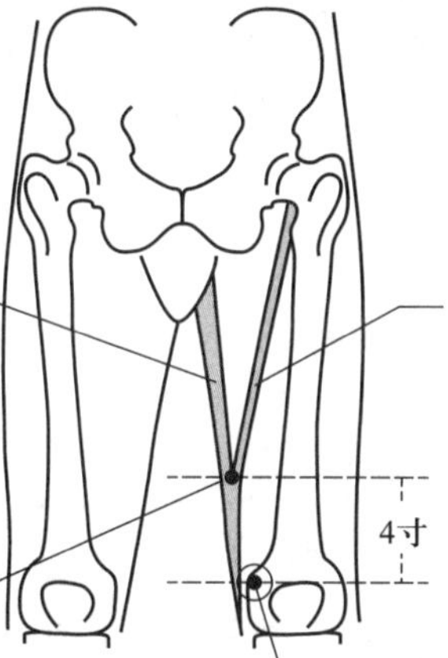

图 8-1　阴包穴

定位：阴包穴位于股前区，股骨内上髁上 4 寸，股薄肌与缝匠肌之间。

功效：阴包穴出自《针灸甲乙经》，是人体足厥阴肝经上的重要穴位，具有疏肝理气的功效，还可清利下焦，活血调经。它是消气护肝的特效穴，又称“消气穴”。

阴包穴为肝经脉气所发之处，因此肝除促进消化吸收、维持气血运行、调节水液代谢正常、调节生殖功能、调理冲任的生理功能外，对调节情志也有着重要影响。

“肝主疏泄”：肝具有维持全身气机疏通畅达，通而不滞、散而不郁的作用。肝的疏泄功能正常，则气机调畅，气血和调，经络通利，脏腑组织活动稳定有序。疏泄功能的中心环节——调畅精神情志：有助于精神愉快，情志舒畅，气和志达。

“肝主谋虑”：若疏泄不及，则肝气郁结（肝郁），常表现为精神抑郁，多愁善感，善太息等症；若疏泄太过，则肝气上逆，常表现为头目胀痛、面红目赤、急躁易怒等。

第三节
大学生情绪调节

一、大学生情绪健康

大学生情绪健康是大学生心理健康的重要组成部分。一方面，大学生出现的情绪困扰会直接影响其身心健康；另一方面，大学生常见心理异常大多存在情绪反应上的问题。情绪健康是动态过程，包括个体在情绪表达、情绪体验、情绪调节和情绪适应等方面的调控与协调平衡能力。健康的情绪状态不是一成不变的，情绪健康的大学生也不是没有情绪问题的人，而是学会了情绪调适，不过度陷入情绪困扰，可以在适当时间内解决大多数问题，并按照自身意愿生活。不健康的情绪状态常常反映出大学生在人际交往、学习生活和内心成长方面的冲突。

（一）大学生情绪健康的内涵

心理学者针对情绪健康的内涵提出了不同的意见。有心理学者研究认为，情绪健康包含六项指标：发展出某些技巧以应对挫折情境；能重新解释与接纳自己与情绪的关系，不会一直自我防卫，能避免挫折并安排替代的目标；知觉某些情境会引起挫折，可以避开并找寻替代目标，以获得情绪满足；能找出方法，缓解生活中的不愉快；能认清各种防御机制的功能，包括幻想退化、反抗、投射、合理化、补偿，避免防御成为错误的习惯，以致防御过度，造成情绪困扰；能寻求专家的帮助。

也有心理学者认为情绪健康应具备七个特征：独立，不依赖父母；增强责任感及工作能力，减少对外界接纳的渴望；去除自卑情结、个人主义及竞争心理；适度的社会化与教化，能与人合作，并符合个人良心；成熟的性态度，能组建幸福家庭；培养适应力与抗挫折力，避免敌意与攻击；对现实有正确的认识。

还有心理学者提出情绪健康的四项标准：能够保持健康，能控制因身体疲劳、睡眠不足、头痛、消化不良等疾病引起的情绪不稳定；能够控制环境，能够事先预料后果再采取行动；情绪紧张能够消解到无害的方面，不压抑情绪，而是将情绪转变、升华到社会性高度；能够洞察、理解社会。

对大学生而言，情绪健康可具体表现为：情绪基调是积极稳定的，情绪体验是全面深刻的，对不良情绪具有自我调控能力，对事情的情绪反应适度；高级的社会情感如理智感、道德感、美感等能得到良好的发展。总之，情绪健康的大学生能够积极体验成长过程中所有愉快和痛苦的感受，有能力适当地调节和控制自己的情绪，有能力自然充分、适时适度地表达自己的情绪，有能力把它们转换成更深刻的自我体验与成长，能够发展出对自我和他人稳定的、积极的情感体验，悦纳自我，关爱他人，培养积极的社会情感。

（二）大学生情绪健康的特点

大学生有丰富多样的情绪体验，每一种情绪都代表了自身需求和对外物的态度，有存在的意义和价值。没有绝对的“好情绪”与“坏情绪”之分，偶尔悲伤的情绪有助于抒发内心积压的烦恼，而极度的快乐也会破坏身心健康，如范进中举后的狂喜。从对身心发展的有益角度出发，心理学者根据情绪的表现方式来判断个体的情绪是否健康，而不去判断某一种情绪本身是否健康。

普遍而言，大学生情绪健康应当符合以下几个特点：

1. 一致性

一致性是指情绪反应与刺激保持一致协调，包括情绪的性质与强度是否与刺激相匹配。如亲人离世应是一件令人悲伤的事，而某位学生却哈哈大笑；一支笔被碰掉在地上可能是一件小事，但某位学生却暴跳如雷。排除一些特殊的背景原因，这些都是情绪不健康的表现。

2. 稳定性

健康情绪具备一定的稳定性。如果情绪反应波动太大，变幻莫测，如无明显缘由的大喜大悲、忽喜忽悲，则是情绪不健康的表现。

3. 时间性

健康情绪在产生时比较强烈，但随着时间的推移会逐渐弱化。若反复出现某种情绪或发生情绪固着，则是不健康的。

4. 调控性

能够把消极情绪转化为积极情绪，调控情绪对学习、生活的影响，保持良好心态，也是健康情绪的重要体现。

二、大学生情绪调节方法

（一）大学生抑郁情绪调节

当大学生察觉到自己或朋友表现出抑郁情绪，可尝试如下方法进行调节：

1. 尝试寻找引发抑郁的原因和压力因素

大学生生活中可能遇到一些突发事件或难以应对的变化，如亲人去世、失恋、考试落榜、干部竞选失败等，这些都可能引起不同程度的抑郁情绪。找到这些压力因素，有利于大学生理解自己产生抑郁的原因，更容易有针对性地解决问题。

2. 合理表达抑郁情绪

一些抑郁的人常极力压抑自己的不满和愤怒，将对外的攻击转化为对自己的攻击，将愤怒转化为抑郁。抑郁情绪同其他情绪一样是可以存在且可以表达的。选择适合自己的方式，可以大哭一场发泄心中的坏情绪，也可以写日记宣泄情绪。

3. 寻找自身的资源和力量

改善身体和行为状态，因为抑郁时容易身体懒散，要求自己出门走走，做体育锻炼，能收获积极体验。

4. 寻求周围人的支持

向朋友和家人倾诉，寻求资源帮助自己解决问题，争取他们的理解和支持，当感觉到自己和家人、同伴都无法帮助自己走出抑郁情绪时，应当寻求专业心理师的帮助。

5. 积极参与公益活动

俗话说“赠人玫瑰，手有余香”，有抑郁情绪的大学生可以参加学校组织的志愿者活动或公益活动，在帮助他人的过程中诠释自身价值感，在接受感谢和赞美时收获被认可的感觉，体验“我能！我行！”的愉快情绪。

（二）大学生焦虑情绪调节

大多时候的焦虑情绪是正常的，会随时间流逝而逐渐消退。适度的焦虑具有积极的作用，能帮助大学生在学业和学生活动中表现出色，维持良好的人际关系；过度的焦虑会引发身心反应，需要通过心理调节改善，当焦虑持续而无法自控消除时，需要及时寻求心理咨询师的帮助。以下是焦虑情绪调节的方法：

1. 进行放松训练

放松训练是常用的缓解焦虑情绪的自助方法，如深呼吸放松、肌肉渐进式放松、全身扫描放松、想象放松等。深呼吸放松的具体做法是以舒服的姿势坐或卧好，从鼻腔缓而慢地吸气，感受空气从鼻腔到胸腔再到腹部，在感觉舒服的前提下，尽量吸得越深越好。再用嘴巴缓慢地将体内空气呼出，呼吸的过程身体要尽量放松，节奏要均匀，重复 5~10 次。肌肉渐进式放松每次集中在对某一特定肌肉群的紧张和放松的感知觉上，逐渐地从一组肌肉群转移到另一组，重复先紧张再放松的步骤，做遍全身。

2. 调整期待

焦虑常来自期望无法实现，较高的期待会带来沉重的思想负担，反而影响任务的完成效果。例如，把对成绩的期待降到适当的水平，可以减轻考试焦虑；对比赛的名次降低要求，以平和心参赛，会发挥得更加自如。

3. 积极自我暗示

研究表明，积极的自我暗示能够增强自信，体验愉悦心情。给自己一个肯定的微笑，常常鼓励自己“我可以做到”，和朋友建立“夸夸群”互相表扬，让鼓励自己的表情、语言、动作反复出现，缓解焦虑，养成乐观心态。

（三）大学生愤怒情绪调节

生活中总会遇到一些不如意的事情，愤怒情绪会自然而然地产生。如果愤怒情绪长期积压或破坏性地宣泄，对自己和他人都有负面影响。以下是愤怒情绪调节的方式：

1. 合理宣泄

一些大学生习惯在感到愤怒时首先选择压抑，使它不形之于色，直到积攒到一定时候爆发，这样突发性的愤怒不仅破坏身体健康，还破坏了人际关系。怒气既已产生，就需要宣泄的出口。可以在空旷无人的地方喊几声，也可以和朋友、家人倾诉，避免以暴力或伤害自己、他人的方式发泄。

2. 培养豁达开阔的胸襟

经常容易愤怒的大学生常因小事而斤斤计较、耿耿于怀，有时愤怒非但不能解决问题，还会激化矛盾。有时，做到“难得糊涂”能够将复杂问题简单化，免去一些愤怒和烦恼。培养能原谅别人缺点和过失的气量，待人接物不苛求，有利于建立良好的人际关系。

3. 分散注意力

感到愤怒时，尝试将注意力从引起愤怒的事情上转移开。可以做一些自己喜欢的事情，如看电影、听音乐、散步等。运动也可以帮助释放愤怒情绪，进行一些有氧运动，如跑步、游泳、瑜伽等。

（四）大学生孤独情绪调节

存在主义心理学家认为孤独是人生必然的课题。大学生在学习、生活中也常体会到孤独，可以通过以下方式缓解：

1. 建立自己的社交圈

大学生可以参加社团活动、加入学生组织、参加志愿者活动、结交志同道合的朋友，让自己的生活更加充实。在与他人交往的过程中，还可以锻炼自己的沟通能力和团队协作能力，互相支持和鼓励，减轻孤独感。

2. 培养兴趣爱好

培养兴趣爱好可以充实大学生独处的时光，使其在课余时间找到乐趣。可以参加课外兴趣小组，学习新技能，如绘画、摄影、舞蹈等，在培养兴趣的同时培养自信心和对生活的兴趣。

3. 调整心态

大学生可以调整心态，正确看待孤独。学会接受和适应孤独，认识到孤独是人生的一部分，孤独并不意味着自己不够优秀，而是一种正常的生活状态。可以尝试通过冥想、阅读等方式享受孤独，从而获得内心的平和与成长。

4. 要积极寻求帮助

当孤独感难以承受时，可以寻求专业心理咨询师的帮助，以便更好地调整自己，建立健康的人际关系和心态。

三、大学生积极情绪培养

（一）提升幸福体验

心理学家塞利格曼以积极心理学的全新视角给出了幸福的答案，帮助人们超越内心的抑郁、焦虑、愤怒、嫉妒、恐惧等消极心态，以更积极的、建设性的情绪来面对生活的挑战。塞利格曼提出了 PERMA 模型，认为幸福是由五个方面相互作用而成的，它们共同构成了一个完整的幸福体验。不断促进培养这五个方面，可以提升幸福感，实现人生的追求。

PERMA 模型的名称来自幸福五要素的首字母。P（positive）指积极情绪，拥有积极情绪和愉悦的心理活动，如喜悦、满足、感激等；E（engagement）指投入，充分地投入生活中的人和事，全神贯注、忘我地投入其中，建立紧密的联系；R（relationship）指人际关系，拥有积极的社会关系、完善的社会支持，保持人际亲密的互动，如友谊、亲情、爱情等；M（meaning）指意义，寻找生活的意义，如追求理想、信仰等，建构属于自己的人生意义；A（accomplishment）指成就，在自己的生活工作中获得的成就感和满足感。幸福是一个综合性的体验，需要从多方面去追求和实现。在这五个方面充分发挥、蓬勃发展、充分地体验和展示，可以获得全面的幸福。

（二）重建积极认知

很多时候消极情绪来自对自己和外界消极的认知，建立积极认知，以积极阳光的心态看待自己和他人，情绪也会变得积极。心理学家艾利斯提出情绪 ABC 理论，认为人的消极情绪和行为结果不是由某一事件直接引发的，而是由发生事件个体对它不合理的认知和评价所产生的某种信念直接引起的。不合理信念有三个特征：一是绝对化要求，个体以自己的意愿为出发点，认为某一事物必定会发生或不会发生，如“我努力一定会成功”“我对他好，他应该也对我好”等；二是过分概括化，是以偏概全的不合理思维方式，如一遇到挫折便概括为自己“没用”“前途渺茫”，或他人稍有一点不对就完全否定他人，一味责备他人；三是糟糕至极，认为某一事情发生了，必定会非常可怕、非常糟糕、非常不幸。怀有这些不合理信念的人极易陷入情绪困扰中。大学生在重建积极认知时，应首先分析自己有哪些消极情绪，从中分析、综合、抽象、概括出相应的不合理信念，鼓励自己向理性观念转化，对比两种观念下个人的内心感受，从而有助于排除不良情绪。

（三）悦纳每种情绪

心理学家提出情绪具有“钟摆效应”，是指情绪的波动就好像钟摆的摆动，摆向一侧代表正性情绪，摆向另一侧代表负性情绪。摆幅越高，代表情绪反应的程度越大。钟表的摆幅始终是对称的，也就是说，能够体验到多强烈的正性情绪，也同样会体验到多强烈的负性情绪。人不可能只感到快乐，而不感到难过。长期压抑或拒绝体验负性情绪，往往也失去了对正性情绪的感知力。每一种情绪体验都是自我的一部分，悦纳自我是一种积极的生活态度，也是心理成长的重要环节。它意味着正确认识和接纳自己的优点和不足，接纳自己的快乐与不快乐。悦纳自我能够帮助大学生克服焦虑和自卑，增强自信和幸福感。学会欣赏和尊重自己，相信自己的价值，享受生活中的每一种体验。

心灵成长

请记录未来一周的情绪状态，包括发生了什么事，有什么样的情绪。将每一次情绪水平按 0~10 打分，0 分代表平静，10 分代表非常强烈。在不同情绪中，你的身体状态、学习、生活有何不同？

拍出好心情

在校园里观察同学们，用手机（相机）各拍一张他们焦虑、抑郁、平静、快乐时的照片，并给他们看拍摄的照片，请他们分享一下看到照片上不同情绪时的自己会有什么感受。

思考题

1. 大学生有哪些常见的情绪困扰？
2. 如何在日常生活中自主调节情绪？
3. 请简述情绪 ABC 理论中不合理信念的三个特点。

课后作业

1. 在生活中，尝试识别自己的情绪，并为情绪命名。
2. 请简述大学生如何调节抑郁情绪。
3. 请简述大学生如何培养积极情绪。

作品推荐

图书：《象与骑象人》乔纳森·海特著，李静瑶译，浙江人民出版社。

电影：《头脑特工队》，彼特·道格特 / 罗纳尔多·卡门执导。

第九章

大学生人际交往与和谐沟通

动画导入：
非暴力沟通法

学习目标：

了解人际交往的意义、特点及类型，理解影响大学生人际交往的因素，掌握在人际沟通中基本的交往原则和技巧，了解人际关系障碍的类型及调适方法，增强人际交往能力，实现和谐沟通。

心路心语

毋意，毋必，毋固，毋我。

——《论语·子罕》

人的本质不是单个人所固有的抽象物，在其现实性上，它是一切社会关系的总和。

——马克思

引 言

进入大学之后，大学生们面临着新的环境、新的群体，需要重新建立各种人际关系。开展人际交往、建立良好的人际关系，不仅是大学生顺利度过大学生活的重要保证，而且是衡量大学生心理健康水平、社会适应能力的重要指标，更是其今后事业发展与人生幸福的基石。本章主要介绍人际交往的一般知识，介绍大学生人际交往的特点、原则与技巧，分析引起大学生人际交往困扰的心理因素，探讨大学生人际交往常见的困扰与调适应对措施。

案例导入

小 I 上了大学之后，觉得自己在人际交往方面遇到了困难。看到班级同学们三五成群、交谈甚欢，自己也想融入，却不知该怎么办。有一次自己好不容易鼓足勇气接了一句话，可能是自己没有表达明白，同学们没听懂，导致现场的氛围变得很尴尬，惹得同学们笑话。从此之后，小 I 就不再主动加入同学们之间的聊天了，甚至走路碰到同学都紧张，只是静静地在同学身后看着他们，并安慰自己一个人也能过得挺好。但小 I 又怕别人不喜欢自己，时常为自己没有主动参与交流而感到后悔懊恼。

同时，小 I 也发现，上了大学之后，同学们对于人际交往的表现好像也发生了一些变化：有些人人缘特别好，有些人却不太讨人喜欢，有些人在熟人面前侃侃而谈，在陌生人面前却缄口不言。原来交往特别要好的朋友，上大学以后却渐渐疏远了……

如果你是小 I，上了大学之后应该怎么处理人际交往呢？

请思考：你愿意和日常有什么样表现的人交流？良好的人际交往是怎么建立起来的？人际交往对一个人的发展有哪些意义？

第一节 人际交往概述

一、人际交往的概念

人是一切社会关系的总和，人的本质是社会性的。每一个人要发展、要实现自己的价值，就要通过和别人进行人际交往来实现，可以说每一个人每时每刻都处在各种各样的复杂社会关系中。在家里，有父母、兄弟姐妹、亲戚朋友；在学校，有同学、老师；在工作中，有同事、上下级等。大学生想要保持健康的心理、获取生活和事业的成功，离不开交往和人际关系的维系。但有关调查显示，大学期间人际关系问题已经成为大学生在校期间遇到的最主要的问题之一。良好的人际关系是保证大学生心理健康的重要因素。对于大学生而言，人际交往是他们生活中的一个重要方面，人际关系是大学生人生发展课堂上的一门必修课。

人际交往是指人与人之间沟通信息的过程，即人们运用语言和非语言符号交换意见、传达思想、表达感情和需要的交流过程，它是人类活动的一种最基本的形式，也是人类所特有的一种心理现象。良好的人际交往使人们感到安全、归属和自我满足，这有利于心理健康；人际交往不良会使人处于抑郁和紧张状态，精神相对孤独，使身体处在亚健康或不健康的状态。心理学研究认为，人的一切交往活动都由一定的交往动机引起，并指向一定的目标。交往动机是个人交往行为的内部动力，是引发交往活动的直接原因。而动机又是由需要引起的，需要是动机产生的基础，动机是需要的表现。因此，人际交往的变化和发展由双方社会需要满足的程度来决定。

人际关系是人与人之间在活动过程中直接的心理上的关系或心理上的距离。它反映了个人或群体寻求满足其社会需要的心理状态。因此，人际关系的变化和发展决定于双方社会需要满足的程度。从心理成分构成来探讨人际关系，它是由认知、情感和行为三种心理成分组成的。

其一，认知成分反映了大学生对人际关系状况的认识，是人际知觉的结果，是人际关系形成、发展和改变的基础。在人际关系中，认知起到了唤起、控制和改变情感的作用，对人际关系起着调节作用。认知成分以认识上的一致为相互选择的标准。

其二，情感成分是交往双方在情感上的满意程度和亲疏关系，是与人的交往需要相联系的一种体验，反映出对交往现状的满意程度。大学生人际关系极富情感色彩，双方交往讲究情投意合。情感成分以情感上的倾慕为相互选择的标准。

其三，行为成分是大学生交往双方外显的行为表现，如语言、手势、举止、风度、表情等表现个性和传达信息的行为要素，它是建立和发展人际关系的交往手段与形式。行为成分以行为上的共同活动为相互选择的标准。

任何人际关系的发生、发展和改变，都是这三种心理成分相互作用的结果。总体而言，人际关系以需要为基础、以情感为纽带、以交往为手段、以自我暴露为标志逐渐加深。在不同的社会群体里，这三种成分所起的作用有所不同。在正式群体中，如班集体，行为成分起主导作用，调节着人际关系；在非正式的群体中，如某些私人聚会，则情感成分起主导作用，制约人际关系的亲疏及稳定持久的程度。

二、人际交往的功能和作用

（一）有利于促进个体社会化

人际交往是一个人实现个体社会化的重要起点，也是一个人实现个体社会化的必然过程。而所谓的个体社会化，是指个体在社会环境影响下，认识和掌握社会事物、社会标准的过程。通过这个过程，个体得以独立地参加社会生活。一个人社会化程度的高低是衡量其成熟程度的尺度之一。其中社会关系的相互作用对由单纯的自然人转变为社会人的过程起到了至关重要的作用。人际交往是个体学习社会文化、掌握社会生存技能的必经途径。在科学技术突飞猛进的当今，人们的思想观念不断更新，对社会化的认识突破了时间的限制，成为贯穿一生的长期过程。随着人的成长，交往范围不断扩大，交往内容逐步深化，交往形式日趋多样，人际交往在个体社会化上将发挥越来越重要的作用。积极的人际交往有助于大学生获得更丰富的信息，保持与社会的联系，从而使其明确并承担应有的社会责任，促进自身不断成熟。一个人如果长期自我封闭，拒绝社会交往，最终将被时代淘汰。

（二）有利于进行信息交流

作家萧伯纳曾说：“假如你有一个苹果，我有一个苹果，彼此交换每人只有一个苹果；如果你有一种思想，我有一种思想，彼此交换，每个人就有两种思想，甚至多于两种思想。”在与他人的广泛交往中，我们随时可获取对自己的工作、学习和生活有意义、有价值的知识和经验；以别人的长处弥补自己的短处，借鉴别人的优势改变自己的劣势；学习他人成功的经验，吸取他人失败的教训，以此扩充自己的知识积累。“独学而无友，则孤陋而寡闻”，一个不善于交往的人，其知识必然是贫乏的，容易成为井底之蛙。

（三）有利于正确认识自我

唐太宗曾说："以铜为镜，可以正衣冠；以古为镜，可以知兴替；以人为镜，可以明得失。"以他人为参照，以他人为镜，从与他人的比较中，了解自我，深化自我认知，确定自我形象。大学生正处于趋近成熟但又未真正成熟的年龄，有时会存在对自己估计过高或估计过低的现象。在与他人的互动交往过程中以他人为镜，通过他人对自己的态度和评价及在与他人的关系中，了解自己在他人心目中的形象和地位。通过他人对自己的反应和评价，发现自己的优点和缺点，可以更清楚、更深入地了解自己。

（四）有利于促进身心健康

人际交往对个人的身心健康有着极为重要的作用。交往是人类最基本的社会需要之一，同时也是人们同外界保持联系的重要途径。人际交往能够保证人的安全感，增强人与人之间的亲密感。很多时候，心理上的疾病会导致躯体发生微妙的变化。协调而亲密的人际关系有利于身体健康。更有研究表明，人际关系好坏和人的寿命呈现正相关。社会支持与心理健康的联系是由于人际关系对心理健康产生了作用，心理上的许多疾病往往和持续的紧张状态相关，良好的人际关系和社会支持可减少或防止心理紧张所造成的心理伤害。同时，良好的人际交往有利于提升个体幸福感，原因可能是他们所获得的人际关系产生了作用，社会支持系统比较强大。而朋友较少的人主观幸福感也往往较低，他们更加容易产生孤独、寂寞、无助等消极情绪。

三、人际交往的理论

（一）社会交换理论

根据霍曼斯提出的社会交换理论（social exchange theory），人与人之间的交往本质上是一个社会交换过程。这种交换不仅包括物质的交换，而且包括非物质的交换，如情感、信息、服务等方面的交换。人们如何看待与他人的关系主要取决于人们对关系中回报与成本的评价和体验。社会交换理论认为，人们所知觉到的一段关系的积极或消极程度取决于以下三点：自己在关系中所得到的回报；自己在关系中所花费的成本；对自己应得到什么样的关系和能够与他人建立一个更好关系的可能程度。总之，我们总是希望以最小的代价换取最大的回报。

（二）社会需要理论

社会需要理论是由心理学家魏斯提出来的。魏斯分析了人类的亲和需要，提出了六条基本的“社会关系律”，包括：① 依附的需要。这是由最亲密的人际关系所提供的安全感和舒适感；② 社会整合的需要。这是渴望与人共同分享相同的兴趣及态度的需要；③ 价值保证的需要。这是希望获得他人的支持以提供给个体自我有能力、有价值感的需要；④ 可靠同盟的需要。这是个体希望得到他人帮助的需要。⑤ 寻求指导的需要。每个人都需要不断地学习、生活，以丰富自己的经验体系；⑥ 关心他人的需要。在关心、照顾他人时，个体本身也体验到一种被重视、被需要的感觉。

（三）人际关系的三维理论

舒茨提出了人际关系的三维理论。他认为，每个人都有与别人建立人际关系的愿望和需要，只是有些人表现得明显，有些人表现得不明显。这些需要大致可分为三类：包容需要、控制需要和情感需要。每个人都有这三种最基本的人际需要，而且每一类需要都可以转化为动机，产生一定的行为倾向，从而建立一定的人际关系。包容需要（needs for inclusion）指个体想与他人建立并维持一种满意的相互关系的需要。控制需要（needs for control）指个体控制他人或被他人控制的需要，即个体在权力问题上与他人建立并维持满意关系的需要。情感需要（needs for offection）指个体爱他人或被他人爱的需要，即个体与他人建立并维持关系的需要。人们对这三种基本的人际需要有主动表现和被动表现两种形式，于是就形成了六种人际关系取向。如表 9–1 所示。

表 9–1　不同需要的人际关系倾向

需要的性质	行为表现	
	主动型	被动型
包容需要	主动与他人交往	期待他人接纳自己
控制需要	支配他人	期待被别人领导
情感需要	主动表示友爱	期待别人与自己关系亲密

四、人际交往的类型

（一）同学交往

同学是大学生人际交往最基本的对象，同学交往是大学生人际交往的主要内容。大学生学习、生活的环境决定了他们的交往对象是以同龄人为主。众多的交往机会、相似的人生经历、共同的学习任务，使得大学生在选择交往对象时更多地选择同宿舍、同班、同学院、同社团、同校等相似背景的同学。同学交往主要有班级交往、宿舍交往、社团交往、同乡交往等。

1. 班级交往

同班级的大学生由于专业学习都在一起进行，因此，有很多机会进行沟通，为良好人际关系的建立提供了便利条件，这是大学中最常见的人际交往，持续时间最长，也最牢靠。同时，由于专业的原因，大学生与同系科或专业的同学也很容易形成共同的话题，并时常打破年龄和年级界限，进行正式或非正式的学术交流，从而形成一种结构比较松散的人际关系，这是班级人际交往的扩展。

2. 宿舍交往

宿舍对每一个大学生来说，都是非常重要的日常生活和人际交往的场所，室友则是整个四年大学生活期间都要朝夕相处的人。大学生宿舍人际交往的基本类型有友好关系型、淡漠关系型和对立关系型。友好关系型的宿舍人际交往特点是同宿舍同学之间彼此富有吸引力，相互信任，融洽相处；淡漠关系型的宿舍人际交往特点是同宿舍同学之间表面上还能和睦相处，但感情上冷漠，思想上彼此不交流，相互不关心；对立关系型的宿舍人际交往特点是同宿舍同学之间分为若干小群体，而小群体之间呈现对立排斥状态。

3. 社团交往

大学生精力旺盛、兴趣广泛，往往会与情趣相投的同学建立起一些社会活动团体或协会，从而形成以兴趣爱好为主导的人际交往关系。由于大学里社会团体活动普遍开展，与兴趣爱好相同的同学有更多的机会在一起交流，大学生容易形成较为稳定的人际关系。

4. 同乡交往

大学生来自全国各地，由于远离家乡，来自同一省份或同一市、县的同学因入学前的共同居住地、语言、风俗而产生人际交往和情感交流。中国自古就非常看重老乡之间的交往，把“他乡遇故知”看作人生四喜之一。特别是在大学一年级，大学生对很多方面不熟悉，格外注重老乡之间的互相帮助。新生入学，校园里就有老乡广告，有高年级的老乡自动组织迎接新老乡，带领新生熟悉校园、办理各种手续。老乡会、同乡会等非正式组织，以乡情为感情维系，定期或不定期组织活动。但随着时间的延续，纯粹老乡之间的交往会逐渐减少，并被其他人际交往取代。

（二）师生交往

教师与学生是大学校园里两大基本群体。教师是学生人际交往的重要对象，师生关系是学生人际关系的重要内容。当前大学生的师生交往，主要指大学生与在校的任课老师、班主任、辅导员、实习指导老师等之间的师生交往。师生关系直接影响学生的学习、成长。一般情况下，多数班主任、辅导员和学生的关系比较融洽，任课老师大多在其授课时间与学生接触，课外时间师生交往不多，一般是单纯的教学关系。所以，由于学生主动性不同，师生关系会有所不同，往往主动接近老师的学生，师生关系比较好，而不主动接触老师的学生，师生关系一般。

（三）网络交往

网络拓展了人类交往的空间，在网络这种虚拟空间中的交往已经成为一种重要的新型人际交往方式。网络交往是指通过微信、微博、短视频、电子邮件、网上聊天室、网络论坛等手段在虚拟网络社区中聊天、交友等互动行为。在网络中，人际交往是虚幻的、间接的“人—机—人”交往，而不是现实中的“人—人”交往。在网络交往中，有些现实社会中的“人—人”交往的技巧、原则并不适宜，久而久之，必然会给大学生带来现实的人际交往障碍，如对人冷漠、疏离、虚假，回避交往，疏远他人，并伴有孤独、苦闷、焦虑、压抑，甚至情绪低落、消沉、精神不振等状态。原本性格内向的学生，想通过网络交流获得心理满足，结果却事与愿违，难以实现。他们一旦回到现实中，不适感会更强烈，与他人的冲突会更多，由此引发的心理障碍会更频繁、更严重，甚至会产生自闭心理。所以说，网络人际交往对大学生来说具有双重效应：一方面是积极影响，有的大学生通过网络交往结交了许多朋友，获取了很多有价值的信息，开拓了思路，使自己受益匪浅；另一方面是消极影响，有的大学生会忽略现实生活中的人际互动，导致与家人、朋友之间的联系减少，网络上的信息泛滥和虚假信息的存在，也会影响大学生对他人的真实了解和信任，同时大学生容易产生网络沉迷，出现成瘾行为。

（四）亲人交往

亲人交往是与父母、兄弟姐妹以及亲戚之间的交往，到了大学之后大学生主要是与父母交往最多。上了大学以后，很多学生觉得自己长大了，会有意识地、积极地调整心态以适应新的环境。他们能体谅父母对自己思念的心情，因此，会通过电话或网络主动地与父母讲自己的学习、生活等情况，和父母加强思想感情的交流。有的学生因家境困难，比较体谅父母的辛劳，进入大学之后开始勤工俭学，在经济上逐步独立，不仅减轻了家里的负担，甚至还可以给家里提供一定的帮助。但有些平时对父母依赖性很强的学生会非常想家、想念父母，不但天天打电话，而且会偶尔抽空逃课回家，甚至有的要退学。这类大学生像长不大的孩子，他们的情绪常常会影响父母，只能让父母牵肠挂肚、放心不下。也有少数学生则完全相反，随着知识的增加，和父母越来越没有共同语言，因而不再经常与父母联系，更不用说进行感情沟通，只有缺钱了才想起父母。大学生究竟应该如何与自己的父母保持情感沟通和联系，值得每一位学生认真思索。另外，在与亲人的交往中也要注意多沟通、多理解，相互包容与支持。

五、人际交往的影响因素

（一）人际交往中的特殊效应

人际认知是指人际交往中对他人的认识，它决定着我们的互动行为。人际交往中存在着一些特殊效应，它们对于建立良好的人际关系有着巨大的影响。善用这些人际交往中的特殊效应，可以使我们在与他人交往的过程中达到事半功倍的效果。

1. 首因效应

首因效应也称“第一印象”，是指人们由最初获得的信息所形成的印象不易改变，甚至会左右对后来获得的新信息的解释。人们常说的“先入为主”指的就是这种现象。第一印象作用最强，持续的时间也长，比以后得到的信息对于事物整个印象产生的作用更强。例如，刚刚毕业的小张在找工作的过程中屡屡碰壁，咨询专业人士后才得知因她染了一头红色的头发，而给人不够成熟稳重的感觉，这就是首因效应带给小张的影响。产生首因效应的原因是人们在接受外界事物的刺激时，第一次刺激的效应相对于以后的刺激来说要强一些。因此，给对方留下美好的第一印象十分必要。人际交往前，如果适度修饰自己，使自己更加靓丽、潇洒，往往更易讨人喜欢。微笑是一种最简单有效的人际吸引方法，微笑传达着友善、暗示着自信、代表着乐观，是一种动态的形象。保持阳光般的微笑，便于留下较好的第一印象。

2. 近因效应

近因效应是指在总体印象形成过程中，新近获得的信息对人们认知的影响，远远大于以往信息的影响。例如，小玲和小菲是多年好友，因为小玲最近得罪了小菲，所以两人形同陌路，这就是近因效应带来的影响。这是因为在印象形成过程中，人们对原来的印象逐渐淡忘，当有新信息进入时，容易对人们的感官产生新的刺激，从而形成最新的印象，直接影响人们的认知判断。首因效应和近因效应不是根本对立的，而是一个问题的两个方面。近因效应不如首因效应突出，它的产生往往是由于在形成印象的过程中不断有足够引人注意的新信息提供，或者原来的印象已经随时间推移而淡化。一般来说，在对陌生人的认知中，首因效应起作用比较明显，而对熟悉的或久别重逢的人的认知中，近因效应起作用更为明显。因此，在人际认知的过程中，既要注意第一印象，又要注意一贯表现，更要用发展的眼光看人，这样才能比较全面地认识和评价他人。

3. 晕轮效应

晕轮效应又称“光环效应”，是指当认知者对认知对象的某种特征形成好的或者坏的印象后，掩盖了其他品质或特点，或者倾向于据此推论其他方面的特征。人们通常说的“情人眼里出西施”“一好百好”就是晕轮效应。一个人如果被标明是“好”的，他就会被一种积极肯定的光环笼罩，并被赋予更多的好品质；相反地，如果一个人被标明是“坏”的，他就会被赋予更多的坏品质。在日常生活中，常见的晕轮效应有两种：以俊遮丑、以丑遮俊。不管哪种情况，都是把他人某个方面的表现扩大化了，容易模糊对其他方面表现的认知。需要注意的是，晕轮效应常常会带来偏见，影响我们对他人的判断。要预防和纠正晕轮效应，关键是要对自己有清晰的认知，进而有意识地防止晕轮效应的出现。另外，我们在防止自己受晕轮效应影响的同时，还应在交往中利用该效应的影响，如优化自己的谈吐举止、树立良好的外在形象等，以便于自己在人际交往中获得更大的成功。

4. 刻板印象

刻板印象主要是指人们对某个事物或个体形成的一种概括的、固定的看法，并把这种看法推而广之，认为这个事物或者这类个体都具有该特征，而忽视个体差异。“男生擅长理科，女生擅长文科”“家境好的学生会傲气，不好相处”“南方人精明，北方人厚道”等都是刻板印象的表现，这些看法都是类化的看法，已在人脑中形成刻板、固定的印象。刻板印象是由于过分依赖自己过去的经验而产生的。在与人交往时，如果我们不分时间、地点、条件而把这些看法强加于某人身上，可能出现人际认知的偏差。刻板印象本身包含了一定的社会真实，或多或少地反映了某类人群的总体情况，利用刻板印象可以简化我们的认识过程，使我们能迅速地适应某种环境。但刻板印象也带有两方面的弊端：一是它夸大了群体内成员间的相似性，使我们对个体的知觉产生偏差；二是夸大了群体间的差异性，容易产生偏见与歧视。克服刻板印象首先应从思想上认识到，一个类型的人所具有的特点并不一定会在该类型的所有人身上出现，对某人的刻板印象并不见得与他本人的事实相符。人们应时时提醒自己把交往对象看成一个独特的人，以此为基础进行交往，便会大大弱化刻板印象。

5. 投射效应

人际关系中的投射效应，是指与人交往时把自己具有的某些不讨人喜欢、不为人所接受的观念、性格、态度或想法转移到别人身上，认为别人也是如此，以掩盖自己不受人欢迎的特征。比如，自私的人总认为别人也很自私，而那些慷慨大方的人认为别人对自己也不应小气。由于人类有许多本质上共同的特征，因此投射效应有时能帮助人们互相理解。但过多地受制于此，便会适得其反。由于投射效应的影响，人际交往中很容易产生误解。在与人交往中，大学生要尽量避免不合理的投射效应，做到“己所不欲，勿施于人”，不随便揣测他人。克服这种心理倾向的关键是认清别人与自己的差异，不能总是简单地以己心度人腹。另外，需要客观地认识自己，既要接受自己，又要不断完善自己。

6. 从众效应

从众效应是指在群体作用下，个人调整与改变自己以求与他人保持一致。从众效应在交往中非常普遍。当我们处于一个群体当中时，很容易受大多数人的意见的影响。如果多数人认为某个人是个好人，我们就会比较放心地与之交往。

由此可见，从众效应的实质是群体效应，是个体以群体评价代替自己的评价，并以此改变了自己的观念。从众效应在交往中有积极的一面，比如，把一后进生放入先进群体中间，后进生就可能在大家的影响下向先进学生的行列迈进。

但是，从众效应在交往活动中也有消极作用，因为群体对个体的评价有时以一种非客观、公正的标准和手段进行，而社会学的研究成果发现，个体把自己放入群体中进行比较时，最常见的一种心理就是“我不愿意与团体中其他人迥然不同”。这样，一种群体性的偏差就会产生，交往中的问题也就随之而来。

（二）影响人际吸引的因素

人际吸引是指人们之间的喜欢、尊重、友谊和爱情，是建立良好人际关系的基础。由于个人的气质、品格之间的差异，人们之间交往的程度是不一样的。有些人彼此之间互相支持和信赖，有些人的关系则平平淡淡或仅限于表面接触，甚至话不投机半句多。这都是因为交往对象的吸引因素不同。社会心理学家经过长期的调查和实验，提出了影响人际吸引的多种因素。

1. 时空接近性

俗话说：“远亲不如近邻。”距离在人际交往中起重要作用，它直接影响着人际交往的频率。空间距离越近，人们的交往机会就越多，交往的频率就可能越高，就越容易形成密切的关系；空间距离越远，人们交往的机会也就越少，交往的频率就可能越低，人与人之间的关系也就越疏远。心理学家费斯汀格等人曾对住在同一楼房里的家庭彼此成为亲密朋友的情况进行了研究，发现住在同一楼房里的邻居，位置越近，越容易建立友谊关系；住在同一楼层的人比住在不同楼层的人成为朋友的可能性更大。这里需要说明的是空间距离并不是形成良好人际关系的决定因素。另外，时间上的接近性，如同龄、同期入学、同期毕业等，也易于人们在感情上相互接近，产生相互吸引。可是有的时候，时空过于接近，交往过于频繁，反而容易造成摩擦和冲突，影响人际关系的巩固和发展。

2. 相似性

相似性是指交往的双方在文化背景、人生经历、兴趣、态度等方面的共同程度，人与人之间相似的地方越多，越相互吸引，特别是随着交往的深入，志趣相投、观点一致，彼此支持、相互印证，从而友情得以发展。态度迥异，个体之间则难以找到共同的话题，相处、交往就会多有冲撞。研究表明，如果人与人之间有着共同的理想信念、人生观、价值观以及共同的爱好、兴趣等，在工作和生活中就容易有共同语言，从而产生心理共鸣，其感情也易于交流，相处起来也会比较融洽。

3. 互补性

互补性是指尽管彼此的态度、性格不同，但当双方的需求正好形成互补关系时，也会使双方产生强烈的人际吸引。大学生的需求各有千秋，需求相同可以形成协同活动的人际关系，需求互补则使个体形成合作的人际关系。需求互补成为个体交往的动机之一，从而也成为个体相处的保障。比如，一个性格内向、羞怯畏缩、沉默寡言、不善交际的人能与一个活泼好动、友善热情的人融洽相处；一个支配欲强的人与一个顺从和依赖感强的人可以和谐共处。相似性与互补性并不矛盾，当需求相同的人交往时就更重视相似性，需求不同的人交往时就更重视互补性。互补也是在相似前提下进行的，所以说相似性在人际吸引中是绝对的，而互补性是相对的，因为并非只要相反的特征就能因互补而产生人际吸引。

4. 个性品质

个性品质是影响人际关系的重要因素。一个人如果在能力、特长、气质、性格、涵养、品质等方面比较突出、优秀，往往能形成很强的吸引力。在大学生群体中有助于人际交往的人格特征是尊重、关心并理解他人、乐于助人、富有同情心、热心集体活动、工作认真负责、有特长、能力强、稳重、耐心、宽容、真诚、热情、开朗等。而不利于人际交往的人格特征是以自我为中心、自私狭隘、只关心自己、不肯为他人的利益和处境着想、嫉妒心强、对集体工作缺乏责任感、办事敷衍了事、华而不实或完全置身于集体之外、对人冷淡、虚伪、固执、爱吹毛求疵、苛求他人、不尊重他人、支配欲过强或表现为过分自卑、内向、缺乏自信心、过于服从或取悦他人、依赖心理太强等。

5. 仪表与才能

仪表因素在人际交往中有时也起着不可忽视的作用。对初次交往的人来说，外表和容貌是更重要的吸引因素，特别是在与异性交往时表现得尤为明显。两个人在进行交谈以前，往往根据交往者的外貌特征来评价对方，形成肯定或否定的印象，从而影响或左右以后相互之间关系的发展。通常情况下，一个人拥有英俊、漂亮的外表，富有魅力的身材，容易讨人喜欢。不过，不能夸大仪表和容貌的作用。在交往之初，容貌的作用较大，但随着相互认识的加深，容貌的作用则不断降低。同时，在其条件相等的情况下，一个人能力越高、越完善，就越能受到欢迎。比如，学习成绩好的人容易成为大家的交往对象。虽然才能与被人喜欢的程度在一定范围内成正比，但如果超出这个范围，可能产生逃避或拒绝的现象。在实践中，我们就发现有这样的大学生，因为出类拔萃反而失去了同学的喜欢与信任。这是因为，人们都希望自己周围的人有才能，有令人愉快的人际关系，但有时优秀也会使人产生心理压力。因此，一个才能出众但偶尔有点小错误的人，在一定程度上比没有错误的人更受欢迎。

心理百科

社会心理学家洛钦斯 1957 年以实验证明了首因效应的存在。他用两段杜撰的故事做实验材料，描写的是一个叫詹姆的学生的生活片段。一段故事中把詹姆描写成一个热情并且外向的人，另一段故事则把他写成一个冷淡而内向的人。两段故事分别列于下方：

詹姆走出家门去买文具，他和他的两个朋友一起走在洒满阳光的马路上，他们一边走一边晒太阳。詹姆走进一家文具店，店里挤满了人，他一边等待着店员对他的注意，一边和一个熟人聊天。他买好文具在向外走的途中遇到了朋友，就停下来和朋友打招呼，后来告别了朋友就走向学校。在路上他又遇到了一个前天晚上刚认识的女孩子，他们说了几句话后就告别了。

放学后，詹姆独自离开教室走出了校门，他走在回家的路上，路上阳光非常耀眼。詹姆走在马路阴凉的一边，他看见路上迎面而来的是前天晚上遇到的那个漂亮的女孩。詹姆穿过马路进了一家饮食店，店里挤满了学生，他注意到那儿有几张熟悉的面孔。詹姆安静地等待着，直到引起柜台服务员的注意之后才买了饮料。他坐在一把靠墙边的椅子上喝着饮料，喝完之后他就回家去了。

洛钦斯把这两段故事进行了排列组合：

一种是将描述詹姆性格热情外向的材料放在前面，描写他性格内向的材料放在后面；一种是将描述詹姆性格冷淡内向的材料放在前面，描写他性格外向的材料放在后面；一种是只出示那段描写热情外向的詹姆的故事；一种是只出示那段描写冷淡内向的詹姆的故事。

洛钦斯将不同组合的材料，分别让水平相当的中学生阅读，并让他们对詹姆的性格进行评价。结果表明，第一组被试中有78%的人认为詹姆是个比较热情而外向的人；第二组被试中只有18%的人认为詹姆是个外向的人；第三组被试中有95%的人认为詹姆是外向的人；第四组只有3%的人认为詹姆是外向的人。

研究证明了第一印象对认知的影响。在首因效应中，对情感因素的认知常常起着十分重要的作用。人们一般都喜欢那些流露出友好、大方、随和情感的人，因为在生活中，我们都需要他人尊重和注意。这个特点在儿童身上表现得最为明显，小孩子都喜欢第一次见面就笑呵呵的人，如果再给予相应的赞扬，那么儿童就会更加高兴。

心灵港湾

/ 己所不欲，勿施于人 /

“己所不欲，勿施于人”出自《论语·颜渊》。讲的是孔子与学生仲弓有一次对话，仲弓问孔子如何处世才能合乎仁道。孔子回答说：“一个人待人接物要严肃认真对待，自己不喜欢的事不要强加给别人，不论在朝在野都不要去发牢骚。”仲弓感谢道：“我虽迟钝，但一定要牢记先生的话。”

这句话所蕴含的智慧在于，它教导我们在日常生活中要尊重他人，设身处地为他人着想。在处理人际关系时，我们应该避免自私自利，要考虑到自己的行为是否会对他人造成不良影响。如果我们自己不希望受到某种对待，那么我们就应该避免用同样的方式去对待他人。

此外，“己所不欲，勿施于人”还强调了个人责任和自我约束的重要性。它提醒我们，在行使自身自由和权利的同时，也要尊重他人的自由和权利，不得侵犯他人的合法权益。只有这样，我们才能建立起和谐、稳定、有序的社会关系。

第二节
大学生人际交往的特点与技巧

一、大学生人际交往的特点

伴随着我国改革开放不断深入以及经济社会快速发展，人们的价值观念、生活状况、沟通工具、交流方式等发生了重大变化。这些变化对大学生的人际交往也产生了重要影响，从而使当代大学生的人际关系呈现出新的特点。

（一）交往对象的开放性

当代大学生的交往范围不断扩大，既与家人、同学和老师交往，又与社会人士交往；不仅进行现实交往，也进行虚拟交往。例如，大学生利用网络、志愿者活动、社会实践等途径将社交范围扩大，所结交的朋友包括社会实践成员、社团成员、网友、志愿服务者等。另外，大学生渴望走出校园，希望在与社会人士的交往中增加对社会与职业的了解。这是一种积极的社会心理倾向，是大学生走向社会、开阔视野的原动力之一，也拓展了大学生的交往范围。交往对象的开放性还表现在重视与异性的交往。大学生一般处于性心理成熟期，希望了解异性，并希望得到异性的理解、尊重和爱慕。

（二）内心渴望友谊

交往是人的心理需求之一。正常的人际交往需求得到满足会对大学生的工作、学习起到促进作用。如果需求得不到满足，大学生就会产生空虚和烦恼，甚至影响心理的健康发展。很多大学生求学期间远离亲人、朋友，容易产生失落感、孤独感，因此，更渴望得到周围同学的关心、体贴、信任和理解。特别是那些年龄小、独立生活能力差的大学生尤其渴望友谊的到来。

（三）民主平等的交往观念强烈

社会的进步、经济的发展，使大学生不但要求政治上的平等与民主，而且要求交往中的平等、民主，尤其是在师生交往过程中。平等、民主的交往观念，使交往双方冲破传统观念的羁绊和心理障碍，使交往方式由单向“辐射”转变为双向“交流”。那种由教师指向学生的单向交往方式正逐渐被人们摒弃。

（四）交往方式的现实性与虚拟性

信息时代的到来，使大学生的交往方式产生了巨大变化，传统的交往方式已无法满足信息膨胀时代的需求，网络等虚拟的交往方式深受大学生欢迎。然而，网络始终是一种交往交流的载体，无法取代现实的人际交往。因此，当代大学生的交往方式具有现实性和虚拟性的双重特点。

（五）交往目的具有价值意识

市场经济的发展促使人们用新价值观来衡量、审视一切社会活动，这也强化了大学生交往的价值观念。过去，大学生交往的主要对象是亲属、同乡以及好友，并以情感上的交流、心理上的共容为满足，较少考虑交往的价值。现在，大学生的交往出现了注重价值、追求实惠的趋向。社会上流传着“在家靠父母，出门靠朋友”“多一个朋友多一条路”的说法，在市场经济的大背景下，这种观念在一定程度上也影响着青年大学生。

二、大学生人际交往的原则

人际交往是人与人之间的一种沟通和交流。马克思曾经说过：“友谊需要用忠诚去播种，用热情去灌溉，用原则去培养，用谅解去护理。”因此，在大学生人际交往过程中，把握与遵循正确的交往原则对于构建良好的人际关系具有重要意义。大学生想要赢得良好的人际关系，在人际交往中需要遵循以下原则。

（一）平等与尊重的原则

平等与尊重是人与人之间建立感情的基础，也是人际交往的一项基本原则。平等原则是指人们在交往中，不论性别、年龄、民族、职业、文化等方面是否相同，人与人之间的关系是平等的，没有高低贵贱之分。交往中的平等原则是指要正确认识自己，不要光看自己的优点而盛气凌人，也不要只见自身弱点而盲目自卑，在交往的各个方面都要平等对待、相互尊重、相互爱护，反对以大欺小、以强欺弱、自恃清高、居高临下。尊重是指敬重或重视。社会交往中的尊重包括两个方面：自尊和尊重他人。自尊就是在各种社交场合都要尊重自己，维护自己的形象；尊重他人就是要尊重别人的生活习惯、兴趣爱好、人格与价值等，讲究语言文明、礼貌待人，不开恶作剧式的玩笑，不乱给他人取绰号，尊重他人的生活习惯，更不能因出身、家庭、经历、长相等方面的客观差异而对人另眼相看。人的内心都渴望得到他人的尊重，只有先尊重他人，才能赢得他人的尊重；尊重别人，就是尊重自己。人无高低贵贱之分，每个人的人格尊严都应当得到他人和社会的尊重。

（二）真诚与信用的原则

真诚与信用是指一个人诚实无欺、信守承诺。有人把诚信比作第二张身份证，它是人际交往中最有价值、最重要的一种品质，是人际交往得以继续和深化的保证，是和谐的人际关系的基石。怀疑、畏惧他人，缺乏信任是大学生建立良好人际关系的主要障碍。因此，构建大学生良好人际关系必须坚持真诚的原则。坚持真诚的原则，必须做到热情关心他人、真心帮助他人而不求回报，对朋友的不足和缺陷能诚恳批评，对人、对事实事求是，对不同的观点能直陈己见，而不是口是心非，既不当面奉承人，也不在背后诽谤人，做到肝胆相照、赤诚待人、襟怀坦荡。真诚待人主要表现为为人处世言行一致、表里如一，只有这样才能得到他人信任。马克思曾经把真诚赞誉为“人生的无价之宝”。古人有“一言既出，驷马难追”的格言，就是告诫我们做人要以诚信为本，不要失信于人。大学生在交往中尤其要关注真诚与信用，真心诚意地交往要做到：言必信，行必果；有约按时到，借物按时还；不乱猜疑，不轻易许诺、信口开河。只有这样，才能赢得别人的信任，彼此建立深厚的友谊。

（三）理解与宽容的原则

孟子说：“人之相识，贵在相知；人之相知，贵在知心。”只有通过相互理解，才能消除人际交往中的不良因素，如猜疑、嫉妒，从而达到人际关系的和睦。由于大学生的成长环境、经历、个性特征存在差异，每个人的生活习惯、性格特点各不相同，因而在日常学习、生活中相互间难免会产生人际矛盾或冲突。因此，当代大学生要学会理解与宽容，在交往中，要善于从对方的角度认知对方的思想观念和处事方式，设身处地地体会对方的情感和发现对方处理问题的独特方式等，从而真正理解对方，找到最恰当的沟通和解决问题的方法。例如，当室友午睡时，尽量放轻动作；自己听音乐时戴上耳塞；室友亲友来访时热情接待等。宽容是在与人相处时，能设身处地地为别人着想，能够最大限度地理解别人，做到豁达、大度、宽容、忍让。要采取严于律己、宽以待人的态度，学会换位思考，求同存异，对他人要有宽容之心，能容忍他人的过失和不足。要怀着一颗感恩的心来面对生活，以善良的行为去帮助人、宽容人。这不仅有助于大学生扩大交往空间，而且能有效消除人际关系中的矛盾冲突。

（四）互利与互惠的原则

互利与互惠的原则是大学生处理人际关系的一种心理需要，也是人际交往的一项基本原则。互利与互惠的原则是指在人际关系中，关系双方都能够从对方处满足自己的需要。“来而不往非礼也”，任何一种交往都出自双方的需要，只有互利互惠，才能双方受益，才能达到双赢，做到可持续发展。如果一方长期受损，这样的关系必定难以长久维系。心理学研究表明，以帮助与相互帮助为开端的人际交往，更易建立良好的关系。“尺有所短，寸有所长”，由于不同的经历、不同的性格，每个交往的对象都有自己的特点。大学生既要善于发现他人的优点和长处，见贤思齐、虚心学习，又要对他人的缺点和不足予以热情帮助。此外，交往双方还应相互关心、相互帮助、相互支持，深化双方感情，满足共同的心理需要，实现双方共同进步。

三、大学生人际交往的技巧

大学生渴望能够在校园中建立起良好的人际关系，这不仅是一种求得他人认可的心理诉求，而且在某种程度上决定着其大学生活的质量。因此，大学生应该自觉提高人际交往技能，努力营造一个良好的人际关系环境。

（一）主动交往，提高熟悉程度

一般而言，人们有喜欢、亲近熟悉的人的倾向。因此，要想增强人际吸引力，就要主动提高对方对自己的熟悉程度。提高熟悉程度的主要方法是互动接触，互动接触越多，熟悉程度越高，人际关系越容易密切。因此，要做人际交往的始动者，掌握人际交往的主动权。大学生应该积极参与各种各样的社团活动，主动与他人进行攀谈交流，在此过程中应当表现得诚恳虚心。同时，还应该尽可能地扩大自己的交际范围，除了与熟人、老朋友交谈之外，应尽量借此机会去认识更多的朋友，使自己在参与活动的过程中学会交际技巧，扩大交际面。“物以类聚，人以群分”，人们一般喜欢和自己相类似的人，在交往过程中可以寻找共性，人们在年龄、经历、学历、籍贯、社会地位、经济收入、兴趣爱好、态度、价值观等方面相似点越多，沟通越容易，从而加深理解、获得支持、达成共识、赢得共鸣、密切关系。寻求友谊的过程，在某种程度上是寻找相似点的过程，并在相互的联络与交流中达到取长补短、共同提高的目的。

（二）善于倾听，走近对方心灵

人际交往的过程实质上是交往双方寻求需要满足的过程。在交往中如果个体能够适度满足对方的物质或精神需要，对对方来说个体就会有较强的吸引力。人们总是喜欢那些尊重自己、关注自己、对自己感兴趣的人。善于倾听显示了对对方的尊重、重视，是赢得友谊的诀窍之一。所谓倾听，是指全身心地听，不仅用耳朵，更要用心去听。倾听的目的一方面是给对方表达的机会，另一方面是让自己能更好地了解对方，以便进一步与其交往和沟通。认真倾听他人的话可以使他人感到被尊重、被欣赏；可以解除他人的压力，帮助他人理清思绪；可以真实地了解他人，增加沟通的效力。学会倾听的艺术，首先要静听他人的谈话，不要贸然打断对方的话题，也不要时时插话影响他人的谈话思路，更不要没有弄清他人的谈话内容就断然下结论。其次，要鼓励对方讲下去，可以用简单的赞同、复述、评论、接话等方法引导他人讲下去。另外，不要做无关的动作，如心不在焉、东张西望、爱听不听、不甚耐烦、时不时看表、目光游离不定等。倾听的同时应主动反馈，用微笑、点头等方式暗示自己能理解对方的感受、见解，鼓励对方更加自由、流畅地谈论。遇到没听懂的话可以适当提问，请求对方给予详尽的解释。正确运用非语言艺术，巧妙地表达自己的思想感情，有时能起到“此时无声胜有声”的作用。

（三）学会拒绝

保持人格的独立是建立健康人际关系的前提条件。面对他人提出的自己无法、无力或无暇办到的事情，能够勇敢而友善地说“不”，是具有独立人格的重要体现。当然，拒绝别人的请求是棘手的事，须讲究方法。

1. 做不到的事明确拒绝

拒绝别人时语气要温和，但态度要明确，要斩钉截铁、不要犹犹豫豫，不要含混不清，不要吞吞吐吐，要直接、坦诚、果断，该说“不”时就要勇敢地说“不”。切忌凡事迁就他人，否则最后不满意的是自己，后悔的也是自己。

2. 适当说明拒绝的理由

拒绝时，如果只是简单地说一句“我很忙”或“不行”，可能引起对方的误会或反感。最好是说明不能接受的原因、不能帮忙的理由，即使是朋友请托的事，只要讲清理由，对方也会理解，这样既能表达自己的意愿，也不会妨碍以后的交往。

3. 提供可代替的方案

说“不”，不等于拒绝一切，应该体会请求者的心情，明确尽力帮助他人的态度，做到力所能及，在“有所为，有所不为”中学会选择与拒绝。对于无法接受的请求，在拒绝的同时可以提供一些可以替代的方案，供对方参考。

4. 善于用幽默拒绝

既想巧妙地拒绝，又不至于伤害朋友的感情，就要善于运用幽默，许多社会活动家、外交家等都善于用幽默的方法来表示拒绝。拒绝是一门学问。有些时候，我们本想拒绝，心里很不乐意，但却点了头，碍于一时的情面，却给自己留下长久的不快。习惯于中庸之道的中国人，在拒绝别人时很容易产生一些心理障碍，这是受传统观念的影响所致。同时，也与当今社会某些从众心理有关。更深层的原因是缺乏坚定的自信，总认为自己不如别人。别人仿佛拥有无可争辩的优势和特权，自己总觉得不应该也没有力量去拒绝，即使自己已经感到受了侵害，仍然不能从心里肯定自己的想法，也不知道怎么维护自己的权益。还有一个原因是自己在想象中过低地估计了别人对遭受拒绝的承受力，认为别人都会把被拒绝看成对个人尊严的否定，并会因此而感到恼怒，反过来又会责难或报复自己。

不敢和不善于拒绝别人的人，实际上往往要戴着假面具生活，他们普遍活得很累，又丢失了自我，事后常常后悔不迭，但又因为难于摆脱这种无力拒绝而自责。其实，学会拒绝的艺术并不困难。下面这些方法是常用的。

谢绝法：对不起，谢谢，这样做可能不合适。

婉拒法：哦，是这样，可是我还没有想好，考虑一下再说吧。

不卑不亢法：哦，我明白了，可是你最好找对这件事更感兴趣的人。好吗？

幽默法：啊！对不起，今天我还有事，只好当逃兵了。

无言法：运用摆手、摇头、耸肩、皱眉、转身等身体语言和否定的表情来表示自己拒绝的态度。

缓冲法：哦，我再和朋友商量下，你也再想想，过几天再决定好吗？

回避法：今天咱们先不谈这个，还是说说你关心的另一件事吧……

严词拒绝法：这可不行，我已经想好了，你不用再费口舌了！

补偿法：真对不起，这件事我实在爱莫能助了，不过，我可帮你做另一件事。

借力法：你问问他，他可以作证，我从来就干不了这种事！

自护法：你为我想想，我怎么能去做没把握的事？你让我出洋相啊。

（四）注重礼仪

我国是礼仪之邦，自古就有着“人无礼而不生，事无礼而不成，国无礼而不宁”的说法，可见礼仪的重要性。社交礼仪是指人们在沟通的过程中应该遵循的仪表、语言和行为规范。社交礼仪是人们在社会生活中处理人际关系、约束自己的行为并表示对他人尊重的准则。对于当代大学生来说，了解并掌握必要的社交礼仪，能够在复杂的人际交往中获得自信、取得主动，更能够塑造个人形象，提高人格魅力，吸引他人。

1. 注意外在形象

交往中要注重着装和风度，人们常说“三分长相，七分打扮”，人的外在形象和风度是通过打扮体现出来的，是通过着装来展示的。人际交往中，着装打扮要得体合适、美观大方。

2. 善用礼貌用语

交往中要热情地打招呼，主动地寒暄、问候，获得对方好感，其中最简单、最好的办法是能记住对方的姓名与职务，再见面时能马上称呼出来，给对方以尊重感，缩短相互间交往的距离。交往中应该养成善用敬语的习惯，同辈之间多用亲切的礼貌用语，对长辈、老师说话要尊敬、要有礼貌。

3. 讲求交往礼节

要做到礼貌待人，不要以为是小事而不在乎。比如，与人见面时，主动热情地打招呼；初次见面时，要讲究握手的顺序、方式；递名片时，应双手平递，正面朝向对方，以体现文明礼貌与风度；拜访客人时，要有备而去，对一般拜访、请教拜访、探视拜访、突然造访和遣人拜访，要有所区别，充分表达自己的情谊。尤其是刚进入一个新的单位，或与领导、同事初次相识，更要讲究交往礼节。

4. 由衷赞美别人

用心发现他人细微的长处，真诚赞美，就能增添对方的幸福感、自我价值感、自信心。赞扬能使衰弱的躯体变得强健，能给恐惧的内心以平静，能让受伤的心灵得到抚慰，能给身处逆境的人以求成之决心。同学、朋友交往中，普通的几句话语，如“你真会关心人”“你太有责任心了”“你好勤奋”“你真漂亮”“你好帅”等，对方听后一定会感到心情舒畅、快乐、自信。由衷赞美别人最终换来的往往是对方对你的喜欢、感激、回报。

5. 会用眼睛说话

眼睛是心灵的窗口，目光是人际交往中传达信息的来源，是辅助人说话的最好帮手，它可以表达人的内心世界，有些场合用眼睛说话更富有吸引力。在与别人说话时，要注意目视对方，这样可以加深与对方的交流。如果目光游移不定，会让对方感到不被重视，影响交流的效果。

6. 能用笑容交流

微笑能够带来一连串良好的身心反应，可以吸引善意的目光，可以给人和蔼可亲、豁达开朗、轻松自在的感受，还可以增强自己和别人的自信。交往中要学会微笑着与人沟通，当然，这种微笑必须是真诚的。最动人的微笑是发自内心的愉悦。言谈举止是一个人内在气质、修养的表现，它不仅可以充分展示自己的人格与修养，还可以弥补自身的不足。一个善于修饰自己言谈举止的人，会赢得很多人的好感。

7. 尝试幽默表达

幽默是一种集智慧、机智、诙谐、乐观、自信、宽容于一体的个性品质。幽默使人开朗、乐观，几乎所有人都喜欢开朗、乐观的人。幽默在人际交往中的作用是不可低估的。幽默能化解紧张的气氛、扭转尴尬的局面、润滑微妙的关系，使在场的人轻松自在，使人际关系变得更加顺畅自然。幽默的人总是受到众人的喜欢，在社交中居于中心地位。幽默还有自我解嘲的功用。在对话、演讲等场合，有时会遇到一些尴尬的处境，这时如果用几句幽默的语言来自我解嘲，能在轻松愉快的笑声中缓解紧张尴尬的气氛，从而使自己走出困境。

体验活动

测一测自己的人际关系，看是否存在人际关系困扰，并思考如何调整。

这是一份人际关系行为困扰诊断量表，共 28 个问题。在每个问题前的“□”中，选“是”的打“√”，选“非”的打“×”。请认真完成，然后阅读后面的评分计分办法和对测验结果做出的解释。

□ 1. 关于自己的烦恼有口难言。

□ 2. 和生人见面感觉不自然。
□ 3. 过分地羡慕和妒忌别人。
□ 4. 与异性交往太少。
□ 5. 对连续不断的会谈感到困难。
□ 6. 在社交场合感到紧张。
□ 7. 时常伤害别人。
□ 8. 与异性来往感觉不自然。
□ 9. 与一大群朋友在一起，常感到孤寂或失落。
□ 10. 极易受窘。
□ 11. 与别人不能和睦相处。
□ 12. 不知道与异性相处如何适可而止。
□ 13. 当不熟悉的人对自己倾诉生平遭遇以求同情时，自己常感到不自在。
□ 14. 担心别人对自己有什么坏印象。
□ 15. 总是尽力使别人赏识自己。
□ 16. 暗自思慕异性。
□ 17. 时常避免表达自己的感受。
□ 18. 对自己的仪表（容貌）缺乏信心。
□ 19. 讨厌某人或被某人讨厌。
□ 20. 瞧不起异性。
□ 21. 不能专注地倾听。
□ 22. 自己的烦恼无人可申诉。
□ 23. 受别人排斥与冷漠。
□ 24. 被异性瞧不起。
□ 25. 不能广泛地听取各种意见、看法。
□ 26. 自己常因受伤害而暗自伤心。
□ 27. 常被别人谈论、愚弄。
□ 28. 与异性交往不知如何更好地相处。

评分标准：打“√”的给 1 分，打“×”的给 0 分。

测查结果的解释与辅导：

如果你得到的总分是 0~8 分，那么说明你在与朋友相处上的困扰较少。你善于交谈，性格比较开朗，主动关心别人，你对周围的朋友都比较好，愿意和他们在一起，他们也都喜欢你，你们相处得不错，而且你能够从与朋友相处中得到许多乐趣。你的生活是比较充实而且丰富多彩的，你与异性朋友也相处得很好。一句话，你不存在或较少存在交友方面的困扰，你善于与朋友相处，人缘很好，获得许多人的好感与赞同。

如果你得到的总分是 9~14 分，那么说明你与朋友相处存在一定程度的困扰。你的人缘很一般，换句话说，你和朋友的关系并不牢固，时好时坏，经常处在一种起伏波动的状态之中。

如果你得到的总分是 15~28 分，那么表明你在同朋友相处上的行为困扰较严重；分数超过 20 分，则表明你的人际关系的行为困扰程度很严重，而且在心理上出现较为明显的障碍。你可能不善于交谈，也可能是一个性格孤僻的人，不开朗，或者有明显的自高自大、讨人嫌的行为。

心医之窗

在如今网络数字媒体时代的影响下，信息沟通与交互和历史上任何时代均有不同。因此，对普通大学生群体而言，人际交流和交互沟通往往都是以线上信息形式呈现，导致与人面对面沟通能力有所不足或在人际交往方面能力欠缺。心理学将人际关系定义为人与人在交往中建立的直接的心理上的联系，而在此基础上，自信、乐观和开朗的性格在与人交际中尤为重要。中医学认为，“心开窍于舌”“心主任物”，因此不论是人际交流所用的语言，还是解读他人的信息，均要靠“君主之官”——心去完成。心属火，在时为夏，因此夏季是调养心气的好时节。《黄帝内经》曰：“夏三月，此谓蕃秀，天地气交，万物华实，夜卧早起，无厌于日，使志无怒，使华英成秀，使气得泄，若所爱在外，此夏气之应，养长之道也。逆之则伤心，秋为痎疟，奉收者少……”在日常生活中也要避免产生耗伤心阴心气的行为，如通宵熬夜、过食咸寒食品、大喜大悲、长时间专注某件事情而不休息等。《黄帝内经·灵枢·口问》曰：“心者，五脏六腑之主也……故悲哀愁忧则心动，心动则五脏六腑皆摇……”心藏神，主神明，按摩手少阴心经穴位是养心气、宁心神的有效治疗方法之一。

例：神门穴（见图 9–1）。

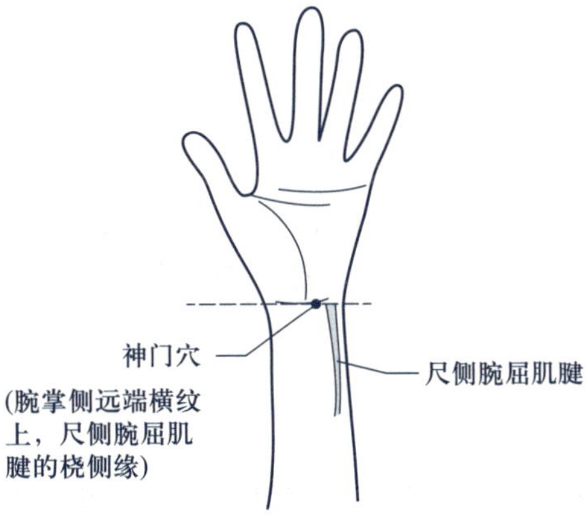

图 9–1　神门穴

定位：神门穴位于腕部，腕掌侧远端横纹上，尺侧腕屈肌腱的桡侧缘。

功效：其神者，气也。而门者，气出入门户也。别名兑骨、兑中、中都。心经体内经脉的气血物质由此穴交于心经体表经脉。故其具有调节心气（神气）、清心泄热、宁神开窍的作用。

神门穴为手少阴心经的原穴，“心手少阴之脉，起于心中，出属心系，下膈，络小肠"，即心与小肠相表里。小肠和心脏通过经脉的络属构成表里关系。心主血脉，心藏神，心与小肠相表里，心属里，小肠属表。小肠位居腹中，主要生理功能是受盛化物和泌别清浊，利小便而实大便，为"受盛之官"，能够清热泻火。小肠与心二者经脉相连，故气血相通。在发病时两者之间可以互相影响，例如，小肠实热，亦可顺经上于心，则可出现心烦，舌尖糜烂等症状。治疗上既要清泻心火，又要清利小肠之热，相互兼顾，才能取得良好的疗效。

第三节 大学生人际交往的困扰与调适

在大学生人际交往中，总是伴随着种种心理因素。其中，有些对人际交往是起积极促进作用的，如对自我和他人的正确认知、开朗乐观的性格、宽容大度的胸怀等；有些对人际交往是起阻碍作用的，如羞怯、猜疑、孤独等。了解阻碍人际交往的心理因素产生的原因，并自觉消除这些心理障碍，才能有效地进行人际交往。

一、引起大学生人际交往困扰的心理因素

（一）自我中心

自我中心是指只从自己的经验和角度去认识人和事，而不能意识到别人对同一事物的看法和观点，对人或事的看法带有强烈的主观性。

（二）工具取向

工具取向是指人际关系中不把对方看作一个有思想、有感情、有个性的完整的人，而看成某种可以任意使用和处置的物体或工具，因而不能尊重他人的感情和人格，也不能体察他人的需要和愿望，其结果必然导致人际关系紧张。

（三）自我封闭

自我封闭表现为把自己的真实思想、情感、欲望掩盖起来，试图与世隔绝。严重者对任何人都不信任，怀有很深的戒备心理，隔断与他人的交往。

（四）控制他人的愿望

控制他人的愿望是指操纵他人为自己的利益和需要服务，其中包含着对他人的不真诚。

（五）讨好与敬畏心理

有讨好与敬畏心理的人往往与他人关系比较生硬，情感和思想不能充分沟通。

（六）反抗与嫉妒心理

具有反抗与嫉妒心理的人，在人际关系中很容易形成不合作甚至敌对的局面。嫉妒心理是一种消极的心理品质，表现为对他人的长处和成绩等心怀不满，甚至对他人冷嘲热讽和采取不道德的行为。

（七）怀有偏见

怀有偏见是指对人、对事缺乏客观公正的评价，戴着有色眼镜看人。怀有偏见者将无法建立良好的人际关系。

（八）过分自卑

过分自卑者对人际关系的变化十分敏感。在交往过程中畏首畏尾，一旦遭受一点挫折，便怨天尤人。如果受到别人的耻笑侮辱，更是甘咽苦果。

（九）过分期待

在人际交往中过分期待，即人际关系目标过高，难以达到，苛求别人太甚，易造成人际关系紧张。

（十）性情孤僻

一个人如果性格孤僻，不愿意与他人交往，别人也很难同他交往，人际关系是不可能正常发展的。

（十一）敌对与猜疑

怀有敌对和猜疑心理的人，待人处事很容易偏激，对他人言行敏感、多疑与不信任，常常使人际关系陷入僵局。

（十二）害羞

由于害羞者在人际交往中过多地约束自己的言行，从而影响到人际关系的正常发展。

（十三）欺骗

欺骗行为向来为人们所厌恶，它严重地妨碍人们之间的真诚沟通，使人与人之间产生一种不信任感。

二、大学生常见人际交往困扰心理与调适

（一）大学生人际交往孤独心理与调适

1. 大学生人际交往孤独心理及其产生原因

心理上的孤独是人的一种情绪体验，并不等于一个人独处。而独处是一种离开他人的客体状态，不是一种主观体验。心理学家认为，真正的孤独，往往产生于那些虽有表面接触，但却没有情感和思想交流的人身上。事实上，不管是置身于人群，还是独居一室，如果对周围的一切缺乏了解，和身外的世界无法沟通，一个人就会产生孤独感。长期的孤独心理会使人心情郁闷、精神抑郁、性格古怪，严重影响人的身心健康。孤独心理产生的原因是多种多样的，既有主观上的成因，也有客观外界的成因，还有多种因素的综合成因。

大学生人际交往孤独心理的形成大致有以下几个原因：

（1）个人性格的孤僻。这种人喜欢独处，不喜欢与人交往，往往将自己的内心封闭起来。性格孤僻的人大多受过心灵创伤，而且往往具有极强的自卑感。由于不愿与人交往，所以性格孤僻的人会产生孤独感。

（2）性格过于内向，又不愿与人交往的人，如果长期独处一隅，由于生活环境的限制，也极易产生孤独感。

（3）因与众人不和，受人打击，遭到他人有意的孤立而产生孤独的心理。失恋也会使人产生孤独心理。

（4）环境的改变。大学生刚进大学不久，远离家乡、父母及亲人，身处陌生的环境，对新环境感到陌生和焦虑而产生孤独感。

（5）大学生正处在人的生命发展全程中的半成熟时期，处在像是孩子又不是孩子，像成年人又不是成年人的发展阶段。大学生往往自以为很成熟，但社会和成年人却仍旧把他们看作孩子。所以，大学生往往会感到自己不被社会和成年人

了解，因而常常有孤独感。

2. 大学生人际交往孤独心理的调适方法

孤独心理是一种不良心理，长期得不到有效的消除，会严重影响人的身心健康。因而，大学生应采取积极行动改变自己的孤独心理。

（1）把自己融入集体。任何一个人都处在一定的环境中，拒绝把自己融入团体，孤独肯定会格外地垂青。

（2）积极参与社会活动。要敢于冲破自我封闭的牢笼，越过心灵的屏障，通过广泛交流寻觅知音。当真正感到与人心理相容并为人所接受时，就会看到柳暗花明的新天地，享受到正常人际交往的欢乐与幸福。

（3）逐渐改变孤僻的性格。要改变自己不良的性格，首先要认识到，不改变会给自己带来痛苦，然后下决心一点一滴地改。

（4）当受到别人孤立时，要剖析自我。如果问题在于自己，应积极改正缺点，并主动向对方检讨、道歉；如果原因不在自己，则可暂时摆脱这个小圈子，转移或扩大自己交往的方向与范围，从新的人际交往中寻求精神支持，而不要被动地去忍受被孤立。

（5）性格内向、有自卑感的人，首先要解决认识问题，要区别人格与家境。即不论家境好坏，人格、精神在人与人之间都是平等的。

（二）大学生人际交往自卑心理与调适

1. 大学生人际交往自卑心理及其产生原因

自卑是一种因个人自认为在某些方面不如他人所产生的轻视自己的不良心理感受。自卑的浅层感受是别人看不起自己，而深层的理解是自己看不起自己，即缺乏自信，常以忧郁、悲观、孤僻的形式表现出来。通常人际交往自卑感严重的人，大多性格内向、感情脆弱、多愁善感、自惭形秽、经受不起刺激，所以处事多采用回避方式。自卑的人不一定实际能力真不如别人，而是自己有一种不如人的感觉，这种感觉阻碍了与他人的交往。

大学生人际交往自卑心理的形成大致有以下几个原因：

（1）生理存在缺陷容易使人产生自卑感。

（2）家境贫寒，生活拮据，容易使人感到卑微不如人。

（3）自我认识不足，过低地估计自己。每个人在评价自己时往往以他人为镜，即通过对自身与他人的比较或他人对自己的评价来认识和评价自己。心理学研究表明：性格内向的人往往容易接受他人的低评价，而不愿接受他人的高评价；在和他人的比较中，往往容易用自己的短处去比他人的长处，所以越比越感觉不如人，越比越泄气。性格内向的人还普遍喜欢反省自己，容易发现自己的不足，忽视自己的长处，从而加重自卑感。

（4）消极自我暗示。在社会交往中，面临新的局面时，每个人都会很自然地衡量自己是否有能力应对。自我认识不足的人，此时就会出现一种“我不行”的消极自我暗示，因而会抑制自己的信心，产生多余的心理负担。

（5）多次的交往挫折也会使心理脆弱的人变得惧怕交往，产生自卑。

2. 大学生人际交往自卑心理的调适方法

自卑感严重，会对一个人自身的生活、学习、工作造成巨大的负面影响。自卑感既然可形成，自然也可通过长期正确的调节而转变并克服。从心理学的角度看，可以从以下方面入手予以调适：

（1）正确认识生理缺陷及家境。一个人的生理条件与家庭是自己无法选择的，没有必要过于自卑。大学生要认识到只有通过自己的奋斗，不断增长知识，提高自身的全面素质，才有可能改变自己的家庭状况，提高自己的社会地位，减轻生理缺陷及家境的影响。

（2）正确认识自己，提高自我评价。要善于发现自己的长处，肯定自己的成绩，改善自我形象，积极参加社交。在遇到社交场合时，经常提醒自己做到“六不”：不要过分谦虚；不在乎别人的议论；不说自己不行；不拿他人的标准看自己；不用自己的短处比别人的长处；不怕一时的失败。

（3）树立自信心，进行积极心理暗示。自卑的人总感到自己不如人，这种感觉实质上是缺乏自信的表现，也是一种消极自我暗示。要想摆脱自卑心理，最简单的方法是事先不过多地预想失败结果，而要想一定会成功，要坚定地提醒自己“我能行”，竭尽全力争取成功。

（4）尝试积极主动地与人交往。自卑的人往往容易把自己孤立起来，并形成恶性循环。实际上，自卑的人在社交中比起狂妄自大的人要讨人喜欢得多，因为他们多谦虚，善于体谅人。所以，要尝试积极主动地与人交往，并通过成功的交往开阔自己的胸怀，克服自卑心理。

（三）大学生人际交往羞怯心理与调适

1. 大学生人际交往羞怯心理及其产生原因

羞怯心理是害羞和胆怯的统称。胆怯是想交往但又怕交往的一种心理准备状态，而害羞是胆怯在交往中的心理表现。胆怯必定害羞，害羞加剧胆怯。几乎所有的人都有过某种程度的害羞和胆怯，不过有些人表现得特别严重。羞怯心理较重的大学生在人际交往中表现为话未出口脸先红，话语低沉心发跳，而在学习和生活中遇到问题，宁可憋在肚子里，也不好意思向老师或别的同学请教。

大学生人际交往羞怯心理的形成大致有以下几个原因：

（1）青春期生理变化引起的感应性反应。青年大学生正处于生理、心理发育最旺盛的时期，激素分泌较多，外界刺激会使体内的平衡被打破，从而变得紧张，出现冒汗、脸红、心慌等感应性反应。

（2）自卑心理的影响。具有羞怯心理的大学生羞于与他人交往，特别是不敢与陌生人交往，是因为对自己的信心不足，害怕出错。

（3）成长中的环境影响。如果一个人在童年、少年期交往中曾经受到过他人的训斥、嘲笑或戏弄，其阴影会造成相当久远的影响，以后进入类似环境就会胆怯。

2. 大学生人际交往羞怯心理的调适方法

羞怯作为一种心理特征，能使人无法正确认识和发挥自己的真正潜力，同时也会干扰自己与他人和谐共处，从而让自己错失很多发展良机。但我们懂得遵循一些规律后，是可以克服羞怯心理的。

大学生人际交往羞怯心理的调适方法主要有：

（1）减少对自身表现的关注。过度关注自身的言行，总怕自己讲不好话、办不妥事，担心让别人看到弱点和不足，反而会减弱逻辑思维能力和语言表达能力，加重原有的紧张程度，甚至出现语无伦次、手足无措现象。与人交往时，一定要从过度的自我防护心理中解放出来，不要刻意关注自己的表现，不要过多计较别人的评论，要放开自己的言行举止，抱定成功的信念，把注意力从内在转移到外在，这样可以使自我关切度逐渐减弱，让自己的交往活动更加顺畅。

（2）主动和陌生人交谈。俗语说：万事开头难。在适当的场合，只要勇敢地讲出第一句话，迈出第一步，就不会像想象中那样紧张。可以尝试从问候别人开始，主动同陌生人打招呼，寻找对方喜欢的话题，给予关心和问候。如排队时站在你身后的人、候车室里坐在你身边的人、出租车司机、图书管理员、商店售货员等，都可以主动与其聊天。有了这样的尝试，就会慢慢掌握怎样开始第一次谈话，怎样使谈话不断进行下去，怎样使谈话圆满结束，从中领悟谈话的技巧。

（3）鼓励自己勇于尝试。结交新朋友，或找陌生人办事，有可能不如意，也可能失败。出现这种情况时，一定要鼓励自己勇于尝试，尽力去做，大胆行动。在日常学习和生活中，要鼓起勇气与新领导、新老师、新同学接近，主动交谈且不能满足于一次交往。要尝试第二次、第三次……有了一次次的尝试与成功，自我肯定的模式就会逐渐形成，羞怯心理也就会随之消失。切记，如果不成功，就看成一次试验，再做进一步尝试。别人赞赏自己时，就大方地接受和享受，永远不要轻视别人的称赞。

（四）大学生人际交往嫉妒心理与调适

1. 大学生人际交往嫉妒心理及其产生原因

嫉妒是别人在某些方面比自己优越时，产生的羞愧、怨恨、敌意等复杂情感。在社会生活中，人总会不自觉地在多方面与他人比较。当发现自己的才能、机遇、名誉、地位、成绩不如他人时，就会产生嫉妒心理。嫉妒心理具有明显的指向性，即指向原来同自己处境相似，而后来比自己优越或超越自己的人。嫉妒心强的人，不是从自己的拥有中寻找快乐和安慰，而是从他人的拥有中感受失落和痛苦，对别人的才干和成绩不服气、生怨气，有时借机对他人进行贬低、中伤和诽谤，导致人际关系紧张。

大学生人际交往嫉妒心理的形成大致有以下几个原因：

（1）优越感被破坏。其实，嫉妒是一种被破坏的优越感，也就是说优越感被破坏之后出现的心理反应。若自己有优越感，但被他人超越的话，可产生嫉妒心理。若没有过优越感，只是表现为自卑，则不会出现嫉妒心理。

（2）与周围比自己强的人比较。每个大学生都很渴望成功，往往会和周围的同学进行比较，一旦发现跟自己能力差不多的同学赶超了自己，通常会感到不舒服、焦虑和紧张，进而产生嫉妒心理。

（3）以自我为中心。具有嫉妒心理的人往往以自我为中心，比较自私自利、心胸狭窄，又不甘居人下，认为别人取得成绩会对自己构成威胁，不把别人的成绩看作对集体建设的贡献，不愿以奋斗和竞争去赶超他人，而是试图用某种不道德的方式将他人强行拉回原来的位置，以求得自己原来的均衡状态。

2. 大学生人际交往嫉妒心理的调适方法

嫉妒是一种十分有害的不良心理，持有这种不良心理会明显妨碍社会交往，并且影响自身的心理健康。嫉妒心理作为一种消极的情感体验往往是难以避免的，但它又是可以控制的、能够克服的。

大学生人际交往嫉妒心理的调适方法主要有：

（1）将注意力放在自身优势上。有嫉妒心理的人往往把注意力放在别人身上，同别人进行比较，从而产生嫉妒心理，甚至心怀怨恨。有意识地把注意力放在发挥自身优势上，正视自己与他人的差距，不断寻找和发现自己新的价值，开拓自己的潜能，就可以使失衡的心理获得平衡，嫉妒心理也会随之减弱。

（2）坦然对待别人的优点。提高修养，开阔眼界和胸怀，改变原有的思维方式，从实际出发欣赏他人，列出他人的优点，再问问自己，“这个人能让我学到什么”，在他人身上找到自己可以借鉴之处。

（3）将适度嫉妒变为动力。克服嫉妒心理重要的是把嫉妒化为前进的动力，不让嫉妒消耗自己拥有的能量。发现别人超越自己时，要以此为动力，通过自己顽强的意志和锲而不舍的努力，赶超对手，这样就不会再感到苦恼和烦躁，而会体验到轻松和愉悦。

（五）大学生人际交往猜疑心理与调适

1. 大学生人际交往猜疑心理及其产生原因

猜疑心理是由主观推测而产生不信任的一种复杂的不良心理。猜疑是人际关系的大敌，它会破坏朋友间的友谊，疏远人与人之间的关系，无端地挑起矛盾纠纷，也很影响个人的情绪。猜疑心理往往是心胸狭窄、爱计较个人得失的人易发生的不良心理。另外，也有一些人产生猜疑心理是由于社交中发生误会或听信流言蜚语。

大学生人际交往猜疑心理的形成大致有以下几个原因：

（1）作茧自缚的封闭思路。在这种思路下，猜疑一般总是从某一假想目标开始，并依据自己掌握的情况和理解程度进行环形思考，最后又回到假想目标。现实生活中猜疑心理的产生和发展，几乎都同这种封闭思路主宰了正常思维密切相关。

（2）对他人缺乏信任，对自己缺乏信心。猜疑心理的形成与人际信任的缺乏有很大关系，而且，对别人信任的缺乏，往往又同自信的不足相联系。疑神疑鬼的人，看似怀疑别人，实际上也是在怀疑自己，对自己信心不足。

（3）交往挫折的自我防卫。俗话说："一朝被蛇咬，十年怕井绳。"有些人以前由于轻信别人，在交往中受过欺骗，蒙受过较大损失，遭遇较大挫折，导致在人际交往中自我防卫的敏感度提高，不再轻易相信他人。

2. 大学生人际交往猜疑心理的调适方法

很多人明知猜疑心理会对自己造成消极影响，但就是控制不住自己的思维，会不自觉地去进行一些无端的猜测。面对这种情况，就需要掌握一些心理调节的方法，加强对猜疑心理活动的管控。

大学生人际交往猜疑心理的调适方法主要有：

（1）培养理智，切忌感情用事。如果产生问题的原因不明，应冷静地以合理的方法去调查了解，以找到真实的证据，促成正确的分析判断。已证实是误会的，应及时矫正自己的猜疑心理。即使一时找不出症结所在，也不用太主观推测，过多演绎。

（2）学会知人知己，信任他人。对并不熟悉的人，有防备心理是很正常的。而对于熟悉的朋友，信任是最重要的，信任会抵制猜疑的蔓延和加重，并增进彼此感情。

（3）要学会宽容，逐渐开阔自己的胸襟。人无完人，不过于拘泥小事，人与人之间应该坦诚相处，对他人不要苛求，只有对别人宽容才能迎来别人对自己的宽容。

心灵成长

通过本章的学习，请简单介绍一下你认为的比较实用的人际交往技巧和方法。

拍出好心情

用手机拍摄寝室每位同学的免冠照片，并合成一张免冠照片的"全家福"。看到"全家福"照片后，你感受到了什么？编辑一份文案，把文案和"全家福"一并发到自己的朋友圈或是其他网络平台上，看看大家给你留言的内容和你想的是否一样。

思考题

1. 人际交往的常见类型有哪些？
2. 你对自己的人际关系状况满意吗？有哪些需要改进和完善的地方？
3. 你认为该如何提升自己的人际吸引力？

课后作业

1. 你认为在人际交往中应该遵守哪些原则？
2. 请结合实际，分析自己在人际交往方面存在的问题及调适方法。
3. 从你的大学同学中分别选出一个人际关系和谐的同学和人际关系不良的同学，比较一下两人在人际交往方面有哪些不同。对于人际关系不良的同学，你有什么好的建议？

作品推荐

图书：《人际关系心理学》，埃伦·伯斯奇德、帕梅拉·丽甘著，李小平、李智勇译，上海教育出版社。
电影：《中国合伙人》，陈可辛执导。

第十章
大学生性心理与恋爱心理

动画导入：
爱情的发展阶段

学习目标：

了解性心理发展的一般规律，形成对恋爱心理的正确认识，能够处理在恋爱选择、相处过程中的各类困扰，树立正确的恋爱观。

心路心语

关关雎鸠，在河之洲。窈窕淑女，君子好逑。参差荇菜，左右流之。窈窕淑女，寤寐求之。求之不得，寤寐思服。悠哉悠哉，辗转反侧。参差荇菜，左右采之。窈窕淑女，琴瑟友之。参差荇菜，左右芼之。窈窕淑女，钟鼓乐之。

——《诗经》

爱情的持久、力量和美是与个人的一般道德水平分不开的。

——邓颖超

引　言

本章第一节介绍了性心理与恋爱心理的基础知识，包含性的概念、性心理与性心理健康、爱情的本质以及发展阶段；第二节讲述了大学生的恋爱观与性心理发展的关系、主要问题以及影响因素；第三节重点讲述如何发展幸福健康的恋爱关系。在本章中，学习重点在于培育健康的恋爱观及性观念，学会正确恋爱。

案例导入

小 J1 和男朋友的感情越来越深，亲密举动也越来越多。还有一周是男友的生日，男友暗示小 J1，希望关系能够在生日的这一天得到进一步发展。小 J1 陷入纠结，一方面担心如果以后分手怎么办，别人会不会嫌弃自己，一方面觉得自己不能够拒绝男友，担心男友怀疑自己不爱他。她回来之后向室友求助。

室友小 J2 说：你直接拒绝他就好，爱≠性，爱是互相尊重与信任。如果他爱你，他也会理解和尊重你的选择。未来还有很多不确定性，你需要对自己负起责任，克制住自己的冲动。

室友小 J3 说：你应该感受下自己的内心，是否想和他进一步发展关系。性≠婚姻，是人的本能。没必要去在意别人的眼光，无论是否处女，身为女人都是美好的，不要受制于这种观点，要尊重自己内心的选择。

如果你是小 J1，你会以何种态度对待男友提出的要求呢？

请思考：是否可以向对方提出性要求？如何决定是否答应对方的性要求？如何能够在维护双方关系的基础上拒绝对方的性要求？

第一节 性心理与恋爱心理概述

一、性与性心理

（一）性的概念

性和其他生理现象一样，是由生物属性、心理属性、社会属性共同塑造的。生物属性即男性、女性在生理构造上的差异以及与生俱来的性本能，自然而原始地存在于每个人的生命全程，它是人类繁衍、种族延续的必要条件。心理属性是指人的性行为还受到个体的情感、意志和价值观等心理因素的影响，是动机、态度、情绪、意志和人格的综合表现。社会属性是指人的性行为也受到社会文化、伦理、道德、法律的规范和制约，有着时代发展的烙印，也需要尊重社会道德与法律的界限。

大学阶段，学生已经进入性生理成熟时期，也容易表现出强烈的性冲动，这是生理健康的正常表现。但同时，有些大学生性心理还处于不成熟的状态，甚至存在着错误的性观念。比如，有些人试图通过一夜情的方式来证明自己的魅力，有些人为了满足自己的物质需求，通过与异性发生关系索取物质回报，这都是对性关系的不负责，亟须培育他们健康的性心理。

（二）性心理与性心理健康

性心理是指在性生理的基础上，与性征、性欲、性行为有关的心理状态与心理过程，也包括与他人交往和婚恋等心理状态。性生理是性心理发展的生物学基础，性生理发育的障碍或缺陷，会使性心理的发展出现偏差。

性心理健康指的是处于社会生活中的个体具有正常的性欲望，并且能够正确地看待有关性的问题，与异性进行适当交往的一种心理状态。世界卫生组织对性心理健康所下的定义是：通过丰富和完善人格、人际交往和爱情方式，达到性行为在肉体、感情、理智和社会诸方面的圆满和协调。

健康的性心理包括以下几个方面：

1. 对性的正确认识

自身对于性的正确认识是性心理健康的前提和基础。对于性的科学认识包括：对自己性别的接纳和认同；能够正视自己随着年龄的变化，性生理和性心理发展日益成熟，不会因为这种变化产生偏激心理；能在所处的社会环境中正确评估自己、客观评价自己和他人，乐于承担相应的性角色。

2. 对性欲的正确认识

性欲是人的本能属性，大学生拥有性欲是正常生理需求的体现，无须羞耻和抵触。处于青春期的大学生，拥有性欲是正常的性心理体现。性欲望对象要指向成熟的异性个人，而不是其他物品等替代物。在出现性冲动后，要能够正确释放、控制、调节，使之符合社会规范的要求。大学生已经成人，可以实现自我负责，管理好自己的性欲望，做好正确的卫生保健和自我防护。

3. 对异性的正确认识

能否和异性保持和谐的人际关系也是衡量大学生性心理健康的重要标准之一。伴随着性生理和性心理的成熟，与异性的情感从疏远走向专注，甚至萌发出爱情，并开始通过恋爱增进彼此了解，给予相互关怀，这是男女青年恋爱的开始，也是性意识发展到成熟阶段的标志。

二、爱情的本质

（一）马克思主义爱情观

马克思指出：“人的本质不是单个人所固有的抽象物，在其现实性上，它是一切社会关系的总和。”根据马克思主义理论，人既具有自然属性，又具有社会属性。人的自然属性在恋爱中表现为人的生理需求，人类和其他动物对性的需求是一样的，具有了一定繁殖能力的男女均会产生性冲动和性欲。但人与动物的区别在于人是社会的人，具有社会属性，人的活动是有意识的活动，恋爱也是有意识、有目标地去爱一个人，这是人类所特有的情感和精神，情感和精神因素在一定程度上更能体现恋爱的内涵。

马克思主义认为，爱情是基于一定的客观物质条件和共同的生活理想，在男女双方心中形成的真挚的爱慕，并渴望对方成为终身伴侣的最强烈的感觉。马克思主义的爱情观有以下几个要点：第一，一定的物质基础。爱情需要建立在一定的物质基础上，包括经济条件、社会地位等方面。第二，共同的世界观、人生观和生活理想。爱情需要男女双方有共同的价值观念和生活目标，能够共同追求幸福。第三，相互爱慕。爱情需要男女双方真挚地相互爱慕，尊重和支持对方，分享和承担彼此生活中的不同方面。

在马克思主义看来，爱情是一种高尚的情感，它需要建立在平等互爱的基础上，需要男女双方共同追求和努力。同时，爱情也需要面对现实生活中的各种挑战和困难，需要不断地发展和完善。

（二）心理学界的爱情观

1. 斯滕伯格的爱情三角理论

20 世纪末，心理学家罗伯特・斯滕伯格将定量分析和定性分析相结合提出“爱情三角理论”，认为爱情体验都是由亲密、激情和承诺三大要素构成的。这三个要素形成爱情三角形的三个顶点，缺少任何一个要素，都不能称之为爱情。

（1）亲密。亲密是爱情的情感方面，能够给人带来温暖的体验，具体包括：渴望促进爱人的幸福；喜欢跟自己的伴侣在一起；共同分享美好的时光；能够尊重对方、互相理解与分享所有；情感上彼此支持；珍重对方，并能够跟对方进行深层次和坦诚的沟通。亲密关系的缺失意味着亲密关系即将结束。

（2）激情。激情是爱情的行为动机方面，是一种“强烈地渴望跟对方结合的状态”。通俗地说，就是见了对方会有一种怦然心动的感觉，和对方相处有一种兴奋的体验。性的需要是引起激情的主导形式，自尊、照顾、归属、支配、服从等也是唤醒激情体验的源泉。激情可以是积极的，也可以是消极的。积极的激情能激励人们克服艰险、攻克难关；消极的激情常常对正常活动具有抑制的作用或引起冲动行为。具有正确的思想认识、高尚的道德品质和坚强意志的人能控制自己消极的激情。

（3）承诺。承诺不受情绪的控制，是由我们的理智和意志控制的。坚定而执着的承诺是关系发展的长久动力，为互相依赖与信任提供保障。承诺是对未来的投入和保证，它表现为对伴侣的忠诚和持久性。承诺不仅是口头上的表达，更是一种内心的决定，愿意与伴侣共同经历人生的起起伏伏。承诺是维持长期关系的重要因素，它让爱情不仅是短暂的激情，也是能够持久地走下去的动力。

这三种要素的组合会产生八种不同的爱情类型，如图 10-1 和表 10-1 所示。

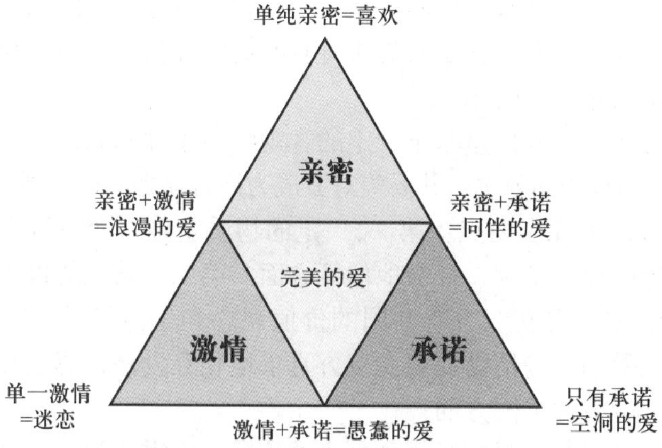

图 10-1　斯滕伯格爱情三角理论

表 10-1　八种类型的爱情

类型	亲密	激情	承诺	表现
无爱	低	低	低	如果三个要素都不具备，爱就不存在
喜欢	高	低	低	可以互相分享内心的感受和想法，两个人更像是朋友，在一起彼此感觉很舒服，但缺少激情，也不一定愿意厮守终生
迷恋	低	高	低	一见钟情，有着强烈的激情，但缺乏亲密和承诺。认为对方有强烈的吸引力，但对对方了解不多，也没有想过未来
空洞的爱	低	低	高	只有承诺，缺乏亲密和激情。只是凭借个人原则、责任感和社会规范来维系恋爱关系，为了结婚而结婚
浪漫的爱	高	高	低	许多恋爱关系刚开始时会有这样的状态，有亲密和身体的吸引，却不会想到长久的未来
同伴的爱	高	低	高	有亲密关系和承诺，缺乏激情。许多情侣在长时间的恋爱之后，激情逐渐褪去，留存的是一种深刻、持久的亲密关系
愚蠢的爱	低	高	高	只有激情和承诺，没有亲密关系。刚开始热情似火，在对对方或双方不了解的基础上给出承诺，就像空头支票，难以兑现
完美的爱	高	高	高	同时具备三要素，包含激情、承诺和亲密，只有这一类型才是真正的爱情。双方在身体、精神等方面都能完美契合，同时对未来也有承诺，这也是爱情的理想状态

健康的爱情三种要素缺一不可。斯滕伯格指出，缺少任一要素的爱情都不是真正的爱情。如果彼此没有亲密的意愿，恋爱就无法开始。随着恋爱的升温，恋人自然而然会产生激情，期许与对方有更多身体上的接触。但是作为大学生恋人，依然还是学生身份，在哪些空间环境中表现亲密的举动，身体上的接触应该控制在何种范围是值得思考、教育和引导的。承诺既代表对对方的责任，也表示对自身行为的约束。虽然相对于婚姻关系，恋爱关系具有更大的自由度，但在恋爱中仍然需要对自身的行为和情感负责，约束自身的行为。

2. 弗洛姆的“爱的要素”理论

弗洛姆认为爱情的本质是付出和给予，这种付出和给予是无私的、积极主动的，并且不是为了追求外在的目的。他认为真正的爱情是关心、尊重、责任和认识的统一，四者缺一不可。

首先，真正的爱情包含关心。这意味着我们要积极关注所爱之人的需求和感受，尽力满足其需要。其次，真正的爱情也包含尊重。这意味着我们要以平常且平等的眼光看待所爱之人，不因对方的身份、地位、财富等因素而产生歧视或偏见。再次，真正的爱情还包含责任。这意味着我们要对自己的爱情关系负责，愿意承担起相应的责任和义务。这种责任不是外界强加给我们的，而是我们自觉自愿地承担的。最后，真正的爱情也包含认识。这意味着我们要了解所爱之人的性格、兴趣爱好、价值观等方面的信息，并努力理解对方的内心世界。只有当我们真正了解对方时，我们才能建立起稳定而健康的爱情关系。

在弗洛姆看来，爱情是人类追求自我实现的一种途径，通过爱情人们可以找到真正的幸福和满足。他强调爱情是一种能力，需要我们通过实践和学习来培养和发展。同时，他也指出爱情是一种选择，我们需要有勇气去选择真正的爱情，而不是被社会和传统束缚在无爱的婚姻中。

总之，在爱情中，我们需要积极主动地付出和给予，同时也要关注所爱之人的需求和感受，尊重他们的个性，承担起相应的责任，并努力了解对方的内心世界。只有这样，我们才能建立起真正意义上的爱情关系。

三、爱情的发展阶段

心理学家苏珊·坎培尔在《伴侣的旅程》（*A Couple's Journey*）一书中提出，爱情关系会经历五个发展阶段，分别是浪漫期、权力争夺期、稳定期、承诺期和共同创造期，是一个垂直发展的阶段。

麦基卓和黄焕祥则在《懂得爱：在亲密关系中成长》（繁体字版书名为《关系花园》）一书中进一步将发展阶段修改为循环周期，而不只是线性发展，同时把容易使人误解为进入停滞状态的“稳定期”改为“整合期”，成为现在普遍用来解释爱情关系发展的五个阶段——浪漫期、权力争夺期、整合期、承诺期和共同创造期。

（一）浪漫期

浪漫期又称罗曼蒂克期，是亲密关系中让人兴奋、心醉神迷的最浪漫时刻。因为任何关系的最初阶段都出于想象。此时双方都不了解彼此，只是看到或感觉到对方所呈现出来的形象，有许多自己的期待、幻想或错觉，把自己对完美伴侣的想象投射到对方身上，也是对彼此的物化。这时候，关系是一种梦想、一个故事，包含许多希望和期望。也因为如此，浪漫期充满了能量、热诚和活力，准备将两个人带到下一个阶段。

当浪漫消退，彼此愈来愈熟悉对方，逐渐看清楚对方的本性和行为时，浪漫期就结束了，正式进入所谓的权力争夺期。

（二）权力争夺期

许多伴侣的争执和问题都是发生在权力争夺期，但有些伴侣可能更久，甚至终其一生都停留在这个阶段，或是在来不及走到下一个阶段时，就分叉到其他小路。其他的偏离状态可能是冷漠（有些伴侣已经放弃争执，不再有强烈的争夺较劲，仅维持表面的和谐）、超越（有人把兴趣转移到精神生活，不再投入人际互动，包括两人的亲密关系），或是分离（有人已放弃自己或对方，走出两人权力争夺，选择结束关系）。只有在伴侣能看见彼此的差异，且愿意彼此尊重和接纳时，才有可能进入下一个阶段。

（三）整合期

整合期的伴侣，不再争辩谁对谁错，也不再企图责备、控制或改变对方，也不会自责、内疚或懊悔，而是以好奇和真诚的态度来了解彼此，愿意倾听和学习，不再防卫和抗拒，开始互相分享和对话，此时真正亲密的花朵才有可能在两个人的花园中慢慢绽放。当双方能达到某种程度的整合，才会晋升到下一个阶段。

（四）承诺期

能进入承诺期的伴侣，他们乐于表达自己的想法和感受，彼此深入了解对方，同时能投入各自和共同的生活，也因为能完全了解自己和对方，所以可准备做出完备的承诺，承诺彼此有自由的选择，也愿意共享一个承诺，一起计划双方的期待和决定，并且付诸行动。

此时就不再是一方要求另外一方，而是彼此都愿意遵守共同协定，对彼此有真实的期待，有别于浪漫期中自己幻想的期待。

（五）共同创造期

此时不但能清楚自己的特质、梦想和极限，还能继续深入了解对方，彼此支持完成人生的理想。双方在这个阶段有充分的自由，生命也有无限的可能，两个人能够一起努力、和谐一致，就像是跳双人舞一样，已经能自在地展现优雅的舞姿，不管是自己的动作还是两人互动都流畅自然，两人的合力能共同实现梦想和愿望。在此过程中，双方会继续了解、探索对方，就像认识新朋友一样，重新进入第一个阶段充满兴奋的浪漫期。

每一段情感关系的发展，大致都脱离不了这五个阶段。所不同的在于双方决定以什么态度和方式来经历这样的变化起伏，当然这也就决定了在不同阶段的停留时间。

心理百科

/ 恋爱中的投射效应 /

投射效应是指在认知过程中，人们常常把自己的特点归结于其他人身上，认为他人也具备与自己相似的特征。这种效应容易让人产生错误的认知，从而导致误解和偏见。在恋爱中，投射效应也可能导致一些问题。

比如，当一个人对某个人有好感时，可能认为对方也对自己有好感，从而过度解读对方的言行，将对方的行为和言语解读为对自己有好感。这种误解可能导致个体过度投入感情，而最终受到伤害。

另外，投射效应也可能导致个体对自己的伴侣产生错误的期望。个体可能认为自己的伴侣应该具备某些特质或行为习惯，而实际上这些特质或行为习惯只是个体自己的投射。这种期望可能使个体和伴侣之间的关系变得紧张，因为彼此的行为习惯和价值观可能存在很大的差异。

为了克服恋爱中的投射效应，我们需要保持理性思考和客观态度。在认识和了解对方的过程中，需要尽可能地了解对方的真实想法和感受，而不是将自己的期望强加于对方。同时，我们也需要学会接受和理解对方的不同之处，尊重对方的个人空间和独立性。只有这样，我们才能在恋爱中建立健康、稳定的关系。

心灵港湾

/ 周恩来与邓颖超的爱情 /

他们相识于1919年的“五四运动”。那时邓颖超是北洋直隶第一女子师范学校的学生，同时是天津爱国运动中最活跃、影响突出的“女界爱国同志会”宣传队队长。彼时周恩来刚从日本留学归国，年轻有为，担任《天津学生联合会报》的主编。两个充满热情和斗志的年轻人，因为共同的理想相识相知于爱国运动的核心组织“觉悟社”。随着爱国运动不断深入，周恩来、邓颖超等爱国学生成立了天津学生爱国运动的核心组织——觉悟社。在觉悟社内，他们既是志趣相投的战友，也是冲锋在前的勇士，两颗充满激情的心为了祖国的大爱、为了斗争丝毫没有心思去顾及个人感情，都严格地克制着自己感情的闸门。他们定情于“鸿雁传书”。1920年，为进一步探求救国救民的真理，周恩来赴法国勤工俭学，邓颖超等觉悟社部分社友则选择留在国内，继续探索救国救民的真理。在欧洲期间，周恩来给邓颖超寄了100多张明信片，在其中一封印有卢森堡和李卜克内西画像的明信片上写道：“希望我们两个人将来，也像他们两个人一样，一同上断头台。”他们就是在这种纯真的、志同道合的通信中定情的。

第二节 大学生性心理发展与恋爱观

一、大学生性心理发展与恋爱观的关系

大学生性心理发展与恋爱观之间存在着密切的关系。在大学阶段，个体的

心理发展进入了一个新的阶段，自我意识、情感体验和性意识等方面都发生了显著的变化。这些变化不仅影响着大学生的恋爱观，也塑造着他们的性心理发展。

（一）自我意识的增强是大学生恋爱观形成的重要基础

随着自我意识的增强，大学生开始更加关注自己的内在需求和情感体验，对亲密关系和情感表达也有了更高的期望和要求。这种自我意识的增强使得大学生在恋爱中更加注重自我实现和自我表达，同时也更有可能通过恋爱来探索和确认自己的价值观和人生目标。

（二）性心理的强化也是大学生恋爱观发展的重要驱动力

随着性意识的觉醒，大学生开始对性行为、性健康和性道德等方面产生更多的关注和思考。这种关注和思考不仅会影响大学生的情感表达和行为选择，也会对他们的恋爱观产生深远的影响。一些大学生可能因为对性的关注而更加注重感情的真实性和深度，而另一些大学生则可能因为对性的追求而更加注重身体的满足和短暂的快乐。

（三）大学生的性心理发展与恋爱观相互影响

一方面，大学生的恋爱观会受到性心理发展的影响，这种影响可能导致他们在选择伴侣时，更加注重身体上的吸引力和性方面的需求；另一方面，大学生的恋爱观也会反过来影响他们的性心理发展，这种影响可能导致他们在性行为中更加注重情感表达和关系建立。

因此，正确看待恋爱观与性心理发展的关系，树立正确的恋爱观和性观念，对于促进大学生心理健康和成长具有重要意义。同时，学校和社会也应该加强对大学生的性教育和情感教育，帮助他们建立正确的价值观和生活态度，以更好地应对生活中的挑战和机遇。

二、大学生恋爱观偏差与性心理困扰

（一）恋爱观偏差

1. 恋爱动机不纯

对大学生来说，恋爱是大学生活中的重要组成部分，但有一部分大学生不是因为互相爱慕、为选择终身伴侣而谈恋爱，而是出于盲目从众、满足性冲动、空虚无聊、爱慕虚荣、证明自己受欢迎，利用爱情谋取功利而谈恋爱，恋爱动机不纯。这样的爱不是真正的爱，更不会长久。因为所爱的不是这个人，而是贪恋一些外在的事物，比如，经济条件、别人的目光与评价，或者填补自身情感的空缺。一旦对方不能提供，这份爱便会消失。

2. 恋爱道德失范

马克思认为，爱情是伴随男女双方一生的，往往需要接受时间的检验，男女双方在恋爱中还应该先保证自身人格的成熟，过早亲密接触或者只图一时之快乐是很难长相厮守的。他在给自己女儿男朋友的信即《马克思致保尔·拉法格》中写道："真正的爱情是表现在恋人对他的偶像采取含蓄、谦恭甚至羞涩的态度，而绝不是表现在随意流露热情和过早的亲昵。"

如果大学生在恋爱中不在意周围人的眼光，旁若无人地做出各种亲密动作，不仅有损于社会公德和大学生形象，也是对纯洁爱情的亵渎。恋爱中亲密行为的表达，需要尊重自己、尊重对方，更需要适宜适地。

3. 恋爱行为失当

受西方"性解放""性自由"思想的影响，部分大学生责任意识淡薄，轻率地对待性行为，无所顾忌。他们不是把爱情或婚姻当作目的，而是当作手段，以此追求享乐与刺激，或者物质上的收获。双方都过于注重索取和获得，忽视奉献和给予，彼此都缺乏责任感。

俄国社会主义革命胜利初期产生的"杯水主义"就是推崇"绝对恋爱自由"的典型思想。"杯水主义"实质是性放纵的代名词，它认为在生理需要的情况下与人发生性关系，就如口渴了就应该喝水一样，是应该得以满足，且很平常的一件事。列宁曾对这种"杯水主义"思想进行严肃批判。他指出："我认为这个出名的杯水主义完全是非马克思主义的，并且是反社会的。"因此，在性与爱情问题的讨论中，要坚持马克思列宁主义恋爱观，坚决抵制和反对这种"杯水主义"，树立和倡导正确、健康的恋爱观。

（二）性心理困扰

一般来说，常见的性心理困扰主要包括以下几种：

（1）认为自己的性器官短小。其实许多男性的性器官并非真的短小，只要功能正常，都不属于生理发育问题。有的大学生认为自己的性器官短小，以至于不敢去公共厕所上厕所，不敢去公共浴池洗澡，担心引来旁人笑话。其实，这都是大可不必的。

（2）认为自慰对自己身体危害极大。自慰是一种普遍现象，男女老少皆有，在大学生中也较为普遍。一些大学生认为这种行为是性变态，是不正确的。其实，这是青少年性成熟的一种正常生理现象。性医学家马斯特斯和约翰逊博士利用实验室技术描述了实际性交和手的自慰引起的多种变化，结果没有差异。当今国际医学权威对其做出了"既不是不正常的，也不是对身体有害的行为"的结论。适当的自慰对身体并不会产生危害。

（3）沉迷于色情网站。一些大学生沉迷于色情网站，严重扭曲性道德和性健康的审美观念。有这种情况的大学生可以通过转移注意力的方式来克服淫秽色情信息的不良影响，如参加活动、投入学习、扩展人际圈等，也可通过正规书籍或课程了解性知识，避免受到不良信息的影响。

此外，还有一些不常见的性心理困扰（障碍），如性别身份障碍、性意向障碍、性偏向障碍等。出现性心理障碍要及时寻求学校的心理咨询师或者医院的精神科医生的治疗与帮助，通过一定的治疗与咨询，尽早走出性心理障碍的阴霾。

三、影响大学生恋爱观和性心理发展的主要因素

（一）家庭教育的影响

父母的夫妻关系对大学生恋爱心理与性心理发展有着启蒙的作用。父母之间关系是和谐稳定的，能够增加子女对进入婚姻的信心，父母之间的沟通方式也会为子女提供良好的沟通示范，父母之间彼此关心和信任也能够促进子女对爱情的理解与向往。同时，根据爱的依恋理论，孩子与父母之间的依恋关系也是未来亲密关系的模型，决定孩子的安全感与自我价值感的获得。另外，家庭教育中对性的沟通讨论也会教给孩子性方面的知识，保证大学生性心理的健康发展。

（二）学校教育的影响

大学是全方位能力提高的阶段，包括恋爱与性知识的储备与了解。大学生可以通过阅读相关书籍或通过学校课堂与讲座了解相关内容，也可以和朋友讨论自己困惑的内容。性心理的健康发展，必须有相应的性知识作保障。

（三）社会网络的影响

来自文化、宗教、教育、媒体、科技等多个方面的影响塑造了大学生对恋爱、伴侣选择、亲密关系等方面的认识和期望。特别是互联网和社交媒体的出现，极大改变了人们恋爱的方式和观念。一些非法、黄色网站，对扭曲的性知识、性爱观过分渲染；另外，大学生缺乏一定的鉴别和判断能力，导致大学生形成不健康、不科学，甚至是扭曲的性观念，造成性心理发展方面的矛盾性和错乱性。如过分淡化性贞操观，对婚前性行为、婚外情、一夜情等问题过分渲染，使大学生出现困惑、迷茫。

（四）个人因素的影响

大学生恋爱心理与性心理的发展也是个人主观能动性的发展，这便离不开个人因素的影响。例如，个性特征影响个体在恋爱中的行为和态度。性格开朗、自信的人更容易吸引异性，建立健康的恋爱关系；而性格内向、自卑的人则在恋爱中容易表现出退缩和逃避。

体验活动

/ 我的白马王子（白雪公主）/

首先，请同学们在纸上勾勒出理想伴侣的画像：

（1）描绘出他的外貌：身高，体重，典型外貌特点。

（2）列举出你期待他的行为方式：如何对你；你和他的关系是怎样的。

（3）说一说他的个性特点：他的性格如何，你看重的品质有哪些。

画好之后，请思考如下问题：

（1）这个形象你熟悉吗？他和你身边的谁比较相像？

（2）你看重的这些品质和你有怎样的联系？

（3）在你们的关系中你害怕什么？你憧憬什么？这些害怕和憧憬和你哪些经历相关？

心医之窗

在成长过程中，人类作为生物，会自然而然地产生性心理，而性心理是由性生理的发育而自然产生并发展的，因此，性生理是性心理的基础和主要决定因素。性生理发育包括生殖系统的发育和功能、性兴奋与性行为的机制和表现，以及妊娠生理。而在我国传统医学中，对人类性生理发育，按性别和不同年龄阶段分别有明确的描述和阐释。《黄帝内经·上古天真论》记载："丈夫八岁，肾气实，发长齿更。二八，肾气盛，天癸至，精气溢，阴阳和，故能有子。三八，肾气平均，筋骨劲强，故真牙生而长极。四八，筋骨隆盛，肌肉满壮。五八，肾气衰，发堕齿槁。六八，阳气衰竭于上，面焦，发鬓颁白。七八，肝气衰，筋不能动。八八，天癸竭，精少，肾脏衰，则齿发去，形体皆极。""女子七岁，肾气实，齿更发长。二七而天癸至，任脉通，太冲脉盛，月事以时下，故有子。三七，肾气平均，故真牙生而长极。四七，筋骨坚，发长极，身体盛壮。五七，阳明脉衰，面始焦，发始堕。六七，三阳脉衰于上，面皆焦，发始白。七七，任脉虚，太冲脉衰少，天癸竭，地道不通，故形坏而无子也。"由此得知，中医学认为，人类产生性生理主要是由于"先天肾精"及其发育而产生的"天癸"得来。因此，为了拥有健康的性生理和性心理，应固护肾气，避免消耗肾精，合理膳食，促进正常发育。

太溪穴（见图 10-2），最早见于《黄帝内经·灵枢·九针十二原》：“阴中之太阴，肾也。其原出于太溪……”属足少阴肾经，为肾经之原穴、输穴。《会元针灸学》中提到：“太溪者，山之谷通于溪，溪通于川。肾藏志而喜静，出太深之溪，以养其大志，故名太溪。”太，大也。溪，溪流也。太溪就是肾经之经气在此汇聚如同溪水，由此可以看出，此穴可以滋养人体的肾脏之水。

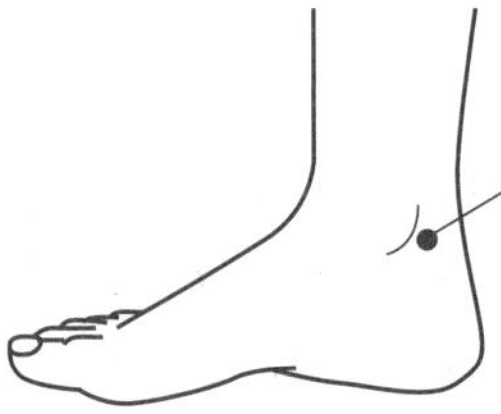

图 10-2　太溪穴

定位：在足踝区，内踝后方与跟腱之间凹陷处。

功效：太溪穴是肾经的原穴，月经不调与冲、任二脉及肾脏关系密切。针刺太溪穴可以滋肾养阴、理气调血、固摄冲任，对于肾虚引起的各种症状、月经失调、痛经等症状有很好的治疗作用。

太溪穴是肾经的原穴，肾在五行属水，有“先天之本”“五脏阴阳之本”“封藏之本”“水脏”之称。肾的生理功能有：

（1）肾藏精：肾所藏之精谓肾精，精能化气，肾精所化之气称肾气。肾中精气的主要生理功能有两方面：

① 肾主一身之阴阳：肾阴和肾阳为人体一身阴阳之根本，二者对全身阴阳的协调平衡起着至关重要的作用。

② 肾主生长发育和生殖：人体生殖器官的发育、性功能的成熟与维持及生殖能力等，都与肾精及肾气的盛衰密切相关。

（2）肾主水：肾气具有主司和调节全身水液代谢的功能。

（3）肾主纳气：肾气有摄纳肺所吸入的自然界清气，保持吸气的深度，防止呼吸表浅的作用。人出生后，先天肾的精气依赖后天水谷精气的保养，即以后天养先天。故即使先天禀赋不足，若后天调摄得当，水谷精微滋养肾之精气，亦能使肾得充养。《黄帝内经·素问·藏气法时论》云，“五谷为养，五果为助，五畜为益，五菜为充。气味合而服之，补精益气”，强调饮食要五味调和、荤素搭配，避免有所偏嗜，过于限制或大量进食某种食品都对身体无益。

第三节
大学生的健康幸福与恋爱的关系

一、恋爱前的自我探索

亲密关系是人生发展的必修课，但并非大学期间的必修课，大学生无须感到有压力。亲密关系的实质是一个人与自我的关系。在小说《飘》中，郝思嘉一直深爱着英俊潇洒的艾希利，直到有一天她发现原来她爱的不是真正的男主角，而是自己想象的那个人，是她少女时代对爱情的憧憬，艾希利只是正好符合了她所构想的形象。这一幻想其实和对方无关，而是和自己有关，如恋爱观、个人的品质，以及对自己或者未来的期待。如果对自己是接纳的，也会给予对方更多的接纳；如果对自己很苛责，也常会在对方身上看到自己所不满意的地方。所以，在未遇到人生伴侣之前，可以先去进行自我探索，实现自我成长。

（一）树立积极正确的恋爱观

1. 提倡志同道合

志同道合是指双方在精神、兴趣、价值观等方面的共鸣和一致性。当两个人在这些核心方面有共同的认知和追求时，他们的关系更容易长久、稳定，并且充满幸福感。在选择恋人时，应看重有理想、有道德、思想品质好的人，这样的伴侣可以共同进步，相互支持。

2. 平衡爱情与学业之间的关系

大学生应将学业放在首位，把爱情作为完成学业的动力，避免因恋爱而忽视学业。应该意识到恋爱只是生活的一部分，而不是全部。恋爱双方，应该相互支持、鼓励，共同追求学业和未来的发展。

3. 懂得爱情是一种责任和奉献

相爱双方应相互理解、信任，尊重对方的独立性和基本权利，爱情不仅是享受，更是一种责任和奉献。这种恋爱观建立在彼此相互尊重和共同努力的基础之上，有助于构建一个更稳定、更满足的关系。

4. 符合道德与法律要求

恋爱作为人类情感生活的重要组成部分，不仅是个人的情感体验，也涉及社会伦理和法律规范的约束。在构建健康、和谐的恋爱关系时，我们应当遵循道德原则，尊重法律规定，注意言谈举止的文明与得体，避免粗俗行为，保持平等和尊重。

5. 对待爱情忠诚专一

爱情具有排他性，不应有三心二意或见异思迁的行为，一旦建立恋爱关系，应忠贞不渝。当其中一方表现出不忠诚的行为时，不仅会对伴侣造成伤害，也会对自己的内心产生负面影响。相反，通过坚守忠诚专一的原则，双方可以更加专注于彼此的成长和发展，共同实现个人价值。

6. 学会正确处理恋爱挫折

大学生在追求爱情的过程中可能会遇到各种困难和挫折，如单相思、失恋等，应培养良好的心理承受能力，正确对待这些挑战。其实恋爱挫折只是生活中的一部分，它并不意味着个人的价值或能力受到了质疑。相反，通过处理这些挫折，可以变得更加坚强、成熟和自信。

除此之外，大学生还应避免一些常见的误区，例如，误把友谊当爱情，应理智地区分友谊与爱情的界限，避免不必要的烦恼；不要错置爱情的地位，不应将爱情置于人生过高的地位，而忽略其他重要的人生目标，如学业和职业发展；不要片面或功利化地对待恋爱，不应只追求外在形象或经济条件，而应寻找志同道合的伴侣，共同追求理想和生活目标；不要只重过程不顾后果，在恋爱中应考虑到未来的责任和义务，不应只追求短暂的快乐而忽视长远的承诺和付出。

（二）提升自我认知

与他人建立亲密关系必须从内心开始，对自己有更深入的了解。在恋爱前，我们要清楚地认识自己，包括自己的优点与缺点、自己的需求和价值观。一个人越了解自己，越能够更好地理解对方，越能够在亲密关系中为自己的行为负责，越能够尊重和支持所爱之人。在恋爱中需要对自己坦诚，否则也无法对别人坦诚。当大学生能够更加了解自己的情感需求时，也可以在恋爱关系中直接表达出来，而不带有负向情绪。

“如果你是你未来的恋人，你会喜欢自己吗？你欣赏自己哪些方面？不欣赏自己哪些方面？”如果这些问题在你心中有了答案，你可以去留意下你对自己的评价是正向多一些，还是负向多一些。一个自卑的人常常会认为自己不够好，自己不值得被爱，从而对爱情发展没有信心，甚至不愿意恋爱，不愿意结婚。如果一个人对自己正向评价多一些，认为自己值得被爱，就会更积极勇敢地追求爱的对象。

（三）积极探索自我

在大学生活中，我们有更多的机会接触不同的人和事物，这也为我们提供了更多的自我探索的机会。我们可以通过尝试不同的爱好和活动，或者是参加社交活动，来发现自己的兴趣和优势。这些经历不仅能够让我们更好地认识自己，还能够让我们更加自信和独立，从而更好地应对恋爱关系中的挑战。

二、如何经营爱情

（一）恋爱关系的开启

当你能够对自己有正确的自我认知、深入了解自己的个性以及未来规划之后，对未来的伴侣也能够勾勒出其特点。接下来需要扩宽自己的交际圈，在人际交往中更深入地了解自己，也创造条件遇见适合自己的伴侣。当代一部分大学生会网恋，但其实网络上的认识是不全面的，对伴侣的认知夹杂了很多自己的情感投射，一旦见面会发现或许你对这个人并不了解，只是你头脑中对理想伴侣的幻想而已，需要进一步的深入了解。大多数大学生会选择与周围的人交往，如班级同学、社团中的工作伙伴、竞赛中的队友、老乡等，这些都是扩大交际圈的有效途径，可以增进彼此的了解。

当你遇到心仪的交往对象后，接下来就进入相互了解的阶段。这期间，你们会发现彼此有很多相像或者不同之处，彼此之间也会因为相同而联结，因相异而成长。世上没有完美的人，但每个人都是独一无二的，正是优点与缺点的组合才成为完整的人。你可以在你们相处的过程中了解这个人的价值观、兴趣爱好，也可以通过观察他与周围人的关系了解其相处方式、待人之道，也可以通过对方描述自己的家庭了解其成长环境和个人经历，当你全面了解后也能够更加清楚地认识这个人本身，而不是存在于头脑中的幻象。

通过了解，你决定和他一起走下去，你可以表白，坦诚面对自己的感情。如果被拒绝也没关系，至少你为爱情做出了努力，能够为自己的情感负责。千万不要因为对方的拒绝而否定自己，可能是因为你不是对方要找的人，而不是因为你不够好。如果经过了解感觉彼此还是不合适，也要以合理的方式拒绝这份爱，比如告诉对方“你不是我要找的人”，千万不要指责或者评判对方，给对方带来伤害。

（二）爱的五种语言

当你们建立关系后，就建立了你们爱的情感账户。你可以在这个情感账户上“存款”或者“提款”，如果你们彼此在恋爱过程中不断给予赞美、肯定、关爱、尊重和帮助，你们的关系就会稳定和谐，并且感受到幸福。如果双方挑剔、指责、埋怨，甚至对对方造成伤害，就会让情感账户透支，甚至关系会遇到危机。而你能控制的只有自己的“存款”和“取款”，无法控制别人是否“存款”。随着你向对方情感账户持续“存款”，你就能获得对方的理解和信任。但是现实情况是，有时候不管自己怎么努力，对方就是感受不到自己的爱。同样，明明对方很爱自己，自己就是感受不到，从而产生隔阂与分歧。这是因为每个人爱的语言不同。只有学会理解对方爱的语言，我们才能智慧地往对方的情感账户里“存款”，对方才会有被爱的感受。只有我们懂得自己爱的语言，才能有效获取对方的“存款”，感受到幸福。盖瑞·查普曼博士发现，在亲密关系中爱存在着五种语言。

1. 肯定的言语

肯定的言语是指对另一半说一些赞赏、欣赏、鼓励、肯定、谦和、宽容的话语。得到肯定和认可，是人最本能的渴望之一，每个人都希望自己做的事情能够有人认可，希望自己的表现能够得到别人的赞赏，越是亲近的人的赞赏，就越是能够让自己开心和快乐。尤其是对安全感低的人表达“我爱你”、不断肯定，会让他感受到被欣赏与爱，激发他的潜能。你可以带着同理心倾听对方，让对方畅所欲言，真诚地鼓励对方，让彼此感受到更亲近。

2. 精心的时刻

享受彼此在一起的美好时光，给予对方全部注意力，全然地和对方在一起，创造只属于两个人的时刻。比如，去校园散步、一起去露营、看日出日落、一次烛光晚餐等，都可以让对方感受到爱。

3. 礼物

有些人喜欢言语上的肯定，有些人喜欢共同制造的回忆，当然也会有人喜欢实实在在的礼物。重要的其实可能不是礼物本身，而是准备礼物过程中的用心程度。当然，送礼物不一定要有什么特别的理由，很可能你的伴侣是通过你送礼物的行动来确定你的爱意，这个时候，你一定要把握住他的心理，无须大费周章，只需足够用心。可以是简单的一张卡片，也可以是海边的一块石头，或是你原创的手工，都能满足对方爱的需求。

4. 服务

做恋人希望你做的事情，借着替他做的事，表达你对他的爱意。有些伴侣不会天天对你说爱你，但是每次你有需要的时候他都会第一时间在你身边，这种语言就是服务。当我们在亲密关系之中，有意识地去为对方进行服务时，对方会觉得愉悦，也会从我们的行动中感受到爱意。比如，为对方洗好水果、在对方劳累的时候揉揉肩，都是服务的方式。

5. 身体的接触

对某些大学生来说，说一万句可能不如一个拥抱来得让人安心，表白得再生动可能都不如一个吻更加深情。身体的接触也同样是一种爱的语言。通过身体的接触，我们能够感受到亲密感，也能够有一种不分彼此的感觉。

通过这五种语言，我们先要了解自己的爱的语言是什么，可以将这种语言直接告诉对方，让对方清楚了解，满足自己被爱的需要。同时，我们也要明白对方爱的语言，如果他经常对你用一种爱的语言，证明这种语言也是他所需要的，你可以尝试用对方的语言来表达爱意。

（三）如何应对失恋

1. 如何提出分手

（1）理智提出分手。当发生矛盾时，或者感受不到爱时，有的伴侣常常在激动的情绪下提出分手，等到情绪缓解后又后悔莫及。所以在提出分手前要思考清楚为什么分手、哪些方面是不适合的，经过审慎考虑后，再提出分手，也切莫用分手来要挟。对于情感中爱的需求，可以直接向伴侣提出，进行有效沟通。

（2）选择适合的时间和场合。建议选择白天、安静的场合，最好当面提出。神经学家约翰·卡西奥普发现，缺少直接接触的分手会让被分手的一方非常痛苦，给对方未来的恋爱造成伤害。通过发短信、发邮件的方式会让对方得不到任何解释的机会，花更多时间思考自己究竟做错了什么。当面提出分手可以更明确地告诉对方分手的信息。

（3）维护双方的尊严。在提出分手的时候，应该对对方说出你的分手原因，但不要过于详细，更不要把所有的责任归咎于对方，切莫评判或指责，也避免使用“可能”“或许”这样的词语。你可以对对方说“你不是我要找的人”，让对方更加清楚明白你的想法。

（4）做好内心的告别。如清除物品、删除联系方式等，或者通过与自己对话的形式去面对分手的事实，在心里做好准备，接下来的一段日子将是自己一个人来面对生活，需要重新安排自己的生活。

（5）保持一段时间的空窗期。分手后，保留一段时间的空窗期，切莫寻找情感的替代品，马上进入下一段感情。在这个空窗期内，一方面进行情感的自我疗愈，另一方面增进对自己的觉察和了解，更能够理解自己的情感需求，为下一段感情做好准备。

2. 如何面对分手后的痛苦

（1）面对现实。当我们失去一段感情后，感受到痛苦是非常正常的情绪。我们面对物品遗失、亲人离世或者挫败所产生的缺失感是类似的情绪——悲伤。就让这些情绪流淌出来，悲伤情绪的释放也是自我疗愈的开始。切莫再抓着这份已经逝去的感情，接受对方的离开，这是走出失恋痛苦的第一步。

（2）寻找支持。当人在失恋以后，情绪容易陷在里面，然后不断地钻牛角尖，又或是陷入自我怀疑当中，会导致自己非常痛苦。这个时候，可以寻求家人、朋友或心理咨询师的安慰与支持，这些资源可以帮助我们调节心态，渡过难关。

当你发现自己持续情绪低落超过两周，有轻生的念头，对感情和生活感到绝望时，一定要寻求专业的心理咨询师或者精神科医生的帮助。

（3）提升自我。享受当下的自由时间，去尝试学习新技能、参加社交活动、周末去新的商场逛街、去新的图书馆学习、去进行一些体育运动等，让自己的生活更加丰富多彩。利用这个空窗期，去好好关爱自己，感受自己内心的真实需求并予以满足，如用爱的五种语言去好好地爱自己。

三、正确面对性：自主、健康与责任

联合国教科文组织提出全面性教育的概念，探讨性的认知、情感、身体和社会层面的意义，有以下几个目标：在与性相关的一切方面实现健康、安全、快乐；

让每个人实现幸福安康的状态；成为更好的全性个体（包括性征、性别认同、性取向、性行为等）；每个与性有关的决定都是在充分了解信息后的自主选择而非被动的意外。对于心理发展尚未完全成熟的大学生而言，有必要进行全面的性教育，帮助其树立合理的性观念，审慎做出性行为的决定，并对自己的健康进行有效的保护。

性是美好的体验，但是性本身并不能够创造美好的关系。男生用性检验自己的魅力，或是为了让伴侣能够更坚定地和自己在一起，期待用性得到对方内心的承诺，女生害怕失去一段感情与男性发生性关系，这些观念都是不可取的。

性也是自主的，是可以由自己来选择和决定的。在情感上并未建立亲密的联结，心灵上并未获得承诺之前，需要谨慎对待性行为。恋爱中，是可以对爱人拒绝性行为的，真正爱你的人，也会因为你的坚持而接受你的选择。对于生活中的性骚扰更是应当果断拒绝，对于熟人、长辈等的性骚扰行为要勇于对抗，通过法律途径或者学校、家长、社区等渠道寻求支持。同时，性科学本身就是一门综合的学科，包括性生理、性社会学、性伦理、性道德和性法律等，可以通过正规的渠道进行学习和了解，形成健康的两性关系认知。

大学期间，应当充分了解和考虑性行为的很多风险，包括情感伤害、意外怀孕，特别是没有保护的性行为会有染上性病或艾滋病的风险。

每个人都应该为自己的健康负责，做好安全防护。如有泌尿或生殖系统不适，要及时就医，进行艾滋病和性病检测。作为大学生，不仅要对自己个人的性健康负责，更要对爱人、家庭和社会负责任。

心灵成长

制作一份属于自己的恋爱手册，包括对恋爱与性的认识和理解、在课堂中学习到的一些方法，以及自己的经验总结、对恋爱伴侣的期待。

拍出好心情

在周边环境中进行认真的观察和想象，找到环境中像爱的英文字母 L、O、V、E 的事物并拍下来，然后用修图软件拼成一张照片 LOVE。和身边的人分享：你心目中的爱是什么样子的？为什么拍摄这些事物？你会有什么发现，对你有什么启迪？

思考题

1. 你如何理解爱情？
2. 结合个人实际，谈谈如何树立健康的恋爱观。
3. 如何经营好一段恋情？

课后作业

1. 阐述马克思主义的爱情观。
2. 阐述斯滕伯格的爱情三角理论。
3. 简述爱的五种语言。

作品推荐

图书：《爱的五种语言》，盖瑞·查普曼著，王云良译，江西人民出版社。
电影：《山楂树之恋》，张艺谋执导。

第十一章

大学生压力管理与挫折应对

动画导入：
我们一起来减压放松练习

学习目标：

了解并掌握压力与挫折的含义、产生原因及反应特点，明确压力和挫折对大学生心理产生的影响，并学会正确认识成长过程中的压力和挫折，应用应对压力与挫折的技巧提高大学生的抗压力和挫折承受力。

心路心语

群居不倚，独立不惧。

——《墨君堂记》

压力与动力是可以相互转化的。

——习近平

引　言

人生不如意事十之八九。在人生道路上，压力与挫折如影随形。大学生处于身心发展成熟期，但由于社会生活经验尚浅，面对压力和挫折常常不知所措。因此，帮助大学生学会应对挫折与压力，是一个非常现实而又迫切的课题。

案例导入

本学期开学的时候，大二学生小 K 和我聊天，其中有这样几句话："……上课，太枯燥，没劲，还犯困；看书，无聊，看不下去；睡觉，睡多了也累，醒了还空虚；寒假打了份短工，累死累活，让人剥削，连大年三十还干了半天，一个半月的时间总共才给我 1 500 块钱，真是廉价劳动力……现在的大学生活让我觉得很迷茫，觉得什么也没有学到。还有一年就毕业了，不能再靠父母养活了，我觉得压力好大。我不知道我出了学校的门能干什么，靠什么养活我自己，我不知道我的未来在哪里。"

请思考：

1. 这位同学遇到了哪些压力？
2. 这些压力产生的原因是什么？
3. 你有什么方法帮助他减轻压力？

第一节 压力与挫折概述

一、认识压力

（一）压力的含义

压力也称应激，最早是在 1936 年由著名生理心理学家汉斯·塞利博士提出的，他认为应激是表现出某种特殊症状的一种状态，这种状态是由生理系统对刺激的反应所引发的非特定性变化形成的。压力是一般意义上使用的概念，应激则是临床医学使用的概念。压力大致有三种不同的含义：一是指导致机体产生紧张反应的刺激；二是指机体对刺激的紧张性反应；三是指因机体与环境之间失衡而产生的一种身心紧张的状态。目前，比较普遍的看法是，压力是指由刺激引起的、伴有躯体机能及心理活动改变的一种身心紧张状态。你觉得自己现在有压力吗？我们可以进行一个有趣的测验，请注视下面的图（图 11-1），你感觉到它们是静止的还是运动的？如果你看到的图形旋转速度较慢，说明你的压力不大；如果你看到的图形在快速旋转，表示你的压力比较大。

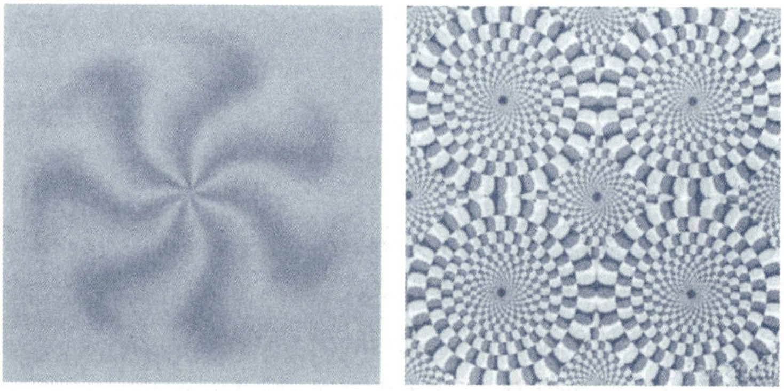

图 11-1　压力测试图

（二）压力反应

当人们面临压力时会产生一系列反应，这些反应在一定程度上是机体主动适应环境变化的需要，能够唤起和激发个体的潜能，增强心理承受和抵御压力的能力。如果压力引起的身心反应过于强烈和持久，则可能引发机体生理、心理功能的紊乱。压力反应主要包括以下三个方面。

1. 心理反应

适当的心理反应有助于个体适应环境，包括警觉、注意力集中、思维敏捷、情绪适度唤起。但过度的心理反应，如过分烦躁、抑郁、焦虑、愤怒、沮丧、消沉等，会使人自我评价降低、自信心降低，表现为消极被动、无所适从。例如，在考试过程中我们都会体验到紧张和压力，适度的压力能使我们专心作答，发挥出色，甚至有可能超常发挥；但过度紧张不仅使我们考试时焦虑不安，而且会发挥失常、成绩不尽如人意。

2. 生理反应

在压力状态下，机体必然伴有不同程度的生理反应。表现为中枢神经系统及免疫系统方面的变化，如心率加快、血压升高、呼吸急速、各种激素分泌增加、出汗等。这些生理反应调动了机体的潜在能量，提高了机体对外界的感受和适应能力，从而使机体能更有效地应对外界环境的变化。但过度的生理反应会使人出现口干、腹泻、呕吐、头痛、口吃等。

3. 行为方面

压力状态下的行为反应可分为直接反应和间接反应。前者是指个体直接面临紧张刺激时，为了消除刺激源而做出的反应，如路遇歹徒，或与其搏斗，或逃避。后者是指为了减少或暂时逃避与压力体验有关的痛苦而做出的反应，如过度吸烟、喝酒，拖延、吃镇静药等使自己暂时缓解紧张状态。

（三）压力源

压力产生的原因称为压力源，或称应激源，是指经个体认知评价后可以引起心理、生理反应的刺激或情境。压力源广泛地存在于我们的生活之中，我们所遇到的压力源可能在自身，也可能在环境之中，但是人类最主要的压力源是人际关系。压力源可以划分为生物性、心理性、社会性和文化性四大类。

（1）生物性压力源指直接作用于躯体而产生应激反应的刺激物，包括理化因素、生物学因素和疾病因素。例如，寒冷、酷热、噪声、毒物、感染、外伤、睡眠障碍、性功能障碍等疾病或健康问题。

（2）心理性压力源指各种心理冲突和挫折导致的焦虑、恐惧和抑郁等消极情绪。

（3）社会性压力源指各种自然灾害和社会动荡，如战争、动乱、天灾人祸、政治经济制度变革、失业、竞争、生活节奏加快、喜庆事件等。

（4）文化性压力源指一个人从熟悉的生活方式、语言环境和风俗习惯迁移到陌生环境中所面临的各种文化冲突和挑战。

心理学家霍尔姆斯（Holmes）等对 5 000 多人进行社会调查，把人类社会生活中遭受到的生活危机（lifecrisis）予以归纳并划分等级，编制了社会再适应量表（见表 11-1）。该表是一种用于评估个体再面临不同生活事件时的心理和社会适应能力的工具，列出了 43 种生活变化事件，并以生活变化单位（life change units，*LCU*）为指标加以评分。分数与多种疾病有关，包括心脏病、骨折、糖尿病、白血病等，还与精神障碍、抑郁、精神分裂症等有关。量表中的生活事件可能促使疾病的发生。成年人使用《社会再适应评定量表（成年人）》，未成年人使用《社会再适应评定量表（未成年人）》。总分越高，使用者面临生病的风险越大。他们认为，若一年内 *LCU* 累计超过 300 分，则来年患病的可能性达 86%；若一年内 *LCU* 累计在 150~300 分，次年患病的可能性达 50%；若一年内 *LCU* 不超过 150 分，次年基本健康。但该量表存在局限性，如未包括某些生活事件、忽略了性别、年龄、民族等因素、降低了回答问题的可靠性以及某些问题不是生活环境中体现的问题而是个人生活习惯的问题。

表 11-1　社会再适应量表（SRRS 成年人）

生活变化事件	*LCU*	生活变化事件	*LCU*
1. 配偶死亡	100	20. 中等负债	31
2. 离婚	73	21. 取消赎回抵押品	30
3. 夫妇分居	65	22. 所担负工作责任方面的变化	29
4. 坐牢	63	23. 子女离家	29
5. 亲密家庭成员死亡	63	24. 姻亲纠纷	29
6. 个人受伤或患病	53	25. 个人取得显著成就	28
7. 结婚	50	26. 配偶参加或停止工作	26
8. 被解雇	47	27. 入学或毕业	26
9. 复婚	45	28. 生活条件变化	25
10. 退休	45	29. 个人习惯的改变（如衣着、习俗交际等）	24
11. 家庭成员健康变化	44	30. 与上级的矛盾	23
12. 妊娠	40	31. 工作时间或条件的变化	20
13. 性功能障碍	39	32. 迁居	20
14. 增加新的家庭成员（如出生、过继、老人迁入）	39	33. 转学	20
15. 业务上的再调整	39	34. 消遣娱乐的变化	19
16. 经济状态的变化	38	35. 宗教活动的变化（远多于或少于正常）	19
17. 好友丧亡	37	36. 社会活动的变化	18
18. 改行	36	37. 少量负债	17
19. 夫妻多次吵架	35	38. 睡眠习惯变异	16

续表

生活变化事件	LCU	生活变化事件	LCU
39. 生活在一起的家庭人数变化	15	42. 圣诞节	12
40. 饮食习惯变异	15	43. 微小的违法行为（如违章穿马路）	11
41. 休假	13		

使用者逐一对照量表中的生活事件，如果在最近 12 个月中发生过该事件，做上记号；如果在最近 12 个月中未发生过该事件，不做记号。对照完后，将所有做过记号的事件的生活变化单位（*LCU*）数字相加，得数为总分。

0~149 分 = 没有重大问题

150~199 分 = 轻微的健康风险

200~299 分 = 中度的健康风险

300 分以上 = 严重的健康风险

（四）压力预警

应激源长期持续过强地作用于人体，则可引起持续的、严重的生理活动紊乱，最终导致心身疾病，所以需要及早觉察到自身的压力。压力会给你发出一些什么信号呢？你在身心方面所承受的压力，你自己清楚吗？从哪些方面可以判断自己身处压力之下呢？表 11-2 的内容就是压力给我们发出的一些信号。请对照自己的情况来判断你是否有压力。

表 11-2　压力的信号

生理信号	情绪信号	精神信号	行为信号
头痛的频率和程度在不断增加	容易烦躁或喜怒无常	缺乏注意力	睡眠容易被打扰
肌肉紧张，尤其是发生在头部、颈部、肩部和背部的紧张	消沉和经常性的忧愁	优柔寡断，对无关紧要的事情也是一样	比平常更多地饮酒、吸烟
皮肤干燥、有斑点和刺痛	丧失信心或自负自大	忘记许多事情、数字、朋友的名字	性欲减少
消化系统问题，如胃痛、消化不良或胃溃疡	感觉精力枯竭且缺乏积极性	判断力下降，造成某些过错	无法应付人际交往
心悸和胸部疼痛	疏远感是无力应付的结果	对自己及周围环境持消极态度	很难放松，经常烦躁和坐立不安

二、了解挫折

（一）挫折的含义

挫折是指在从事有目的的活动中遇到干扰或阻碍，致使预定目标不能实现，与之相应的需要得不到满足时产生的一种心理紧张状态和情绪反应。它是一种对阻碍不能接受的主观感受和体验。我们通常理解的挫折包含以下三个方面。

1. 挫折情境

挫折情境是指需要不能满足或目标无法实现的内外障碍和干扰的状态和条件。外部原因有自然因素、社会因素，如地震、学习成绩下降。内部原因有生理条件、动机冲突、能力与期望的矛盾，如个子矮受到歧视，某个同学既想谈恋爱又害怕影响学习等。

2. 挫折认知

挫折认知是指个体对挫折情境的认知、态度和评价。引起挫折的刺激是客观存在的，一般不受个人支配与控制。但是对于同样的刺激是否会引起同样的反应，却存在个体差异。这就是说，人对于刺激情境是否会引起挫折反应，还在于个体自己怎么去认识这种刺激情境。我国古代寓言故事“杯弓蛇影”便生动地说明了这个道理：同样的情境，不同的诠释，导致不同的结果。例如，如果你只是抱着试一试的心态去参加全国研究生入学招生考试，读不读研究生对你来说都没有重要的意义。也就是说，你根本没把研究生当作你的目标，那么，即使你失利了，这对你来说也根本不是一种挫折。

3. 挫折反应

挫折反应是指伴随着挫折认知，由于自己的需要不能满足而产生的情绪状态和行为反应。挫折反应也可称为挫折感。人在遭受挫折后，会马上产生复杂的情绪体验和情感反应。个体会有自尊心的损伤感、自信心的丧失感、行为的失败感和达不到目的的愧疚感等一系列纠结的情绪情感。正是因为挫折能够引起人的这种巨大的负性情感反应，使人痛苦，所以人们才不愿意面对挫折，有时还可能产生一些防御性心理反应，从而避免自己陷入痛苦的泥潭。

（二）挫折产生的机制

动机理论认为，需要产生动机，动机引导人的行为，指向一定的目标，并力求实现这一目标。但在动机指向目标和实现目标的行为过程中，并不是一帆风顺的，一旦受到阻碍和干扰，致使目标不能实现，就会产生挫折。挫折认知是产生挫折最重要的因素，因为只有在挫折情境被知觉后人们才会产生挫折感；否则，即使挫折情境实际存在，只要不被知觉，人们也不会有挫折感。个体是否有挫折感和挫折反应的强弱，主要取决于个体的挫折认知。因此，即使面对同样的挫折情境，不同的人也会产生不同的挫折反应。例如，同样是考试不及格，有的大学生痛不欲生，有的大学生懊悔不已，有的大学生则不以为然，这就是因为他们对不及格这一挫折情境的认知不同。图 11-2 进一步展示了挫折产生的机制和过程。

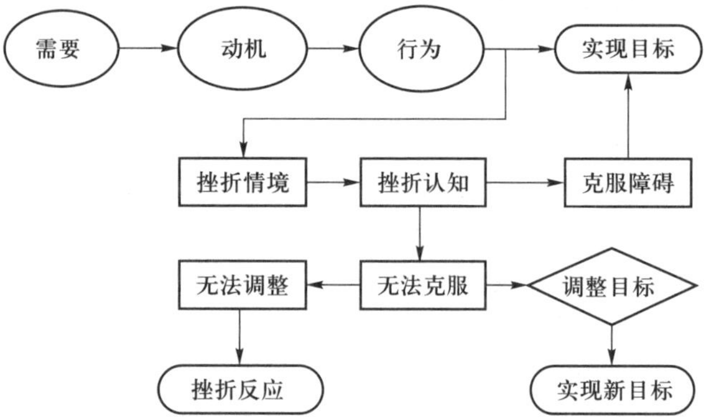

图 11-2　挫折产生过程

（三）挫折承受力及其影响因素

挫折承受力是指人们在遇到挫折时，能够忍受和排解挫折的程度，也就是人们适应挫折、抵抗和应对挫折的一种能力。它包括挫折耐受力和挫折排解力两个方面。

（1）挫折耐受力是指人们受到挫折时经受得起挫折的打击和压力，保持心理和行为正常的能力。表现为被动适应所面临的挫折事件，逐渐接受现实，并且为下一步解决问题、抗击挫折提供基础。

（2）挫折排解力是指人们受到挫折后，对挫折进行直接的调整和转变，积极改善挫折情境、摆脱挫折状态的能力。表现为主动适应挫折情境，积极改变现状，与挫折事件对抗，是挫折耐受力的进一步发展。

挫折承受力强的人能够经受住挫折，情绪困扰较少，能积极地寻求改变；挫折承受力弱的人对挫折过分敏感，即使受到轻微的打击也感觉到难以忍受，容易长期被不良情绪困扰，出现心理和行为失调。挫折承受力与下列因素有关：① 生理因素。神经类型属于强、平衡、灵活型的人比弱型或强而不平衡型的人挫折承受力高；疲倦、睡眠不足和饥饿的人更容易体验到挫折感。② 社会经验。生活阅历丰富、饱经风霜的人，从小受到适当的教育和训练的人，学会了摆脱挫折技巧的人，挫折承受力较高。此外，挫折承受力与人们对困难、失败和不幸的预期也有关系。③ 文化素质。不同文化背景下的人，对于同一事物的态度及所造成的打击、压力、威胁的反应也有所不同。④ 人格因素。情绪不稳定的人、意志薄弱的人、在童年时遭受冷遇的人或受到溺爱的人由于没有学会摆脱困境的技巧，更容易遭受挫折。

心理百科

（一）桑代克的饿猫逃出迷笼实验

心理学家桑代克是用实验法研究动物心理的首创者。在他的诸多动物实验中，饿猫逃出迷笼实验具有代表性。这一实验中使用的工具是桑代克设计的“桑代克迷笼”。打开笼门必须一口气完成三个分离动作：首先提起两个门闩，然后按压一块带有铰链的台板，最后把横于门口的板条拨至垂直的位置。在实验时，桑代克将一只饥饿的猫放入笼中，在笼外放一条鱼。饿坏了的猫为了吃到笼外的鱼拼命想打开笼子。研究者发现，在饿猫逃出迷笼之前会尝试各种无效的方式，直到无意中完成正确的动作。而且，随着实验次数的增多，饿猫的无效动作越来越少，最后一入迷笼就能立即打开笼门。

桑代克把这种不断尝试、不断排除错误并最终学会正确解决问题方法的过程称为尝试错误学习。他认为，人类学习也同样是这样一个过程，即一个不断尝试、保留成功反应、排除无效反应的过程。但是，桑代克还提出，完成这一过程是需要条件的，包括有准备（准备律）、反复练习（练习律）和有效果（效果律）。这就是著名的试误说学习理论。桑代克终生信奉这一基本观点的真理性。

（二）塞利格曼的狗笼实验

1967 年，塞利格曼在著名的科内尔实验室进行了习得性无助的实验。在实验中，一只狗被关在一个经过特殊处理而不可能逃出的狗笼（名为“往返箱”）里。每当外面的蜂音箱响起，实验者就给狗施以痛苦的电击。起初，狗会在笼子里拼命地躲闪、狂奔、惊恐地嚎叫。但所做的这一切对于逃避电击带来的痛苦无济于事。多次实验后，只要蜂音箱一响，狗就趴在地上惊恐哀嚎。后来，实验者在进行电击前先将狗笼的门打开。狗不但不逃走，而且不等电击出现，就倒地呻吟和颤抖。塞利格曼将狗的这种面对痛苦放弃逃跑和挣扎的现象称为习得性无助。

在早期的习得性无助理论中，塞利格曼等认为，习得性无助的产生由三个相互联结的方面组成：不可控的环境；相伴随的认知；放弃反应。而行为和结果的不可控性是导致无助的关键因素。塞利格曼后来吸收了韦纳等人的归因维度理论对习得性无助理论进行修正，并花了十年时间证明自己的观点。他还运用该理论卓有成效地探索和治疗抑郁症。

心灵港湾

桑代克的饿猫逃出迷笼实验（猫笼实验）和塞利格曼的习得性无助实验（狗笼实验）都是心理学发展史上的经典实验。他们都想通过动物实验来说明人类的学习本质。而且，他们都是通过设置挫折情境（猫笼和狗笼）来探究动物和人的心理形成过程。然而，两个实验的结果竟如此截然不同。

桑代克的猫笼实验告诉人们：只要能在失败中不断尝试，就能找到出路，因而挫折之后可以是希望。桑代克把失败看成成功的前提和必由之路，认为人和动物都是在失败中学习的。然而，挫折之后虽然可以是希望，却不必然是希望，否则，挫折早就不是问题了。塞利格曼的实验生动地演绎了挫折情境如何导致绝望。狗在“往返箱”里无论做什么都无法逃脱电击带来的痛苦，这就是绝望产生的原因。塞利格曼指出，抑郁症患者感受到的绝望（习得性无助现象）在产生方式上与实验中狗的感受是一样的，即认识到自己无论做什么都无法改变结果。

两个心理学实验，两种挫折反应，它们看似如此不同，却有着内在的一致性：都是学习的结果，都是在挫折情境中形成的。

第二节 大学生压力和挫折的产生与特点

一、大学生压力的定义

大学阶段是一个人人格发展、世界观形成的关键时期。大学生同时也面临着一系列重大的人生课题，如大学生活的适应、专业知识的学习、交友恋爱、择业就职等。但由于身心发展尚未完全成熟，自我调节和自我控制能力不强以及复杂的自身和社会问题，大学生往往容易产生强烈的心理冲突，从而产生较大的心理压力，甚至产生心理障碍或心理疾病。例如，大学一年级学生可能有适应新学校的压力，大学二、三年级学生可能有来自恋爱、交往、学习等方面的压力，大四毕业生可能有就业等压力。

二、大学生的压力源

（一）适应压力

适应压力是由于对新环境的不适应而导致的压力。刚入学的大学生往往会出现各种各样的心理问题，这一时期被心理学称为“大学新生心理失衡期”。导致新生心理失衡的原因首先是现实中的大学与他们心目中理想的大学不一致，由此产生了心理落差；其次是新生对新的环境、新的人际关系、新的教学模式不适应，产生困惑而造成心理失调。如果这些问题得不到及时有效的解决，将对大学生心理健康的影响很大，各种负面情绪都有可能在此阶段产生。

（二）学业压力

刚刚进入大学的新生，都面临着学习的重新适应过程。在这一过程中，有些大学生因不适应大学的学习而产生焦虑感，如学习没有计划、找不到有效的学习方法、不会安排学习时间、不想学习、感到学习负担过重、学习有困难等。有的大学生因所学专业并非自己的理想目标而感到失落，还有的大学生因考试成绩不及格而抑郁、失望。上了大学随之而来的大学英语四、六级考试，全国计算机等级考试，各项专业技能等级考试及专升本考试等，这些考试与他们能否顺利毕业、就业密切相关，使大学生倍感压力。

（三）人际关系压力

现代大学生的交际困难主要表现为不会独立生活，不知道如何与人沟通，不懂交往的技巧与原则。有的人有自闭倾向，不愿与人交往；有的人为交际而交际，不惜牺牲原则随波逐流。交往困难的学生往往容易发生人际冲突，从而导致人际关系紧张。寝室里的人际关系问题是大学生人际关系问题的突出表现，也是给大学生造成巨大心理压力的关键。例如，有人习惯早睡早起，有人却习惯熬夜；有人习惯在寝室里自习，有人则喜欢在寝室里聊天；有人爱整洁，有人却不拘小节；等等。生活中大大小小的差异是他们每天都要面对的，因此，摩擦也就在所难免。而这样一些小的摩擦积累到一定程度，那些比较内向、不善于与人交流的大学生就会产生压抑的情绪，甚至以冲突的形式爆发出来。

（四）就业压力

就业是大学生最为关注的一个议题，所形成的压力更大，因为上大学无非是想在毕业后找一份好工作，可是应届毕业生一年比一年多，整个社会处于激烈竞争之中，导致大学生找工作或找到比较理想的工作越来越困难。这给大学里众多高年级学生造成很大的精神心理压力，使他们因焦虑、自卑而失去安全感，许多心理问题也随之产生。例如，一些大学生开始时雄心勃勃，几经碰壁后导致心灰意冷、丧失斗志。一些在大学期间不好好读书，因学习成绩不理想而不受用人单位欢迎的学生，更是悔之晚矣。找工作的不易，使一些大学生在心理上害怕毕业、畏惧走上社会。

（五）情感压力

大学生从生理和心理上都已经趋于成熟，情感生活不可避免地要影响到他们的生活。情感经验较少、经济上的拮据、精力上的不充裕、感情和学业的冲突、感情的出路问题、老师、同学的看法、父母的不赞成等都不同程度地影响着大学生的恋爱心理，使得处在恋爱中的大学生进退两难。而没有恋爱对象的大学生对爱情非常向往，有时候难免感到孤独寂寞。感情对他们来说似乎是想拿不敢拿或者是拿不起的，而心里又放不下这难解的结，其中的压力不言而喻。

适度的压力，会让人处于适度兴奋和活跃状态，让人更积极、更主动，调动更多的资源应对压力源，从而提高作业绩效。比如，有些大学生平时考试成绩一般，遇到重大考试则成绩较好，其原因就在于平时考试时压力过小，内心不太重视，而重大考试时压力较大，内心重视。过度的压力，会让人处于过度兴奋或抑制状态，人的认知能力、思维能力、判断能力、操作能力下降甚至完全丧失，从而降低作业绩效。有些学生平时考试成绩较好，遇到重大考试则成绩下降，其原因就在于平时考试时压力适度，所以发挥正常，而重大考试时压力过度，导致发挥失常。同样的压力源，有的人反应适度，有的人反应过度，还有的人没有反应。没有反应则没有压力，反应适度则压力适度，反应过度则压力过度。所以，问题不在于压力源，而在于对压力的认知及管理。

三、大学生挫折产生的原因及表现

（一）大学生的挫折反应特点

人们对挫折的反应有不同的情形，有的情绪反应强烈，有的则并不明显，有的以各种偏激的行为表现出来，有的则以积极的方式来对待。一般来说，大学生对挫折的反应主要表现在以下三个方面。

1. 情绪性反应

情绪性反应是指人们在受到挫折时伴随着强烈的紧张、愤怒、焦虑等情绪所做出的反应，可能表现为强烈的内心体验，也可能表现为特定的表情或行为反应。情绪性反应多为消极性反应，主要表现为焦虑、冷漠、退化、逃避、攻击、自杀等。

（1）焦虑是指一种模糊的、紧张不安的综合性情绪，常常伴随焦急、忧虑、恐惧等威胁，甚至可能出现出冷汗、恶心、心悸、手颤、失眠等神经心理反应。当人们面临心理冲突、情境压力或遇到挫折，或者预感到将要发生不良的后果，就会产生焦虑情绪。挫折是引起焦虑的重要方面，人们遇到挫折时一般都会表现出某种程度的焦虑。

（2）冷漠是指当一个人遇到挫折时表现出的一种无动于衷和漠不关心的态度。表面上看，冷漠似乎是逆来顺受，毫无情绪反应，而事实上并不意味着当事人没有反应，而是对挫折更加痛苦的内心体验，只是被压抑或以间接的形式表现出来了。对挫折的冷漠反应是由于一个人长期遭受挫折、感到没有任何希望摆脱困境而产生的。

（3）退化是指当人们遭遇挫折时所表现出来的与自己年龄和身份不相称的幼稚行为。一般来说，不同年龄阶段的人各有其不同的情绪和行为模式。当人们遇到挫折后，有些人在一定程度上会失去对自我的控制，以低于自己年龄的、简单幼稚的方式应对挫折，以求得别人的同情和照顾。

（4）逃避是指一个人在遇到挫折或感到可能面临挫折时，不能面对现实，而是以消极的态度躲避现实的一种挫折反应方式。例如，有的大学生恋爱失败后就不敢再谈恋爱，当众演讲失败后再也不参加集体活动等。人们逃避挫折的方式各种各样，幻想也可以看作一种特殊的逃避方式。

（5）攻击是指当一个人受到挫折时，为了将愤怒的情绪发泄出去，或者对造成挫折的对象进行报复而产生的攻击行为。攻击的对象可能是造成挫折的人或者物，也可能是其他的替代物，还有可能是受挫者自身。受网络暴力文化的影响，很多青少年面对挫折时具有暴力倾向，如大学生犯罪。

（6）自杀是指一个人遭受挫折后的一种极端反应方式，也可以看作受挫后针对自身的一种典型的、特殊的攻击行为。当一个人突然受到沉重的打击，或者长期受到挫折的困扰和折磨而感到万念俱灰、生无可恋，就可能产生自暴自弃、轻生厌世的想法，此时若得不到外力的帮助，受挫者就可能采取上吊、跳楼、吃安眠药等方式自杀。通常自杀行为是在挫折的打击大大超出受挫者对挫折的承受能力的情况下发生的，但是大学生的成长过程比较顺利，很少遇到较大的挫折，他们的承受能力较差，所以有时即使是很小的挫折，也会产生自杀行为。例如，某高校一名学习成绩优秀的女生，得知自己有一门课考试不及格就跳楼自杀了。

2. 理智性反应

理智性反应是指人们受到挫折后，采取积极进取的态度，在理智的控制下所做出的反应。通常，人们在遭受挫折后都会出现紧张状态，都会在某种程度上做出某种情绪性反应。其中，有些人始终被情绪控制不能摆脱，而有些人则能够及时调整，保持冷静，面对现实，审时度势，采取积极的态度和方式对待挫折。表现为：

（1）坚持目标，矢志不移。当人们遇到挫折后，经过客观冷静的分析，发现自己所追求的目标是正确的、可行的，当前的挫折只是暂时的，是在实现目标道路上遇到的一些困难，经过努力是可以克服和逾越的，所以会设法排除障碍，坚持不懈地朝着既定方向迈进，直至最终实现自己的愿望和目标。例如，有些大学生为了得到一项实验数据，在实验室辛苦工作几天几夜。

（2）调整目标，继续努力。人们在实现目标的过程中，如果屡次遭受失败，就要冷静下来认真客观地分析导致失败的真正原因，并根据实际情况对自己的奋斗目标进行调整。一方面可能自己定的目标太高，不符合自己目前的实际情况，或者实现目标的条件尚不具备，这就需要适当降低目标，或将目标进行分解，适当变换实现目标的途径和方法，循序渐进，通过不断的努力获得成功。例如，有些学习基础差的大学生，就不能一下子将目标定为每门课都取得优秀的成绩，而应该首先确定每门课都及格的目标，然后在一门或几门课程上取得好成绩。另一方面，人们满足需要和实现愿望的途径是多种多样的，如果发现既定的目标难以实现，还可以改换目标，寻找新的目标取而代之。例如，有些大学生在集体活动中想赢得同学的关注，就苦练唱歌，但由于自己五音不全，音乐基础又不好，怎么练都达不到理想的效果，那么就可以根据自己的优势考虑擅长的表演，或许能实现自己的心愿。

3. 个性的变化

挫折对个性的影响，一般是在人们连续经历挫折，或者遭受重大挫折的情况下产生的。由于导致挫折的情境和条件相对稳定并长期持续，由此产生的紧张状态和挫折反应就会反复出现，长此以往，这些反应方式就会逐渐固定下来，使受挫者形成习惯和一些突出的个性特点。例如，有些大学生长期与同伴不能友好相处，总是处于紧张的人际关系状态之中，就易养成多疑、敏感、孤僻、狭隘等个性特点。另一方面，挫折对个性形成与发展也可能产生积极的影响，如经历重大挫折后，或长期身处逆境，会使人养成坚强、刚毅和不屈不挠的个性特点。总之，挫折对个性的影响在很大程度上取决于人们对挫折的适应情况。

（二）大学生产生挫折的原因

造成挫折的原因是多方面的和复杂的。挫折的形成与自然环境、社会环境、自身条件及个人的动机冲突等多种因素有关。大学生处于人生发展的关键时期，一方面他们精力充沛，思想活跃，自我意识强，发展欲望强烈，需求广泛而执着，个人的理想抱负水平普遍较高；另一方面他们的人格发展尚不够成熟，社会阅历浅，挫折经验不足，再加之大学是一个竞争激烈的环境。因此，大学生遇到挫折是必然的，也是普遍的。

1. 负性生活事件

大学生进入大学以后，面临一个全新的环境，经常会遇到诸如学习压力、人际交往压力、情感压力、就业压力等负性生活事件，这是大学生知觉到的最直接的挫折源。如果生活中的各种压力事件在短期内得不到解决，就会导致挫折感的产生。

2. 理想与现实的差距

从中学走进大学，大学生对社会的接触与了解日益增多，也逐步有了自己对社会的认识与评价。对于对社会怀着美好憧憬并带有理想化色彩的大学生来说，当前社会存在的种种问题与弊端会影响他们对社会的认同，并妨碍他们对社会做出正确评价。当大学生更多地看到社会负面现象的时候，就会因理想的破灭而感到失望和沮丧，因而产生挫折感。

3. 发展需要与现有素质之间的矛盾

大学生处于身心发育的重要时期，有诸多发展需要，包括友谊和良好人际关系的需要、学习与知识积累的需要、尊重与爱的需要、探索与实践的需要、自主与自我价值实现的需要等。但是在表达和追求上述目标过程中，目标本身与如何去实现这些目标所采取的方式、能力、经验等现有的身心素质产生了矛盾。这种矛盾被大学生知觉为挫折。

4. 自负、脆弱、自我中心等不良个性因素

许多大学生往往过于自信，过高地估计自己的能力，对自我发展的预期和要

求不是从客观实际情况出发，而是从主观愿望出发，常对自己提出不切实际的要求，制定过高的甚至无法达到的目标和计划。一旦这些目标和计划因为能力不够无法实现，而自己又不能清醒地认识这一点，就会产生强烈的挫折感。有的大学生遇到微不足道的困难，或者受了一点委屈就手足无措、不能应对，需要别人的帮助才能解决问题。

（三）压力挫折的影响

1. 积极影响

压力挫折对大学生心理的积极影响如下：

（1）有利于磨炼大学生的意志和性格

压力挫折尽管让人难受，使人的学习和发展受阻，但它同时又是人生的宝贵财富，是促进成长的必要条件。古诗云："宝剑锋从磨砺出，梅花香自苦寒来。""不经一番寒彻骨，怎得梅花扑鼻香？"没有压力的人生是苍白虚幻的人生，不经过挫折的磨炼，也就没有成功的喜悦和人生的幸福。压力挫折是促进大学生成长的积极因素，它可以磨砺我们的意志，丰富我们的经验，提高我们的能力。

（2）有利于增强大学生的情绪反应能力和解决实际问题的能力

大学生应该主动地、自觉地将自己置身于充满矛盾的、复杂的社会环境中去磨炼，向生活学习，认识社会，了解国情民情，努力培养自己的吃苦耐劳、艰苦奋斗精神，养成冷静思考的习惯，不用情绪性反应处理事情，从而完善自身的性格，增强解决问题、克服困难的能力。

（3）有利于大学生正确地认识自我，提高生活适应能力

在应对压力和战胜挫折的过程中，大学生根据自己的学习要求和成长要求，恰当地分析自身的长处和不足，对自己的问题有充分的理解，在今后的生活中才能扬长避短、取长补短，实现自我价值。

（4）有利于激发大学生的潜能，实现追求的目标

在某种程度上压力就是动力。为了摆脱挫折，人们常常被驱使去为实现目标而做出更大的努力。挫折是一种内驱力，生活中的强者往往被挫折激发出强大的身心力量。孔子因厄运而著《春秋》；屈原被贬而写《离骚》；司马迁受宫刑而著《史记》,《史记》被称为"史家之绝唱，无韵之《离骚》"。

2. 消极影响

压力挫折对大学生心理的消极影响如下：

（1）降低大学生的学习与工作效率

虽然一定的压力可以帮助个体更好地解决面临的问题，但很多时候压力所造成的心理失衡和消极情绪反应，往往会影响人的智能发挥，干扰正常的逻辑思维，因而容易形成判断失误找不到头绪，使思绪陷于紊乱状态，不能把握事件的本质和内在联系，不能对事件做出正确的评价，结果难免造成认知功能的障碍，导致学习和工作效率下降。例如，压力很大的学生，考试时往往很焦虑，结果记

忆力下降，平时掌握的知识考试时反而忘了，肯定会影响考试成绩。

（2）降低大学生的思维能力与生活能力

过于沉重的压力和重大的挫折会影响个体实现目标的积极性，降低个体的创造性思维活动的水平。由于大学生本身生活经验不足、抗压能力不强、耐挫能力有待提高，超出他们负荷的困扰如果长期存在而得不到有效应对，有的学生可能自暴自弃，对生活失望。

（3）损害大学生的身心健康

个体在遭受压力挫折的过程中，总是伴随着一系列的情绪体验，尤其常见的是使人处于某种消极或负性情绪的状态，如愤怒、焦虑、怨恨、嫉妒、恐惧、耻辱、内疚、自责、忧伤、悲伤、绝望等。长期的心境不良会导致健康问题和心理问题。如果个体处于压力挫折中不能自拔，也无法有效地应对，就有可能采取极端的方式，如自残、自杀等。

（4）可能导致大学生行为偏差或性格改变

压力过大也会产生抑制或逃避性行为，表现为活动减少、沉默寡言、不爱交往、表情呆滞、行为退缩、逃避现实、放弃奋斗目标等。一个屡受挫折的人，很难客观地评价自身的能力和水平，长此以往会变得保守、封闭、自卑、丧失自信，降低成就动机水平。长期的困境无法突破会使成就动机降低，产生习得性无助。在现实生活中，如果人们遭受多次挫折和打击，却不能克服困难、战胜挫折，久而久之就会沮丧，从而倾向于放弃意志努力，听从命运摆布。

（四）心理防御机制

心理防御机制是精神分析理论的核心概念，最初由弗洛伊德提出，后来他的女儿安娜·弗洛伊德在系统研究的基础上扩展了防御机制的概念。心理防御机制是指个体面临挫折或冲突的紧张情境时，在其内部心理活动中具有的自觉或不自觉地解脱烦恼、减轻内心不安，以恢复心理平衡与稳定的一种适应性倾向。当人们面临压力挫折时，心理防御机制可以不自觉、无意识地进行自我调解和自我保护以消除情绪上的不安和痛苦。防御机制包括消极的防御机制、中性的防御机制和积极的防御机制。常用的防御机制如下：

1. 消极的防御机制

（1）否认。否认不是把痛苦的事件有目的地忘掉，而是把已经发生的不愉快的事件加以否认，认为根本没有发生，以逃避心理上的刺激、不安和痛苦。否认可以在一定的程度上保护自己，给自己多一些时间来思考并做出决定。但它并不能使被否认的问题得到解决，从长远来看是不可取的。许多人面对绝症或亲人的死亡，通常会出于本能地说“这不是真的”，用否认来逃避巨大的伤痛。

（2）退行。退行是指遇到挫折时，心理活动和反应退回到个体早期发展水平，以幼稚的、不成熟的方式应对当前情境。人的一生中，难免有想重回到未成熟时代，以重温旧梦获取满足的时候。只要无伤大雅，均可用退行方式来进行心理调节。可是假如一个人遇到困难时，常常退行，使用较原始而幼稚的方法应付困难，或利用自己的退行来获得他人的同情和照顾，以避免面对现实问题或痛苦，就成心理问题了。例如，大学生的活动计划如果受到家长或者老师的反对，可能就会采取赌气、咒骂、暴食、疯狂购物、砸物甚至出走等消极、不理智的方式去应对。

（3）反向。反向是指当个体的欲望和动机不为自己的意识或社会所接受时，将其压抑至潜意识，并以相反的行为表现出来，即外在行为与内在动机不一致。有时心中讨厌或憎恨一个人，但在表面上却又对此人十分热情和关心；有时心里喜欢一个人，表面上却异常冷淡。反向作用可以暂时帮助个体缓解心理压力，但由于真实的心理没有得到表达，容易导致心理扭曲。

（4）投射。个体将自己具有的动机、态度和行为转移到他人或周围事物上，以自己的想法去推测外界事实。例如，有些青少年，别人无意中看他一眼，他就动手打人，认为别人瞧不起他。宋代著名学者苏东坡和佛印和尚是好朋友，一天，苏东坡去拜访佛印，与佛印相对而坐，苏东坡对佛印开玩笑说："我看见你是一堆狗屎。"而佛印则微笑着说："我看你是一尊金佛。"苏东坡觉得自己占了便宜，很是得意。回家以后，苏东坡得意地向妹妹提起这件事，苏小妹说："哥哥你错了。佛家说'佛心自现'，你看别人是什么，就表示你看自己是什么。"

2. 中性的防御机制

（1）压抑。压抑是指将可能引起挫折的欲望及与此有关的感情、思想等抑制而不承认其存在，或者将痛苦的记忆主动忘掉或排除在意识之外。压抑是一种"动机性的遗忘"，极端情况是失忆。个体在面对不愉快的情绪时，会不知不觉有目的地遗忘，与因时间久而自然忘却的情形不一样。例如，我们常说："我真希望没这回事。"适度压抑使人更加适应现实情境，过度压抑则会导致心理困扰，甚至形成心理障碍。

（2）转移。转移是指原先对某些对象的情感、欲望或态度，因某种原因无法向其对象直接表现，而把它转移到一个较安全、较为大家所接受的对象身上，以减轻自己心理上的焦虑。例如，有位被上司责备的先生回家后因情绪不佳，就借题发挥骂了他太太一顿，而做太太的莫名其妙挨了丈夫骂，心里不愉快，刚好孩子在旁边吵，就顺手给了孩子一巴掌，孩子平白无故挨了打，满腔怒火地走开，正好遇上家中小黑狗向他走来，就顺势踢了小黑狗一脚。当心理焦虑、压力过大时，有的人转移到躯体上，以致胃疼、头晕，这是心理问题躯体化，是消极防御。还有的人，去运动场锻炼、打球等，将心理负性能量宣泄出去，这是积极防御。

（3）合理化。合理化又称文饰，是指个人遭受挫折或无法达到所要追求的目标，以及行为表现不符合社会规范时，用有利于自己的理由来为自己辩解，将面临的窘迫处境加以文饰，以隐瞒自己的真实动机或愿望，从而为自己进行解脱的一种心理防卫。个体无法达成其追求的目标，或其表现行为不符合社会价值标准时，找到一些似是而非的理由为自己辩护，其目的在于说服自己而非说服别人。例如，酸葡萄心理和甜柠檬心理，可以让自己心理恢复平衡。但是，如果长期运用，不能面对自己真实的需求，也会导致自己不能很好地解决现实问题，自欺欺人，对自己发展不利。

（4）补偿。当个体因本身生理或心理上的缺陷致使目的不能达成时，改以其他方式来弥补这些缺陷以减轻焦虑，建立自尊心的行为，称为补偿。有些人觉得自己的身体素质欠佳，不能在运动场上骁勇称霸，于是在学习上拼命用功，在考场上夺冠折桂。有的人功课不好，但是，在社交场所如鱼得水，很受欢迎。所谓“失之东隅，收之桑榆”便是如此，这样容易获得心理平衡。但是，过度补偿会导致新的问题产生。

3. 积极的防御机制

（1）认同。认同是一种积极的心理防御机制，指个体在面对内心冲突、压力和挑战时，试图通过与他人或群体保持一致，接受其观念、价值观和行为方式，以降低焦虑和增强自尊的过程。这种心理机制在日常生活中普遍存在，它不仅能够帮助个体应对内心的冲突和压力，还能够促进社会交往和群体合作。

（2）利他。利他是一种积极的、有益的心理防御机制。它涉及为他人着想、愿意帮助他人，并通过帮助他人来处理自己的内心冲突和情感困扰。在利他的过程中，个体可能感到更有价值和被需要，从而减轻自身的负面情感。此外，利他行为还可能带来社会赞赏和他人的感激，进一步满足个体的心理需求。因此，利他不仅有助于个体处理内心冲突和情感困扰，还会促进个体的心理健康和社会和谐。

（3）升华。升华是指改换原为社会或自己的理智所不允许的冲动或欲望，用比较符合社会规范、具有建设性、有利于社会和自身的方式表达出来的一种心理防御方式。大文豪歌德年轻时曾因为失恋而痛苦万分，几次想自杀，但最终还是做出了理智的选择。他用自己破灭的爱情作素材，写出了震撼世界的名著《少年维特之烦恼》。

（4）幽默。幽默是指当事人面临困境时，并不转移在场其他人的注意力，而是以幽默的方式化解当事人自己的窘困处境。这也是最为积极、成熟的防御机制之一，以幽默的语言或行为来应付紧张的情境或表达潜意识的欲望，以表面的开心欢乐来化解挫折困境，从而避免尴尬场面和内心失落。有一次古希腊的哲学家苏格拉底在和朋友讨论学术问题时，他的夫人突然跑来，先是大骂他，接着向他泼了一盆水，他的全身都湿了。而苏格拉底只是笑笑说：“我早知道，打雷之后定会下雨。”本来很尴尬的场面，经此幽默，立即化解。

人的一生，会经历很多风雨。对大学生来说，所谓“风雨”，可能意味着遭遇失败、恋人分手、经济困难、考试挂科等。这些事件给人带来痛苦，但同时又是一种挑战和考验，激励人们成长，这是生活的辩证法。因此，既然生活中的压力是不可避免的，逃避也解决不了问题，那么我们只有迎难而上、积极应对。

体验活动

/ 挫折诊断书 /

1. 说明我最近一次遭受挫折的时间和地点。

2. 指出我遭受的挫折是什么。

3. 分析挫折产生的原因是什么。

内部原因（主观原因）：与我的能力有关吗？
与我的努力有关吗？

外部原因（客观原因）：与事情难度有关吗？
与运气有关吗？

/挫折处方单/

1. 如果因为能力不济造成挫折，就应该降低目标，以免一再碰壁。

2. 若因为努力不够，就必须继续努力，直至成功。

3. 事情难度是一种外在的稳定因素，它是个人无法改变的，倘若个体因此受挫，最好尽快转换目标，以防重蹈覆辙。

4. 如果是运气不佳导致失败，那么就抖擞精神，下次再来。

心医之窗

在大学生的日常生活中，会存在或多或少的学习或生活压力，个人层面的压力源来自工作和非工作两方面。压力源有物理环境、个人承担的角色及其角色冲突、人际关系等因素，其管理策略有锻炼、放松、行为自我控制等。在诸多压力情绪管理中，静心正念是一种良好的应对措施。正念这个概念源于佛教禅修，是从坐禅、冥想、参悟等发展而来的，指有目的、有意识地关注、觉察当下的一切，而对当下的一切又都不作任何判断、任何分析、任何反应，只是单纯地觉察它、注意它。后来，正念被发展为一种系统的心理疗法，即正念疗法，就是以正念为基础的心理疗法。正念是一种人人皆有的心理技能，但程度各异，个人通过有意识的训练可以提高正念水平。国内外很多专业性强的职业训练，如医生的训练课程中都有正念相关的内容。正念会对日常情绪起到正向调节作用，也可辅以中医传统功法“八段锦”，进行正念的巩固和情绪的调控。八段锦功法是一套独立而完整的健身功法，起源于北宋，有800多年的历史。现代研究亦表明，八段锦联合正念会有效排解负面情绪。

出自《黄帝内经·灵枢·本输》的合谷穴（见图11–3）别名虎口，属手阳明大肠经。合谷穴正在第一、二掌骨之间，这两个掌骨就像两座山一样，而中间是经气通行的通道。合谷穴的所有功用，都是基于合谷穴正处于“开合”的位置，以“开合”为用。人体生命的紧要关口，就像往来的关隘不能阻滞闭塞，必须打开。按摩合谷穴有运行全身气血、调理人体气机的功效。

定位：位于手背，第一、二掌骨间，处第二掌骨桡侧的中点处。

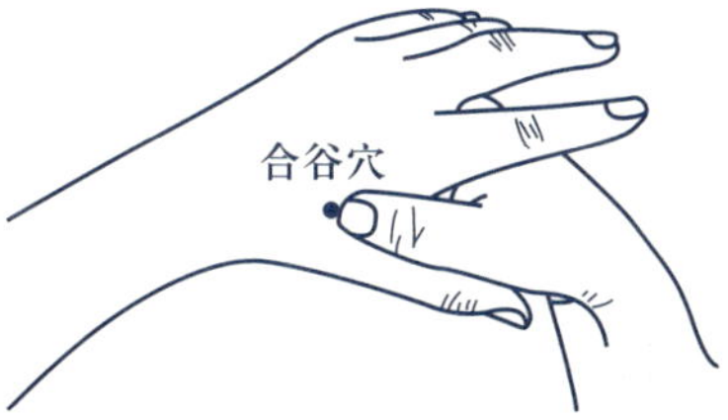

图 11-3　合谷穴

功效：合谷为大肠经原穴，有清热泻火、补气通经的作用。合谷配太冲为"开四关"之法，具有醒神开窍的作用，可镇静安神，改善情绪抑郁。当工作压力大，经常自觉身心疲惫时，适当按摩合谷穴，可以促进血液循环，有效地缓解疲惫。进行正念疗法时指压合谷穴可以缓解压力、舒缓身心，从而提高个人的正念水平。

合谷为大肠经原穴，大肠位于腹中，其上口在阑门处接小肠，其下端连魄门，即肛门。大肠的生理功能有：

（1）传化糟粕。大肠具有接受由小肠下传的食物残渣、吸收其中多余的水液，从而使糟粕燥化、形成粪便，经肛门有节制地排出体外的功能。

（2）吸收津液。大肠在传化糟粕的同时，还具有吸收水液、参与调节体内水液代谢的功能。

大肠是身体消化系统的重要组成部位，养好大肠有助于身体更健康。肠胃欠佳者吃苹果、香蕉、樱桃等水果有助于修复肠胃黏膜。每日在饭后进行运动，不仅可以提升机体的抵抗力，还可促进胃肠的正常蠕动，帮助肠道废弃物的排泄，从而保持肠道的健康。此外，适当的运动如散步、练瑜伽、打太极、慢跑、游泳等，也可促进血液循环、增加机体活力等。

第三节
大学生压力挫折应对方法

一、树立正确压力挫折观

（一）接纳压力挫折是人生一部分

人生在世，随时随地都可能遇到压力挫折，正是这些坎坷和烦恼使我们不断成长，使我们的人生更加丰富多彩。压力挫折具有两重性。它们既有消极一面，也有积极一面；既会给人以打击，带来损失和痛苦，影响人的身心健康，也能让人从中得到锻炼，使人奋起、成熟。学会转弯也是人生智慧，挫折往往是转折，压力同时也是动力。

（二）能够坦然地面对压力挫折

直接面对问题，而不是逃避、压抑、转嫁或迁怒于无关的人或事。压力挫折既然无法避免，我们只能想办法去应对，通过自己的努力去克服。有些挫折一经产生，就无法消除或短期内无法改变，那么就应学会坦然地面对挫折，一方面通过自我调节和寻求他人帮助来减轻痛苦，另一方面应积极寻找应对的办法，使自己走出心理挫折的阴影。

（三）学会正确归因

要对造成压力挫折的原因进行实事求是的分析和判断。归因的目的是了解导致困扰的原因是外部的还是内部的，或者是内外因素相互交织、共同起作用的。如果是后者，要弄清到底内在因素是主要的，还是外在因素是主要的。正确分析和归因，是应对压力和解决挫折情境的必要前提。片面的客观归因容易导致推卸责任，片面的主观归因则容易使自己丧失自信心，因而都是不可取的。

二、建立积极的心理防御机制

（一）学习觉察自己无意识的心理防御机制

人们在遇到压力和遭受挫折的时候，会不自觉地使用心理防御机制来保护自我。心理防御机制是一种自发的心理调节机能。它具有两面性：一方面使个体在遭受困难与挫折后减轻或免除精神压力，恢复心理平衡，甚至激发主体的主观能动性；另一方面使个体可能因压力的缓解而自我满足，逃避现实，从而导致更大的挫折，甚至产生心理疾病。

（二）合理运用心理防御机制

合理运用心理防御机制可以有效地缓解情绪上的痛苦，提高对挫折的承受能力，为人们战胜挫折提供条件。特别是积极的心理防御机制的运用，还可以促使人们面对现实，积极进取，战胜挫折，获得进一步的发展。

（三）使用积极的防御机制

认同、升华、利他、幽默等是最具有积极性和建设性的防御机制，转移、压抑、合理化、补偿等防御机制在很大程度上也具有积极的意义。否认、退行等具有逃避性，在某种程度上不利于提高人们对挫折的适应能力。因此，如果心理防御机制使用过度或使用不当，不仅不能降低紧张和焦虑的程度，反而可能破坏心理活动的平衡，妨碍个人的社会适应，甚至还可能造成心理异常和行为偏差。因此，在现实生活中，大学生要能够运用积极的心理防御机制。积极的心理防御机制可以让一个人更有力量，更能勇敢地直面问题和解决问题，拥有自主人生。

三、合理宣泄，规律生活

（一）合理宣泄

当我们感到有压力和挫败感的时候，需要做的不是坐在那里发愁或者抱怨，而是宣泄不良情绪使自己放松下来。体育运动是非常有效的减压方式，它可以迅速改善身体的某些生理系统及其功能，让我们充满能量，找回控制感，从而有效减轻心理负累。看电影、听音乐、欣赏书画作品，任何能够感受到美的东西都可以尝试。在欣赏和感受美的过程中，我们找回世界的美好和生活的希望。“要么旅行，要么读书，身体和灵魂必须有一个在路上。”这句话告诉我们大自然和书籍都能给予心灵养分，可以帮助我们抛开在社会中因为防御需要戴上的层层面具，重新思考过去没有考虑到的东西，真实面对自己。

（二）规律生活

在日常生活中找到自己生物钟的节奏，合理饮食、适当锻炼、保证睡眠可以使我们充满活力，有效地解决生活和工作中的问题。生活中的小烦恼虽然不会立即产生明显的消极影响，但是日积月累，也会增加心理负担。“凡事预则立，不预则废”，在事前做好计划和准备是非常有必要的，可以使我们尽可能地避免拖延导致的压力和失败导致的挫折，形成有规律、有计划的生活习惯。适当调节自己的生活节奏，我们会感受到更加轻松、惬意，也会更加有力量和信心去应对挑战。所以，大学生必须给自己确立学习奋斗的目标。从心理学的角度来讲，一个明确的目标会使心理活动指向集中于一处，成为内在驱动力，使人变得积极向上，从而更有利于应对压力和挑战。

四、完善人格，和谐人际

（一）完善人格

有些压力和挫折是由人的性格缺陷和能力不足导致的。性格是可以改变的，如不够自信的人，可以通过自身的调适和训练提高自信心，从而更有勇气面对困难。我们遇到的很多压力和挫折往往是因为我们没有能力，而一次次的磨炼和考验可以帮助我们积累经验，逐渐形成解决问题的能力，最终缓解压力、战胜挫折。

（二）和谐人际

当我们把压力向家人和朋友倾诉之后，他们的支持会成为阻挡压力升级的缓冲器。把消极情绪表达出来，这会产生令人难以置信的效果：当我们在遭遇挫折之际，得到周围人的理解、关心、鼓励和支持时，就会减轻挫折反应的强度，增强对挫折的承受力和适应性。而且强大的社会支持系统会在人们手足无措、需要帮助的时候提供更多的资源，帮助人们顺利渡过难关。因此，在生活中，大学生要学会与人交往，建立广泛而和谐的人际关系，努力构建自己的社会支持系统，这既是心理健康的基本要求，也是增强抗压能力和挫折承受力的重要途径。

五、寻求帮助，智慧人生

如果压力和挫折使人备受折磨，痛苦无法自行排解，那么就需要进行心理咨询，让专业人士帮助排除压力和应对挫折。专业人士可以从心理学的角度帮助人们正确认识问题、分析原因，寻找解决问题的办法。

总之，大学生要努力保持积极乐观的心态，保持适中的自我期望水平，学会识别和分析压力和挫折，积极投身实践活动，在压力和挫折中磨炼挫折承受力，积极探索提升抗压力和挫折承受力的有效方法，并且能够有意识地容忍和接受生活中的某些压力和挫折情境。挫折和逆境固然会给我们的身心造成困扰和压力，带来精神上的烦恼和痛苦，但也能使我们经受考验和得到锻炼，最终迈向成功。因此，每个人都要学会在挫折中奋起，在挫折中走向成功！

心灵成长

没有人的生活会一帆风顺，所有人都会遇到压力和挫折。这些压力大部分来自自身要求与现实的落差、家庭经济条件、人际交往关系、学业、就业、愈加激烈的社会竞争等，学生表现为焦虑、压抑、冷漠、轻生等。在面对压力与挫折时，部分大学生不能正视，选择了消极、逃避、攻击等，这样不仅无法解决实际问题，还给自己的心理和生理状况都造成了困扰，严重影响了正常的学习和生活。而我们要做的就是直面压力，学会变压力为动力，寻求适合自己的解压方式，舒缓内心的焦虑与痛苦，通过如深呼吸、做运动、吃美食、听音乐、看电影和向朋友倾诉等，尽可能地保持乐观的心情，放松自己紧绷的神经，感受生活中的美好，以充沛的精力和充足的信心面对学习与生活。

拍出好心情

用手机拍摄一张给你带来压力的事物的照片，再拍摄一张表现你如何应对压力的照片。和旁边的同学相互分享你们的作品。尝试用这样的新方法来应对自己的压力。

思考题

1. 你有哪些压力？你是怎样化解自己的压力的？
2. 写下你曾经遭遇的一次重大挫折，分析你有哪些挫折反应，在挫折当中你收获了什么，当你遭遇同样的挫折时是否会有新的方法应对。
3. 和周围的同学交流，看看对方经历过怎样的挫折和压力，又是怎样克服的。

课后作业

1. 阐述常见的心理防御机制。
2. 谈一谈压力和挫折对大学生心理的影响。

作品推荐

图书：《平凡的世界》，路遥著，北京十月文艺出版社。
电影：《热辣滚烫》，贾玲执导。

第十二章

大学生生命教育与危机应对

动画导入：
生命之美

学习目标：

正确认识生命的内涵和意义，达到身心和谐发展，在遇到危机事件时可以正确积极处理，并在危机中寻求自身成长。

心路心语

天地之大德曰生。

——《周易》

生活就像海洋，只有意志坚强的人才能到达彼岸。

——马克思

引　言

本章介绍大学生生命教育、大学生心理危机及危机预防与干预，引导大学生增强认识生命、尊重生命、珍爱生命的理念，帮助大学生识别心理危机，了解心理危机干预的方法，促进自觉维护生命安全、积极主动应对挑战。

案例导入

小 L 进入大学后特别迷茫，考上大学后不知道自己未来的目标在哪里，看着别人去图书馆、去参加社团活动，常常感到焦虑不安，不知道自己走向社会之后能做什么。久而久之，小 L 对什么都提不起兴趣，常常感到孤独、无助，甚至觉得活着没有意义，有轻生的想法。

小 L 去看了心理医生，医生通过检查发现她有抑郁和焦虑的症状，建议她药物治疗，同时辅助心理咨询。小 L 也在医生的帮助下，督促自己尝试大学的新事物、新课程，参加各种活动，发展自己的兴趣爱好。在人际关系中，感受情感的流动；在学习中，掌握新的知识；在行动中，感受并寻找自己的人生目标。渐渐地，小 L 开朗起来，感受到自我的力量，并加入了志愿者协会，通过一些社会实践，感受到自己的价值。

请思考：

1. 生命是什么？
2. 怎样活着才有意义？
3. 如何去实现生命的价值？

第一节
大学生生命教育

生命是一切智慧、力量和美好情感的唯一载体，失去它一切都不复存在。它是任何东西都不可能替代的，人的生命价值就在于它是人类创造和实施一切价值的前提和先决条件。我们每个人虽然无法决定自己生命的长度，但可以掌握自己生命的宽度，即实现生命的意义，活出精彩，体现价值。

一、生命的起源、本质及特点

（一）生命的起源

当讨论生命起源的观点时，可以从不同的哲学和科学角度进行分类。这些观点通常可以划分为唯物主义和唯心主义两大类。唯心主义观点认为生命是由超自然力量或神创造的，是超出人类理解范围的神秘现象。这种观点将生命视为超越物质和自然规律的存在，将其归因于超自然的因素。相反，唯物主义观点认为生命是物质的产物，不存在超自然的介入。机械唯物主义将生命现象简化为物理和化学过程的机械组合，将生命解释为单纯的物质积累。然而，这种观点可能忽略了生命与非生命之间的本质区别，过于简化了生命的特殊性质。在辩证唯物主义观点中，生命被看作物质的一种表现形式，不存在独立于物质的灵魂。这种观点强调生命是自然长期演化的结果，是极为复杂的物质形态，具有独特的特性和运动方式。辩证唯物主义将生命视为自然界最高级别的物质运动，突出了生命与其他物质现象的区别。

综上所述，生命起源的观点可以分为唯物主义和唯心主义两大类。唯物主义强调生命是物质的产物，而唯心主义将其归因于超自然或神秘力量。辩证唯物主义则将生命视为自然长期演化的结果，强调了生命的复杂性和独特性。

（二）生命的本质

何为生命？古今中外，不同的学科、流派给出了各自的界定。

1. 现代生物学角度

现代生物学认为，生命即蛋白质和核酸的复合体系存在方式的一种特殊的、高级的、复杂的物质运动形式。根据现代生物科学的研究成果，生命起源首先由无机物合成有机小分子，由有机小分子形成生物大分子，由生物大分子组成多分子体系，最后发展为原始生命。生命主要是由核酸、蛋白质大分子组成的，是以细胞为最基本单位的复合体系的存在方式。

2. 中国古代哲学角度

中国古代哲学认为，“生”字的本义是指草木从地下长出，引申为事物的产生、发生，再引申为生命的孕育与发展，生生不息。“离离原上草，一岁一枯荣。”生命有无限潜能，值得珍惜、探索、发展，生命要不断地自我开创、更新，最终达到“生生”的目的，让所有的生命不断相生，永续生存。而生命哲学则认为“生命是世界的、绝对的、无限的本原，它跟物质和意识不同，是积极地、多样地、永恒地运动着的。生命不能借助于感觉和逻辑思维来认识，只能靠直觉或体验来把握”。哲学家柏格森认为，“绵延是生命的本质体现”。柏格森说：“我们的绵延不仅仅是一个瞬间替代另一个瞬间。假如是这样，那么除了现在就不再会有任何别的，没有过去向现在的延长，没有进化，没有具体的绵延。绵延乃是过去消融在未来之中，随着前进不断膨胀持续的过程。”所以，生命的绵延代表着生命是连续的、整体的、发展的。

由此可见，无论是从现代生物学角度还是中国古代哲学的角度，生命的定义都认同一点：“自我更新与发展”是生命的本质含义。

（三）生命的特点

1. 生命的不可逆性

每个人只经历一次生命旅程，一旦失去便无法再获得。从胚胎开始，生命不断地成长和发展，直至最终衰老和消亡，这个过程是不可逆转的，也不可重演。正是因为生命无法重来，所以它变得尤为珍贵。

2. 生命的唯一性

任何生命都是唯一的，不可替代。而正是因为生命具有独特的个性，它赋予了人的存在价值是唯一的，使任何人的存在都具有合法性，在世界上具有不可取代的地位和作用。生命对任何一个人来说都只有一次。人们常说的“人死不能复生”，便道出了这个真理。

3. 生命的不可替换性

生命为个体所私有，相互不能交换，彼此不可替代。正因为如此，每个人的生命价值也是无可替代的，每个人都是独一无二的存在，生命在世界上是最宝贵的。因此，我们应当怀着热爱之情对待生命，珍视它，充分享受其中的点滴，不断创造出不可思议的成就。只有这样，我们才能真正验证我们的生命存在本身就是一个令人惊叹且伟大的奇迹。

4. 生命的有限性

生命的有限性表现在三个方面：首先，生命存在时间的有限性，人的自然寿命一般为七八十岁，最多百十来岁；其次，生命的无常性，表现为生老病死、旦夕祸福等不可预测性，任何人都逃脱不了死亡，任何人都必然走向死亡；最后，个体生活不能离群索居，不食人间烟火，每个人都需要别人的帮助、支持和关怀。正是生命的有限性才促使人去努力思考、发奋创造、积极生活，去实现自己生命的意义。

二、大学生生命教育的内涵

大学生正处于生命发展的旺盛期，其生理发育趋于稳定，并随着自然科学和社会科学知识进一步积累，越发寻求自我生命的自由而全面发展。针对大学生这一特殊群体，大学生生命教育以社会主义核心价值观为指导思想，辅以哲学、心理学等相关理论，通过有组织、有计划地引导大学生关爱生命、尊重生命、明晰生命之美、树立正确的生命价值观，增强大学生的幸福感，提升大学生的生命质量。大学生生命教育有助于大学生明确社会角色，主动承担社会责任，更好地适应社会生活。大学生生命教育旨在帮助大学生认识与体验生命的可贵，培养尊重生命的意识，陶冶健全的人格，激发奋斗的潜能，让生命一直活在希望中。其主要内容有以下几方面：

（一）大学生生命认知教育

大学生生命认知教育有三层含义：第一层是生理的认知层面，第二层是心理层面的精神性生命，第三层是伦理层面的社会性生命。

1. 生理的认知层面

2004 年，北京一位中学生自拍自编的短片《懂你，母亲》，展示了一位农村母亲承受巨大痛苦进行剖宫产、微笑着迎接新生命诞生的过程。这是生命起源教育的一个典型的实例，对大学生实施生命认知教育也可以通过唤起认知的共鸣来开展，而这种共鸣会使人真正体会到生命的伟大和神圣，产生对生命的敬畏。

2. 心理层面的精神性生命

大学生初涉社会总会碰到各种挫折，会面对来自家庭、学校、社会等各方面的压力。挫折是不可避免的，是大学生走向成熟的必经之路，大学生应以积极的态度去面对。提高承受来自外界环境的压力和打击的能力，学会控制自己的情绪，做情绪的主人，可以更好地适应、融合环境，努力创造幸福人生。

3. 伦理层面的社会性生命

大学生作为具有道德力量的人群，其在伦理维度上所体现出来的要求就是学会做人。学会做人在大学生培养目标的设定中具有以下几个方面的含义：一是学会尊重他人。生命是有尊严的，任何东西都不可代替它。学会尊重他人是做人最基本的要求。二是学会包容他人。包容他人就意味着宽容，意味着拥有宽广的胸襟。伏尔泰曾经说过：“宽容精神，来源于承认一切人都是不完善的。”心胸宽广是一种美德，是一种高贵的品格，也是一名优秀的大学生必备的品质之一。三是学会关心他人。大学生生命教育中认知教育的重要内容之一是学会关心他人。不仅要学会关心自己，同时也要学会关心社会以及社会中的人们。

（二）大学生生命价值观教育

人的生命是自然生命和精神生命的和谐统一，人的生命价值是生命主体的自我价值和社会价值的统一。生命价值观就是人们关于什么是生命价值、怎样评判生命价值、如何创造生命价值等问题的根本看法和根本观点，也是一种生活态度和生活理念。大学生生命价值观教育是教育大学生懂得在生活实践中如何正确对待个体生命及个体生命的价值，如何正确处理自己与他人、个体与客体关系的一种活动。大学生生命价值观教育主要有以下几方面内容：

1. 生命意义教育

人不可能像动物那样饱食终日便无忧无虑，人只要活着，就要去探求活着的意义、追求美好生活。我们要走进关注人的生命、提升生命意义的人文关怀时代，引导大学生在现实生活的积极实践中赋予生命的意义，在自我省察中发现生命的意义，在良好的文化熏陶中体验生命的意义，在挑战苦难中实现生命的意义，在创造性劳动实践中开创生命的意义。

2. 人生理想教育

理想是人们在实践中形成的具有现实可能性的对未来的向往和追求，是人们的世界观、人生观和价值观在奋斗目标上的集中体现。当代大学生承认理想对人生的重要意义，渴望把理想变为现实，但是一旦接触到的现实与自己的理想有较大距离时，就容易对自己的理想目标感到极度惘然，无法确定和坚信自己的理想，甚至不知道自己是否确定了理想。人生理想教育就是让大学生明白，理想应该是和谐多样的，理想建立在现实可能性的基础上，既与社会需求相统一，也与个人兴趣、爱好与追求相一致；既包括人生规划，也包括精神充实。

3. 生命信仰教育

生命信仰，又称人生信仰，是指个体对自己生存的意义和价值、生活的前途和命运以及人生的状态和归宿等命题的最高信念及坚持，是价值观在人生问题上的集中体现，是人们对于生活的目的、意义和价值的本质把握与升华。信仰之于人生的意义不在于它的具体而现实的功用，而在于它是人在主观上为自己设立的一个终极目标，来作为自己内心的动力和精神的支柱。

大学生要树立科学、崇高的人生信仰，关键还是要投入到现实的生活中去，在丰富的人生体验、科学的理论学习和积极的政治追求中获得对生命的认知、对社会的情感和对理想的信念，并把这种信仰追求转化为生命活动的动力。

（三）大学生生命幸福感教育

大学生生活在现实世界中，有着各种各样的目标追求，而各种具体的目标追求的终点就是幸福。因此，对于大学生来说，只有感到幸福，才能感受到生存的意义和生命的意义，实现生命的价值。生命幸福感教育就是从大学生自身实际出发，从现实生活出发，去发现生活中围绕在身边看似平常却温暖的点滴。生命幸福感教育主要有以下几方面内容：

1. 感恩教育

人类之所以区别于其他低等动物，在于人类有情感和理性。“滴水之恩，当涌泉相报”是人类广为传诵的美德。感恩是人之常情、事之常理，懂得感恩也是做人的基本条件之一。

2. 责任教育

责任教育就是使人们践行某些职责，而且对其有组织、有计划地施加影响的过程。在沉重的学业和就业压力下，大学生容易过度地关注自我，缺乏社会认同感和责任感，这种以自我为中心的意识使他们轻易地把过失归于外界与客观因素，一旦出现挫折，尤其是在遇到没有人能负责的时候，就会哀叹自己的不幸，逃避作为当事人的自己所应承担的责任。责任教育帮助大学生加强责任意识，明确自己的责任和义务，做一个敢于承担的人。责任教育能使大学生在任何时候都保有一个平和的心态，不迁怒于他人，在面对困境时不轻易对自己所享有的幸福产生怀疑，而是积极寻求问题的解决方法。

3. 自律意识培养

自律指的是自我控制和自我调整的能力，包括自我控制不安的情绪，在压力面前保持清醒的头脑。部分大学生从小到大在父母与学校的保护与束缚中成长，一旦脱离父母自己一个人开始生活，自由与新鲜感让大学生暂时迷失，自律意识便随之渐行渐远。自律意识的培养，不仅有助于个体更好地管理自我，还能提升个体的自我效能感，从而增强生命幸福感。

三、大学生生命教育的意义

（一）引导大学生正确对待生命

大学生正处于生理和心理迅速发展的时期，也是个体心理迅速走向成熟而又尚未完全成熟的一个过渡期。大学生在面对学业、社会竞争等方面的压力时，也不断经历着自我意识困扰、人际困惑、情感困扰等心理困惑，如不及时有效地进行心理调节，容易出现心理危机，甚至危及生命。生命教育帮助大学生了解生命，理解生命的珍贵和不易，懂得尊重生命，关爱和善待生命，陶冶健全的人格，在挫折和重压之下能保持积极平和的心态，避免心理失衡和危机事件的发生。

（二）有利于大学生树立正确的生命价值观

生命价值观是人生价值观的重要内容。大学生处在世界观、人生观、价值观的形成阶段，容易出现彷徨、迷茫等精神困惑，由于对生命的价值认识不清晰，生命的终极价值和意义的衡量标准被功利化、物质化，对待生命的态度消极、片面，更有甚者陷入了漠视生命的困境。生命教育帮助大学生明白生命价值的重要性，通过自我完善获取生命的意义，建立健康向上的人生观，树立正确的价值观，以积极的态度面对生活、面对生存和死亡，在此过程中领悟生命的真谛。

（三）促进大学生人格完善

大学阶段正是个体身心急剧变化和发展的阶段，也是人格建构的关键时期。大学生生命教育从生命的角度出发，赋予生命意义和价值，呈现生命的本质，帮助大学生在身体、智力、情绪、态度、需要、兴趣、价值观、性格和气质这九个方面塑造和健全人格，达到身心的健康和谐，有生活和学习的理想和动力，有创新进取的心态和为祖国努力的决心，有维护和实现自己和他人生命幸福的积极渴求，最终使大学生实现全面发展。

（四）帮助大学生积极承担社会责任

大学生生命教育给予大学生生存意识教育、生存能力教育，还给予生命价值升华教育，让大学生的心灵得到成长，有所思、有所行，更好地创造社会价值，担负起应承担的社会责任，真正地在社会上立足。

（五）促进社会和谐

生命教育是全人教育，人不能脱离社会而独立存在，人的发展和价值在社会中体现。生命教育的开展引导大学生承担社会责任，将自我价值融入社会价值之中，实现自我价值和社会价值的双赢，促进社会和谐稳定发展。

心理百科

/ 大西洋上的心理学试验 /

1900 年 7 月，一位叫林德曼的德国精神病学专家独自一人驾着一叶小舟驶进了波涛汹涌的大西洋，他在进行一项历史上从未有过的心理学试验，预备付出的代价是自己的生命。

林德曼博士认为，一个人只要对自己抱有信心，就能保持精神和机体的健康。当时，德国举国上下都在注视着这一独舟横渡大西洋的悲壮冒险。已经先后有 100 多位勇士相继驾舟横渡大西洋，结果均遭失败，无人生还。林德曼博士认为，这些死难者首先不是从肉体上败下阵来的，主要是死于精神上的崩溃，死于恐怖和绝望。为了验证自己的观点，他不顾亲友们的反对，亲自进行了试验。

在航行中，林德曼博士遇到了难以想象的困难，多次濒临死亡，他的眼前甚至出现了幻觉，运动感也处于麻木状态，有时真有绝望之感。但只要这个念头一升起，他马上就大声自责："懦夫，你想重蹈覆辙，葬身此地吗？不，你一定能够成功！"生的希望支持着林德曼，最后他终于成功了。他在回顾成功的体会时说："我从内心深处相信一定会成功，这个信念在艰难中与我自身融为一体，它充满了每一个细胞。"他的试验表明，人只要对自己不失望，充满信心，精神就不会崩溃，就可能战胜困难而存活下来，并取得成功。

心理学家从大量的观察事实中发现：在危险的情境中，经常是那些性格乐观、富于自信的人存活下来，因为他们总是没有泯灭自己的希望。而过早地结束自己生命的人，大多数是由于对生活感到失望以至累积成绝望。而一个对生活充满希望的人，即使环境再艰难，都会发挥同环境抗衡的能力，在改造环境中改善自己的生存条件和地位。

心灵港湾

/ 毛竹的生命力 /

毛竹是在我国四川省生长的一种神奇的植物，它的生长过程不断地克服困难，厚积薄发。

毛竹的生长分为两个阶段：第一个阶段是种植的前两年，这个时期的毛竹基本不会"生长"，仿佛被按下了暂停键。第二个阶段的毛竹是在种植的第三年雨季，它会以每天100厘米的速度快速生长，直到成为整片竹林中最高的竹子之一。人们奇怪于毛竹的生长过程，通过细致的观察和研究发现，它种植的前两年并非没有生长，甚至生长得很快，只是以一种不易察觉的方式——不断地向地下生根。在面对恶劣的自然环境时，毛竹的选择是在磨难中茁壮成长，经过漫长的生根和静静的蔓延为之后的生长积累了前提和基础，生命总是能找到出路。

当今的快节奏生活，难免使人浮躁，一些人不愿意耐心地去储备知识和积累经验，往往只想着短时间获得成就，在面对挫折和苦难时，选择了放弃。每一个生命正如一棵毛竹，其成长都是一个厚积薄发的过程，都需要不断地积累和面对挫折，在困难中寻找出路，不断地茁壮成长。只有像毛竹一样，虽然遇到苦难，但仍能不断积极成长，才能使生命之花越发璀璨多彩。

第二节
大学生心理危机

“危机”，从字面上看既包括危险，也包括机遇，即“危中有机，机中有危；危可转机，机可变危”。危机意味着一个突如其来、出乎意料的转折点，面对危机者凭借现有资源和既有策略难以处理，要求其做出关键决策，通常转折点前后面对危机者的境遇会有很大不同，或好或坏。

一、大学生心理危机的内涵及表现

（一）大学生心理危机

1954 年，心理学家卡普兰开始对心理危机进行系统研究，并于 1964 年首次提出心理危机相关理论。卡普兰认为，每个人都在不断努力保持一种内心的稳定状态，保持自身与环境的平衡和协调，当重大问题或危机事件发生，使个体感到难以解决、难以把握时，平衡就会被打破，正常的生活受到干扰，内心的紧张不断积蓄，继而出现无所适从甚至思维、情绪和行为的紊乱，进入一种失衡状态，即心理危机状态。

大学生心理危机是指大学生在学业、就业、情感及人际交往等方面，遇到用惯常方法难以解决的问题，而引起的暂时的心理失衡。心理危机不是心理疾病，是人遭遇危机事件后出现的正常情感危机反应。

通常认为，心理危机具有以下四个特点：① 是一种短暂的临时状态；② 是一种混乱与崩溃的状态；③ 当事人没有有效的方法来处理危机；④ 是可能获得新的成长的契机。

判断一个人是否面临心理危机，通常有以下三个标准：① 存在具有重大心理影响的危机事件，如父母离异、亲人离世等；② 主观感觉痛苦，有急性情绪混乱或认知、躯体和行为等方面的改变，但未达到精神疾病的诊断标准；③ 惯常解决问题的方法和应对措施无效，导致其心理、情感、行为等方面的功能水平较危机事件发生前有所降低。

（二）大学生心理危机的表现

1. 情绪方面

表现为高度的焦虑、紧张、丧失感和空虚感，且可伴随恐惧、愤怒、罪恶、烦恼、羞惭等，更多地表现为焦躁不安，情绪时而低落时而亢奋，反复无常。不良的情绪体验是心理出现问题的主要因素，异常情绪所造成的负面影响容易产生心理危机。异常情绪包括：抑郁、焦虑、冷漠、狂躁等。大学生的情绪突然改变、明显不同于往常，出现不良情绪反应，如情绪低落、悲观失望、焦虑不安、无故哭泣、意识范围变窄、忧郁苦闷、烦恼或喜怒无常、自我评价丧失、自制力减弱等消极情绪时，就有发生心理危机的可能。大学生情绪变化的直接因素是自我期望值过高、自我评价不合实际以及学业、就业、情感、人际等问题。恶劣的情绪也是判定个体发生抑郁症的重要临床表现。

2. 认知方面

观察问题、判断是非简单化、片面化，易于偏激，对事物的判断则固执己见，难以听进别人的解释，钻牛角尖而难以自拔；看待和处理问题情绪化，缺乏理智，多意气用事。身心沉浸于悲痛中，导致记忆和知觉改变，难以区分事物的异同，体验到的事物间关系含糊不清，做决定和解决问题能力受影响，有时害怕自己发狂，一旦危机解决可迅速恢复正常。

3. 行为方面

不能专心学习或工作；回避他人或以特殊方式使自己不孤单；与社会联系破坏，可发生对自己或周围环境的破坏性行为；拒绝帮助，认为接受帮助是软弱无能的表现；行为和思维情感不一致；出现了过去没有的非典型行为。人的行为是心理活动的反映，正常的行为活动是一个人心理健康的重要表现之一。当大学生出现行为异常，如饮食和睡眠出现反常、个人卫生习惯变坏、不讲究修饰、自制力丧失、不能调控自我、孤僻独行等非常态行为时，就要注意是否有心理危机问题了。行为异常也是判定个体患抑郁症的重要表现之一。行为变化也与情绪变化密切相关，不良情绪会导致行为的反常变化。

4. 躯体方面

肠胃不适、腹泻、食欲下降、头痛、疲乏、失眠、做噩梦、容易受惊吓、感觉呼吸困难或窒息、有硬塞感、肌肉紧张等。

5. 急性应激反应

除了以上身心反应，人在面临心理危机后的几小时到几天，甚至一个月内，还可能产生一系列障碍性反应，即急性应激反应。急性应激反应一般持续时间为2~30天。其核心症状有三点：① 创伤性重现体验，即重现危机发生时的体验；② 回避与麻木，即对与创伤有关的事物采取持续回避的态度；③ 高度警觉状态，即过度的警觉性会扰乱个体的正常生活，破坏机体健康，使人感到衰竭。具体表现见表 12-1。

表 12-1　急性应激症状

反应类型	创伤性重现体验	回避与麻木	高度警觉状态
行为	好动、攻击 重复相同游戏	避免旧地重游 避免与相关人互动、谈话	社交退缩 夸大惊吓 失眠

续表

反应类型	创伤性重现体验	回避与麻木	高度警觉状态
认知	闯入性的回忆 创伤的梦魇 倒叙场景	记忆缺失 省略对未来的想象	缺少联结 高度警觉与易惊吓
情绪	被唤起暴露在当下产生的心理压力感受，如焦虑、愤怒、罪恶感、羞耻、无助等	感觉麻木 情绪调节能力减弱或受损	易怒 突如其来的暴怒
躯体	唤起当时的反应，如恶心、心跳加速、血压升高、出汗、口干、呼吸困难、头晕眼花	感官麻痹	发热、发寒 肚子痛、尿频 吞咽困难

如果心理危机处理不当，急性应激反应持续超过一个月，很可能转为创伤后应激障碍。当事人应当及时寻求专业心理援助，在其帮助下重新让生活回归正轨。

二、大学生心理危机的种类

心理学上对大学生心理危机的分类有许多。我们结合实际情况，一般将大学生心理危机归纳为以下 6 个类型。

（一）成长性危机

成长性危机是指在正常成长和发展过程中，急剧的变化或转变导致的异常反应。对大学生来说，新生入学不适应、不喜欢所学专业、没有当上班干部、没有被评上三好学生、大学毕业没有合适的工作等都可能导致成长性危机。每个人在不同的阶段有不同的成长任务，当遇上困难及阻滞时，便会产生压力，并慢慢促成危机。因此，成长性危机被认为是一种正常的人生经历，所有的人和所有的成长性危机都是独特的，因而必须以独特的方式进行评价和处理。成长性危机有三个特点：其一，心理危机持续的时间比较短暂，但变化急剧。其二，大学生在成长性危机期间容易出现一些消极现象，如厌学、人际冲突及情绪冲动等。其三，成长性危机如果能顺利度过，将会促进大学生心理发展，使其获得更大的独立性，走向成熟。

（二）境遇性危机

境遇性危机是指由外部环境造成的、突如其来的、无法预料的和难以控制的心理危机。如亲友突然亡故、父母失业、家庭经济来源突然中断等，或是受到突然的侵犯和恐怖事件，如遭到强奸、抢劫和暴力侵犯等而引起的心理危机。

（三）情感性危机

情感性危机是指一个人在感情中遭到突然的打击，并因此无法控制自己的感情，从而严重地干扰自己的正常思维和对事物的判断及处理能力，甚至使工作、学习无法进行，在极度悲痛、恐惧、紧张、抑郁、焦虑、烦躁下，极易产生自杀的念头和做出莽撞的事情来，导致精神崩溃。在大学生中最常见的情感性危机莫过于失恋，这是诱发大学生心理问题的重要因素，恋爱失败往往导致大学生心理变异，有的人因此而走向极端甚至造成悲剧。

（四）存在性危机

存在性危机是指伴随着重要的人生问题如关于人生目的、责任、独立性、自由和承诺等出现的内部冲突和焦虑。存在性危机可能是基于现实，也可能是基于回忆，或是基于一种压倒性的、持续的感觉，也可能像一个老人觉得自己的生活毫无意义，这种空虚无法用有意义的东西来填补。对于大学生来说，是出国还是留在国内，是考研还是工作，两个工作单位二选一的抉择，是否要转专业，是否决定与某个人发展恋爱关系，与导师的关系冲突等，都有可能发展成存在性危机。存在性危机的成功解决对大学生的人生观、价值观和世界观的正确树立有着重大的影响。

（五）心理障碍危机

心理障碍危机是指个体由抑郁、恐惧、焦虑、强迫等心理障碍所致的心理危机。持续性、强烈的心理障碍，如不及时调整疏导，极易引发精神崩溃、失常现象。

（六）自杀性危机

自杀性危机是指个体由于过于痛苦，无法应对生活中的问题，而出现的自伤甚至自杀的念头、想法、计划或行动。

三、大学生心理危机的发展过程及影响因素

（一）大学生心理危机的发展过程

1. 大学生心理危机的发展时期

一般来说，大学生心理危机的发生会经历以下几个时期：一是冲击期。在危

机事件发生时或发生后不久，感到震惊、恐慌、不知所措。二是防御期。表现为想恢复心理上的平衡，控制焦虑和情绪紊乱，恢复受到损害的认知功能，但不知如何做，此时会出现否认、合理化等心理防御反应。三是解决期。积极采取各种方法接受现实，寻求各种资源想方设法解决问题从而减轻焦虑，增加自信，恢复社会功能。四是成长期。经历了危机后变得更成熟，获得应对危机的技巧。但也有人消极应对而出现种种心理不健康的行为。

2. 大学生心理危机可能的结局

大学生心理危机一般会有四种不同结局：一是顺利度过危机，并学会了处理危机的方法策略，提高了心理健康水平；二是度过了危机但留下心理创伤，影响今后的社会适应；三是经不住强烈的刺激而自伤自毁；四是未能度过危机而出现严重心理障碍。

（二）大学生心理危机产生的原因

导致大学生心理危机产生的原因较复杂，综合概括主要包括三方面的原因。

1. 大学生自身的原因

大学生正处于不成熟人格状态向成熟人格状态转变的过渡时期，学业压力和就业压力较大，社会适应及自身价值和自身角色确立是大学生面临的重大问题。当今社会竞争激烈，即使在校园里也免不了要“内卷”起来。有的人在入学时没有进入理想的专业，因而丧失了学习兴趣，不愿意再努力，自暴自弃。有的人进入大学后不适应大学的授课方式，没有良好的学习习惯，努力学习却没有取得好成绩，无助无措之下陷入心理危机。有的人进入大学之后十分忙碌，上课、社团、实习、比赛、考证，事事都想参与，忙得焦头烂额。有的人有“考试焦虑”，一面对考试就格外紧张，几天吃不好、睡不好，进入应激状态。有的人面临毕业，对自己的未来没有规划，不知道应该继续读书深造还是步入社会就业，长时间被发展问题困扰。

情感问题也是引发危机的重要原因。许多大学生都想在大学期间发展一段恋爱关系，然而恋爱不只有甜蜜的瞬间，还有许多苦恼的时刻，情感不顺也是引发大学生心理危机的一个因素。有的大学生沉浸在无尽等待的单恋中，久久得不到回应。有的大学生虽然步入一段恋爱关系，但是由于两个人的观念不合、习惯不同，时常产生摩擦和误会。长期受到恋爱的打击，容易积累成怨恨，甚至产生轻生的想法。

人际关系问题也容易引发大学生心理危机。大学生常见的人际关系包括和同学的关系以及和老师的关系。良好的寝室关系是大学生活的重要保障。然而，由于来自不同的地区，生活习惯的差异让室友之间不可避免地产生摩擦，若不能及时地解决冲突，就容易引发更大的矛盾。有的学生因和导师关系不和而陷入焦虑中。互联网的广泛使用，让大学生减少了日常面对面的交流，沉浸在自己的小世界中，遇到了烦恼，不愿意向现实中的朋友、老师和家人倾诉，不愿意求助于心理专业人员，长此以往也会引发较为严重的心理危机。

大学生自身抗逆力也是心理危机的重要影响因素。抗逆力又叫作心理弹性，是指面对一些突发压力事件，或者在逆境中的心理承受能力与调节能力，简而言之就是抗挫折能力。每个人的抗逆力不同，因此面对同样的压力情境，有的人生活不受影响，有的人如遭遇晴天霹雳。那些低自我价值感、低自尊的人，其抗逆力也更低，遇到逆境更容易心态失衡。

此外，各种情境下产生的心理矛盾和发生思想观念的碰撞、冲突实属难免，还有的大学生患有严重躯体疾病，这些问题都对大学生的心理调节能力提出了重大挑战，导致容易出现苦闷、焦虑的情绪状态。如果大学生的负面心理状态不能及时得到调整，缺乏有效的教育辅导或者社会支持，就容易产生情绪偏激，导致攻击行为等。

2. 家庭和学校教育原因

学校教育和家庭教育普遍存在重知识教育和成就教育、轻人格教育和心理教育的状况。在应试教育的驱动下，学校和家长更重视学生的学习成绩、活动能力等看得见的指标，而忽视了学生的情绪情感、心理需求、心理调适能力等看不见的指标，还有些教育方式不当，如多惩罚、少鼓励，多指责、少教育引导等，导致学生不能很好建立自信心和自尊心，以至于学生出现了心理问题苗头，而家长和教师竟然毫无察觉，直到心理危机事件发生了才引起重视。

3. 社会的原因

一方面，大学生在现实中面临着各种生存和发展压力，如就业、升学、人际关系等问题，压力越来越大；另一方面，社会的变革导致大学生成长的环境更加复杂。例如，父母感情不和、父母离异、亲子关系不良以及家庭经济困难等因素，都使大学生在成长环境中没有得到足够的支持，没有形成良好的人际沟通与人际适应能力，没有形成对人生、对社会、对他人友好的态度。此外，一些社会媒体对心理危机事件的过度渲染，使大学生模仿和效仿的概率有所上升，趋利的动机导致很多营利性机构对大学生不良嗜好的纵容等诸多社会不良影响，都增加了大学生心理危机因素的不确定性和复杂性。

体验活动

/ 人生五样 /

活动道具：白色纸一张，水性笔一支。

活动程序：

1. 请在白纸上，写下你生命中最重要的五样东西。这五样东西，可以是实在的物体，也可以是人或动物，可以是精神的追求，也可以是爱好和习惯等。

2. 假如现在因为一些变故，你不得不放弃其中一样东西，你首先会选择放弃哪一样呢？

3. 很不巧，生活又发生了变故，你不得不再放弃一样东西，你会选择放弃哪一样呢？

4. 现实生活十分残酷，你必须再次放弃余下三样中的一样，你会放弃哪一样？

5. 生命进程中，你又一次遇到挑战，必须在你最后的两样珍贵的东西中留下一样，放弃一样，你会如何选择？

6. 请谈谈你的感受。

心医之窗

生命是具有能量代谢功能，能回应刺激及进行繁殖的开放系统。关于生命来源和产生的学说有很多种。我国传统医学是基于“精气学说”角度来认识和阐述生命的，并用以阐释宇宙万物形成本源和发展变化。精气学说又称“元气论”或“气一元论”，认为构成万物并不断运动的不可见物质为“气”；“精”则在中医学内分为“广义之精”与“狭义之精”，其中前者是指构成宇宙万物有形之精微物质的统称，后者泛指生殖之精，因此生命之构成亦属于精气学说范畴内。《黄帝内经·灵枢·本神》说：“故生之来谓之精，两精相搏谓之神。”因此在中医学中，“精、气、神”统称“三宝”，往往贯穿整个生命活动的始终，虽然各有不同的含义，但又密切相关。精与气的关系，类似于合成与分解之类方向相反的基本代谢活动。无形可以聚合成有形，气可生精，古代著名医家李东垣所著《脾胃论》曰“精乃气之子，气者，精神之根蒂也。大矣哉！积气以成精”；精成之后，又可化而为气，明代张景岳所著《类经》言“盖精能生气”。在这种精与气的相互转化中，显现出各种生命活动，产生了人的心理活动。因此，神是由精与气派生的，精与气是神活动的物质基础。因此，我们可以认为，健全的心理和协调的生理活动既依赖于躯体，又影响着躯体，三者的有机整合和协调，才能使人的生命活动处于有序稳态。公孙穴（见图 12–1）以黄帝的姓为名，正是取帝王居中央、统四方之意。公孙穴就像黄帝一样，可以指挥四方，刺激它就可以调动全身，帮助调节身体上由于气血瘀滞造成的各种症状，综合起来，就是通气、活血、化瘀，心脏血管通了，精气神才能上来。

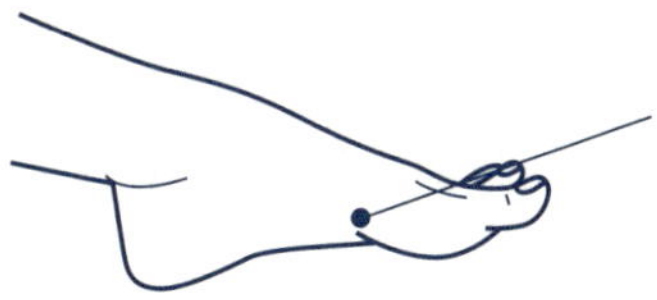

图 12–1　公孙穴

定位：在足内侧缘，第一跖骨基底部的前下方，赤白肉际处。

功效：公孙穴如同一位指挥，调度全身的气血，是所有重要经脉的交汇点。它对五脏六腑的调节，就如同皇帝统领四方。它让全身气血和经络的运作更为协调。经络运行通畅，精气神就可以顺利流通，滋养我们的全身。

公孙穴是足太阴脾经的络穴，脾在五行属土，有“仓廪之官”“后天之本”“气血生化之源”之称。脾的生理功能有：

（1）脾主运化。脾具有把饮食水谷转化为水谷精微和津液，并将其吸收、转输到全身的生理功能。包括运化谷食和运化水液两方面。

① 运化谷食：若脾失健运，则影响食物的消化和水谷精微的吸收，出现食少、腹胀、便溏，以及倦怠、消瘦等症。

② 运化水液：若脾气运化水液的功能失常，可导致水液在体内停聚而产生水湿痰饮等病理产物。

（2）脾主统血。脾为气血生化之源，脾气健运，气生有源，固摄作用健全，血行于脉中。

《黄帝内经》曾记载，女子“五七，阳明脉衰，面始焦，发始堕”，意思就是女性 35 岁之后，容颜的衰老，与胃经和大肠经有着密不可分的关系，脾气虚弱是造成面容憔悴发黄、头发脱落、颜值衰老的重要因素。脾“统主血”，也是女人气血的来源。一旦脾虚，气血运转不流畅，不仅容易产生疲倦感，包括眼疲劳等，各种妇科问题也会接踵而至，如月经失调、闭经等。所以，女性一定要养好脾胃，将因长期操劳而损失的血气补回来。

第三节 大学生心理危机预防及干预

一、大学生心理危机干预的含义和原则

（一）大学生心理危机干预的含义

大学生心理危机干预是指在心理学理论指导下对有心理危机的大学生或大学生群体的一种短期的帮助行为，其目的是及时对经历个人危机、处于困境或遭受挫折和将发生危险的对象提供支持和帮助，使之恢复心理平衡。它不同于一般的心理咨询和治疗，最突出的特点是及时性、迅速性，关键是实施有效的行动。

（二）大学生心理危机的干预对象

大学生心理危机的干预对象主要是存在心理危机倾向与处于心理危机状态的大学生。他们一般表现为情绪剧烈波动或认知、躯体、行为等方面有较大改变，暂时不能应对或无法应对正常的生活模式。对存在下列因素之一的大学生，应作为心理危机干预的高危个体予以特别关注：

（1）在心理健康测评中筛查出来的有心理障碍或心理疾病甚或自杀倾向的大

学生。

（2）遭遇突然打击和受到意外刺激后（如家庭发生重大变故，身体发现严重疾病，遭遇性危机，感情受挫、受辱、受惊吓，与他人发生严重人际冲突等）出现心理或行为异常的大学生。

（3）学习压力、就业压力特别大以及严重环境适应不良出现心理或行为异常的大学生。

（4）因严重网络成瘾行为而影响其学习及社会功能的大学生。

（5）性格内向、经济严重贫困且出现心理或行为异常的大学生。

（6）有严重心理疾病（抑郁症、恐惧症、强迫症、癔症、焦虑症、精神分裂症、情感性神经病等），且出现心理或行为异常的大学生。

对近期发出下列警示信号的大学生，应作为心理危机干预的重点对象及时进行危机评估与干预：一是谈论过自杀并考虑过自杀方法，包括在信件、信息、日记、图画或乱涂乱画的只言片语中流露出死亡念头者；二是不明原因突然给同学、朋友或家人送礼物、请客、赔礼道歉、无端致以祝福、述说告别的话等行为明显改变者；三是情绪突然明显异常者，如特别烦躁、高度焦虑、恐惧，易感情冲动，或情绪异常低落，或情绪突然从低落变为平静，或饮食、睡眠受到严重影响等。

（三）大学生心理危机干预原则

心理危机干预是一项系统而复杂的工作，它涉及对处于心理危机状态的个体或群体提供及时的帮助和支持，以减少或避免心理危机的进一步恶化。在心理危机干预的过程中，遵循一定的原则至关重要，这些原则确保了干预的科学性、有效性和人文关怀。

1. 预防为主原则

注重预防是心理危机干预的长远之计。通过加强心理健康教育，提高大学生的心理素质和应对能力；通过开展心理健康活动，营造积极向上的校园氛围；通过建立心理健康档案，及时了解学生的心理状况和需求。通过预防措施的落实，降低心理危机发生的可能性，为学生的健康成长提供保障。

2. 及时干预原则

及时干预是心理危机干预的首要原则。一旦发现有学生出现心理危机，应立即启动干预程序，避免危机的进一步恶化。通过及时的心理援助和支持，帮助学生稳定情绪，恢复心理平衡。

3. 重点关注原则

重点关注和干预存在心理危机倾向和处于心理危机状态的学生，尤其是对有严重抑郁症、恐怖症、强迫症、焦虑症、癔症、精神分裂症以及遭遇突然打击和受到意外刺激后出现心理和行为异常的学生要给与特别的关注、爱护和干预。

4. 多方协同原则

心理危机干预需要多方面的协同合作。学校、家庭、社会等各方应积极参与干预工作，形成合力。学校应建立健全心理危机干预机制，为学生提供专业的心理援助；家庭应关注学生的心理健康，给予孩子必要的关爱和支持；社会应营造关注心理健康的良好氛围，为大学生提供广阔的成长舞台。

二、大学生心理危机自我调适及干预方法

（一）大学生心理危机自我调适

大学生处在一个心理发展的关键时期，心理危机后的自我调适蕴含着成长的机遇。根据创伤理论，自我调适的过程包括四个主要方面：

（1）认知的调适。生活中总会遇到各类负面事件，如果存在认知偏差则会造成严重的心理危机。在遇到挫折或困难时，调适自我认知观念，学会客观地看待事件本身，理性分析负面事件，可以降低再次面对负面事件时产生心理危机的可能。

（2）价值观的调适。在遭遇心理危机时，往往存在自我否定的情绪，造成退缩、逃避，甚至是自我放弃。大学生在生活和学习中遇到挫折和困难时，应通过发掘以往成功案例，激发自我积极力量，认可自我价值，寻找心理危机中的成长机遇，调适生活和学习重归正轨。

（3）心理强度的调适。在挫折、困难和压力中，心理强度较高的大学生可以有效避免心理危机的发生。心理危机发生后，应积极面对生活和学习中的困难，不断地在挫折中增强自己的心理承受能力，从而获得心理上的成长和发展。

（4）心理支持的调适。生命的社会属性需要健康的人际关系以保障心理的健康，如果无法与他人倾诉，在遭遇负面事件时可能造成心理危机。大学新生在离开熟悉的生活、学习环境后，需要积极适应新的大学生活，建立良好的人际关系，在遇到负面事件时能够主动向亲人、朋友、同学和老师倾诉或寻求帮助，以降低心理危机的产生。

大学生心理危机自我调适的具体方法，可归纳为以下几种：

（1）个人提高关注心理健康的意识，积极参加各种实践活动，提升心理品质。

（2）正确地认知自我与环境，对自身有客观的评价，既不自卑，也不自负，建立自信心，接纳和悦纳自己，接受自己就是这样的人，无条件爱自己。

（3）建立良好的人际关系，人际和谐是一种强大的支持力量，可以让我们内心更和谐。

（4）学会改变认知，转换角度看问题，学会放松应对问题，自觉运用精神防御机制做好情绪和压力管理，建立科学的生活方式。

（5）针对心理问题，学会识别，及时主动预约咨询，及时化解问题，学会运用心理学方法进行心理调适和自助。

（6）正确对待心理疾病，要早发现、早治疗，若发现身边的人出现异常心理，应及时报告给老师或学校咨询部门，使其得到及时帮助和转诊治疗。

（7）积极参加各种心理健康教育和社团活动，树立积极正确的人生观，坚定

理想信念。

（二）大学生心理危机干预模式

心理危机干预产生于西方国家。这些心理危机干预理论从不同角度对危机干预的本质以及方法、策略、过程进行了探讨，既是对危机干预实践的提升，反过来对危机干预的实施又起着重大理论指导作用。贝尔金把危机干预归纳为平衡模式、认知模式和心理社会转变模式三种基本模式。

1. 平衡模式

危机中的人通常处于一种心理或情绪失衡的状态，在这种状态下，原有的应对机制和解决问题的方法不能满足他们的需要。平衡模式的目的在于帮助人们重新获得危机前的平衡状态。平衡模式最适合早期干预，这时人们失去了对自己的控制，分不清解决问题的方向且不能做出适当的选择。

2. 认知模式

危机根植于对事件和围绕事件境遇的错误思维，而不是事件本身或与事件和境遇有关的事实。该模式的基本原则是，通过改变思维方式，尤其是通过认识其认知中的非理性和自我否定部分，通过获得理性和强化思维中的理性和自强的成分，使人们能够获得对自己生活中危机的控制能力。认知模式最适合危机稳定下来并回到接近危机平衡状态的来访者。

3. 心理社会转变模式

该模式认为人是遗传天赋和从特殊的社会环境中学习的产物。因为人们总是在不断地变化、发展和成长，他们的社会环境和社会反响总是在不断地变化，危机可能与内部和外部（心理的、社会的或环境的）困难有关。危机干预的目的在于与来访者合作，以测定与危机有关的内部和外部困难，帮助他们选择替代他们现有行为、态度和使用环境资源的方法，结合适当的内部应对方式、社会支持和环境资源帮助他们获得对自己生活（非危机的）的自主控制。这个模式适合已经稳定下来的来访者。

（三）心理危机干预六步法

尽管人类会遇到错综复杂、各式各样的危机，但危机干预工作者仍可使用直接和有效的干预方法来处理危机。心理危机干预六步法已被专业咨询工作者和一般工作人员广泛采纳，可以用于帮助许多不同类型危机的大学生。

危机干预工作者应该将检查评估贯穿于整个六步法的干预过程中。前三步是帮助大学生确定问题、保证大学生安全和给予支持，主要应该是倾听而非采取行动；后三步是提出并验证可变通的应对方式、制订计划和得到承诺，这时采取积极的应对方式，以动作和行为作为工作重点。

1. 帮助大学生确定问题

即从大学生的角度，确定和理解大学生本人所认识的问题。在整个危机干预过程中，危机干预工作者应该围绕所确定的问题来把握倾听和应用有关技术。为了帮助确定危机问题，推荐在干预开始时，使用核心倾听技术：同情、理解、真诚、接纳以及尊重。

2. 保证大学生安全

在危机干预过程中，危机干预工作者应将保证大学生安全作为首要目标。简单说，就是把自我和他人的生理和心理危险性降到最低。

3. 给予支持

危机干预的第三步是强调与大学生沟通交流，使大学生知道危机干预工作者是能够给予其关心和帮助的人。危机干预工作者不要去评价大学生的经历与感受是否值得称赞，或是否是心甘情愿的，而是应该提供这样一种机会，即让大学生相信“这里有一个人确实很关心我、在乎我”。

4. 提出并验证可变通的应对方式

这一步侧重于大学生与危机干预工作者常会忽略的一面，即有许多适当的方法或途径可供大学生选择。因为多数情况下，大学生处于思维不灵活的状态，不能恰当地判断什么是最佳的选择，有些处于危机的大学生甚至认为无路可走了。

在这一步中，危机干预工作者有效的工作能帮助大学生认识到，有许多可变通的应对方式可供选择，其中有些选择比别的选择更为适宜。应该从多种不同途径思考变通的方式：环境支持，这是提供帮助的最佳资源，大学生知道有哪些人现在或过去能关心自己；应付机制，即大学生可以用来战胜目前危机的行动、行为或环境资源；积极的、建设性的思维方式，可用来改变自己对问题的看法并降低应激与焦虑水平。如果能从这三方面客观地评价各种可变通的应对方式，危机干预工作者就能够给感到绝望和走投无路的大学生以极大的支持。

5. 制订计划

危机干预的第五步是制订计划，这是从第四步逻辑地、直接地发展而来的。危机干预工作者要与大学生共同制订行动步骤来矫正其情绪的失衡状态。包括：确定有另外的个人、组织团体和有关机构能够提供及时的支持；提供应对机制——大学生现在能够采用的、积极的应对机制；确定大学生能够理解和把握的行动步骤。根据大学生的应对能力，计划应注重切实可行和系统地帮助大学生解决问题，包括大学生与危机干预工作者的共同配合，如使用放松技术。

6. 得到承诺

第六步得到承诺紧接在第五步之后。同样，控制性和自主性问题也存在于得到恰当的承诺这一过程中。如果制订计划这一步完成得较好的话，则完成得到承诺这一步就比较容易。多数情况下，得到承诺这一步比较简单，让大学生复述一下计划：“现在我们已经商讨了你计划要做什么，下一步将看你如何向他表达自己的愤怒情绪。请跟我讲一下你将采取哪些行动，以保证你不会大发脾气，避免危机的升级。”在这一步中，危机干预工作者要明确在实施计划时是否达成同意合作的协议。

在第六步中，危机干预工作者不要忘记干预的其他步骤，诸如确定问题、保证安全和给予支持的技术。在结束危机干预前，危机干预工作者应该从大学生那里得到诚实、直接和适当的承诺。然后，在检查、核实大学生行动的过程中用理解、认同和支持的方式来进行询问。也就是说，核心的倾听技术在这一步中也很重要，与在确定问题或其他步骤中一样。

三、大学生自杀危机及预防

自杀是个体有意识地采取各种手段自愿结束自己生命的异常行为。自杀是一种复杂的现象，并且导致了很多的社会问题。从心理学角度分析，自杀者多数是由于生活中遭遇困境而产生激烈的内心冲突，陷入危机状态不能自拔，难以承受或心理异常而产生的自毁行为。

（一）大学生自杀人群基本特征

1. 自杀者的性格特征

通常表现为过于内向、孤独、容易陷入焦虑与绝望感中、偏执、过分认真、责任感过强、缺乏兴趣爱好、情绪不稳定、心情多变。而这些性格特征常常与偏颇父母的教育态度、复杂的家庭关系有关。

2. 自杀者的行为特征

可能具有以下的表现：把自己想死的念头对周围的人诉说或在日记、绘画、信息中反映出来；情绪性格明显反常，焦虑不安，或无故哭泣；抑郁状态，食欲不好，失眠；回避与人接触，与集体不融洽或过分注意别人；行为明显改变，对生活麻木且冷漠的人自杀前像突然变了一个人，敏感又热情；无故送东西、送礼物给亲人或同学，无故地向他人道谢或致歉；上课无故缺席，迟到早退，成绩骤降。

（二）大学生自杀的原因

1. 家庭因素

家庭环境对青少年的心理健康至关重要。父母性格不良、家庭教育内容和教育方法不当、家庭气氛差、父母关系不和等，都直接影响孩子的心理健康。大学生自杀与儿童时期的家庭环境密切相关。经济条件差也会使部分大学生产生消极情绪，严重者会自杀。

2. 学校因素

一方面，我们的教育被功利包围，应有的挫折教育、责任教育、生命教育自然被淡化和抛弃；另一方面，学校不够重视学生心理健康教育工作，导致学校心理健康教育队伍、资金、场地、课程等相关投入不够，心理健康教育工作缺失。

3. 社会因素

社会快速发展，竞争日益激烈，生活节奏加快，人与人之间交流和沟通减少。大学生接受的现代教育与传统教育、东方文化与西方文化产生碰撞，个别年轻的大学生会迷失方向，造成严重的价值错位。世界观、价值观的偏差往往造成人对社会的不适应，使人不能客观面对挫折和压力，忽视事物好的方面，夸大不好的方面，心理承受力较差的人不能及时调整自己，认为心理疾病是可耻的，不敢主动找心理医生寻求帮助。

4. 自身个性因素

自杀行为与自杀者的心理特征有着密切的关系，弱而不稳定、强而不均衡的性格都容易产生心理危机。他们经不起生活的各种挫折，也不积极改善自己的心理状况，很少有人去做心理咨询，自我封闭，无助感和无望感长时间得不到缓解。

5. 疾病因素

各类精神疾病是导致大学生自杀的重要原因之一。由于缺乏精神卫生知识，由焦虑、抑郁等心理障碍导致的心理危机不能及时发现，即便发现了，受社会偏见的影响也不敢就诊，从而延误病情，结果导致悲剧的发生。

（三）自杀倾向的识别

有必要先对有自杀倾向与自杀之间的关系做一下说明。大多数研究者认为自杀并不是突然发生的，而往往有一个明显的发展过程和具体的心理表现。日本学者长冈利贞认为，自杀过程通常要经历以下阶段：产生自杀意念—下决心自杀—行为出现变化—思考自杀的方式—选择自杀的地点与时间—采取自杀行为。对于不同年龄、不同个性、不同情境下的人，自杀过程有长有短。

1. 及时发现

如果我们能提前发现有自杀倾向的人，并进行及时有效的干预，将会阻止自杀事件的发生。长冈利贞认为自杀前会有种种信号，可以从言语、身体、行为三方面观察。言语方面，有自杀倾向的人会间接地、委婉地说出来，或者谨慎地暗示周围，如“学业严重挫折”“想出走”“活着没有意思”；身体方面，有自杀倾向的人会有一些身体症状反应，比如感到疲劳、体重减轻、食欲不好、头晕等，这往往是抑郁情绪所致，不能简单地认为是身体有病，应引起注意；行为方面，当自杀倾向增强时，在日常生活中会表现出不同于平常的行为，如无故缺课、频繁洗澡、看有关死亡的书籍，甚至出走、自伤手腕等。以上种种征兆，可以为自杀预防提供线索和可能。

2. 及时提供帮助

对有自杀征兆的人，首先，要保持冷静和耐心倾听，让他倾诉自己的感受，要认可他表露出的情感，也不试图说服他改变自己的感受。其次，询问是否想自杀，例如：“你是否感觉到痛苦、绝望，以至于想结束自己的生命？”要相信他说的话，当他说要自杀时，我们应认真对待，如果他要你对其想自杀的事情给予保密时，不要答应。最后，让他相信通过帮助可能缓解面临的困境，并鼓励他寻求帮助，同时说服其他相关人员共同承担帮助他的责任。如果认为他当时自杀的危险性很高，不要让其独处，立即陪他去找心理医生或去医院接受评估和治疗。

通常人们对自杀有一些错误的观点，例如：认为与想自杀的人讨论自杀将诱导其自杀；威胁别人想要自杀的人是不会自杀的；一个人自杀未遂后，就不会再有自杀危险；自杀是一种冲动性的行为；等等。我们要改变这些错误认识，不放弃任何挽救自杀者的机会。

（四）大学生自杀行为的预防

1. 做好自杀预防的宣传工作

教师和大学生都应了解自杀的一些基本常识，能辨别出大学生有无自杀危险的信号，密切注意自杀迹象，做到防患于未然。如北京高校举办的“拯救生命，重建希望”的预防自杀宣传活动，提高了大学生自我心理调节和预防危机的能力。

2. 及时普查大学生的心理健康状况

学校要定期对大学生的心理健康状况进行普查，建立心理健康档案，掌握大学生的心理健康状况，对有问题的大学生及时提供帮助，使其增强自信心，对前途充满希望。

3. 开展心理健康教育，普及心理卫生知识

大学生有很强的认知能力，经过启发会转换思维方式以应对问题，使情绪、行为发生改变，因此，学校应在大学生中普及心理健康知识，帮助大学生优化心理品质，增强心理调适能力和社会适应能力，帮助他们处理好在环境适应、自我管理、学习困难、交友恋爱、求职择业、人格发展和情绪调节等方面的困惑，从而缓解心理压力，预防极端行为发生，促进大学生心理健康。

4. 社会媒体应当承担起正确引导大学生的责任

大学生求知欲旺盛，好奇心特别强，喜欢模仿，但他们身心各个方面毕竟还没有完全成熟，对人生和生活的认识还十分模糊，名人、影星、歌星的自杀会对他们产生诱导作用，使他们把自杀看作一个好玩的、勇敢的举动。因此，社会媒体对明星的自杀不应过分渲染，以免对大学生造成误导。

5. 加强挫折教育

现在的大学生所受的挫折教育太少，心理非常脆弱。因此，无论家庭还是学校，在教育孩子上，在以正面教育为主的同时，不妨加强挫折教育，培养他们的心理承受能力。

6. 重视开展大学生心理辅导和咨询工作

学校要积极创造条件建立心理健康教育工作体系，开展经常性的心理辅导或咨询工作。面向全校大学生，通过个别咨询、团体辅导活动、心理行为训练、书信咨询、电话咨询、网络咨询等多种形式，有针对性地向大学生提供经常、及时、有效的心理健康指导与服务。

7. 改变大学生的认知歪曲，对其自杀意念和行为进行认知干预

国外相关研究显示，通过帮助自杀者发现、挖掘其不良认知，代之以理性、现实的认知，能使其迅速摆脱自杀的危机情境，更好地适应现实生活。因此，必须帮助其采取一些诸如寻求社会支持、合理宣泄、转移注意力等积极有效的措

施，向不合理的甚至是错误的观念宣战，以期大学生有自杀倾向者能够真正调整自我、改变自我，最终摆脱自杀观念。

心灵成长

通过本章的学习，你对生命有了哪些新的认识和理解？你如何看待心理危机的预防和干预？

拍出好心情

在心理危机事件发生时，是什么给你力量去应对危机？用手机拍一张，或搜索一张应对危机的照片，设置手机屏保，直到感受到有安心感。

思考题

1. 大学生生命教育的意义是什么？
2. 大学生心理危机的表现有哪些？
3. 如果发现周边的同学有伤害自己的倾向，你会怎么做？

课后作业

1. 简述生命教育的主要内容。
2. 简述大学生心理危机产生的原因。
3. 简述心理危机干预的方法。

作品推荐

图书：《生命的重建》，露易丝·海著，徐克茹译，中国宇航出版社。
电影：《哪吒之魔童闹海》，饺子执导。

附 录

大学生心理健康教育伦理与法律

学习目标：

厘清大学生心理健康教育实践中存在的伦理关系与法律关系，明确教育者与被教育者之间的权利与义务。

心路心语

教也者，长善而救其决者也。

——《礼记·学记》

我喜可抑，我忿可窒，我法不可离也。

——《慎子》

引 言

通过对大学生心理健康教育实践案例的分析与探讨，学习与大学生心理健康教育和心理咨询相关的伦理守则、行业规范与法律条款，认识大学生心理健康教育与心理咨询实践中潜在的伦理风险与法律风险，能够更好地借助心理咨询与心理疏导解决人生困惑，促进个人精神成长，成为更坚韧、勇敢、有责任担当的人。

案例 1

2017 年，大学生小 M1 在某学校心理咨询中心预约咨询，并签订了心理咨询协议。随后，小 M1 开始接受心理咨询，咨询师为王某，共进行 20 余次。2018 年，小 M1 得知自己的个人情况被王某在中心组织的团体督导中公开讨论，双方遂产生争议。

小 M1 认为，其个人隐私未经其本人同意即被公开讨论，在咨询师之间进行了传播，而李某、张某某作为学校心理咨询中心的领导，没有及时制止，导致自己的信息被其他人知道，感到很尴尬、恼火；认为李某、张某某、王某存在泄露其隐私的行为，并对其造成了伤害，三人的行为应属于个人侵权行为。据此，小 M1 提起诉讼，请求法院判令张某某、王某、李某口头道歉；判令张某某、王某、李某支付精神损害抚慰金 20 000 元；判令张某某、王某、李某支付律师费 25 000 元。

张某某、李某、王某对此均不认可，称王某为小 M1 提供心理咨询及参加团体督导的行为是履行工作职责，目的是为大学生提供更专业的咨询，属职务行为。张某某、李某、王某认可该协议的真实性，但解释称保密是指不向公众泄露，但督导活动并不涉及个人信息，不会出现咨询者姓名，只会讨论来访者的症状，不存在隐私泄露的情况。

一审法院认为，张某某、李某、王某三人均属于学校的职工，在学校心理咨询中心从事大学生心理咨询工作，王某为小 M1 提供心理咨询，在咨询遇到困难时将小 M1 的案例提交团体督导，李某、张某某参与讨论，上述行为均发生于三人的工作时间和工作场所内，未超越职权范围，是履行工作职责的行为。

综上，法院认为张某某、李某、王某系履行职务的行为，且在履行职务行为的过程中没有侵犯小 M1 的隐私权，故 M1 要求张某某、李某、王某赔礼道歉并赔偿损失的诉请，所诉被告主体不适格，且没有事实和法律依据，法院对其诉讼请求不予支持。

小 M1 对一审判决不服，提起上诉。

请思考：

1. 什么是隐私？隐私信息与个人信息的关系是什么？

2. 隐私如何判定？

3. 案例中学校心理咨询中心的团体督导行为是否侵犯了小 M1 的隐私权？

【案例分析】

1.《中华人民共和国民法典》第 1032 条规定：“自然人享有隐私权。任何组织或者个人不得以刺探、侵扰、泄露、公开等方式侵害他人的隐私权。隐私是自然人的私人生活安宁和不愿为他人知晓的私密空间、私密活动、私密信息。”

隐私信息与个人信息的关系。个人信息是以电子或者其他方式记录的能够单独或者与其他信息结合识别特定自然人的各种信息，包括自然人的姓名、出生日期、身份证件号码、生物识别信息、住址、电话号码、电子邮箱、健康信息、行踪信息等。个人信息中的私密信息，适用有关隐私权的规定；没有规定的，适用有关个人信息保护的规定。由此可见，个人信息作为一个大的整体包括隐私信息与非隐私信息，而个人信息的核心在于具有一定的识别性，即信息有着强烈的身份识别性，可通过信息直接识别关联到自然人，匿名化的信息无法识别关联到自然人，所以并不能称之为个人信息。而个人信息中用于必要的公开社会交往、社会关系构建的不能算作隐私信息。

2. 隐私的判定。不能由权利人单方面决定某一信息是否属于私密信息，即不能从权利人主观认识出发界定私密信息，而应当首先依据法律法规的规定加以判断，在没有规定时，则应当基于社会公众的一般认知和价值的权衡，综合考虑以下两个因素，认定某一信息是否属于私密信息：① 该信息对于维护自然人的人身财产权益、人格尊严和人格自由的重要程度，越重要的，越可能属于私密信息；② 该信息对于维护社会正常交往、信息自由的重要程度如何，越重要的，越不属于私密信息。

3. 本案例中，学校心理咨询中心并没有侵犯小 M1 的隐私权。总结本案，从法律事实来看，学校心理咨询中心咨询师王某认为小 M1 的情况较为紧急复杂，根据本校制定的团体督导制度进行了针对小 M1 心理问题的团体督导，虽然没有提前争取小 M1 的同意，但对 M1 的所有信息进行了匿名化处理，没有泄露小 M1 的基本个人信息。所以，团体督导所讨论的心理问题信息并无任何识别性，除作为小 M1 同学咨询师的王某合法合规地获取这些信息外，其他的教师并不能根据他们获取的信息联系到小 M1，所以这些信息并不能称为个人信息，也就不属于隐私信息，该学校心理咨询中心也就不存在侵犯小 M1 隐私权的事实。

从行为人主观来看，学校心理咨询中心进行心理咨询或参与团体督导的目的是给小 M1 提供专业的咨询和帮助，而并非为了泄露小 M1 的个人隐私，三人不存在侵权的故意。

从行为的违法性看，李某、张某某作为学校心理咨询中心领导建立督导制度的行为不具有违法性。根据李某提交的文件可以看出，督导制度是为了保证咨询师的专业性、根据心理咨询领域的行业规范而设立的，并不违法。

综上而言，从客观的角度而言，匿名信息并不能称为个人信息或隐私信息的根本原因在于其并无法益侵害的可能性。因为匿名信息不能够识别关联到自然人，自然人的法益不会因为匿名信息的泄露而受到侵害。民法对隐私权的保护并不是在保护隐私本身，而是保护自然人的法益不受侵害，私密生活不被侵扰。本案中学校心理咨询中心对小 M1 的信息进行了匿名化处理，匿名化处理后的信息不能算作个人信息，也就不存在侵犯隐私权的法律事实。从主观上来讲，学校心理咨询中心的几位教师进行团体督导的目的是更好地帮助 M1 解决心理问题，而不是为了刺探、窥探小 M1 的隐私生活。本案中学校心理咨询中心无论是客观上还是主观上都没有侵害 M1 的隐私权。

【案例拓展】

1. 在本案例中学校心理咨询中心在咨询、督导过程中存在哪些可以改进的问题?

虽然在法律层面上，学校心理咨询中心并无侵权违法事实，但在行业伦理规范、人性化层面来看，学校心理咨询中心的咨询、督导工作存在一些有待改进的问题。

第一，根据《中国心理学会临床与咨询心理学工作伦理守则》（第二版）3.1 条款，“心理师在心理咨询与治疗工作中，有责任向寻求专业服务者说明工作的保密原则，以及这一原则应用的限度。在专业服务开始时，应告知保密原则及保密的例外情况并签署知情同意书”，心理咨询师应在签署知情同意书后为寻求专业帮助者详细解释保密原则及其限度以及保密例外原则，以免发生纠纷。本案例中，小 M1 在与王某确定建立咨询关系后，确实签署了知情同意书，但该学校心理咨询中心教师并未仔细告知小 M1 保密原则的限度，以至于小 M1 对隐私及其隐私权产生了误解，最终产生了一系列不必要的纠纷。

第二，根据《中国心理学会临床与咨询心理学工作伦理守则》（第二版）3.4 条款“心理师对专业工作的有关信息（如个案记录、测验资料、信件、录音、录像和其他资料）应按照法律法规和专业伦理规范在严格保密的前提下创建、保存、使用、传递和处理。心理师可告知寻求专业服务者个案记录的保存方式，相关人员（如同事、督导、个案管理者、信息技术员）有无权限接触到这些记录信息”，心理咨询师应对寻求专业服务者阐明其心理咨询相关信息的保存、使用情况以及哪些人员有权限接触相关信息。本案例中，学校心理咨询中心在双方建立咨询关系后未向小 M1 事先说明团体督导具体事项，以及紧急复杂情况下学校心理咨询中心其他教师也有权限接触到其信息（匿名化处理），导致小 M1 对此没有足够的心理预期，认为不能接受团体督导，最终产生纠纷。

2. 从本案例中举一反三，学校心理咨询师和寻求专业服务的大学生如何建立更好的咨询关系，避免不必要的纠纷?

在与大学生正式建立咨询关系前，学校心理咨询师应为其阐明保密原则的内涵、保密原则的限度以及保密原则的例外，在其理解并认同所有注意事项后告知相关信息的具体保存和使用情况以及所有有权限接触信息的人员，双方达成一致后签署知情同意书。例如案例在要进行督导时，需要和来访者讨论，告知在督导中会注意信息的技术处理保密、督导的目的是更好地帮助对方解决问题等，努力获得来访者的知情同意，这样有利于建立良好的信任的咨询关系。

案例 2

某大学学生小 M2 满心欢喜地来到学校报到成为一名大学生后，大学生活却十分不顺利，后来小 M2 产生了严重的心理问题，这个过程中也出现了种种的法律问题。

小 M2 的父母均以务农为主，家中条件也较为困难，他的性格因为并不优越的家境变得十分内敛甚至有些自卑，不能很主动地参与到与室友们的交际当中，所以与室友们相处得也不是很好。起初是因为小 M2 打呼噜十分严重，室友们对他打呼噜的情况十分不满，提意见时言辞激烈，时间长了之后室友们就开始欺负他。可是小 M2 性格十分内向，总想着过一段时间室友们就不会欺负他了，所以也从未表露过任何情绪。他在校的生活条件十分拮据，室友有时甚至会因为他的家庭情况嘲笑他，但不论室友多么过分，小 M2 都在以默默忍耐的方式应对，从未想过寻求其他方面的帮助来解决问题。

大一下学期开始后，室友们对小 M2 的欺负行为不仅没有收敛，反而越发过分。这样的人际关系带来的精神压力使他的学习状态也受到了严重的影响，经常无法集中注意力，开始频繁出现失眠和食欲不振的情况。长时间的隐忍也使他积压在心中的情绪发生了质变，他从最初的默不作声，到开始想方设法报复室友，如偷偷扔掉室友的东西。直到有一次室友们发现了他的报复行为，联想到之前的种种事可能都是他做的，便对他拳打脚踢，至此学校教师也了解到了这个情况。在一番批评教育后，小 M2 的室友们表示认识到了错误，学校依校规给予了处罚，同时也给小 M2 更换了寝室，小 M2 也因此得以平静地度过了一段校园生活。

直到大二上学期开学，小 M2 突然发现同学们都对他敬而远之，总觉得身边的人都对他投来嫌弃的目光，从新室友口中得知他之前的室友在学校中传他家境困难的消息，甚至添油加醋地散播谣言。很快小 M2 又开始出现失眠等问题，长时间休息不好使小 M2 出现了神经衰弱的情况，每天都在浑浑噩噩中度过。期中考试时小 M2 的成绩一落千丈，到这时他再也无法忍受，因为他们污蔑自己最爱的家人，再想到他们之前对自己的种种行为，突然一个可怕的念头涌上小 M2 的心头："如果这个世界上没有他们是不是就好了。"从此小 M2 开始计划如何行动，去打听他们几人每日的行程，并开始购置刀具，有一次晚上甚至通过自我伤害的方式偷偷尝试怎么样才能让计划的最后一步顺利进行，很快新室友们发现了他行为的异常并报告了学校老师。老师赶忙来找小 M2 了解情况，在老师关心的询问下，小 M2 最终说出了事件的整个过程，包括他已经计划了很久的如何"除掉"他们，此时小 M2 也对自己之前的想法和行为感到了害怕，十分庆幸没有使自己的计划成真。同时小 M2 以家中父母十分不容易、不想给父母添麻烦为由，恳求老师不要告知父母自己在校的这些情况，老师也答应他不会和他父母说。之后老师联系到了学校的心理咨询老师，心理咨询老师在了解情况后，认为小M2的心理情况已经十分严重，应转介至医院，但小M2对于去医院十分抗拒，并在言语上明确地表示了拒绝，但是在心理咨询老师的坚持下，小M2当天还是被及时送往医院进行诊断并住院治疗。

之后学校对整个事件进行了调查，并对小M2之前的几位室友进行了处理，小M2在医院治疗和回家休学一段时间后返回学校，此后也没有再发生此类情况，小M2也顺利完成了自己的大学学业。

请思考：

1. 如果学校老师知道了小M2的危险情况，还答应不告诉其监护人关于小M2的现实状况，你认为这样做可以吗？

2. 案例中学校的心理咨询老师已经正确判断出小M2的心理情况十分严重，那么能否直接对小M2进行诊疗？

3. 针对案例中小M2的情况，他人能否强制将小M2送到医疗机构诊断并住院治疗？

【案例分析】

1. 在了解情况后，不可以答应小M2不告知其监护人，学校老师应告知小M2的监护人。《中华人民共和国精神卫生法》第9条规定，“精神障碍患者的监护人应当履行监护职责，维护精神障碍患者的合法权益”，第16条规定，“学校和教师应当与学生父母或者其他监护人、近亲属沟通学生心理健康情况”。

小M2的父母作为监护人应履行其监护职责，严重的心理问题很容易导致发生意外，通知其父母本身就是对学生人身安全的保护。对于小M2不愿意告知家长的情况，学校老师不应替他进行保密，需要及时通知其监护人。学校作为小M2的所在单位发现问题时若不及时与监护人联系，如发生意外学校无法替代小M2的父母做出决定，也不能在其父母不知情的情况下代为履行监护职责，突然告知发生意外也会使监护人没有准备措手不及，最终导致问题无法妥善、顺利地解决。所以在本案例中，不论小M2以何种理由要求老师为其保密，按照《中华人民共和国精神卫生法》的规定，学校或老师都应与小M2的父母取得联系并告知其在校的情况，这也是案例中学校应尽的义务和责任，并由家庭和学校合力帮助小M2解决遇到的问题。只是要注意与来访者共同讨论告知父母相关事宜，须征得来访者知情同意。

2. 案例中学校的心理咨询老师不能直接对小M2进行诊疗。《中华人民共和国精神卫生法》第23条规定：“心理咨询人员不得从事心理治疗或者精神障碍的诊断、治疗。心理咨询人员发现接受咨询的人员可能患有精神障碍的，应当建议其到符合本法规定的医疗机构就诊。”

在本案例中，学校的老师和心理咨询老师并非是精神科执业医师、护士，学校也不是从事精神障碍诊断、治疗的专科医疗机构。学校的心理咨询老师仅作为心理咨询人员，并不能从事心理治疗或者精神障碍的诊断、治疗。所以在以上前提下，尽管案例中学校的心理咨询老师对小M2心理问题情况的判断和医疗机构基本一致，也不能直接对小 M2 进行诊疗，应按照《中华人民共和国精神卫生法》第 23 条建议小 M2 到符合规定的医疗机构就诊。

3. 他人不可以强制将小 M2 送往医疗机构。一般而言，强制医疗有特殊的情形、特定的主体、严格的申请程序。需要被强制治疗的精神病人，要经法定程序鉴定。未经法定程序鉴定，任何人或任何组织都不能以某人是精神病人为由将其强制送医。这里的“法定程序鉴定”，是指根据《中华人民共和国刑事诉讼法》和关于司法鉴定管理问题的有关规定，对精神病人的鉴定应当由符合条件的鉴定机构和鉴定人按照法律规定的程序进行鉴定。因此，咨询师和咨询机构遇当事人患精神疾病，无权将其强制送医，否则可能需要承担相应的法律责任。即便学生已有自杀倾向或患有抑郁症亟须治疗，高校也没有强制送医之权利及义务，该观点在司法裁判中也已得到证实。

学校和高校心理咨询老师遇到此种情况理应联系家长、陪同就医，如果学生拒绝通知家长，比如表示家长前来就立即自杀，同时又拒绝就医检查，风险很高，这种情况学校及心理咨询老师可参考如下建议采取应对方法：

若经评估大学生处于自杀高风险，但拒绝就医，由家长签署送医通知书后可强制送医。若大学生处于自杀高风险，家长拒绝就医，可以报警，由警察送医。此时送医根据的是《中华人民共和国精神卫生法》第 28 条之规定：“除个人自行到医疗机构进行精神障碍诊断外，疑似精神障碍患者的近亲属可以将其送往医疗机构进行精神障碍诊断。对查找不到近亲属的流浪乞讨疑似精神障碍患者，由当地民政等有关部门按照职责分工，帮助送往医疗机构进行精神障碍诊断。疑似精神障碍患者发生伤害自身、危害他人安全的行为，或者有伤害自身、危害他人安全的危险的，其近亲属、所在单位、当地公安机关应当立即采取措施予以制止，并将其送往医疗机构进行精神障碍诊断。”但是，当是由所在单位送医时，应注意和医生沟通在病历中做好情况说明备注。

【案例拓展】

近年来，由大学生心理问题引起的事件也引起了公众的广泛关注。《中华人民共和国民法典》关于一般侵权责任的规定如下：第 1165 条：“行为人因过错侵害他人民事权益造成损害的，应当承担侵权责任”；第 1186 条“受害人和行为人对损害的发生都没有过错的，依照法律的规定由双方分担损失”；第 1191 条“用人单位的工作人员因执行工作任务造成他人损害的，由用人单位承担侵权责任……”《中华人民共和国民法典》关于学校等教育机构责任的特殊规定如下：第 1199 条“无民事行为能力人在幼儿园、学校或者其他教育机构学习、生活期间受到人身损害的，幼儿园、学校或者其他教育机构应当承担侵权责任；但是，能够证明尽到教育、管理职责的，不承担侵权责任”；第 1200 条“限制民事行为能力人在学校或者其他教育机构学习、生活期间受到人身损害，学校或者其他教育机构未尽到教育、管理职责的，应当承担侵权责任”。

教育部发布的《学生伤害事故处理办法》规定，第 9 条学校的责任：第 7 项“学生有特异体质或者特定疾病，不宜参加某种教育教学活动，学校知道或者应当知道，但未予以必要的注意的；”第 8 项“学生在校期间突发疾病或者受到伤害，学校发现，但未根据实际情况及时采取相应措施，导致不良后果加重的”。大学生伤害事故的责任认定也需要根据不同的原因进行划分，可分为学校原因、学生自身原因和家庭原因三个方面。由于教师的不当行为造成学生伤害事故发生，将由学校承担责任，如果教师是基于学生情况合理、合规、合法地进行教育，学校则无须为学生伤害事故承担责任。学生因自身原因或家庭原因造成伤害事故发生时，学校在这个过程中不存在过错，也就同样不需要承担相应的责任。大学生伤害事故发生的大多数原因是学生无法承受生活中所遇到的困难，从而诱发心理问题。患有重性精神病的大学生，由于没有自制力，很容易对他人或公共安全造成伤害，所以保护学生和他人的人身安全应该是出发点。如遇可能发生危险，但监护人不配合的情况，可要求当地公安机关配合，及时将学生送往医院救治，并同时通知其监护人或者近亲属。在经济因素方面，学校首先应该向家长说明，治疗疾病的费用可以通过医疗保险报销，然后再寻求其他可能的经济支持，这样才能促进学生心理治疗的顺利开展。

案例 3

女生小 M3 是某大学三年级学生，在正要步入大四即将面临毕业的时间关口，她的男友却向她提出了分手。小 M3 在焦虑的状态中向学校的心理咨询师寻求了帮助，主动倾诉自己的遭遇和心境。在她的诉说下，咨询师了解到小 M3 内心无法接受男友与其分手的决定。并且在即将完成学业步入社会的这样一个阶段，小 M3 却几乎每天都在哭泣，感到十分痛苦。小 M3 自诉在某天晚上喝过酒后，曾经在某车道上故意反向迎着车走，希望自己能就此出事故。但幸运的是，过往的车辆司机都避开了她。在进一步交谈中了解到，小 M3 在初中父母离婚后就曾用小刀划伤过自己，而近期的经历已经使她产生了“不想活”的念头。在整个交流过程中，小 M3 都曾多次表示不允许咨询师将自己轻生的念头告诉其父母，她认为她已经成年，对于自己做的决定不需要父母干涉，或者“即使他们知道了也没有用”。小 M3 还强调，若将自杀的事告诉其父母，她就会立即付诸行动。

请思考：

1. 如果咨询师遇到这种情况应当怎么做？
2. 如果你遇到这种情况会怎么做？

【案例分析】

1. 在本案例当中，大学生小 M3 在遇到情感方面造成的心理压力时选择了求助于学校的心理咨询师。如今心理咨询行业已经在社会面上得到了认可，心理咨询的行为本身属于助人行为，是为了帮助来访者解决生活中在心理方面遇到的问题，使来访者获得更好的发展。近年来学校学生的心理健康问题备受关注，也使得学校的心理咨询建设逐步得到了发展和完善。《中华人民共和国精神卫生法》第 16 条规定："各级各类学校应当对学生进行精神卫生知识教育；配备或者聘请心理健康教育教师、辅导人员，并可以设立心理健康辅导室，对学生进行心理健康教育。"多数高校都设立了相应的心理健康辅导室，并培训相关人员对学生的心理状态保持关注。但不同于其他日常的助人行为，心理咨询要求心理咨询师具有高度的专业素质以及对伦理道德的重视。高校心理咨询主要面向大学生群体进行服务，但也不能脱离行业的基本准则，学校的心理咨询师在对大学生进行心理疏导的同时，仍应遵守心理咨询相关的伦理守则。

在本案例中，来访者大学生小 M3 要求心理咨询师对其情况进行保密不予告知其父母，其中主要涉及心理咨询中的保密性原则。心理咨询须遵循的首要伦理原则即为保密性原则，一名合格且专业的心理咨询师，原则上需要尊重来访者的个人隐私、做好保密工作。无论是来访者所倾诉的谈话内容还是测试材料等相关内容都需要做保密处理，不能泄露给除咨询师和来访者本人之外的他人。保密性原则不仅是心理咨询的基础伦理原则之一，隐私权益也是法律法规的要求。在一般的情况下，每一位心理咨询师都应当严格遵守这一原则，但保密性原则本身也有着限制条件，《中国心理学会临床与咨询心理学工作伦理守则》（第二版）（简称《伦理守则》）规定，在出现下列情况时保密性原则可以被适当打破：

（1）心理咨询师发现来访者有伤害自身或伤害他人的严重危险。

（2）未成年人等不具备完全民事行为能力的人受到性侵犯或虐待。

（3）法律规定需要被披露的其他情况（如违法犯罪等）。

本案例中的来访者小 M3 作为一名大三学生不符合以上第二条，在其叙述的内容中也不存在以上第三条的情况。但其自述的已经发生的行为中，如在酒后逆向走在车道上，表明其曾试图以这种方式被动伤害自身。并且该学生曾在心理受到创伤的情况下有过自残行为，在现阶段又频繁产生轻生念头，符合上述第一条中存在着伤害或即将伤害自身的情况。除此之外，她在车道上的极端行为也极有可能引发交通事故，影响社会秩序并对其他人的人身造成伤害。因此，心理咨询的保密性原则已经不能完全适用于该案例，咨询师应当采取行动避免危险情况的发生。

高校心理咨询师在心理危机干预工作中作为倾听者和评估者，应该重点评估危机大学生的情绪状态和自杀可能性，在相关工作中需要遵循伦理要求，保障危机当事人的隐私权、知情权和选择权。对于自杀意念和计划、伤害他人意图尚不确切的大学生，心理咨询师不可以直接将咨询记录或来访信息记录提交给相关主管部门或学生家长。如果在日常咨询和评估工作中发现大学生存在中度以上自杀风险，需要按危机问题规定预案上报学校心理咨询中心负责人及督导，负责人、督导与心理咨询师共同做出突破保密或暂不突破的决定，如需要突破保密，心理咨询师应告知大学生将突破保密，进行知情同意的讨论。学校心理咨询中心需要通知院系学生辅导员，请辅导员负责联系学生家长，告知风险，请家长监护人参与干预工作，必要时向公安机关报告。如果情况十分紧急，心理咨询师必须突破保密协议，如可以联系到潜在的受害人时，也应立即向潜在的受害人进行预警，以保护有关人员或社会公众的利益。

2. 在本案例中，针对小 M3 出现的情况，在了解情况后一定要建议小 M3 及时去寻求心理帮助并且第一时间与学院辅导员联系，以最大限度地保障其生命安全，要避免自杀自伤的恶性事件发生，及时向外界求助才能最大限度帮助小 M3 转危为安。

另外，如果身边有同学正在发生心理危机，可以怎样做呢？

第一步，安抚情绪和表达支持。当对方处于危机时，首先要倾听对方，听对方讲发生了什么事情，他的感受或者想法是什么，通过简单的语句如“我知道你现在很难受”或“我明白这对你来说是多么艰难”，你可以传达出与他站在一起，并愿意倾听他的信息，表达你对他的关心。

第二步，确定位置和保证安全。了解对方此刻在哪里，在做什么，是否安全。比如“可以告诉我你的位置吗？我现在过去陪你”。如果对方在不安全的位置上，如天桥、窗台，可以试图将对方从不安全的地方引到安全的地方：“你现在能从天桥上走下来吗？我们找一个安全的地方说说话，我听你讲。”

第三步，积极寻求外界帮助。这一点非常重要，可以在保持通话的同时寻求帮助，如和老师联系，紧急的情况下可以直接报警，请警察帮助处理危机情况。生命安全是最重要的，需要在紧急时刻及时寻求外界支持，保证同学的生命安全。

【案例拓展】

近年来高校大学生心理问题频发，与之相关的社会热点事件也备受人们关注。社会和学校也对大学生的心理健康问题愈发重视，心理咨询行业相关题材的影视作品、社会热点事件的拓展也使得包括大学生群体在内的群众对心理咨询的认知和态度发生改变，各高校面向学生的成长需求逐步建立起自己的心理健康教育与心理咨询部门。

目前，大部分高校在心理健康教育与心理咨询室的建设方面有了一定的发展，但是，仍亟须提高高校心理咨询质量、优化心理咨询方式，并对高校心理咨询工作进行规范化管理。其中，对保密性原则与心理咨询相关伦理问题的探讨迫在眉睫。高校心理咨询主要对大学生群体进行服务，其中，各方主体牵扯的关系相对复杂，运作起来也与社会中的心理咨询有所不同。以保密性原则问题为例，高校心理咨询在相关伦理问题上一直存在着困境。

首先，《伦理守则》规定：在心理咨询过程中，心理咨询师与来访者之间除咨询关系以外，咨访双方不得产生和建立其他任何关系，尽量避免双重关系的产生。双重关系会导致心理咨询师在面对来访者时难以保持价值中立，而来访者因为顾忌心理咨询师的双重身份，也容易出现不信任的情绪，最终无法建立可靠的咨访关系，进而导致心理咨询失败。在高校心理咨询工作中心理咨询师往往身兼数职，在从事咨询服务的同时，还兼顾行政工作或教学工作。高校在建立心理咨询机制、完善相关团队的过程中需要慎重考虑和处理这一问题。其次，《伦理守则》中明确指出，在来访者有“伤害自身或他人严重危险”的情况下可打破保密性原则。但是其中并未对“严重危险”的评估标准做出精确的规范，这也意味着在具体的实施中对于这一问题的理解存有较大的主观空间。而在高校心理咨询中，准确恰当地评估学生伤害自身和他人的严重危险程度，是心理咨询师在具体案例中是否需要突破保密性原则首要面对的问题。最后，在高校心理咨询具体案例中，心理咨询师如何做出决策、其决策的具体行为能否在遵守《伦理守则》的基础上采取相关有效的应对措施，对这种平衡的“度”也很难把控，需要心理咨询师本人具备较高的伦理意识和随机应变的能力。如果采取过度行为，导致学生隐私被泄露，或引起其他人对学生本人的过度关注，会导致学生更加敏感和紧张，易加重学生心理负担从而使心理咨询失败。但如果重视程度不够，又会使相关责任人不能够认识到情况的严重性，没有采取及时有效的应对措施，最终导致危机发生的可能性增加。

针对上述系列高校心理咨询中可能存在的伦理困境和解决难题，提出以下思考和建议：

（1）开展高校心理咨询师和辅导员心理咨询伦理培训。高校学生心理咨询工作涉及的内容纷繁复杂，在个别危机案例中，除了心理咨询师本人，需要做出相关决策的往往还有高校辅导员和其他部门协同工作者。在各种紧急情况当中，心理咨询师和辅导员等的相关伦理水平对事态的发展有着重要的影响。提升高校心理咨询师和辅导员等处理问题的能力和水平，是做出准确决策、避免不良后果发生的先决条件。为此，高校的心理咨询团队建设需要重视对心理咨询师和辅导员等人员的相关专业知识及伦理培训，确保相关人员掌握相应的知识和处理原则，且在遇到紧急情况时能够立即采取相应的措施。同时，心理咨询师和辅导员等还应在不断加强自身职业道德修养的同时学法、懂法，保护来访学生隐私的同时遵守法律，避免出现无意识的违法行为，这样才能更好地为学生排忧解难，为学生化解内心的矛盾。在可能发生危机事件的案例中，心理咨询师在对事件进行评估时，也需要与辅导员及时沟通，了解学生的具体情况，综合考量学生的性格特质、既往史、社会支持系统和自控力等方面所表现出的潜在的危险程度。

（2）在伦理原则问题上与学生积极沟通。学生往往是在积累了一定情绪之后才会选择向学校的心理咨询师寻求帮助，因此，大多数学生都会主动要求心理咨询师对其身上所发生的事情进行保密。在咨询前，心理咨询师有义务告知学生心理咨询中包括保密性原则和保密例外在内的各项相关准则，以及来访学生需要配合哪些工作、所使用的咨询方法和时间等咨询设置。如果在咨询过程中学生才逐渐暴露有关想法，或心理咨询师预见到学生可能出现极端行为，也必须打破保密性原则，不能对学生做出虚假承诺，更不能夸大咨询效果。如果来访学生有自杀倾向，或存在明显的自杀风险，或容易发生谋杀，或威胁要从事明显可能危及他人的行为，或来访学生患有致命的传染病，可能危及他人等，心理咨询师有责任提醒对方的法定监护人，有责任和义务向有关部门报告。

（3）避免师生和心理咨询等多重身份同时出现。高校心理咨询团体往往由专兼职咨询师组成，其中一些教师同时还有教学任务，给学生评定成绩，如果正在上课的学生同时需要授课教师再做心理咨询工作，可能影响教师对学生的情感和看法，出现不公平公正的后果。还有一些兼职咨询师往往是由获得国家心理咨询师资质的辅导员担任，当对自己的学生进行心理咨询时，因为多重关系的影响，如若处理不当，其辅导员的身份会给心理咨询工作带来较大的阻力。因此，作为心理咨询师的辅导员要和学生保持客观关系，也就是说要尽量回避可能出现多重关系的学生，避免做出不够客观的评价。可以建议学生选择其他陌生一些的心理咨询师，以免多重关系影响心理咨询的结果。学校在建立心理咨询团队时也需要考虑这一因素，在安排心理咨询师提供服务时，尽量在心理咨询师分配上选择交叉院系和不同专业的教师为不同专业的学生进行咨询等。

课后作业

1. 简述在法律层面隐私权的含义。
2. 简述高校教师和心理咨询师为什么不能对大学生进行精神障碍的诊断和心理治疗。
3. 简述在《中国心理学会临床与咨询心理学工作伦理守则》中保密性原则的例外情况。

作品推荐

图书：

1.《中国心理学会临床与咨询心理学工作伦理守则》(第二版)。本守则旨在揭示临床与咨询心理学服务工作具有教育性、科学性与专业性，促使心理咨询师、寻求专业服务者以及广大民众了解本领域专业伦理的核心理念和专业责任，以保证和提升专业服务水准，保障寻求专业服务者和心理咨询师权益，提升民众心理健康水平，促进和谐社会发展。

2.《中华人民共和国精神卫生法》。为了发展精神卫生事业，规范精神卫生服务，维护精神障碍患者的合法权益，制定本法。

3.《中华人民共和国教育法》。为了发展教育事业，提高全民族的素质，促进社会主义物质文明和精神文明建设，根据宪法，制定《中华人民共和国教育法》。该法是中国教育工作的根本大法，是依法治教的根本大法。

4.《学生伤害事故处理办法》。为积极预防、妥善处理在校学生伤害事故，保护学生、学校的合法权益，根据《中华人民共和国教育法》《中华人民共和国未成年人保护法》和其他相关法律、行政法规及有关规定，教育部发布了《学生伤害事故处理办法》。

电视剧:《女心理师》第一集，柯汶利执导。

参考文献

[1] 马克思恩格斯文集 [M]. 北京：人民出版社，2009.

[2] 彭聃龄. 普通心理学（修订版）[M]. 北京：北京师范大学出版社，2004.

[3] 郭念锋. 临床心理学 [M]. 北京：科学出版社，1995.

[4] 黄希庭，郑涌. 大学生心理健康教育 [M]. 3 版. 上海：华东师范大学出版社，2020.

[5] 陈万柏，张耀灿. 思想政治教育学原理 [M]. 3 版. 北京：高等教育出版社，2015.

[6] 杨芷英，王希永. 思想政治教育心理学 [M]. 北京：首都师范大学出版社，1999.

[7] [日] 河合隼雄. 心理咨询实务 [M]. 刘曦坤，译. 上海：东方出版中心，2020.

[8] 张亚林，曹玉萍. 心理咨询与心理治疗技术操作规范 [M]. 北京：科学出版社，2014.

[9] 方晓义，夏翠翠. 大学生心理健康教育（双色版·慕课版）[M]. 3 版. 北京：人民邮电出版社，2022.

[10] 周莉，刘海娟. 大学生心理健康教育 [M]. 3 版. 北京：中国人民大学出版社，2020.

[11] [美] 迈克尔·弗斯特. DSM-5 鉴别诊断手册 [M]. 张小梅，张道龙，译. 北京：北京大学出版社，2016.

[12] 彭聃龄. 普通心理学 [M]. 5 版. 北京：北京师范大学出版社，2019.

[13] 孟昭兰. 普通心理学 [M]. 北京：北京大学出版社，1994.

[14] 黄希庭. "黄希庭心理学文集"系列：探寻健全人格结构 [M]. 重庆：西南师范大学出版社，2021.

[15] 樊富珉，费俊峰. 大学生心理健康十六讲 [M]. 2 版. 北京：高等教育出版社，2020.

[16] 黎文森，邓志军. 大学生心理健康教育导论 [M]. 沈阳：辽宁大学出版社，2007.

[17] 马兰花，曹继霞. 大学生心理健康教育 [M]. 北京：经济科学出版社，2010.

[18] [美] 布朗温·卢埃林，等. 适合比成功更重要 [M]. 古典，译. 北京：中信出版社，2013.

[19] 金树人. 生涯咨询与辅导 [M]. 北京：高等教育出版社，2007.

［20］［美］理查德·尼尔森·鲍利斯．你的降落伞是什么颜色？［M］．李春雨，等，译．北京：中国华侨出版社，2014．
［21］［美］罗伯特·里尔登．职业生涯发展与规划［M］．4版．侯志瑾，译．北京：中国人民大学出版社，2016．
［22］钟谷兰，杨开．大学生职业生涯发展与规划［M］．2版．上海：华东师范大学出版社，2016．
［23］［美］埃里希·弗洛姆．爱的艺术［M］．李健鸣，译．上海：上海译文出版社，2008．
［24］贺兰特·凯查杜里安．性学观止［M］．北京：科学技术文献出版社，2019．
［25］［美］克里斯托弗·彼得森．积极心理学［M］．徐红，译．北京：群言出版社，2010．
［26］冯正玉，李焰．大学生心理健康［M］．北京：高等教育出版社，2021．
［27］黄希庭．大学生心理健康教育［M］．上海：华东师范大学出版社，2009．
［28］胡谊，张亚，朱虹．大学生心理健康教育［M］．上海：华东师范大学出版社，2019．
［29］董惠娟，张爱珠．大学生心理健康教育［M］．西安：西安交通大学出版社，2015．
［30］陈小玲，边和平．挫折教育新论［M］．徐州：中国矿业大学出版社，2015．
［31］冯江平．挫折心理学［M］．太原：山西教育出版社，1991．
［32］张旭东，车文博．挫折应对与大学生心理健康［M］．北京：科学出版社，2005．
［33］方鸿志．思想政治教育视阈下大学生挫折教育研究［M］．北京：中国社会科学出版社，2015．
［34］罗新兰．大学生心理健康教育［M］．杭州：浙江大学出版社，2014．
［35］孟昭兰．情绪心理学［M］．北京：北京大学出版社，2005．
［36］姚斌．大学生心理健康与自我发展［M］．北京：北京师范大学出版社，2014．
［37］桑标．大学生心理健康［M］．上海：上海教育出版社，2014．
［38］［英］迈克尔·尼南，［英］温迪·德莱登．认知行为治疗：100个关键点与技巧［M］．孙铃，等，译．北京：化学工业出版社，2017．
［39］胡月．大学生心理健康教育［M］．大连：大连理工大学出版社，2022．
［40］韩延明．大学生心理健康教育［M］．上海：华东师范大学出版社，2007．
［41］陈瑜．大学生心理健康辅导［M］．北京：中国医药科技出版社，

2007.
［42］郑淑杰．大学生心理健康教育［M］．北京：教育科学出版社，2014.
［43］徐亮．为心灵开一扇窗：大学生心理健康教育［M］．天津：南开大学出版社，2014.
［44］［美］罗纳德·B．阿德勒，拉塞尔·F．普罗科特．沟通的艺术：看入人里，看出人外［M］．插图修订15版．黄素菲，等，译．北京：北京联合出版公司，2017.
［45］［美］戴维·迈尔斯．社会心理学［M］．11版．侯玉波，乐国安，张智勇，等，译．北京：人民邮电出版社，2016.
［46］沈适菡．教育学［M］．北京：人民教育出版社，1989.
［47］北京师范大学出版社．心理学专业基础［M］．2011最新版．北京：北京师范大学出版社，2010.
［48］朱式庆．教育技术学［M］．3版．合肥：中国科学技术大学出版社，2009.
［49］中国职业规划师（CCDM）认证培训教材．
［50］许燕．当代大学生核心人格结构的研究［J］．心理学探新，2002（4）.
［51］郭云贵，蔡宁伟．基于扎根理论的科技创新素质拔尖大学生人格特质研究［J］．当代教育理论与实践，2023（2）.
［52］张建新，周明洁．中国人人格结构探索：人格特质六因素假说［J］．心理科学进展，2006（4）.
［53］宋新雅．"00后"大学生恋爱观及其引导：以陕西省部分高校为例［J］．内蒙古师范大学学报（教育科学版），2021（1）.
［54］于明霞．红色家书中的革命爱情对当代大学生树立正确爱情观的启示［J］．才智，2022（18）.
［55］赵清林，张冶江．性心理障碍的各种表现［J］．中国性科学，2006（4）.
［56］庄杰．男科门诊常见和少见性心理障碍分析及解决对策［J］．中国性科学，2014（11）.
［57］于林平．论挫折教育的本质［J］．南京社会科学，2007（2）.
［58］韩丹．新媒体情境下大学生人际交往研究述评［J］．江西师范大学学报（哲学社会科学版），2016（6）.
［59］张晓普，熊筱晶．大学生人际交往挫折研究［J］．学校党建与思想教育，2015（4）.
［60］王远．高职院校学生积极学习心理品质培养思路［J］．湖北开放职业学院学报，2023（10）.
［61］卜祥伟，王颖，聂敬舒，等．指压太冲穴对大学生心理状态调适实验研究［J］．辽宁中医药大学学报，2014（11）.
［62］赵利华，陈尚杰，文建军．艾炷灸足三里、悬钟穴对D-半乳糖致衰老小鼠学习记忆能力的影响［J］．广西中医药，2010（3）.

［63］王心茹．古今初探：情志病的针灸治疗［J］．青岛医药卫生，2023（1）．

［64］王宇僖，王彤．中医五音疗法治疗情志病的理论基础与临床应用［J］．中医学报，2022（1）．

［65］肖元春．少商穴性及其临床应用举例［J］．上海中医药杂志 2003（5）．

［66］韦晓勇，何有文．治未病与中风后抑郁干预防治［J］．实用中医内科杂志，2017（8）．

［67］申绪芹．打坐吐纳法治疗肝胆湿热型酒精性脂肪肝临床机制的研究［D］．山东中医药大学，2021．

［68］周怡丹，章文春，刘争强，等．基于形气神三位一体生命观的五禽戏健身机理探析［J］．江西中医药，2023（6）．

［69］王朝东，楼佳丽．大学生情绪管理探析［J］．宁波教育学院学报，2023（2）．

［70］何柳．积极心理学视野下的高校大学生情绪管理策略探讨［C］．重庆市鼎耘文化传播有限公司．2022 新时代高等教育发展论坛论文集．2022：2．

［71］李鹏，刘瑛丽，骆彤．中药代茶饮改善抑郁症伴睡眠障碍的临床研究［J］．河南中医，2019（9）．

［72］郑敏麟，阮杏林．论心藏象的宏观与微观实质［J］．湖南中医药大学学报，2022（3）．

［73］梁瑞宁，徐玲，李佩双，等．“月经生理”理论的中医学认知初探［J］．中医杂志，2022（13）．

［74］封鑫宇，曾粤睿，戴欣晴，等．天癸本质与临床应用的研究进展［J］．中医药导报，2021（6）．

［75］张启强．正念——教学领导者的一种重要特质［J］．学理论，2012（23）．

［76］肖皓源，李涵，郭冰冰，等．大学生人际交往能力对自身正念水平的影响：情绪调节的调节作用［J］．心理月刊，2022（17）．

［77］刘晓芳，宋丽萍．八段锦联合正念减压疗法对临床护士负面情绪及职业倦怠的影响［J］．辽宁中医药大学学报，2021（9）．

［78］周庆莹．中医精气学说探析［J］．中国中医药现代远程教育，2021（20）．

［79］孙广仁．中医精气学说与哲学精气学说的源流［J］．中国医药学报，1997（3）．

［80］张登本，孙理军，李翠娟．精气学说在《黄帝内经》理论建构中的作用及其意义［J］．中医药学刊，2006（5）．

［81］樊富珉，王建中．北京大学生心理素质及心理健康研究［J］．清华大学教育研究，2001（4）．

［82］杨帆．挫折承受力教育影响因素的探究及对策提出［D］．苏州大学，2005．

[83] HAYES S C, STROSAHL K D, WILSON K G. Acceptance and Commitment Therapy: The Process and Practice of Mindful Change [M]. 2nd ed. Guilford Press, 2012.

[84] PADESKY C A, MOONEY K A. Strengths-Based Cognitive-Behavioural Therapy: A Four-Step Model to Build Resilience [J]. Clinical Psychology & Psychotherapy, 2012, 19(4).

[85] DEROGATIS L R, LIPMAN R S, COVI L. SCL-90: An Outpatient Psychiatric Rating Scale-Preliminary Report [J]. Psychopharmacology Bulletin, 1973, 9(1).